Saggi

MARCO TARCHI

Le tre età della fiamma

Da Giorgio Almirante a Giorgia Meloni

Intervista di

ANTONIO CARIOTI

SOLFERINO

SOLFERINO

www.solferinolibri.it

ISBN 978-88-282-1451-9
Prima edizione: marzo 2024

Premessa

Quando, quasi trent'anni or sono, Antonio Carioti mi propose di affrontare in forma di intervista l'analisi delle vicende che avevano caratterizzato la destra italiana dopo la fine dell'esperienza fascista, il panorama politico nazionale era molto diverso da quello odierno. La coalizione di centrodestra guidata da Silvio Berlusconi aveva appena vinto le elezioni del 1994, portando al governo esponenti di un partito neofascista, il Movimento sociale italiano, fino ad allora oggetto di una *conventio ad excludendum* che, tenendolo lontano dai luoghi del potere, lo aveva fatto apparire estraneo al sistema di corruzione scoperchiato dalle inchieste di Tangentopoli, facendogli guadagnare un'inaspettata dote di consensi. Polemiche e allarmi per quell'imprevisto «ritorno» occupavano la scena mediatica e cresceva in molti la voglia di saperne di più su quel soggetto politico, pressoché inesplorato da storici e politologi, e «avvolto» scrivevo allora «nelle leggende, nei pregiudizi e nelle rappresentazioni caricaturali di apologeti e denigratori».

Il desiderio di contribuire a riempire quel vuoto di informazioni mi spinse ad accettare la proposta, che mi consentiva di condensare sinteticamente i frutti di un lavoro di ricerca sull'argomento che conducevo ormai da anni. Ne nacque così il libro *Cinquant'anni di nostalgia*, in cui ho potuto raccogliere, grazie agli stimoli del mio interlocutore, dati e riflessioni ricavati da una duplice esperienza. Da un lato, quella dell'osservazione partecipante, maturata nel corso degli oltre dodici anni (dal settembre 1968 al gennaio 1981) trascorsi all'interno del Msi, di cui ero stato dirigente nazionale, consigliere comunale, vicesegretario del movimento giovanile, fino al momento della rottura causata dall'acuirsi dei dissensi rispetto alla linea politica del partito, cui aveva fatto seguito una netta e reciproca presa di distanze. Dall'altro, quella dell'indagine scientifica, svolta nei quattordici anni di un percorso di studi accademici successivo a quell'esperienza.

Quel tentativo di ripercorrere con distacco critico e il massimo sforzo di considerazione avalutativa eventi vissuti, in altri tempi, con il calore delle passioni e delle delusioni, e di aiutare i lettori a districarsi nella complessa rete di moventi politici e psicologici che aveva segnato la parabola del radicalismo di destra nel secondo dopoguerra, suscitò interesse in vari ambienti e fruttò al libro una notevole messe di recensioni, citazioni e presentazioni. Tanto da spingere Carioti a sollecitarmi periodicamente a riprendere in mano quel lavoro, ad aggiornarlo e a integrarlo alla luce degli sviluppi che la cronaca instancabilmente proponeva: un progetto motivato, a cui però fino a oggi non avevo potuto dare seguito, preso com'ero da altri temi di studio e impegni strettamente professionali. La riduzione di questi ultimi, in coincidenza con la formazione del governo guidato da Giorgia Meloni, erede della storia qui affrontata, mi ha portato finalmente a rompere gli indugi e a ritornare, a ventinove anni di distanza, a riprendere il percorso interrotto – anche per ripensarne nella giusta prospettiva, alla luce dei fatti più recenti, le tappe precedenti.

Nell'arco di tre decenni, molte cose sono cambiate. Il partito di coloro che si erano a lungo sentiti «esuli in patria» si è più volte formalmente sciolto e sostanzialmente (anche se solo parzialmente) reincarnato – in Alleanza nazionale, in una delle componenti del Popolo della Libertà, in Fratelli d'Italia –, ha acquisito un ruolo cruciale nel sistema politico italiano, ha raggiunto elevate posizioni di responsabilità a livello istituzionale, ha amministrato regioni e città importanti, fra cui la capitale d'Italia, infine è asceso alla guida del governo del Paese – o, come preferisce dire la sua attuale leader, della nazione. E anche gli autori del dialogo ospitato nelle pagine che seguono hanno fatto nuove esperienze.

Soprattutto, in questo periodo è cresciuta esponenzialmente la produzione editoriale sulla destra italiana. Quello che nel 1995 era giudicato da molti un tema intellettualmente infrequentabile si è trasformato in un terreno fertile e fittamente arato: i libri che ne trattano, che all'epoca – se si esclude la documentazione di origine interna – si contavano sulle dita di due mani, oggi superano ampiamente il paio di centinaia (il lettore ne troverà una lista essenziale nella bibliografia conclusiva) e offrono un panorama variegato, che spazia dagli studi documentati ai *pamphlets* polemici o celebrativi, passando per le testimonianze di protagonisti principali e attori secondari delle vicende del neofascismo e del postfascismo. In un campo così affollato, ci è parso che ci fosse bisogno di un testo che riassumesse e riepilogasse le linee di fondo di un itinerario per certi versi lineare e per altri tortuoso, analizzandone i punti di svolta, le fasi di stallo, i cambi di direzione, gli slanci e le incertezze, con l'obiettivo di fornire un'interpretazione scientifica delle tre età che fin qui il «partito della Fiamma» ha vissuto e di comprendere le costanti e le evoluzioni che hanno segnato ciascuna di esse, dalle origini ai nostri giorni.

Pur essendo basato su una ricostruzione dei fatti trattati che è stata condotta sulle fonti primarie disponibili, il libro lascia spazio, in alcune circostanze, a considerazioni espresse in prima persona, sotto forma di testimonianza diretta di avvenimenti vissuti da chi scrive. Si tratta di sovrapposizioni limitate e puntuali, che non devono trarre in inganno sulla prospettiva, generale e non personale, che orienta l'opera. La cui pubblicazione intende offrire, a chi non si accontenta della riduzione della politica a fenomeno di costume o a mero oggetto di cronaca, una solida chiave di lettura di una delle pagine ancor oggi, malgrado tutto, meno note e più controverse della storia dell'Italia repubblicana.

Marco Tarchi

1
Orfani del littorio

Il Movimento sociale italiano, fondato a Roma il 26 dicembre 1946, si pone sin dai primi anni il problema di definire la propria posizione nei confronti dell'esperienza fascista. E lo fa coniando il motto «non rinnegare e non restaurare». Quale significato politico si può attribuire a questo slogan?

Credo che dietro quella formula, al di là delle ragioni di opportunità che suggerivano di evitare il rischio di incorrere nel divieto di ricostituzione del Partito nazionale fascista, ci fossero più motivazioni. Nel «non rinnegare» si esprime la convinzione di essersi battuti stando dalla parte giusta. Non c'è un'elaborazione del lutto – né avrebbe potuto esserci, in tempi così ristretti –, ma una rivendicazione di cittadinanza di chi, dopo aver coltivato la convinzione di interpretare lo spirito e le aspirazioni dell'Italia, si vede relegato alla condizione di «esule in patria», additato al pubblico ludibrio con l'accusa di aver sostenuto un regime fantoccio mettendosi al servizio dell'occupante tedesco, e reagisce confermando la bontà della scelta compiuta per salvare l'onore di un Paese tradito dall'inglorioso armistizio e dalla fuga del re. «Non restaurare» significa invece proporre un'immagine riveduta (e edulcorata) del fascismo, nella quale la natura dittatoriale del regime e la connessa negazione delle libertà democratiche sono presentate come semplici conseguenze della situazione di emergenza attraversata dall'Italia all'indomani del primo conflitto mondiale.

La formula può tuttavia essere interpretata, nel suo insieme, anche in un altro modo, leggendoci un forte desiderio di prendere le distanze da tutti quegli aspetti formali, retorici e manipolativi del regime fascista che, dopo il 25 luglio 1943, erano balzati agli occhi anche di chi continuava a credere nel mito di Benito Mussolini. Si vuol indicare una direzione di marcia che non si esaurisca nel ripercorrere strade già battute – come quella della compromissione con le forze alle quali si imputavano i mali del regime e il tradimento del Gran Consiglio –, ma valorizzi invece le novità del fascismo di Salò.

In molti di coloro che avevano aderito alla Rsi certamente aveva prevalso il richiamo dell'onore, della fedeltà alla parola data, della difesa di una concezione dell'Italia legata a vecchi sogni di potenza. Ma per una componente minoritaria, più politicizzata, la volontà di fare i conti con le degenerazioni del regime era stata una delle molle trascinanti. Lo testimonia gran parte della letteratura reducistica: molti di coloro che ripercorrono la traiettoria che li ha portati a Salò non usano un linguaggio apologetico, ma descrivono con toni forti la propria disillusione per tutto ciò che il fascismo avrebbe potuto essere ma non era stato.

Di qui la ferma determinazione a non ripetere gli errori passati, a non ricadere nella contaminazione con lo spirito borghese, a non ridursi di nuovo a strumento nelle mani delle classi dirigenti contro l'avanzata della sinistra.

La versione dei fatti fornita in seguito dai dirigenti di Alleanza nazionale è un po' diversa. Si è detto che «non rinnegare e non restaurare» significava rimanere fedeli ai propri ideali, ma al tempo stesso respingere tutto ciò che di totalitario e liberticida c'era stato nel fascismo. La stessa Giorgia Meloni di recente ha definito il Msi «destra democratica». Sono ricostruzioni di comodo, ad usum delphini*?*

Senza dubbio. Nell'immediato dopoguerra, per semplici ragioni di socializzazione politica, i cosiddetti «giovani di Mussolini» non potevano sicuramente aver espulso dal loro bagaglio ideologico la fiducia in una visione carismatica e plebiscitaria, in cui non c'era spazio per le mediazioni e i compromessi "politicanti" della democrazia rappresentativa. Il loro modello ideale rimaneva incardinato in una concezione autoritaria della politica, in cui la partecipazione popolare era espressa dai plebisciti e dalle adunate, certamente non dalle consultazioni elettorali.

Alle radici del «non rinnegare e non restaurare» c'era quindi qualcosa di assai diverso dall'accettazione della bontà del metodo democratico. Ciò però nulla toglie al fatto che la progressiva socializzazione alla democrazia, avvenuta attraverso la partecipazione a tutte le sue istanze rappresentative, abbia influito in modo incisivo, col passare degli anni, sulla mentalità e sugli atteggiamenti dei dirigenti e dei quadri intermedi del Msi.

Eppure c'è chi sostiene che, anche solo presentandosi alle elezioni, i missini delle origini operano già un rinnovamento drastico rispetto alla tradizione fascista, che non era certo democratica. Così però ci si dimentica che nessun movimento totalitario ha mai rifiutato per principio di partecipare alla prova delle urne. Non è così?

Concordo solo in parte: uno iato tra il prefascismo e il postfascismo esiste comunque. È ovvio che presentarsi alle elezioni come eredi di un'esperienza autoritaria è diverso dal farlo quando si è una forza appena nata e non si ha alle spalle un passato che possa attirare il sospetto di slealtà verso la democrazia.

Va peraltro sottolineato che i fondatori del Msi non avevano alternative: la partecipazione alle competizioni elettorali era semplicemente il prodotto della volontà di non scomparire dalla storia del Paese. La strada della lotta clandestina era stata tentata senza successo da vari gruppuscoli fascisti nell'immediato dopoguerra. C'è un libro poco conosciuto e poco citato del futuro direttore del «Borghese» Mario Tedeschi, *Fascisti dopo*

Mussolini, che rievoca, anche negli aspetti farseschi, quelle vicende. E disponiamo di alcune testimonianze di membri del gruppo più consistente, i Fasci d'azione rivoluzionaria (Far). Da quelle ricostruzioni appare evidente che l'opzione della lotta armata non aveva mai trovato solide basi su cui svilupparsi. In Italia non c'era stato un tentativo serio di organizzare la guerriglia contro gli Alleati, come era avvenuto nell'immediato dopoguerra in Germania con i cosiddetti «Lupi mannari» (i *Wehrwolf*), e la guerra civile aveva lasciato gli sconfitti in una condizione talmente disperata da rendere per loro impraticabile l'ipotesi di portare un attacco diretto al nuovo Stato.

Del resto, come confermano le ricerche condotte da Giuseppe Parlato ed esposte nel suo libro *Fascisti senza Mussolini*, i contatti riservati presi da alcuni esponenti del neofascismo, specialmente con i servizi segreti americani, avevano aperto la strada a una riconciliazione con ambienti che nel 1943 avevano favorito attivamente la caduta del regime, in una prospettiva di segno risolutamente anticomunista, ma chiaramente legalitario. Il clandestinismo poteva essere una soluzione provvisoria per non disperdere l'ambiente dei reduci più desiderosi di vendetta e mantenerlo legato al patrimonio ideale del fascismo, ma oltre non poteva andare. Se la stella polare era la lotta al comunismo, o si accettava di entrare nella forza egemone dello schieramento moderato, cioè la Democrazia cristiana – il che avrebbe costretto a stemperare l'identità neofascista –, oppure era necessario costruire una forza politica che si ritagliasse uno spazio proprio nell'Italia postbellica e permettesse a chi aveva creduto nella Rsi di rientrare in gioco.

Insomma, la strada dell'accettazione del confronto democratico era assolutamente obbligata. Tanto più che nel rifiuto del trionfante mito antifascista già si era distinta una forza come il Fronte dell'Uomo Qualunque, la cui capacità di presa aveva dimostrato che, almeno nel Centro-Sud, c'era un rilevante pubblico di insofferenti verso il nuovo regime ciellenista. Come ha sottolineato Roberto Chiarini, fette consistenti dell'opinione pubblica, anche dopo il 1945, mantenevano un legame di immedesimazione psicologica con alcuni valori che il fascismo aveva fatto propri e non erano disposti ad abbandonarli, anzi desideravano riproporli, sia pure in una forma più consona ai tempi nuovi. Persone che in prospettiva immediata giudicavano prioritario fermare l'avanzata comunista, ma non s'identificavano con i programmi della Dc: una massa di manovra sulla quale si sarebbero potute costruire le fortune di un partito come il Msi.

Abbiamo visto che i primi missini volevano sbarazzarsi degli orpelli retorici del fascismo, per salvaguardarne quella che ritenevano l'essenza autentica. Quali erano i motivi dell'ideologia littoria cui si sentivano più legati?

Sulla base della lettura dei giornali e delle riviste che prepararono e accompagnarono la nascita del Msi, si possono individuare due fattori che spingevano i giovani reduci a continuare a riconoscersi nel fascismo. Spesso a questo proposito si è richiamato l'intero trinomio della Rsi: «Italia, repubblica, socializzazione». Ma in realtà l'istanza repubblicana era vissuta più che altro come una rivalsa nei confronti dei Savoia, per la loro responsabilità storica nel disastro del 1943. Invece gli altri due principi avevano una forza attrattiva notevole.

C'era senz'altro, nei seguaci postumi di Mussolini, una grande nostalgia per l'Italia del Ventennio, vista come il superamento dell'Italietta giolittiana, come la proiezione sullo scenario internazionale di un Paese finalmente rispettato come una vera potenza dopo l'umiliazione della «vittoria mutilata». Ne derivava l'ansia di riscattare l'Italia dalla macchia della sconfitta subita nella Seconda guerra mondiale e nel fascismo si vedeva ancora l'unico strumento adatto a costruire una nazione capace di assumere un ruolo di primo piano nel mondo: non dimentichiamo la portata psicologica che aveva avuto in questo senso l'esperienza coloniale, culminata con la proclamazione dell'impero che, come Renzo De Felice ha documentato, aveva portato il regime al picco dei consensi.

Dall'altra parte c'era la «socializzazione» dei mezzi di produzione, parola magica che riassumeva in sé una grande utopia di redenzione sociale, di redistribuzione della ricchezza in maniera più equa. Quella visione era strettamente collegata alla critica che si rivolgeva alla borghesia italiana, considerata l'ostacolo principale che aveva impedito al fascismo di portare a compimento la sua vocazione rivoluzionaria. Era l'altra faccia di quella ostilità antiborghese. Ed era il lascito che, secondo i nostalgici, era stato trasmesso dall'esperienza di Salò: un ritorno alle origini che avrebbe dovuto restituire al fascismo la sua autentica matrice, presentandolo come l'attuazione in chiave nazionale dell'idea socialista.

Il desiderio di coniugare l'amore per la patria con l'aspirazione a una maggiore giustizia sociale era dunque ciò che maggiormente motivava i reduci della Rsi. Un forte rilievo aveva anche, almeno nella minoranza più ideologizzata, la tematica della contrapposizione del regno dello spirito a quello della materia. Di qui il timore per l'avanzata del materialismo, che naturalmente ossessionava soprattutto nella versione comunista, ma in alcuni ambienti del primo neofascismo era sentito come un pericolo anche nella versione occidentale del modello americano.

Ma questi temi, tipici della Rsi, che presa potevano avere nel Mezzogiorno, che poi si rivela fin dall'inizio la zona geografica di maggiore insediamento del Msi? Non prevalevano in quelle regioni atteggiamenti di rimpianto verso gli aspetti più schiettamente autoritari del regime mussoliniano?

Innanzitutto bisogna chiarire che richiamarsi alla Rsi, nei primi anni dell'esperienza missina come in seguito, non significa necessariamente essere dei fascisti di sinistra. Ci sono molte testimonianze che lo attestano. Gli scritti di personaggi come Luigi Bolla, Piero Pisenti, Filippo Anfuso, Ezio Maria Gray dimostrano che nella vicenda del fascismo repubblicano confluiscono personaggi dalle motivazioni profondamente diverse. E un'ulteriore conferma viene dalla memorialistica sulla Rsi prodotta negli anni Novanta, che ha avuto il pregio di evidenziare questa eterogeneità perché molti dei suoi autori non hanno rimeditato i fatti in cui erano stati coinvolti in termini di analisi politica, ma hanno fatto i conti con una fase cruciale della propria vita. Penso ai libri di Carlo Mazzantini, Piero Sebastiani, Benito Bollati. Da quelle pagine emerge chiaramente che per alcuni di loro richiamarsi alla Rsi significava prima di tutto proclamarsi estranei all'Italia antifascista, contrapponendo la scelta dell'onore a quella del tradimento, mentre le motivazioni di altri si ricollegano alla speranza di un cambiamento radicale del fascismo grazie alla scelta repubblicana e al progetto della socializzazione. Lo stesso Giorgio Almirante, interpellato da Giorgio Bocca nel suo libro *La Repubblica di Mussolini*, presenta Salò soprattutto come una scelta volta a salvare l'Italia dal pericolo che i tedeschi ne facessero terra bruciata e solo in minima parte si richiama alle intuizioni e alle ambizioni «rivoluzionarie» dell'ultimo Mussolini.

Inoltre, per quanto riguarda il Msi, occorre sottolineare l'esistenza, fin dall'inizio, di due soggetti diversi. Da un lato ci sono gli attivisti, i militanti e i dirigenti; dall'altro l'elettorato. Gli studi che negli anni Settanta e Ottanta hanno comparato gli orientamenti degli elettori con quelli dei quadri intermedi dei partiti italiani hanno dimostrato che in nessun'altra formazione politica era tanto ampia come nel Msi la forbice che segna il divario tra gli atteggiamenti dei primi e quelli dei secondi. Va dunque tenuto presente che le aspettative iniziali degli attivisti missini hanno dovuto fare i conti con le ben diverse predisposizioni degli elettori disponibili a dare il loro voto alla Fiamma. Ciò ha causato un po' alla volta uno slittamento di temi e di toni: dalle originarie velleità barricadiere e ribellistiche agli indirizzi assai più moderati dell'azione parlamentare, affermatisi già nei primi anni Cinquanta. Nel momento in cui il Msi comincia a radicarsi saldamente, si determina infatti una svolta progressiva verso l'assunzione di quello che allora veniva chiamato un «credo nazionale», non più legato ad ambizioni di modifica degli assetti sociali del Paese ma a un'idea di Stato forte, capace di imporre l'ordine al suo interno e di pesare di più all'estero.

In questo quadro la meridionalizzazione del partito non è altro che la constatazione del prevalere, negli orientamenti dell'elettorato, di criteri diversi fra la parte d'Italia che aveva conosciuto la guerra civile e quella cui essa era stata risparmiata. Per il Mezzogiorno il fascismo aveva rappresentato un fenomeno, sia pur limitato alle classi medio-basse, di promozione e di accelerazione della mobilità sociale verso l'alto, che non aveva avuto riscontro nella parte già più sviluppata del Paese. Questo senso di gratitudine nei confronti del fascismo ha avuto il suo prototipo nell'atteggiamento di una parte dell'opinione pubblica pugliese verso la figura di Araldo di Crollalanza, considerato il grande nume tutelare di Bari nella politica dei lavori pubblici durante il Ventennio. Una fama che assicurò a questo ex esponente del regime una serie di elezioni plebiscitarie nelle liste del Msi e che ha lasciato un segno evidente anche dopo la sua scomparsa.

Torniamo alle istanze sociali a cui si rifacevano i primi neofascisti. Conviene forse distinguere tra due modelli di riferimento che, pur appartenendo entrambi all'eredità fascista, non sono certamente la stessa cosa: da una parte il corporativismo del Ventennio, dall'altra la socializzazione di Salò. Nel primo caso l'accento è posto soprattutto sul ruolo ordinatore dello Stato, nel secondo su forme di autogoverno dei produttori. Eppure il Msi ha cercato di tenere insieme questi due ri-

chiami come se nulla fosse. Segno che si trattava di rivendicazioni puramente retoriche?

In filigrana, dietro questa contrapposizione di modelli se ne intravvede una che va più in profondità. Mi riferisco al rapporto tra due eredità diverse che il Msi rivendicava contestualmente: quella del «fascismo-movimento» e quella del «fascismo-regime». A quest'ultima appartiene la dottrina corporativa: l'idea di uno Stato organizzatore dei rapporti sociali, che in essi risolveva anche la dimensione politica, era in qualche modo insita nella natura autoritaria del regime e portava con sé una certa ambiguità, che alcuni dei fondatori del Msi vedevano come l'aspetto oscuro dell'esperienza mussoliniana. Nell'idea di socializzazione si rifletteva invece la carica innovatrice del movimentismo fascista, l'aspirazione a qualcosa di mai ancora realizzato.

Bisogna analizzare attentamente questa distinzione. Il corporativismo è un grande progetto, un vero e proprio modello di organizzazione dello Stato, ma è anche già una occasione mancata, oggetto di critica e discussione fin dal convegno di Ferrara del 1932 nel quale Ugo Spirito aveva espresso la sua idea di «corporazione proprietaria», attirandosi accuse di criptocomunismo. Molti tra i primi missini vedevano nella realizzazionc incompiuta dello Stato corporativo la conseguenza di un nodo irrisolto nel rapporto tra il fascismo e il blocco sociale dominante. La socializzazione, al contrario, è l'iniziativa avviata, ma mai portata a termine per ragioni di forza maggiore; quindi mantiene del tutto incontaminate le proprie capacità di suggestione. Non è un progetto che è fallito per l'inadeguatezza politica di chi doveva realizzarlo, ma piuttosto il tentativo di trasporre nella prassi il mito liberatorio di un fascismo puro e libero dai compromessi, reso però impraticabile dalle condizioni disperate in cui si era cercato di dargli corpo.

L'idea di tenere insieme entrambi i richiami è caratteristica della fisionomia ambigua e pragmatica che il Msi presenta fin dall'inizio. La volontà di non operare una scelta tra le due prospettive è un'ulteriore espressione della convinzione di appartenere a un brandello di nazione abbandonato alla deriva, obbligato a rimanere compatto per poter sopravvivere in mezzo all'ostilità circostante. È chiaro che il Msi, lanciando un ponte tra le diverse sensibilità del microcosmo fascista, obbedisce a questo impulso psicologico che impone di restare uniti per continuare a esistere. Così si assicura un certo margine di manovra e una discreta capacità rappresentativa, ma al tempo stesso cade in una consustanziale ambiguità destinata a paralizzarne le capacità di incidenza politica nei momenti di svolta della vita italiana, rendendolo nei fatti subalterno ad altre forze, che sfrutteranno il carattere composito del mondo missino sollecitandone di volta in volta taluni umori rispetto ad altri, in funzione dei propri obiettivi.

Insomma, la volontà di conservare per intero il lascito mussoliniano cementa il partito della Fiamma, ma ne limita gravemente la capacità di fare politica.

È così. Il Msi nasce con il complesso dell'orfano. Sorge con la consapevolezza di essere il frutto di una sconfitta e di una tragedia, da cui scaturisce l'imperativo di resistere a ogni costo. È un partito che si pone sin dall'inizio come obiettivo principale la propria sopravvivenza, alla quale attribuisce un carattere di sfida e di rivincita nei riguardi dell'antifascismo. Quindi dispiega tutte le sue energie nel tentativo di riaggregare una collettività umana dispersa dalla furia degli eventi, contrapponendo la pura e semplice esistenza di questo mondo alla pretesa di legittimità delle forze del Comitato di Liberazione Nazionale, che hanno assunto le redini dello Stato dopo il 25 aprile 1945.

Questa impronta psicologica dice molto sulla storia successiva del neofascismo in Italia. Spiega per esempio perché per lungo tempo le motivazioni della sopravvivenza e dell'affermazione di sé come sfida al mondo circostante abbiano reso accettabile e digeribile, agli occhi di gran parte degli attivisti e dei quadri missini, qualsiasi svolta contenutistica e programmatica del partito. L'imperativo di esistere e conservare la propria identità è sempre stato sentito molto più intensamente rispetto a qualsiasi esigenza di formulazione in positivo di un progetto politico.

Per il neofascismo il marchio dell'esperienza della Rsi va quindi considerato fondamentale. Ma se per un motivo o per l'altro, magari per un diverso sviluppo degli eventi bellici, il fascismo fosse finito proprio il 25 luglio 1943, senza l'appendice di Salò, sarebbe nato lo stesso un partito come il Msi, oppure la destra nel nostro Paese avrebbe assunto tratti diversi?

Propendo per la seconda ipotesi. Se non ci fosse stata la guerra civile, con tutto quello che ha significato, la storia del neofascismo non sarebbe stata la stessa. E il Msi, se fosse comunque nato, avrebbe avuto caratteristiche molto diverse. Senza la sanguinosa vicenda del biennio 1943-45, due elementi fondamentali della storia politica italiana sarebbero cambiati.

Da un lato avrebbe avuto molta meno presa un discorso antifascista capace di cementare forze politiche eterogenee attorno a una serie di principi ispiratori comuni. E quindi l'immagine del fascismo sarebbe stata considerata un po' da tutti, sia pur criticamente, parte integrante della storia nazionale, senza le cesure legate alle memorie della lotta partigiana, con i lutti e gli strascichi che ne sono seguiti. Sarebbe mancata ogni forma di reale proscrizione nei riguardi degli esponenti del fascismo «irriducibile», per cui questi ultimi non avrebbero probabilmente sentito il bisogno di rivendicare le proprie ragioni identificandole con una specifica formazione politica. Certo, avrebbero potuto difendere ciò che ritenevano difendibile dell'esperienza fascista, ma senza farne la ragione principale del loro impegno nella vita pubblica.

Di conseguenza – venendo al secondo punto –, se fosse nato un partito intenzionato a porsi in continuità con il passato regime, esso si sarebbe presentato con connotati più spiccatamente nazionalconservatori. E quindi avrebbe avuto una maggiore capacità di attrarre consensi, tale da mettere seriamente a repentaglio l'egemonia della Democrazia cristiana nelle regioni meridionali. Una parte dei «fascisti di sinistra» si sarebbe invece orientata verso scelte opposte, che avrebbero potuto spaziare dall'adesione al Pci – seguendo il percorso degli Zangrandi, degli Ingrao e di tanti altri – al tentativo di creare un proprio movimento di impianto «socialista nazionale».

D'altronde, se la vicenda del fascismo si fosse chiusa con la destituzione di Mussolini da parte del re, senza che nessuno insorgesse a difesa del Duce, sarebbe stata una conclusione assai disonorevole e meschina. Mentre in fondo la catastrofe nazionale dell'8 settembre 1943, con la bancarotta completa della monarchia, ha in qualche misura rilegittimato il fascismo e anche i suoi continuatori dopo la sconfitta definitiva del 1945.

Nel libro di Carlo Mazzantini *A cercar la bella morte*, il più interessante tra quelli autobiografici scritti da ex combattenti della Rsi, c'è a questo proposito una pagina molto significativa, nella quale l'autore rievoca il suo trauma personale e il rigetto della figura paterna dopo il 25 luglio. Educato in una famiglia tradizionale di sentimenti conservatori, in cui il padre aveva sempre incarnato la convinta adesione al regime in chiave clerico-fascista, egli vede crollare all'improvviso un intero mondo nel momento in cui viene annunciata dalla radio la caduta di Mussolini. L'impietrimento del padre, la sua totale incapacità di reagire, la viltà di fondo del suo atteggiamento creano nell'adolescente un terribile conflitto interiore, una ripugnanza verso tutti gli adulti. Quella sera – scrive Mazzantini –, insieme alla grande testa di gesso del Duce abbattuta dalla furia popolare, sul selciato delle strade cadde la dignità di una generazione che non aveva saputo né criticare gli aspetti negativi del regime, né sostenerlo fino in fondo nel momento del pericolo. E ricorda che il desiderio di riscattare quella vergogna fu la prima molla che lo portò ad arruolarsi nelle formazioni combattenti della Rsi, per cercare di uscire dalla disperazione in cui era precipitato dopo aver perso completamente il riferimento della figura paterna.

Mi pare una descrizione efficace di come fosse crollata, nei «giovani di Mussolini», la fiducia nella generazione precedente. Mentre i loro padri avevano per lo più aderito al fascismo come a un «meno peggio», l'unica soluzione possibile in un momento di crisi, questi erano ragazzi educati sin dall'infanzia ai valori del regime, che sentivano profondamente come una parte della loro identità. Ciò spiega perché, mentre molti esponenti fascisti di mezza età non avevano seguito il Duce a Salò, il nerbo della Rsi fosse composto soprattutto da giovani che si erano forgiati durante il Ventennio.

Questa caratteristica è stata in qualche misura ereditata dal Msi, che ha sempre avuto una notevole capacità di fare breccia nel mondo giovanile e studentesco. Ma che cosa potevano trovare in quel partito essenzialmente nostalgico ragazzi che non avevano fatto in tempo a conoscere direttamente l'esperienza fascista?

Molti sociologi sottolineano il peso del «ciclo generazionale» negli atteggiamenti degli individui verso la vita pubblica. Dalle loro ricerche risulta che nella fascia di età giovanile prevalgono largamente, tra coloro che s'impegnano in politica, stimoli di carattere fortemente idealistico ed emotivo, con venature spesso irrazionali. Su questi soggetti i concetti di sfida e ribellione al conformismo esercitano un'attrazione del tutto particolare.

Nell'Italia della ricostruzione, le forze politiche maggioritarie dovevano esortare i cittadini al pragmatismo, a rimboccarsi le maniche per rimettere in sesto il Paese: in questo modo lasciavano senza risposta tutta una serie di aspettative idealistiche, destinate a indirizzarsi verso forze portatrici di concezioni del mondo più complesse e radicali. Questo vale a destra come a sinistra. E spiega perché nelle formazioni estremistiche la componente giovanile abbia sempre contato molto.

Storici e politologi come George Mosse, Juan Linz, Zeev Sternhell hanno rilevato come il fascismo si sia sempre rappresentato come il partito della gioventù, il movimento che affermava la novità del XX secolo spazzando via il vecchio ordine delle cose. Uno studio di Linz evidenzia l'enorme scarto generazionale esistente, nell'Europa tra le due guerre mondiali, fra i quadri dirigenti fascisti e comunisti da un lato e quelli socialisti, cattolici e liberali dall'altro. Fascisti e comunisti presentavano un'età media molto più bassa, proprio perché erano forze di mobilitazione: si puntava a evocare le risorse di identificazione collettiva disponibili soprattutto nelle nuove generazioni. Pasquale Serra, riprendendo un'analisi di Gino Germani, ha sottolineato come il fascismo abbia spostato il concetto di rivoluzione dal piano delle realizzazioni sociali a quello delle aspettative psicologiche: è un dato assai utile per comprendere le ragioni della particolare presa suggestiva del suo messaggio tra i giovani.

Ma nell'Italia di cui stiamo parlando, il fascismo, al contrario del comunismo, aveva già dato prova di sé. Aveva governato il Paese per due decenni. E gli esiti non erano stati certo felici.

Qualunque idea si possa avere di quegli esiti, il fatto è che del fascismo i giovani che vi si richiamavano non hanno mai considerato prevalenti le realizzazioni. Non hanno mai avuto come punto di riferimento ciò che il regime era stato: piuttosto hanno letto nel messaggio di Mussolini le potenzialità inespresse. La loro ideologia è sempre stata basata su un'immagine del fascismo del tutto utopica, svincolata dal terreno della prassi e proiettata in un quadro quasi millenaristico. Per loro il fascismo era il grande mito rivoluzionario del secolo, la cui purezza di contorni non poteva essere ridotta alle pochezze della politica spicciola. Questa discrasia d'immagine è stata preziosa per il Msi, che ha sempre visto le sue generazioni più giovani coltivare un modello ideale in gran parte alieno alla realtà storica.

Chi ha capito meglio tutto questo è stato lo storico Franco Cardini, che nel 1977, in un saggio intitolato *Postilla tardiva a Renzo De Felice*, ha affrontato il problema nei seguenti termini:

> Il vero e proprio «neofascismo» o «postfascismo» in Italia [...] è prima di tutto un fatto generazionale, legato a vicende biografiche: e come tale finirà con l'esaurirsi per motivi anagrafici. Di «nostalgici» del regime di Mussolini non ne rimarranno, per l'ottima ragione che i giovani e giovanissimi «neofascisti» sentono estraneo e lontano Mussolini; si danno alla mistica, pensano a Evola, a José Antonio, a Codreanu; non hanno interesse per il nazionalismo, pensano all'Europa: e ci pensano forse come a una sorta di «sovranazionalismo», di nazionalismo adeguato ai tempi, ma più probabilmente ci pensano come a un'alternativa di civiltà, a un modo per uscire dalla logica dei blocchi e delle superpotenze, «la logica di Yalta». Da qui le loro simpatie per il Terzo Mondo o addirittura per la Cina popolare, da qui le loro collusioni paradossali con ristretti ambienti della sinistra extraparlamentare.

Condivido questa lettura, proprio in virtù della mia esperienza personale di attiva partecipazione alle vicende di quel microcosmo, per un periodo che va dal settembre 1968 al gennaio 1981. Anni di speranze, entusiasmi, ma anche – e, col tempo, sempre più frequentemente – di delusioni, che mi hanno condotto a un distacco traumatico, ma mi hanno anche consentito di conservare un interesse critico e, spero di averlo dimostrato, avalutativo verso gli ambienti della destra, che cerco di esprimere attraverso la ricerca e l'analisi scientifica. Il fascismo dei giovani missini è sempre stato proteso verso modelli incontaminati, insospettabili di compromissioni o di cadute in pratiche criminali. Prova ne sia che per lunghi anni, nella stampa giovanile del Msi, il ruolo di esempio da seguire è sempre stato affidato a personaggi avvolti nell'aureola del martirio, a cui si riteneva non potesse essere imputata alcuna complicità diretta con i crimini del Terzo Reich. Appunto i Codreanu e i Primo de Rivera citati da Cardini, cui si possono aggiungere le figure del «poeta fucilato» Robert Brasillach e degli intellettuali del «romanticismo fascista», Drieu La Rochelle in testa. In tutto questo c'è l'idea di un fascismo duro e puro, che rifiuta di venire a patti con le bassezze della storia. Una sorta di rifugio in una dimensione totalmente altra.

E il Duce come era visto, forse come l'uomo del compromesso e dell'accomodamento? In fondo anche la sua morte era stata assai meno eroica di quelle di alcuni dei personaggi appena citati.

Mussolini si riscatta da qualsiasi compromesso, agli occhi dei sostenitori, quando accetta il destino avverso: prima con la prigionia e poi, dopo la liberazione sul Gran Sasso, con la creazione della Rsi. E se la sua fine può apparire emotivamente meno intensa del martirio di un Brasillach, fucilato perché accusato di «intelligenza con il nemico» sulla base degli articoli scritti durante l'occupazione tedesca della Francia, o di un Codreanu, assassinato a tradimento dalla polizia rumena nel 1938, è anche vero che le condizioni dell'annientamento della classe dirigente del fascismo repubblicano in fuga sono molto più truculente e vergognose. Basti pensare al clima cupo in cui tutto avvenne e alla profanazione dei cadaveri dei gerarchi a piazzale Loreto. Tutto ciò rafforza nei neofascisti la sensazione che Mussolini abbia espiato per tutti, garantendo al Duce una fortissima continuità d'immagine come figura carismatica.

Eppure venne catturato mentre stava scappando...

Vicende come questa non vengono mai percepite con obiettività da chi si sente parte in causa. Quella che dagli uni viene giudicata una fuga, agli altri appare come un estremo tentativo di organizzare la resistenza nel «ridotto della Valtellina». Che cosa si dovrebbe dire allora del modo in cui vengono presentati alcuni degli episodi più feroci della lotta partigiana? Ancora oggi c'è chi rivendica con orgoglio l'uccisione di Giovanni Gentile, chi giustifica le esecuzioni sommarie del «triangolo della morte» e reagisce scompostamente e con astio alle rivelazioni dei lati oscuri della Resistenza, che Giampaolo Pansa ha portato al grande pubblico con i suoi libri "revisionisti", a partire da *Il sangue dei vinti*. Del resto, il fatto che molti dirigenti antifascisti abbiano trovato rifugio nei conventi non è mai stato presentato come un atto di pavidità.

Ma che rapporto avevano i giovani missini con i lati oscuri e atroci della vicenda fascista? Li rimuovevano totalmente?

Non dimentichiamo che stiamo parlando del mondo di coloro che sono stati chiamati, come dal titolo di un libro di Paul Sérant, «i vinti della Liberazione». Cioè di gente che aveva subito sulla propria carne violenze notevoli. Senza raggiungere le cifre esorbitanti indicate dalla stampa nostalgica, si può calcolare che i fascisti abbiano pagato la guerra civile e la successiva giustizia sommaria delle epurazioni sul campo con decine di migliaia di vittime. Si trattava quindi di persone il cui senso di appartenenza ai propri ideali era cementato spesso da legami di sangue: molti giovani venivano da famiglie che avevano avuto dei caduti nel periodo 1943-45, e in parecchi casi dopo la conclusione ufficiale della guerra.

Come avrebbero potuto costoro sentire come un peso i crimini della propria parte, quando ancora in Italia esistevano gruppi come la Volante rossa, che consideravano l'eliminazione fisica dei fascisti – a cui si dedicavano – un atto di giustizia proletaria? Ci sono stati episodi clamorosi: il fondatore della rivista fiancheggiatrice del Msi «Meridiano d'Italia», Franco De Agazio, venne ucciso per strada con un colpo alla nuca da un commando di ex partigiani nel marzo 1947. Due anni dopo la fine del conflitto. Fatti di questo tipo suscitavano enorme sensazione nell'ambiente neofascista, facendolo ripiombare nell'atmosfera della guerra. E in guerra non si contano i morti del campo avverso.

Una rielaborazione consapevole di quanto era avvenuto poteva realizzarsi solo dopo che le ferite si fossero rimarginate. Il che, del resto, vale per tutte le forze politiche. Il movimento comunista ha cominciato a fare i conti con le proprie tragedie solo a partire da alcuni episodi: prima, limitatamente, con l'invasione della Cecoslovacchia nel 1968; poi con le vicende polacche del 1981; infine con la caduta del Muro di Berlino nel 1989. E ci sono altre famiglie politiche che tuttora si rifiutano di riconsiderare le atrocità compiute durante la guerra, perché le giustificano con le necessità del momento. Non mi pare che si sia riflettuto a sufficienza su stragi come quelle di Dresda, Hiroshima e Nagasaki, proprio perché nella parte vincente prevale la sensazione di non aver fatto altro che estirpare chirurgicamente il male.

2
Anni difficili

Che tipo di rapporto hanno i fondatori del Msi con la nuova Italia repubblicana?

Si sentono, come la stampa reducistica degli anni Quaranta non si stanca di ripetere, nella condizione di «esuli in patria». Soffrono, nel contempo, del trauma della sconfitta bellica, che li affratella ai connazionali, e di una profonda delusione per l'isolamento a cui sono stati condannati dall'indifferenza più o meno ostile della maggioranza degli italiani nei tragici seicento giorni di Salò. Sperimentano sulla loro pelle un'autentica nemesi: da alfieri della causa nazionale si vedono degradati a imputati di tradimento.

Questo trauma determina in loro una reazione prima psicologica che politica: fondare un partito di raccolta dei fedeli postumi del fascismo, o aderirvi, significa prima di tutto riaffermare le ragioni ideali delle scelte compiute, rivendicare la superiorità morale negata dai vincitori e dai resoconti ufficiali della storia recente. Come «stranieri interni» dell'Italia repubblicana, i missini sono tuttavia costretti a sopportare il carico di una contraddizione che li accompagnerà fino al crollo della «Prima Repubblica».

Da un lato, traducono l'ostilità e il disprezzo per i nuovi governanti in una forte avversione ideologica nei riguardi del sistema nato dall'antifascismo; dall'altro, giudicano la dedizione agli interessi nazionali superiore a ogni considerazione di politica spicciola, cominciando immediatamente a parteggiare per una componente dell'ex fronte ciellenista (quella cattolica e moderata) contro l'altra (socialcomunista e azionista). Entrano così nella spirale delle scelte del «male minore», che li porrà di continuo di fronte all'alternativa tra affermazioni di fedeltà ai principi e concessioni tattiche che confinano con il trasformismo o con l'abiura.

Fin dagli inizi il partito spera di riuscire a raccogliere, in virtù di quella che Pino Romualdi, ex vicesegretario del Partito fascista repubblicano, chiamerà poi «psicosi anticomunista», i consensi di quanti considerano il «pericolo rosso» troppo grave perché possa bastare a contrastarlo un partito vocato alla mediazione come la Dc, che peraltro aveva collaborato con il Pci nel Cln. Le aspettative vengono però subito ridimensionate dalle prime prove elettorali, in cui il Msi riesce sì a conquistare una rappresentanza, ma deve accontentarsi di percentuali che appaiono irrisorie (il 2 per cento nel 1948) rispetto allo strapotere democristiano.

Questo ovviamente provoca una ridiscussione del ruolo del partito. Le prime battaglie della Fiamma mostrano la netta prevalenza di una vocazione alla pura testimonianza. In Parlamento il Msi si batte contro l'epurazione, cerca di far riconoscere i diritti dei combattenti della Rsi, sostiene la rivendicazione di un ruolo di potenza per l'Italia sul piano internazionale.

Qui si inserisce anche la presa di posizione missina contro l'Alleanza atlantica?

Sì, ma la portata di questa differenziazione dalle altre formazioni anticomuniste non va esagerata. Certo, la propaganda del partito calca sui toni, coniando addirittura il pretenzioso slogan «Tre sono le vie che puoi scegliere: Usa, Urss e Msi», tenendo conto della presa emotiva che affermazioni di questo genere potevano avere su chi si era trovato di fronte come nemici, in guerra, sia i sovietici che gli americani. Ma se si leggono gli atti parlamentari, ci si accorge che l'atteggiamento critico del Msi, che sulla delega al governo per la firma del Patto atlantico si astiene, mentre vota contro la ratifica del trattato, non ha come motivo principale l'avversione all'egemonia degli Stati Uniti nel nuovo ordine internazionale nato dagli accordi di Yalta e di Potsdam, bensì rivendicazioni di tenore nazionalpatriottico. I missini riconoscono la necessità dei Paesi occidentali di fare fronte comune contro il comunismo, ma pretendono che in cambio sia ridiscusso il trattato di pace e siano riconosciuti i diritti dell'Italia sulle ex colonie africane.

Prevalgono insomma, in questo atteggiamento, motivi nazionalistici di tipo classico.

C'è una contraddizione nel modo in cui il Msi rivendica contemporaneamente la sua continuità con la storia nazionale e la sua estraneità all'Italia repubblicana. Del resto, essendosi il fascismo sempre identificato con lo Stato, il grande limite della politica missina nell'immediato dopoguerra consiste nel non potersi appellare a motivazioni antisistemiche che vadano oltre l'accusa rivolta ai partiti antifascisti di trascurare gli interessi della nazione. Lo Stato in quanto tale, una volta sciolto il dilemma tra monarchia e repubblica, non può essere messo in discussione.

Però c'è anche il rifiuto del parlamentarismo, con le proposte presidenzialiste e il richiamo allo Stato nazionale del lavoro.

È vero, ma io penso che il dato più significativo, spesso sottovalutato dagli studiosi, sia il freno che il culto dello Stato costituisce per la strategia politica del neofascismo. «Questo Stato non ci rappresenta» ripetono spesso i dirigenti missini, ma il progetto di dar vita a istituzioni alternative è sempre fortemente zavorrato, già a livello di impostazione teorica, dalla convinzione che è lo Stato il referente entro il quale ci si deve collocare, e quindi si può migliorarlo, recuperare alcuni valori del passato e incardinarli nella sua nuova articolazione, però non lo si può mettere in discussione.

Quando si parla di «fermenti rivoluzionari» nel neofascismo, non si tiene conto di questo limite. Fare la rivoluzione vuol dire abbattere uno Stato, e negli ambienti neofascisti questa tendenza emerge soltanto negli anni Settanta in alcuni gruppuscoli marginali, che predicano la «disintegrazione del sistema» o prospettive analoghe. Ma nell'immediato dopoguerra non c'è traccia di propositi di questo tipo: l'intento è recuperare alcune caratteristiche del quadro istituzionale del Ventennio, a partire – per dirla con Bobbio – dal primato del governo degli uomini sul governo delle leggi, ma adeguandole al contesto che nel frattempo si è creato, dal momento che non è realistico pensare di poterlo delegittimare completamente.

Con il presidenzialismo si prospetta una forte personalizzazione della guida politica, però non si va oltre. Anche la forma repubblicana non viene contestata in quanto tale: nessuna corrente missina consistente si richiama alla tradizione monarchica, neppure quella che si collega al pensiero di Julius Evola, che pure auspicava il ritorno a un ordine imperiale.

D'altronde ci sono evidenti tratti di continuità tra lo Stato del Ventennio e quello repubblicano. E la stessa «rivoluzione» attuata da Mussolini a partire dal 1922 non aveva abbattuto le istituzioni prefasciste, ma le aveva trasformate dall'interno.

C'è da considerare anche un altro dato. Se si guarda al modo in cui il Msi pensava di recuperare l'esperienza corporativa, si constata la totale assenza, nei suoi documenti, di qualunque ipotesi di farne il volano per un ritorno a esperienze autoritarie. La visione missina del corporativismo si adegua alla logica della democrazia: lo si propone come un argine alla degenerazione classista del conflitto sociale, vista come cavallo di Troia del comunismo.

I progetti di corporativismo integrale che qualche intellettuale fascista aveva coltivato, nella prospettiva della costruzione di uno Stato totalitario (si pensi a Ugo Spirito), sono accantonati. Lo stesso richiamo alla socializzazione vira subito verso proposte di semplice partecipazione dei dipendenti agli utili dell'impresa. L'idea della cogestione delle fabbriche rimane patrimonio soltanto della sinistra missina, che comunque non la collega a un progetto complessivo di mutamento dei rapporti tra capitale e lavoro, ma la vede solo come una formula per contenere gli antagonismi di classe.

Eppure la formula dello Stato nazionale del lavoro si presenta come alternativa alla democrazia rappresentativa liberale.

In teoria sì, ma di fatto quella formula lessicale non è mai stata tradotta in un modello compiuto in nessun seminario, conferenza o congresso. Ancora negli anni Settanta, Almirante prometteva che sarebbe stato organizzato un convegno ideologico nel quale si sarebbero gettate le basi dell'articolazione dello Stato nazionale del lavoro. Ma non se ne fece nulla.

L'impressione è che, tramite l'idea di dare rappresentanza in sede istituzionale alle categorie produttive, si volesse creare un contraltare ai partiti per diminuirne la presa sulla società. Non si puntava a sostituire l'assetto parlamentare con qualcosa di radicalmente diverso. Ciò dimostra che il Msi accettava di fatto le conseguenze della sconfitta. Si trattava di correggere le storture del nuovo Stato, in particolar modo la partitocrazia, senza però pensare di poter fare tabula rasa e tornare al capitolo precedente.

Ritorniamo un momento all'alternativa fra monarchia e repubblica. È vero che nel referendum istituzionale del 1946 i voti dei neofascisti ebbero un peso determinante a favore della seconda?

Molte testimonianze di prima mano dicono l'opposto. Cioè che, contrariamente a una leggenda tenacemente e volutamente diffusa, la maggioranza dell'elettorato e anche dei militanti neofascisti puntava a quello che riteneva il male minore. E la continuità dell'Italia monarchica poteva per loro costituire un contrappeso rispetto al rischio di un'egemonia delle sinistre.

Certo, per gran parte dei seguaci dell'ultimo Mussolini la ferita provocata dal «tradimento» del re era ancora aperta. E non c'è motivo di dubitare dell'autenticità dei contatti avviati da uomini politici di sentimenti repubblicani con esponenti del neofascismo clandestino, di cui ha parlato Romualdi e che sono confermati dallo studio di Parlato. Ma, come ha scritto Mario Tedeschi nel suo libro di memorie, in vista del 2 giugno 1946 ogni partito aveva i suoi fascisti da esibire come richiamo. E in ballo c'era la questione cruciale dell'amnistia per gli aderenti alla Rsi incarcerati o condannati...

È probabile quindi che la presenza dei fascisti nel fronte repubblicano in odio ai Savoia sia stata un fenomeno limitato, poi enfatizzato per ragioni strumentali. Peraltro si vide ben presto che il Sud massicciamente monarchico era anche la zona del Paese che offriva il maggiore sostegno elettorale al Msi.

Soffermiamoci sull'amnistia: alcuni ritengono che sia stata di fatto il primo passo verso quella riconciliazione nazionale che i missini avrebbero poi lungamente auspicato.

Nell'Italia del 1946, pur percorsa da fremiti politici opposti, era necessario suturare, almeno sommariamente, le ferite aperte da due anni di guerra civile. Oltretutto, se non si fosse adottato un provvedimento di clemenza verso quanti erano stati coinvolti, sugli opposti fronti, negli orrori degli scontri fratricidi, non sarebbe stato possibile porre un freno alla spirale di violenza in atto in molte regioni del Centro-Nord, come è testimoniato dalle vicende del «triangolo della morte».

Tuttavia c'è un motivo per pensare che l'amnistia avesse di mira, più che scopi umanitari, obiettivi politici. Rimettendo in circolazione i molti reduci detenuti nelle carceri o nei campi di concentramento alleati, e aprendo la strada al ritorno dei prigionieri «non cooperatori» relegati in India, negli Stati Uniti, in Kenya o in Sudafrica, il nuovo regime obbligava un gran numero di potenziali avversari a riconoscergli di fatto una piena legittimità. E rendeva più facile contenere i prevedibili fermenti revanscisti nei limiti di attività e organizzazioni legali.

Se poi si pensa al ruolo svolto da Palmiro Togliatti nella gestione della questione, come ministro di Grazia e giustizia, può trovare credito l'ipotesi di quanti sostengono che, riammettendo nel gioco politico i giovani seguaci del Mussolini socializzatore di Salò, il Pci sperasse di guadagnarsi dei futuri elettori. In fondo il passaggio dalle file del «fascismo di sinistra» a quelle comuniste si era dimostrato, già a partire dal 1943, tutt'altro che impossibile...

Nel libro Fascisti senza Mussolini, *Giuseppe Parlato sostiene che la nascita del Msi fu consentita proprio per evitare che molti reduci di Salò fossero attratti dalle sirene comuniste. I servizi segreti americani, importanti settori imprenditoriali, parte della gerarchia ecclesiastica e anche alcuni ambienti massonici avrebbero favorito il processo di riaggregazione dei fascisti dispersi. Questa ricostruzione, che pone la figura di Romualdi al centro di complessi rapporti occulti, ha suscitato reazioni infastidite negli ambienti di destra, perché sfata una certa visione eroica della fondazione del Msi e lo inserisce sin dall'inizio nello schieramento atlantico. Possiamo ritenerla attendibile?*

Il lavoro di Parlato pone due problemi che vanno tenuti distinti. Da una parte c'è la questione della permeabilità di una parte dei reduci della Rsi alle idee comuniste e alla possibilità del Pci di attrarli nella propria sfera d'influenza. Su questo ha scritto pagine interessanti Paolo Buchignani nel saggio *Fascisti rossi*, rifacendosi soprattutto alle posizioni di Stanis Ruinas e della sua rivista «Il Pensiero Nazionale». Mi sembra tuttavia che in quel libro la portata del fenomeno, su cui non esistono dati certi, venga esagerata. È difficile credere che la scia del sangue versato nel periodo 1943-45 potesse essere tranquillamente scavalcata da decine o addirittura centinaia di migliaia di coloro che si erano schierati dalla parte perdente.

È vero che alcuni ambienti del Pci tentavano di recuperare, in frangenti particolari, le motivazioni antiborghesi di un certo fascismo, che avevano fatto breccia sui più giovani combattenti di Salò. Ma non si può ignorare il peso opprimente della guerra civile e delle sue conseguenze. La minoranza neofascista che poteva guardare con simpatia al Pci era molto ristretta. La maggioranza era molto più facilmente sensibile – questo è il secondo problema – al discorso che Romualdi aveva già imbastito, come documenta Parlato, nel periodo della guerra e che poi avrebbe approfondito nei mesi successivi alla fine di Mussolini.

A quel punto la situazione politica, che vedeva fronteggiarsi la componente dello schieramento antifascista che voleva la rivoluzione sociale e quella che era disposta a conservare una buona parte di ciò che il fascismo aveva difeso, non poteva che spingere i reduci della Rsi a un'integrazione forse non esplicitamente atlantista, ma sicuramente volta ad appoggiare il complesso delle forze che si opponevano allo scivolamento dell'Italia nel campo favorevole a Mosca. La ricostruzione di Parlato e la sua sottolineatura del ruolo di Romualdi sono dunque credibili.

Va aggiunto che di sicuro molti reduci di Salò guardavano con diffidenza al progetto romualdiano e preferivano una collocazione terzaforzista dell'Italia rispetto al conflitto tra Est e Ovest. La reale alternativa allo schierarsi con gli ambienti conservatori in funzione anticomunista andava in quella direzione, non verso la confluenza nel Pci.

Nel fitto lavorìo da parte di fascisti sopravvissuti alla disfatta che porta alla nascita del Msi, Romualdi poteva contare sull'appoggio di un organismo collegiale, il cosiddetto «senato». Di che cosa si trattava?

Lo stesso Romualdi lo ha descritto come un organismo del tutto informale, che si riuniva in clandestinità perché composto soprattutto da esponenti del regime e della Rsi colpiti da mandati di cattura o anche da pesanti condanne. Del «senato» – a quanto ne riferisce Romualdi nella *Intervista sul mio partito* rilasciata nel 1987 alla rivista «Proposta nazionale» – facevano parte alcuni personaggi di un certo prestigio per il mondo nostalgico, che però poi non si sono cimentati nell'azione politica aperta, ma hanno preferito riciclarsi con qualche successo nella società civile, senza che questa «macchia d'origine» tornasse a galla in modo clamoroso. Per questo anche il Msi ha preferito che il loro ruolo rimanesse nell'ombra.

L'azione del «senato» sarebbe stata decisiva nell'orientare l'ambiente neofascista verso l'accettazione piena di un impegno politico legalitario. Esso avrebbe operato in modo da promuovere il superamento dell'opzione armata, sostenuta velleitariamente dall'ala più oltranzista dei Far, e favorire la costituzione di una formazione politica disposta a inserirsi nella nuova cornice democratica. Inoltre questo organismo si sarebbe adoperato per dar voce, nel nascente Msi, a chi voleva orientare il partito verso una continuità maggiore con la dimensione «nazionale» del fascismo, espungendo le suggestioni socializzatrici e populiste ereditate dalla Rsi.

Secondo Romualdi, il rapporto creatosi nel «senato» tra le varie componenti del mondo reducistico avrebbe consentito di lanciare una proposta politica suscettibile di occupare uno spazio genericamente nazionalconservatore molto più vasto di quello poi effettivamente coperto dal Msi. Per questo egli rimprovera a Giorgio Almirante, primo segretario del partito, di aver gestito la situazione in modo da sminuire la funzione di quella «assemblea di saggi», non accettando che nel primo congresso missino, tenuto a Napoli nel giugno 1948, venisse concesso diritto di partecipazione e di voto a mogli o figli dei reduci fascisti latitanti. In questo modo il leader della Fiamma, appellandosi alle normative statutarie, riuscì a sottrarsi a ogni condizionamento.

Ma Romualdi, che del «senato» pare essere stato di fatto il leader, sottolinea come più tardi la corrente di centrodestra del Msi sia cresciuta sotto l'impulso della classe dirigente virtuale che si riuniva in quell'organismo. Per cui la fine della prima segreteria Almirante, nel 1950, avrebbe segnato in qualche modo una sua rivincita postuma.

D'altronde Parlato lascia intendere che l'arresto di Romualdi, nel marzo 1948, potrebbe essere stato determinato dall'intenzione di lasciare campo libero ad Almirante da parte di chi, a livello governativo, preferiva che il Msi seguisse una linea reducistica e identitaria piuttosto che l'impostazione romualdiana, già allora proiettata verso un disegno di grande destra.

È possibile che le cose siano andate così, ma bisogna essere sempre molto cauti nel costruire una lettura degli eventi storici su ipotesi non suffragate da documenti. Credo che negli ambienti governativi non potesse avere molto ascolto chi temeva che una destra più o meno dichiaratamente in continuità con l'esperienza fascista potesse fare efficacemente concorrenza alla Dc nel 1948.

Che l'arresto di Romualdi fosse volto a depotenziare indirettamente questa prospettiva, favorendo il consolidamento di una forza neofascista più velleitaria, mi sembra un'ipotesi piuttosto schematica e forzata. Penso piuttosto che il governo abbia deciso di cambiare atteggiamento in base al fatto che si era entrati in una fase politica diversa: in un momento in cui alcune questioni andavano trattate a livello occulto, tornava utile un Romualdi libero che potesse agire quasi indisturbato negli ambienti del neofascismo clandestino; esaurita quella fase, Romualdi non serviva più e si poteva evitare l'accusa di connivenza con gli ex gerarchi della Rsi mettendolo in galera.

Parliamo per un attimo di simboli, un elemento della politica da sempre particolarmente caro ai fascisti. È vero che il trapezio sotto la Fiamma rappresenta la bara del Duce? E che Msi vuol dire in realtà «Mussolini sempre immortale»?

All'interno del partito dicerie del genere circolavano parecchio, anche negli anni Sessanta e Settanta. Tra i vecchi dirigenti alcuni confermavano e altri smentivano. Credo che comunque il partito, che alle origini aveva molti tratti in comune con le sette cospiratorie, sentisse la necessità di riaffermare la propria identità dotandosi di una mitologia fatta anche di codici simbolici e linguistici più o meno occulti. Non è quindi da escludere che si sia pensato o visto il tripode alla base della Fiamma come proiezione del catafalco mussoliniano.

Torniamo alla prima segreteria di Giorgio Almirante. Il suo nome, che peserà a lungo nella storia del Msi, balza in primo piano già all'indomani della creazione del partito. Come si afferma la leadership almirantiana in questa fase pionieristica?

Per quanto oggi possa sembrare strano, la prima segreteria di Almirante nasce in modo del tutto casuale, in un momento in cui il Msi era ancora assolutamente disorganizzato. Nell'intervista citata, Romualdi riferisce che il primo segretario del partito, con funzioni esclusivamente amministrative, era stato Giacinto Trevisonno, il quale, per ragioni di lavoro, non poteva assicurare una presenza continuativa nella prima storica sede missina al numero 24 di corso Vittorio Emanuele II a Roma.

Siccome in quelle stanze affluivano di continuo richieste di contatto da parte di ex fascisti che un po' in tutta Italia volevano tornare a farsi sentire e ricucire i rapporti con i compagni di fede, occorreva un segretario in grado di assicurare il massimo di presenza operativa, e che nel contempo non fosse troppo noto e compromesso per il grande pubblico. La cosa preoccupava molto Arturo Michelini, già vicesegretario federale del Pnf a Roma, vero *deus ex machina* del Msi, che aveva assicurato al partito tutti i contatti necessari alla legalizzazione e curava i rapporti con le altre forze politiche e i settori istituzionali disponibili al dialogo. Si cercò allora una soluzione alternativa per ovviare ai problemi di Trevisonno, e mentre era in corso una riunione sull'argomento con Romualdi e Michelini, comparvero in sede Almirante e un altro missino della prima ora, l'avvocato Mario Cassiano, i quali si dissero disponibili a profondere tempo ed energie per la causa. I dirigenti accolsero volentieri l'offerta: affidarono ad Almirante l'ufficio stampa e a Cassiano la segreteria. In un primo tempo i due si accomiatarono soddisfatti, ma poi il giorno stesso fecero ritorno in sede, dicendo che avrebbero preferito scambiarsi i ruoli. La proposta fu accettata e Almirante divenne così segretario di fatto.

In breve tempo la grande capacità di lavoro dimostrata gli permise di accentrare su di sé una serie di mansioni, al punto che nelle sue mani finì ben presto tutta la gestione del partito, alla quale diede subito un'impronta fortemente personalizzata. Era logico che il primo Comitato centrale missino lo eleggesse, nel giugno 1947, segretario. In questo modo poco più che occasionale prese avvio la lunga e intensa carriera politica di Almirante, che nella Rsi era stato semplicemente un giovane funzionario (era nato nel 1914), brillante ma di secondo piano, del ministero della Cultura popolare.

Ma come si caratterizza politicamente la prima segreteria Almirante?

Per una linea di apertura contemporanea su più versanti. Guarda in primo luogo alla sinistra socializzatrice che si richiamava alla Rsi, ma senza trascurare quei settori del movimento che si ispiravano alla politica del fascismo regime e cercavano un rapporto di collaborazione con gli ambienti conservatori, nazionalisti e monarchici. Il primo Almirante pone comunque l'enfasi maggiore sugli aspetti rivoluzionari dell'esperienza fascista.

Sono solo queste le componenti che si confrontano all'interno del Msi nei primi anni?

Più che di vere e proprie componenti, in quella fase è opportuno parlare di sensibilità, che si esprimono soprattutto attraverso la stampa neofascista. Mi riferisco a fogli come «Rivolta Ideale», il cui direttore Giovanni Tonelli fu tra gli ideatori del progetto di creare il Msi, «Rataplan», «Asso di Bastoni», «Rosso e Nero», ciascuno dei quali tendeva a valorizzare l'uno o l'altro aspetto dell'esperienza fascista. Oltre alla sinistra socializzatrice e alla destra nazionalista ci sono altri gruppi di minore seguito.

Per esempio i giovani raccolti intorno alle riviste «La Sfida», «Riscossa» e «Imperium», come Pino Rauti ed Enzo Erra, fortemente influenzati dal pensiero di Evola: una sorta di estrema destra fortemente spiritualista, tradizionalista e antimoderna, ossessionata dalla «demonìa dell'economia». Benché minoritario nel partito, è un gruppo che ha una forte capacità di attrazione sui coetanei, a tal punto che nel 1952 riuscirà a conquistare la guida del Raggruppamento giovanile studenti e lavoratori.

Ai margini del partito, ma spesso in polemica con la sua classe dirigente, si colloca un'estrema sinistra che guarda alla possibilità di un dialogo con il Pci. Stanis Ruinas, il più attivo rappresentante di quest'area, tenta un approccio diretto con Luigi Longo, mentre in più occasioni e in due diverse fasi, tra il 1947 e il 1950, si organizzano incontri tra giovani missini e comunisti – in alcuni casi interrotti da incursioni di ex partigiani indignati – in nome di un'improbabile convergenza antiborghese sul tema della questione sociale e, dopo il 1949, contro il Patto atlantico. Inoltre, in quel periodo tra i militanti dell'organizzazione giovanile missina si trovano persone destinate a prendere in seguito strade molto diverse e a raggiungere ruoli di elevata responsabilità in partiti e sindacati di sinistra.

Questa eterogenea intensità di ispirazioni ideali non dura comunque a lungo. Già nel gennaio 1950, con il cambio della guardia tra Almirante e Augusto De Marsanich, nel partito prevale l'ala pragmatica.

È vero. Ma non sarebbe corretto schematizzare questo momento di transizione, rappresentandolo come lo sbocco obbligato del contrasto tra una «sinistra» antiatlantista e una «destra» moderata proiettata verso l'inserimento nelle logiche di coalizione del sistema democratico. Uno dei pochi autori che hanno osato in passato accostarsi allo studio delle vicende missine da sinistra, Pier Giuseppe Murgia, in un libro fazioso ma documentato, *Ritorneremo!*, ha fatto notare che le cose erano più complicate. Così come la linea politica di Almirante è strutturalmente ambigua, richiamandosi al socialismo nazionale e nel contempo offrendo un ruolo di aperto sostegno alla Chiesa nella contrapposizione frontale alle sinistre, altrettanto composito è lo schieramento dei suoi oppositori. Fra coloro che lo sfiduciano ci sono Giorgio Bacchi e Ugo Clavenzani, esponenti della più accesa sinistra interna, il cui ideologo, Ernesto Massi, rimane vicesegretario nazionale. E per sostituire il segretario uscente, i suoi oppositori di sentimenti conservatori, quelli che ritengono che il revanscismo sia la palla al piede del movimento, scelgono un uomo come Augusto De Marsanich, che aveva fatto parte del Gran Consiglio del fascismo già dal 1929, era stato per oltre dieci anni sottosegretario di Stato alle Comunicazioni e aveva aderito alla Repubblica sociale.

Del resto lo slogan che De Marsanich adotta come simbolo del suo nuovo corso è un capolavoro di equilibrismo, giustamente assurto a celebrità: il «non rinnegare e non restaurare» di cui abbiamo parlato. C'è, in queste parole, un emblematico riassunto del dilemma di identità e di collocazione strategica che ha sempre travagliato il Msi nel corso della sua storia. Sin dalle origini, nel partito erano confluite tre componenti distinte per sensibilità e obiettivi. Una era rappresentata dai continuatori dell'«anima sociale» della Rsi; la seconda raccoglieva quanti intendevano riproporre il modello autoritario del Ventennio (non dimentichiamo che la società italiana del 1947 non era poi molto diversa, strutturalmente, da quella degli anni Trenta); la terza era formata da «uomini d'ordine» indignati per la denigrazione che, attraverso la demonizzazione dell'esperienza fascista, si faceva di una certa Italia borghese, cattolica e nazionalista, che fra le due guerre aveva vissuto la sua apoteosi.

E in questo senso non può stupire che a emergere, in quei primi anni Cinquanta nei quali il partito va consolidando la propria presenza organizzata sul territorio e nelle sedi istituzionali, sia la corrente «di centro», espressione dell'ultima delle categorie accennate, che tesse i rapporti con le forze anticomuniste per assicurarsi uno spazio di manovra, ma nel contempo insiste nel ricollegarsi all'eredità dell'esperienza fascista. La sua è una visione politica non più semplicemente rivendicativa, ma comunque preoccupata di tenere compatta la base missina, che trova nello spirito di rivalsa le sue principali motivazioni: punta sull'identità nazionalpatriottica per farne strumento di convergenza con altre forze, ma è sempre pronta, quando se ne presenti l'opportunità, a cavalcare l'anima protestataria del partito.

La crescita dei consensi pone comunque il problema degli accordi con altre forze per presidiare efficacemente lo spazio politico alla destra della Dc. Nasce così il patto d'unità d'azione con i monarchici, da cui si sviluppa una sinergia elettorale che nelle amministrative del 1951-52 promuove i missini a forza di governo locale in varie realtà del Centro-Sud, sottraendoli al destino di marginalità cui li avrebbe condannati una gestione ideologizzata in senso movimentista. Non va dimenticato che questo è anche il periodo in cui viene discussa la legge Scelba contro il neofascismo: costruire alleanze in grado di fruttare posizioni di potere a livello amministrativo è anche un modo per sottrarsi al pericolo di cadere sotto i fulmini di queste norme repressive.

Esiste qualche ricostruzione attendibile sulle esperienze amministrative di destra nel Mezzogiorno?

No. I materiali ci sarebbero, ma nessuno si è mai preoccupato seriamente di studiarli, di verificare quali politiche vennero messe in atto da quelle giunte locali. Del resto anche sui monarchici è stato prodotto ben poco. Solo nel 2004 è uscita una ricostruzione ampia e documentata di Andrea Ungari, *In nome del re*, che però si arresta al 1948. Poi ci sono un volume sul Partito nazionale monarchico scritto da Cesare Degli Occhi e Piero Operti, il saggio di Domenico De Napoli *Il movimento monarchico* e uno studio di Sandro Setta riproposto nel suo libro sulla destra italiana nell'immediato dopoguerra. Anche sul laurismo abbiamo quasi solo ricostruzioni in chiave meramente folkloristica. Una carenza che si può estendere all'ambito ben più vasto della destra italiana nel dopoguerra.

Però sul neofascismo c'è una bibliografia ormai piuttosto vasta.

In effetti, da quando Tangentopoli ha «sdoganato» il Msi e ha consentito l'ingresso di suoi esponenti nel primo governo Berlusconi, le pubblicazioni sull'argomento si sono moltiplicate. Tuttavia l'attenzione che è stata rivolta a quel settore della destra – con alcune eccezioni come *Il polo escluso* di Piero Ignazi, il già citato libro di Parlato e i tuoi saggi *Gli orfani di Salò* e *I ragazzi della Fiamma* – si è concentrata soprattutto sulle manifestazioni di tipo attivistico ed è sfociata in una notevole sopravvalutazione del radicalismo estremista. Anche coloro che parlano della loro esperienza di missini negli anni Cinquanta finiscono spesso col dare spazio, nella rievocazione postuma, più alla conflittualità di piazza che ad altro. C'è invece una disattenzione totale verso le vicende più strettamente politiche e amministrative. Una ricostruzione attenta del percorso compiuto dal Msi nelle istituzioni, a tutt'oggi, non esiste.

Forse il testo più significativo da questo punto di vista resta ancora L'opposizione di destra in Italia, *pubblicato da Gianni Roberti, parlamentare missino di lungo corso, nel 1988.*

Concordo. Eppure il Msi è stato presente ininterrottamente in Parlamento e nelle altre assemblee elettive, con alcune esperienze di governo locale, dal 1948 fino alla sua trasformazione in Alleanza nazionale. Si potrebbe dire molto su quelle vicende, e il fatto che vengano trascurate è molto significativo. È come se la presenza missina nelle istituzioni fosse stata di esclusiva subordinazione alla strategia di altre forze, a cominciare dalla Dc, e non avesse subito alcuna trasformazione nel corso di oltre quarant'anni. Il che, se si facessero studi approfonditi, non risulterebbe vero, perché all'attivismo nelle piazze ha comunque corrisposto una serie di tentativi di influire sulle scelte politiche del Paese, assumendo posizioni diverse a seconda dei temi che bisognava affrontare in ciascun frangente. I passaggi dal centrismo al centrosinistra, poi all'unità nazionale e quindi al pentapartito hanno avuto conseguenze anche per una forza emarginata dalle coalizioni di governo come il Msi.

Dopo la legge Scelba viene la «legge truffa», la riforma elettorale maggioritaria, rivolta contro l'opposizione di destra ancor più che contro quella di sinistra. Si può dire che vi sia stato, da parte democristiana, quasi un tentativo di soffocare in fasce il Msi?

In quella fase la Dc si rende conto che il successo del 18 aprile 1948 è irripetibile, anche perché appare arduo tenere insieme lo spettro d'interessi che si era riconosciuto nel partito cattolico. Per esempio sulla riforma agraria la posizione democristiana, influenzata dalla Coldiretti, delude le aspettative dei proprietari terrieri. E la Confagricoltura, seguendo la via dell'appello interpartitico, finisce per rivolgersi altrove: ai liberali, ai monarchici e anche ai missini.

Si pone insomma per la Dc il problema di come premunirsi rispetto alla concorrenza di forze situate alla propria destra, che in quella fase minacciano di trovare consensi. La «legge truffa» – così come in un altro senso e con un raggio più limitato la legge Scelba – è un tentativo di eliminare queste spine nel fianco, alle quali si pone un *aut aut*: o l'allineamento o una pesante decurtazione della rappresentanza parlamentare. E poiché le Camere sono sin dalla prima legislatura repubblicana la sede fondamentale della contrattazione fra le varie formazioni politiche, ma anche fra partiti e interessi organizzati, si tratta di una minaccia estremamente grave.

Come reagisce il Msi?

Con molta durezza. I suoi oratori, nei dibattiti parlamentari, attaccano vigorosamente l'ipotesi di imbavagliamento delle opposizioni che a loro avviso la Dc vuole mettere in atto con la legge maggioritaria. Roberto Mieville afferma nell'aula di Montecitorio che i giovani missini, dei quali è stato il primo leader, «si lanceranno disperatamente nella lotta contro questo attentato alla libertà delle nuove generazioni» e parla di divorzio tra popolo e Stato, spingendosi fino a definire la riforma elettorale «legge della guerra civile che aiuta i fermenti di rivolta». Tra l'altro paventa il pericolo che, mettendo la museruola alle forze che rappresentano il mondo del lavoro, quindi alle stesse sinistre, si alimentino pericolose reazioni sociali.

La posizione del Msi è volta innanzitutto a bloccare una normativa che libererebbe la Dc dalla prospettiva di dover ricorrere ai voti della destra per governare, ma la vicenda offre anche un'occasione per ridurre il grado di emarginazione dei suoi rappresentanti in Parlamento. Infatti, come ricorda nelle sue memorie Gianni Roberti, si arriva a una sorta di accordo tecnico con socialisti e comunisti per rendere più efficace la battaglia di opposizione: in qualche modo i rapporti tra i gruppi di estrema destra ed estrema sinistra si civilizzano, passando dalla prassi dello scontro sistematico a quella del confronto.

È poi interessante notare come quel dibattito offra la possibilità ai missini di rivendicare il ruolo, piuttosto sorprendente, di difensori delle istituzioni parlamentari contro l'autoritarismo del ministro degli Interni Mario Scelba, che aveva minacciato di far intervenire la forza pubblica in aula per mettere fine alle turbative causate dalle opposizioni. Anche questo è un modo per rivendicare un diritto di cittadinanza all'interno delle istituzioni, fino ad allora ottenuto solo in minima parte. Quando poi la «legge truffa» non scatterà, alle elezioni del giugno 1953, il partito potrà vantarsi di aver svolto un ruolo decisivo in difesa delle minoranze.

Nel 1953 la Dc cerca di giocare contro i missini anche la carta nostalgica: basti pensare all'abbraccio di Arcinazzo tra Giulio Andreotti e il maresciallo Rodolfo Graziani.

L'episodio di Arcinazzo ha due significati. Uno di carattere immediato, con il tentativo di evitare un'emorragia di voti nostalgici verso il Msi in vista delle imminenti elezioni. L'altro di portata più generale, come parte di una strategia volta a ricollegare la Dc a una tradizione cattolico-nazionale di cui il clerico-fascismo era stato una parte fondamentale, e anche per compensare le aperture «sociali» della sinistra democristiana.

Graziani, ex comandante dell'esercito di Salò, era già stato contattato un anno prima da Luigi Gedda, il promotore dei Comitati civici, nella prospettiva della formazione di liste locali anticomuniste nelle maggiori città del Centro-Sud. Giocare la carta della «pacificazione nazionale» era essenziale per dare credibilità a questo tipo di operazioni. Si trattava insomma di ricucire lo strappo che la partecipazione del partito di De Gasperi al Cln poteva aver creato con certi ambienti conservatori, riaffermando l'appartenenza dello Scudo crociato a un'Italia in cui c'era posto anche per alcuni aspetti del fascismo, mentre non ce n'era per il marxismo e l'internazionalismo del Pci.

Però su questo il mondo cattolico appare diviso. In occasione delle elezioni comunali di Roma, nel 1952, Gedda si adopera, su impulso di Pio XII, per un'alleanza tra la Dc e le destre, la cosiddetta «operazione Sturzo», mentre De Gasperi contrasta il progetto e contribuisce a farlo saltare.

Quella vicenda va molto al di là della contingenza e mette in luce due modi diversi di interpretare il ruolo del cattolicesimo politico nell'Italia del dopoguerra. Si trattava di gettare le basi per sviluppi futuri: contrarre un debito nei riguardi dei missini significava aprire la strada a una prospettiva in cui l'anticomunismo sarebbe servito a cementare un grande blocco conservatore, chiuso a sinistra. Altre componenti della Dc, ostili all'accordo con Msi e Pnm, intendevano invece recuperare consensi sul piano delle riforme, strappando alle sinistre una parte dell'opinione pubblica che si era orientata verso il Pci e il Psi in funzione antifascista, soprattutto in seguito alla guerra. Quindi l'operazione Sturzo è un passaggio delicato nel quale i missini non svolgono affatto un ruolo centrale, ma sono soltanto una pedina nei giochi altrui.

A questo proposito, va forse ricordato che proprio in questa fase il Msi trova un'insolita benevolenza a sinistra.

È così. Nel 1953 per la prima volta i missini possono fare campagna elettorale in zone del Paese dove in precedenza i loro comizi erano sistematicamente impediti dalla mobilitazione della sinistra. Ed è in questa occasione che il segretario della Fgci Enrico Berlinguer, il 7 maggio 1953, rivolge un esplicito appello ai giovani neofascisti dalle colonne dell'«Unità». I comunisti si rendono conto per la prima volta che può essere per loro conveniente lasciar sviluppare una forza che indebolisca la Dc da destra. Del resto un calcolo del genere è stato fatto anche dal Pds all'epoca di Tangentopoli. E in entrambe le occasioni è emersa la strumentalità dell'approccio di tutte le forze politiche – di sinistra, di destra e di centro – al delicato problema della ricucitura delle ferite aperte dalla guerra civile.

3
L'era Michelini

All'inizio degli anni Cinquanta il Msi impegna molte energie nelle manifestazioni in favore del ritorno di Trieste all'Italia. Che significato ha quella battaglia?

La questione del confine orientale offre al Msi la possibilità di affermare con forza la sua vocazione nazionale, ricollegandosi direttamente a uno dei motivi fondanti del fascismo. Attraverso l'agitazione in prima persona a Trieste, il partito prima di tutto rivendica una funzione di supremo custode dell'integrità nazionale, spingendosi su questo terreno ben oltre i limiti fino ai quali poteva avventurarsi la Dc. In secondo luogo, mostra la volontà di svolgere un ruolo d'avanguardia anche sul piano internazionale, perché la Jugoslavia titina, nonostante la rottura con Stalin, viene comunque percepita come simbolo del comunismo infoibatore. Infine, con il suo attivismo il Msi si pone come punto di riferimento per gli esuli istriani e dalmati, oltre che per tutti i triestini spaventati dalla presenza inquietante della Jugoslavia e delle sue truppe, procurandosi un rilevante bacino di consensi.

In questa battaglia la Fiamma si getta anima e corpo, in Parlamento e nelle piazze, pagando un prezzo molto alto. Nel marzo 1953, durante un corteo non autorizzato e attaccato dalla polizia, una bomba ferisce due giovani esponenti del partito, Fabio De Felice e Cesare Pozzo, e altri 17 partecipanti. Il Msi sostiene che si è trattato di un «attentato slavo». I due militanti feriti verranno eletti deputati nelle elezioni politiche di giugno. Nel novembre successivo, nel corso di altre manifestazioni per il ritorno della città all'Italia cadono a Trieste sei persone, quattro delle quali sono militanti missini, due giovanissimi, uccise dalla polizia del governo militare alleato. Questo sacrificio di sangue contribuisce notevolmente alla legittimazione del partito presso vasti settori dell'opinione pubblica, riscattandolo dall'accusa di sudditanza allo straniero mossagli in quanto erede del «collaborazionismo» di Salò.

Inoltre, quella per Trieste è la prima grande mobilitazione giovanile di destra del dopoguerra, un fatto molto importante dal punto di vista simbolico. La soluzione raggiunta nel 1954, con l'assegnazione di Trieste all'Italia e della «zona B» alla Jugoslavia, tiene peraltro aperta una ferita a cui la rivendicazione nazionalista missina attingerà poi costantemente, rafforzandosi vent'anni più tardi con il rigetto degli accordi di Osimo. Si crea insomma una frattura permanente che consente al Msi di premere sull'opinione pubblica di volta in volta, magari quando altri temi propagandistici hanno meno presa, per riaffermare la visibilità del proprio impegno come paladino del sentimento nazionale. È lo stesso meccanismo che verrà attivato, dieci anni dopo, sulla questione dell'Alto Adige.

Tra l'altro la riapertura della questione triestina è opera del «governo d'affari» monocolore del democristiano Giuseppe Pella, il primo che ottenga in Parlamento l'astensione missina. Si apre così la stagione in cui il Msi cerca di inserirsi in qualche modo nell'area governativa. Che giudizio si può dare di questa politica?

È una linea perseguita per parecchi anni, ma in maniera occasionale: non viene mai coerentemente sistematizzata. Una carenza che ha attirato sui dirigenti missini di quegli anni critiche retrospettive di uomini collocati su posizioni molto diverse, come il leader della destra interna, Pino Romualdi, e quello della sinistra, Ernesto Massi. Sorprendentemente i due sono concordi nel sostenere che il Msi avrebbe dovuto indirizzarsi verso un'apertura esplicita nei confronti di alcuni ambienti democristiani, unico sbocco possibile, a loro avviso, di una situazione che andava cristallizzandosi.

Secondo Romualdi, sarebbe stato necessario puntare tutto sul condizionamento da destra della maggioranza, garantendo un polmone di ricambio alla Dc per politiche più apertamente conservatrici. Massi invece pensava a una saldatura sul fronte cattolico-sociale con un uomo come Amintore Fanfani, proveniente dalla sinistra dossettiana e con un passato di studioso del corporativismo nel periodo fascista. Ma per entrambi il rapporto con la Dc era il nodo centrale da sciogliere.

Come si comporta invece, in quel frangente, la dirigenza missina?

Preferisce indugiare. Lascia ai monarchici il compito di reclamare apertamente la formazione di alleanze aperte a tutte le componenti del fronte anticomunista. Si culla nella speranza di vedersi riconoscere un ruolo dalla Dc senza instaurare con essa un rapporto diretto, ma anzi continuando a presentarsi come alternativa alla maggioranza centrista. Mancano però nuovi spazi di consenso da conquistare: dopo i successi ottenuti alle elezioni amministrative del 1952, che avevano visto sei grandi capoluoghi del Sud – Napoli, Bari, Foggia, Salerno, Benevento e Lecce – passare nelle mani della destra, alle politiche del 1953 il Msi si ferma al 5,8 per cento alla Camera e al 6,1 al Senato. In un contesto simile l'atteggiamento attendista del gruppo dirigente missino si rivela sterile e porta alla fine della segreteria De Marsanich, logorata da una mediazione estenuante tra le diverse componenti del partito.

Per liberarsi di questa ambiguità strutturale si forma una più ristretta e compatta coalizione dirigente, che si propone di perseguire con maggiore chiarezza il progetto di una «grande destra» che coinvolga i monarchici, i liberali e parte della Dc. Per gestire questo nuovo corso scende direttamente in campo Michelini, noto per la sua capacità manovriera, che diventa segretario nell'ottobre 1954. Si torna così alla politica di legame organico con i monarchici, accantonata provvisoriamente al congresso dell'Aquila del 1952, che porta nel 1956 alla presentazione di liste comuni in molte realtà locali, con risultati nel complesso soddisfacenti, anche se non all'altezza di quelli di quattro anni prima. Ma proprio questo successo, che mette all'ordine del giorno la prospettiva di inglobare le due forze in un contenitore unico, manda in fibrillazione i più convinti sostenitori della specificità missina.

La destra e la sinistra interne si danno battaglia come nel periodo immediatamente successivo alla fondazione del partito?

Le cose non si presentano esattamente allo stesso modo. Facciamo un passo indietro. Nel congresso nazionale di Viareggio del 9-11 gennaio 1954, ufficialmente il quarto della storia missina, perché quello previsto a Bari nel novembre 1950 non si è svolto a seguito di un divieto decretato da Scelba, gli schieramenti in campo sono tre: un blocco centrista guidato da De Marsanich e Michelini, che propone di svolgere un'azione di condizionamento da destra della Dc, nel quale convergono però anche Almirante e l'ex sindacalista fascista Giuseppe Landi; la sinistra intransigente di Massi, Giorgio Bacchi, Francesco Palamenghi-Crispi, Bruno Spampanato, Raffaele Valensise; e infine una composita corrente, sospesa tra lo spiritualismo degli evoliani e il richiamo allo Stato etico, nelle cui file si arruolano da una parte il gruppo dirigente giovanile, con Erra, Rauti, Angelo Nicosia, Cesare Pozzo, dall'altra Pino Romualdi ed Ernesto De Marzio.

Nello spoglio delle schede, la mozione legata alla direzione, «Per l'unità del Movimento», ottiene la maggioranza relativa di voti e seggi in Comitato centrale (rispettivamente 246 su 526 e 46 su 99); ma per prevalere le è indispensabile l'appoggio dei firmatari del documento «Per una grande Italia» di Romualdi, Erra e Rauti, che, con i 22 seggi ottenuti grazie a 120 voti, funzionano da ago della bilancia degli equilibri interni. Anche i socializzatori della mozione «Per una Repubblica sociale», seconda forza con 160 voti e 31 seggi al Comitato centrale, sono comunque rappresentati nella direzione nazionale creata all'indomani di Viareggio.

La deriva centrista del Msi sancita dal congresso è favorita dal fatto che non c'è nessuna possibilità di confluenza operativa tra le due diverse forme di opposizione alla linea del gruppo dirigente. In teoria la somma dei voti congressuali andati alle due mozioni che si oppongono all'evoluzione moderata permetterebbe di raggiungere la maggioranza, ma la sinistra di Massi e la destra di Romualdi non sono componibili. Anche i giovani spiritualisti, al di là dei proclami rivoluzionari, sono in maggioranza abbastanza disponibili a una politica di avvicinamento al sistema, o comunque, pur criticandola, la vedono come un male minore rispetto al rischio che il Msi scivoli verso posizioni di sinistra nazionale. Del resto, due anni dopo, Erra, uno degli esponenti di maggior spicco della corrente – definita dagli avversari interni «figli del sole» a causa della sua propensione all'esoterismo di Evola e di Massimo Scaligero –, si schiererà dalla parte di Michelini contro Almirante.

I propositi di mantenere l'unità del partito, sottoscritti da tutte le componenti dopo Viareggio e consacrati dalla decisione del Comitato centrale di sciogliere formalmente le correnti a livello di base, consentendone l'articolazione di fatto solo in seno agli organismi direttivi, non durano comunque a lungo. L'elezione di Michelini a segretario nazionale con De Marsanich presidente, il 10 ottobre 1954, avviene ancora in un clima unitario, ma di fatto segna il passaggio a una nuova strategia politica, che prevede una prima fase di «opposizione nazionale» assieme ai monarchici e un successivo rapporto diretto con la Democrazia cristiana. È quella che De Marsanich chiama la via del «coordinamento di partiti che hanno differenti programmi sociali, differenti principi istituzionali, ma hanno in comune il principio della Nazione e dello Stato forte e autoritario». Una prospettiva che mira a evitare l'isolamento del Msi, ma lascia prevedere lo stemperamento dei suoi caratteri più specifici, e non può pertanto essere accolta con favore dagli «idealisti», di destra o di sinistra che siano.

Di qui una crescente rissosità interna. Un duro colpo per la sinistra è il fallimento dei Nadas (Nuclei aziendali di azione sociale), sui quali aveva molto puntato per organizzare la presenza del partito nei luoghi di lavoro. Al loro posto si afferma la Cisnal, sindacato dai toni talvolta populisti ma saldamente ancorato a posizioni moderate, fondato già il 24 marzo 1950 ma, per un certo periodo, considerato politicamente subalterno alle enfatizzate «cellule» di partito. A destra, invece, Rauti fonda nel 1953 il Centro studi Ordine nuovo, con il proposito di liberarsi della subalternità alla corrente romualdiana e di disporre di un proprio strumento di organizzazione e di elaborazione culturale.

Si creano insomma le premesse per quello che sarà il duro scontro congressuale del 1956 a Milano, il cui casus belli *è, al solito, l'intesa con il Pnm.*

Sì, anche se la sinistra missina non è sempre sfavorevole in blocco alle intese con i monarchici; a volte le approva, dandone però un'interpretazione tattica. E l'estrema destra oscilla tra l'assoluta fedeltà all'insegnamento di Evola, che ipotizzava un'alleanza tra le «forze sane» unite dall'ostilità verso il «democraticismo», e la tendenza a considerare negativo ogni compromesso con i partiti borghesi. All'interno del Msi di quel periodo si configura insomma un panorama complesso, in cui le posizioni spesso s'intersecano. E la confusione che ne nasce favorisce la linea compromissoria del segretario.

Ma con Michelini non si afferma nettamente un orientamento di destra?

Non direi. In realtà la sua nel partito è una posizione centrista, tant'è vero che viene eletto segretario con l'appoggio anche della sinistra di Massi, detta «milanista» perché aveva a Milano la sua roccaforte. Il vero problema è che Michelini propende per una gestione all'insegna del più assoluto pragmatismo, con l'intento di rendere il Msi spendibile su vari terreni a seconda delle contingenze politiche. Perciò si schierano contro di lui tutti coloro che, da destra o da sinistra, si oppongono alla deriva opportunistica del Msi in nome di principi ideologici.

Come si arriva all'urto frontale del congresso di Milano?

Michelini cerca di cooptare all'interno della dirigenza anche frange della sinistra, in modo da poter avere mano libera nella gestione del partito. Ma le sue mosse vengono ostacolate da Almirante, il quale, eletto in direzione per la corrente di centro, decide improvvisamente di spostarsi nuovamente, nell'estate 1956, su posizioni di sinistra, nella speranza di tornare così alla guida del Msi. Questa manovra, tipica dello spregiudicato personalismo almirantiano, viene appoggiata da Franz Turchi, fondatore del «Secolo d'Italia», determinando anche un mutamento di linea del giornale del partito. Michelini reagisce fondando un effimero quotidiano ufficiale del Msi, «Il Popolo Italiano», di cui affida la direzione a Romualdi.

Passando all'opposizione, Almirante coagula intorno a sé tutte le componenti insoddisfatte, dalla sinistra all'estrema destra evoliana, e persino alcuni moderati come Alfredo Cucco e Filippo Anfuso. E il congresso, nel novembre 1956, diventa una sorta di resa dei conti, con episodi di scontro fisico tra i due schieramenti. Alla fine Michelini prevale di strettissima misura, 315 voti a 308, nel confronto delle mozioni, ma la capacità manovriera dei suoi seguaci gli assicura, nell'elezione del Comitato centrale, uno scarto vistoso: 60 seggi contro i 39 delle minoranze.

Nella nuova direzione entrano esponenti del centro e della destra nazionalstatalista, ma non della corrente socializzatrice e delle altre minoranze, la cui compattezza è del resto inesistente: a Milano, mentre in aula ci si azzuffa, Almirante si è già accordato sottobanco con i rivali per una ricomposizione dei rapporti dopo la chiusura dei lavori. Benché avesse dichiarato che non avrebbe sottoscritto compromessi né prima, né durante, né dopo il congresso, e ribadito in seguito di voler mantenere un atteggiamento di opposizione interna, nel luglio del 1957 lui e i suoi fedelissimi rientrano in direzione.

Altre componenti del fronte contrario a Michelini accusano Almirante di tradimento e prendono strade diverse. Nell'immediato, c'è la scissione degli spiritualisti di Rauti, che fondano il movimento Ordine nuovo, proiezione esterna del già esistente Centro studi. Un'altra spaccatura, di minore portata, è quella del generale Massimo Invrea, già precedentemente protagonista di episodi di dissidenza (nel 1952 aveva già lasciato il partito creando i Gruppi Autonomi Repubblicani), la cui corrente «Socialismo nazionale» si colloca su posizioni di sinistra.

In seguito si assiste a un progressivo indebolimento della corrente socializzatrice, che perde i suoi esponenti più qualificati e si trova a essere rappresentata da un uomo che in realtà le è sostanzialmente estraneo come Almirante. Se ne va, per esempio, una figura prestigiosa come Massi, professore all'Università Cattolica e per un certo periodo presidente della Società geografica italiana, che con altri «milanisti» aveva fondato nel 1952 la rivista «Nazione sociale» e nel 1957 dà vita a un effimero Partito nazionale del lavoro. È un naufragio dal quale la sinistra missina non si riprenderà più.

Il 1956 è anche l'anno della rivoluzione ungherese, i cui riflessi nel nostro Paese non coinvolgono solo la sinistra, ma anche la destra. In che modo?

Riproponendo l'immagine di un comunismo imperialista e

violento, che la strategia togliattiana aveva filtrato e attenuato. L'allineamento del Pci alle posizioni sovietiche e la sua intolleranza nei confronti dei dissidenti non solo restituiscono motivazioni e capacità di suggestione all'anticomunismo, ma agli occhi dell'opinione pubblica moderata lo fanno apparire assai più attuale dell'antifascismo: le accuse di brutalità repressiva rivolte dalle sinistre alla Spagna franchista, per esempio, impallidivano di fronte alle immagini di ciò che si verificava a Budapest.

La minaccia violenta implica la necessità di una risposta forte e decisa: e su questo terreno il Msi sa di poter offrire garanzie maggiori della Democrazia cristiana, non foss'altro che per i ricordi evocati dal passato a cui si richiama. Non è casuale che proprio nei giorni caldi delle manifestazioni a sostegno degli insorti ungheresi nasca l'idea di strutturare il servizio d'ordine del partito – le «camicie verdi» di cui parlava la stampa dell'epoca – in un'organizzazione a tinte paramilitari, i Volontari nazionali, la cui fondazione verrà ufficializzata però solo alcuni anni più tardi.

Fra i più giovani, poi, le scene riprese in Ungheria da fotografi e cineoperatori suscitano una fiammata di passione europeista, che attualizza il mito fascista del nuovo ordine continentale, diffusosi soprattutto durante la guerra e sintetizzato, nella pubblicistica dell'area, dagli insistenti richiami alle decine di migliaia di volontari accorsi da quasi tutti i Paesi europei nelle Waffen SS per combattere il «pericolo bolscevico». Riprende insomma vigore l'idea di poter fare da punta di diamante di uno schieramento internazionale che vendichi in qualche modo la sconfitta subita dalle forze dell'Asse sul fronte orientale.

A questo contribuisce anche la sostanziale incapacità dell'Occidente di reagire di fronte alla tragedia ungherese?

Certo. La formula del rifiuto dell'ordine di Yalta, che è inscritta nel codice genetico del Msi, acquista forza e peso suggestivo proprio con il 1956. Si fa strada fra i militanti e i quadri intermedi (anche in questo caso, per gli elettori il discorso andrebbe diversificato) la consapevolezza che i destini dell'Europa non sono necessariamente legati a quelli degli Stati Uniti, come vorrebbe la logica atlantista, perché gli americani non sono disposti a spendere la loro potenza militare in una difesa a oltranza delle forze anticomuniste nel Vecchio Continente. E viene riaffermato il mito dell'«Europa nazione», contrapposta a entrambi i blocchi, in nome del quale si realizza una vasta mobilitazione attivistica.

Dopo le agitazioni per Trieste, quelle per Budapest offrono infatti una nuova e ancor più importante occasione per rompere la *routine* dell'attività politica ordinaria. In un primo momento, come documenta Adalberto Baldoni nel suo *La Destra in Italia*, vera miniera di informazioni sulle vicende interne del partito, la dirigenza missina, più preoccupata delle polemiche precongressuali che delle vicende internazionali, si colloca su posizioni attendiste, sospettando che quanto sta accadendo oltrecortina – in Ungheria e in Polonia – sia solo un episodio delle lotte tra fazioni comuniste. Ma non la pensano così i militanti più giovani, che puntano sui fatti di Budapest per invocare lo scioglimento del Pci e passano all'azione.

Alcuni attivisti riescono a mettere piede in Ungheria e uno dei futuri ministri del primo governo Berlusconi, Mirko Tremaglia, fa stampare un manifesto in cui si auspica la creazione di un corpo di volontari disposti ad andare a combattere contro i sovietici. Più realisticamente, la Giovane Italia, organizzazione fondata a livello nazionale due anni prima per dare voce agli studenti di destra dei licei e degli istituti tecnici, riesce a capeggiare scioperi e cortei anche in regioni dove tradizionalmente al Msi era inibita ogni capacità di movimento al di fuori delle campagne elettorali. Per la prima volta la sinistra viene costretta sulla difensiva e deve subire attacchi, di grande importanza simbolica, rivolti contro i luoghi di maggiore visibilità della sua presenza, come alcune sezioni territoriali e la redazione dell'«Unità».

Per i neofascisti è una vera liberazione dalla condizione psicologica opprimente in cui si erano trovati per molti anni: finalmente possono credere di aver ripreso in mano l'iniziativa politica sul terreno che ritengono più congeniale, quello della piazza. Questa scossa dà a tanti militanti una nuova consapevolezza di sé, che permette loro di sperare di poter competere da pari a pari con gli avversari nelle scuole e nelle facoltà universitarie, mentre viene liquidata definitivamente l'ipotesi di dialogare con le forze marxiste.

Intanto Michelini ha ormai acquisito il pieno controllo del Msi. E può sviluppare in pieno la sua linea d'inserimento del partito nel gioco politico.

Sì; tra l'altro, Michelini fa approvare al Comitato centrale una norma che impedisce alle correnti di dar vita a stabili strutture organizzate. In questo modo recupera progressivamente il controllo dell'apparato e di tutta la stampa fiancheggiatrice. Il partito, tuttavia, paga le frammentazioni interne e le incertezze di linea degli anni precedenti con una flessione alle elezioni del 1958, che lo vedono passare dal 5,9 al 4,8 per cento dei voti. E questo dà maggior forza all'appello a serrare i ranghi rivolto dal segretario alla base.

La politica sviluppata dal Msi nella seconda metà degli anni Cinquanta è quella che gli oppositori del segretario definiscono della «ruota di scorta»: si offre alla Dc come sostegno alternativo per impedire soluzioni governative aperte ai socialisti. Questo infatti è il periodo in cui si comincia a parlare seriamente di centrosinistra, e la dirigenza missina è molto inquieta dinanzi alla prospettiva di essere ulteriormente emarginata da una soluzione che escluderebbe simmetricamente neofascisti e comunisti dai giochi politici più importanti.

Per evitare sviluppi del genere, ancor più preoccupanti in

un momento in cui l'alleato monarchico appare in netto declino, dopo la scissione del 1954 che ha visto sorgere il Partito monarchico popolare di Achille Lauro in contrapposizione al Pnm di Alfredo Covelli, il Msi si propone come sponda per le forze moderate che osteggiano l'ipotesi dell'ingresso del Psi nell'area governativa. L'appoggio ad alcuni governi democristiani è quindi soprattutto un tentativo di rompere preventivamente il temuto isolamento.

Questa strategia culmina con la vicenda del governo Tambroni, in cui alcuni vedono un'opportunità perduta. Secondo questa interpretazione il Msi, di fronte alla prospettiva di inserirsi nell'area governativa, sarebbe stato pronto a dichiarare la sua piena adesione al sistema democratico. E i moti di piazza fomentati dalla sinistra, che nel luglio del 1960 impediscono il congresso missino di Genova, avrebbero ritardato la sua evoluzione ideologica. È così?

È una ricostruzione non del tutto convincente. Lo stesso Romualdi, unico testimone e partecipante delle vicende di cui ci occupiamo che ne abbia lasciato un'attendibile memoria scritta, avanza seri dubbi sul fatto che una svolta del genere potesse essere già matura in quel periodo. In fondo quella micheliniana è solo una politica di «mani libere», che aveva reso stabile la classica connotazione bicefala del Msi: un partito che al proprio interno continuava a celebrare il richiamo diretto al fascismo, con tutta la svalutazione dei principi democratici che ne derivava, mentre all'esterno tendeva a un sempre maggior inserimento nell'area della rispettabilità borghese.

Questa ambivalenza ha sempre fatto sì che gran parte dei quadri e dei militanti missini considerasse ogni partecipazione a combinazioni politiche esclusivamente come parte di una strategia di accesso al potere, che avrebbe dovuto poi vedere il Msi conquistare l'egemonia per instaurare un regime destinato a richiamare – sia pure in forme che nessuno avrebbe saputo indicare con precisione – quello mussoliniano. Ritenere che già nel 1960 questa mentalità potesse essere stata neutralizzata o rovesciata dalla consacrazione congressuale dell'apertura a Tambroni mi pare azzardato.

Non credo quindi che il mancato svolgimento del congresso di Genova abbia cambiato radicalmente la storia del Msi. Fra l'altro i codici comportamentali vigenti all'interno del partito – illustrati abbastanza realisticamente, benché in tono molto fazioso, nel libro *Autobiografia di un picchiatore fascista* di Giulio Salierno – a tutto portavano fuorché a una socializzazione in senso democratico degli iscritti. C'era ancora un clima di autoesclusione psicologica, che avrebbe reso difficile un pieno inserimento nel sistema democratico. Forse solo una violenta frattura del Paese lungo l'asse comunismo/anticomunismo avrebbe potuto appiattire le forti differenze che separavano il Msi dalle forze moderate.

Quindi il sostegno a Tambroni non aveva dietro di sé un respiro strategico.

No, credo sia stato solo un momento di saldatura tra il perdurante immobilismo missino e la straordinarietà delle circostanze. In realtà, se eccettuiamo la politica almirantiana della Destra nazionale nei primi anni Settanta, il Msi non ha mai saputo elaborare una linea dotata di respiro strategico. La gestione micheliniana, nonostante la lunga durata, si sviluppa essenzialmente all'insegna di una serie di limitate scelte tattiche. Tant'è vero che, all'indomani del 1960, il partito entra in una fase di avvitamento su se stesso, che produce soltanto la reiterata proposta di una «grande destra» con liberali e monarchici, destinata a non vedere mai la luce per il netto rifiuto dei primi. Se a guidarne le mosse fosse stata una strategia di fondo, essa avrebbe potuto condurre a percorsi alternativi, che invece non vengono neppure abbozzati.

Anche l'operazione Milazzo in Sicilia, su cui spesso si è appuntata l'attenzione degli osservatori, appare legata molto più a una ricerca di visibilità a ogni costo che a un progetto dotato di un minimo di spessore. Il Msi si limita a sfruttare, nel novembre 1958, l'occasione offertagli dalle diatribe interne democristiane. Alla caduta della giunta regionale siciliana presieduta da Giuseppe La Loggia, fedele a Fanfani, gli avversari dell'allora presidente del Consiglio convincono un esponente antifanfaniano della Dc locale, Silvio Milazzo, a varare una coalizione che si regge sul contemporaneo sostegno di comunisti, socialisti, monarchici e, appunto, missini. Non si tratta di un laboratorio politico con l'ambizione di produrre future alleanze trasversali, ma di un episodio di una lotta di potere in seno al partito cattolico, e l'espulsione di Milazzo dalla Dc gli taglia le gambe prima che possa produrre conseguenze di un qualche rilievo.

Significativamente, questa convergenza tra estrema destra ed estrema sinistra non ha nessun seguito in altre zone d'Italia. E anche nel contesto siciliano non viene in realtà perseguita con particolare determinazione.

I fatti del luglio 1960 rappresentano per il Msi un trauma anche per il significato simbolico che ha l'annullamento di un congresso sotto la pressione della piazza. Qual è l'impatto di questa sconfitta?

È un insuccesso che, tutto sommato, favorisce Michelini. È vero che era stato lui a creare i Volontari nazionali, ma la sua politica di moderatismo era legata alla possibilità di non essere ricattato da correnti interne in grado di far leva sulla base attivistica. Paradossalmente la vicenda di Genova, se riduce i margini di manovra politica della dirigenza missina all'esterno, riportando in auge il richiamo antifascista, su un altro versante disarma gli avversari interni, legati a una dimensione di presenza militante che subisce un colpo molto duro. Inoltre i fatti del luglio 1960 rinfocolano in vasti settori dell'opinione pubblica il sentimento anticomunista, convincendo una parte dell'elettorato conservatore che il Msi ha comunque un ruolo da svolgere all'interno del sistema politico, in contrapposizione alla minaccia rappresentata dalla sinistra.

L'effetto di tutto questo si vede con chiarezza nelle elezioni amministrative del novembre 1960: la Fiamma compie un grosso balzo in avanti, che la porta vicina ai due milioni di voti. Ma la mancanza d'iniziativa politica, dovuta allo smarrimento della classe dirigente missina, impedisce di capitalizzare questo successo e di farlo pesare negli equilibri politici del Paese.

Dunque trionfa l'immobilismo, che determina crescenti sintomi di disaffezione nella base del partito.

Diminuisce l'attivismo, molte sezioni chiudono, una parte dei quadri più motivati si ritira a vita privata. Tuttavia questi fenomeni sono funzionali al mantenimento della leadership di Michelini, che tra l'altro, grazie ai suoi contatti con la Confindustria, si presenta in quegli anni come l'unico che possa garantire la sopravvivenza economica del Msi in una fase in cui i costi della politica cominciano a lievitare sensibilmente.

Del resto, pur non riuscendo a stringere l'auspicato legame con i liberali di Giovanni Malagodi, all'epoca punto di riferimento privilegiato della borghesia conservatrice, il partito riscuote alcuni dividendi tattici che lo tengono a galla: partecipa all'elezione di Antonio Segni alla presidenza della Repubblica nel 1962; guadagna voti alle elezioni del 1963 malgrado la concorrenza del Pli; conquista spazi d'opinione grazie alla vivace campagna contro l'autonomia dell'Alto Adige. In fondo anche i governi di centrosinistra hanno interesse a mantenere vivo, benché malconcio, lo spauracchio autoritario rappresentato dai neofascisti. Un interesse che collima con il basso profilo imposto al Msi da Michelini.

Eppure, proprio in questi anni, la dirigenza missina insiste ripetutamente sulla necessità che il partito sia «determinante» per l'indirizzo politico complessivo del Paese.

In realtà, le occasioni per far contare i propri voti sono sporadiche. La più importante è l'elezione del capo dello Stato nel 1962. Dopo le prime quattro votazioni, la destra fa confluire i suoi suffragi su Segni, portandolo al Quirinale: in questo modo missini e monarchici riescono a trasmettere l'impressione che senza ricorrere ai loro voti non si possa affermare nel Paese una tendenza conservatrice. Tuttavia questo rimane un episodio isolato. E l'evidente incapacità della leadership di spendere i consensi del partito nella conquista di nuovi spazi fa riemergere un'aspra conflittualità interna.

L'opposizione contesta il segretario, accusandolo di limitarsi al piccolo cabotaggio. Al congresso di Roma del 1963, il settimo, si ripropone lo scontro tra Michelini e Almirante: al nuovo successo del primo corrisponde un atteggiamento quasi scissionista dell'ala minoritaria (eccessivamente debole per prevalere, ma troppo forte per essere estromessa dal partito), che apre proprie sedi autonome in alcune parti d'Italia. Addirittura alle elezioni amministrative del 1964 vengono promosse in alcune località liste di missini dissidenti in concorrenza con quelle della Fiamma.

Il contrasto si ricompone solo qualche tempo dopo, con un appello al patriottismo di partito e un'offerta di maggiore rappresentanza che inducono Almirante e i suoi a tornare a partecipare alla vita degli organi statutari, chiudendo la fase aventiniana.

La frattura però non si sana del tutto, visto che quello successivo è un altro congresso turbolento.

Il fatto è che gli sforzi del Msi per tornare in gioco restano vani. Il partito cerca di ritagliarsi un ruolo nelle manovre sotterranee che si sviluppano durante la malattia di Segni, come dimostra il fatto che nel 1972 il generale Giovanni De Lorenzo, ideatore del cosiddetto «piano Solo», sarà eletto nelle liste missine (dopo esserlo stato, quattro anni prima, in quelle monarchiche). Gli appelli a liberali e monarchici per creare un fronte comune si intensificano: addirittura sul «Borghese» scende in campo Julius Evola, che cerca di mettere in rilievo i possibili punti di convergenza tra queste forze sotto il profilo culturale. Ma sono iniziative che non producono risultati, se non quello di far crescere il malcontento della base missina.

La conseguenza è che nel 1965 ci si avvia a una nuova resa dei conti congressuale. In questo caso l'urto frontale viene evitato con un accordo dell'ultima ora, che taglia fuori la destra di Romualdi. Ma durante il congresso, che si tiene a Pescara, i delegati della sinistra mostrano di non gradire affatto un'intesa di vertice passata sopra le loro teste: pur di non subirla, la maggioranza degli almirantiani abbandona i lavori, facendo oggetto il proprio leader di un umiliante lancio di monetine.

Da una vicenda del genere non può certo scaturire un rilancio del Msi, che infatti affonda sempre più nella *routine* della vita di sezione e delle manifestazioni nostalgiche e celebrative. Ma va sottolineato che a questa difficile situazione interna corrisponde un andamento elettorale piatto, senza grandi flessioni e anzi con qualche segno di ripresa. A dimostrazione del fatto che permane stabile il divario tra le aspettative di un elettorato essenzialmente d'ordine e quelle di un ceto politico che viceversa culla, almeno a parole, ambizioni rivoluzionarie.

Ma come riesce il Msi a tenere insieme queste diverse mentalità per conservare intatto il suo gruzzolo di consensi?

Lo fa invocando, come sempre, il pericolo rosso. La linea d'azione intorno alla quale viene sancita la tregua tra Michelini e Almirante è imperniata su una protesta «nazionale e popolare» contro il centrosinistra. Si cerca di recuperare il terreno perduto rispetto ai liberali adottando toni più decisi di quelli dei concorrenti. All'«incontro tra democristiani e marxisti» il Msi reagisce agitando le insegne della «opposizione al regime», dal momento che, recita la mozione conclusiva del congresso di Pescara, la logica di tale regime è la «graduale involuzione del centrosinistra fino alla conquista dello Stato da parte del comunismo».

Questa aggressività verbale si accompagna a qualche episodio di sapore folkloristico, come la meteorica comparsa di un «uomo forte» come Ernesto Brivio. L'episodio è del 1962, ma s'inquadra nell'atmosfera di velleitarismo e sprovvedutezza che domina nel mondo neofascista lungo l'intero decennio. Presidente della squadra di calcio della Lazio, finanziere implicato nelle più disparate attività, produttore cinematografico, Brivio si fa vanto di un passato turbolento e mitizzato e del soprannome di «ultima raffica di Salò», denunciando le torture subite durante i due anni di detenzione successivi alla cattura nell'aprile 1945 e definendosi addirittura «il "Che" Guevara di Fulgencio Batista», il dittatore cubano spodestato da Fidel Castro. Mario Giovana, autore di un polemico libello sull'estrema destra italiana, *Le nuove camicie nere*, gli riconosce il merito di aver «messo al servizio del neofascismo un pizzico di efficienza fordiana». Grazie a uno straordinario dispendio di mezzi e a innovative tecniche pubblicitarie, Brivio si impone infatti alle elezioni comunali romane con oltre 35mila preferenze, lasciando dietro di sé Augusto De Marsanich e facendo guadagnare non pochi voti alla lista della Fiamma tricolore, che rilancia prepotentemente sulla scena senza celare le personali preferenze per la sinistra socializzatrice. Di lì a poco, però, l'osannato «uomo nuovo» viene travolto dalle disavventure giudiziarie e, inseguito da mandati di cattura per assegni a vuoto, millantato credito e varie altre irregolarità finanziarie, riprende l'antico «esilio» all'estero, assestando un ulteriore colpo all'immagine del partito.

Anche disavventure di questo genere danno una misura del

grado di improvvisazione politica e organizzativa che affligge il Msi dopo che, nelle giornate genovesi del 1960, l'unica linea d'azione partorita dalla sua leadership è stata azzerata. Il quieto vivere micheliniano delude e allontana molti dei militanti più giovani, suggestionati dalla resistenza colonialista – ma, nel gergo dell'ambiente, «europea» – in Congo e nei possedimenti africani portoghesi, dalle cronache del putsch di Algeri, con la successiva nascita dell'Oas, e dal conseguente revival di militarismo politico. Altri rivolgono le loro simpatie al gollismo, assunto come modello anche dai centri Ordine civile, dalla rivista «Lo Stato» di Gianni Baget Bozzo e dall'Unione democratica per una nuova repubblica di Randolfo Pacciardi, nelle file della cui appendice universitaria, Primula goliardica, si rifugeranno parecchi dissidenti del Fuan (Fronte universitario di azione nazionale).

La smobilitazione attivistica degli anni che precedono il 1968 è peraltro vista dai vertici missini anche come una sorta di assicurazione dai rischi connessi all'espandersi di questi fermenti potenzialmente eversivi. L'immagine grazie alla quale il Msi cerca di tener stretto il proprio elettorato è quella della moderazione, della bonomia, della rassicurazione dei ceti a reddito fisso, ai quali la sua propaganda si rivolge come interlocutori privilegiati. Gli eccessi sono formalmente messi al bando: una circolare del 1962 raccomanda ai dirigenti locali di non rivangare, nei comizi, memorie del Ventennio. Il segretario nazionale missino è la rappresentazione vivente di questa pacatezza di atteggiamenti, che trasmette con un certo successo dagli schermi televisivi nelle periodiche apparizioni a «Tribuna politica».

Questo spiega anche l'inamovibilità di Michelini, che viene sostituito da Almirante solo per via della sua morte prematura?

Come ha osservato Pino Romualdi – vale la pena di fare una citazione testuale –, il Msi ha sempre considerato il suo segretario non «come una camicia, anche bellissima e di qualità ottima, ma che a un certo momento si può anche cambiare», bensì come una sorta di seconda pelle, «il cui cambio può costare la vita». Io mi spingerei, nell'analisi, ancora più in là. Mi sembra che, dalla sua connotazione di comunità di reietti, il Msi abbia mutuato una concezione della leadership che non solo può essere definita carismatica, ma presenta anche alcuni tratti autenticamente messianici. Il popolo missino ha abitualmente seguito i propri capi con spirito acritico, vedendoli come una specie di novelli Mosè delegati a condurre il proprio seguito nella terra promessa della legittimazione politica, liberandolo dalle ambasce della cattività in un ambiente ostile.

Questo spiega come il partito abbia potuto compiere tutta una serie di repentine conversioni tattiche, o di metamorfosi di linguaggio e d'immagine, senza perdere il consenso della base dei fedelissimi, che hanno viceversa sepolto nell'oblio e nel disprezzo – magari dopo averlo per anni ossequiato – chi veniva scomunicato dai vertici. È quindi del tutto verosimile supporre che, se avesse goduto di buona salute, Michelini avrebbe potuto continuare a guidare il Msi ancora per molti anni.

Del resto, la prima campagna politica gestita da Almirante dopo il suo ritorno come segretario, quella contro l'introduzione, nel 1970, dell'ordinamento regionale a statuto ordinario, era già stata impostata da Michelini. Il Msi ricorre su questo tema, per guadagnare visibilità, a un serrato ostruzionismo parlamentare (Almirante stabilisce un record alla Camera con un intervento di oltre nove ore) e denuncia con forza, e con un sovraccarico di argomentazioni sentimentali, il rischio della disgregazione del tessuto connettivo nazionale. È una battaglia che non sortisce risultati concreti, ma trova ampia eco nei mezzi di comunicazione, riproponendo l'immagine di un partito diverso dagli altri, disposto a difendere le sue ragioni con ogni mezzo, anche quando si trova completamente isolato.

4
Tra piazza e doppiopetto

La successione di Almirante a Michelini avviene apparentemente senza traumi. Non è sorprendente che la cerchia dei collaboratori del segretario defunto ceda il passo senza batter ciglio al capofila degli oppositori?

In effetti, le modalità di questa transizione hanno di che lasciare perplessi. Romualdi ha scritto che l'ascesa di Almirante alla segreteria fu «voluta da tutti, anche da ambienti esterni», per cui ai dirigenti missini «non restò che prenderne atto». Quali fossero questi ambienti, non è chiaro: erano forse quegli stessi finanziatori di area confindustriale che avevano tenuto in piedi la segreteria «ragionieristica» di Michelini? E, se così fosse, perché avrebbero cambiato linea d'improvviso? Poiché l'avvenimento si verificò in quel 1969 che aveva già visto in primavera le prime avvisaglie della strategia della tensione, e da esso nacque una leadership che accolse nel partito, in epoche diverse, personaggi come i generali Giovanni De Lorenzo e Vito Miceli, ci sarebbero elementi sufficienti per avviare un ulteriore filone di ricerca sulla storia sotterranea dell'Italia repubblicana. Ma per vizio professionale, da politologo che non può prescindere dal riscontro dei dati empirici, preferisco lasciare questo terreno ad altri indagatori.

Giorgio Galli, con il suo libro *La crisi italiana e la Destra internazionale*, ha avanzato alcune ipotesi interessanti su questo versante, suggerendo l'esistenza di un «governo invisibile» composto da una serie di attori istituzionali di rilievo (*in primis*, settori dei servizi segreti). Questo centro di potere occulto sarebbe a più riprese intervenuto anche nelle vicende interne del Msi, sin dagli anni in cui vennero varati i governi di centrosinistra, per favorire un progetto teso a ricondurre la Dc al suo tradizionale ruolo anticomunista. La rivitalizzazione politica e attivistica di una destra affidata alla guida dell'«intransigente» Almirante, ma tenuta contemporaneamente sotto controllo dai notabili moderati della cerchia micheliniana, avrebbe potuto essere funzionale a quel disegno di condizionamento del centro. È una tesi suggestiva, ma dovrebbe essere suffragata da elementi documentali che né Galli né altri hanno saputo offrire. Io mi limito ad aggiungere che anche Ernesto De Marzio, promotore della scissione di Democrazia nazionale, parlò in seguito di «garanzie» date da Almirante ai suoi ex avversari interni prima di essere scelto quale nuovo segretario, che poi non furono mantenute. Ma non specificò se fossero garanzie politiche, economiche o di altro genere.

Ma forse non è necessario introdurre fattori occulti. In un libro uscito pochi anni fa, intitolato Prima di Fini, *Raffaele Delfino sostiene che ci fu una fase in cui il Msi era incerto tra la candidatura di Almirante e quella di Roberti. Poi si decise di scegliere un uomo di sinistra per fare una politica di destra, cioè di apertura alle forze moderate in funzione anticomunista. Tutto sommato appare una ricostruzione plausibile.*

Purtroppo non esiste documentazione su queste vicende e ci sono interpretazioni contrastanti. L'idea di Almirante uomo di sinistra scelto per fare una politica di destra poteva rispondere allo scopo di compattare il Msi e non esporlo ai rischi di ulteriori fratture, anzi rilanciandolo sulla scena politica. Romualdi, che in quel momento era all'opposizione, ha parlato di «qualche assicurazione per una successiva politica di destra» strappata al futuro segretario. Roberti ha sostenuto che sulla nomina gravò «l'incombente certezza di una spaccatura del partito, che Almirante e i suoi seguaci non avrebbero esitato a porre in atto».

È credibile che si cercasse una copertura per riunire il maggior numero di forze. Bisogna però capire, per esempio, se ci fosse una componente conservatrice che si opponeva al ritorno di Ordine nuovo nel partito o se l'operazione godesse di un avallo generalizzato. Ci fu da parte di Almirante, nel momento in cui assumeva la segreteria, una dichiarazione d'intenti in cui propose di riaggregare l'intero mondo neofascista? Oppure il segretario si mosse in quella direzione di sua iniziativa, solo quando sentì di avere le mani libere, con il suo «appello ai camerati che hanno lasciato il partito»? A me risulta da testimonianze dirette che i vertici di Ordine nuovo, Rauti in testa, già alcuni mesi prima della morte di Michelini, di cui era noto il grave stato di salute, fossero in trattativa con Almirante per un rientro nel Msi. Questo era noto e accettato fra i sostenitori della passata segreteria, come De Marzio, Roberti e Delfino?

Lo stesso vale per gli appelli alla «piazza di destra», molto in sintonia con quanto scriveva all'epoca «Il Borghese» di Tedeschi e Gianna Preda, che Almirante lancia appena tornato in sella. Erano iniziative la cui paternità apparteneva solo al leader missino, oppure c'erano stati degli accordi preventivi, magari con soggetti esterni che puntavano a utilizzare la base attivistica neofascista contro le turbolenze sociali, promettendo in cambio un inserimento nel grande gioco politico? Finché non si scioglieranno questi nodi, sarà difficile esprimere un giudizio.

Sta di fatto che la scissione di Democrazia nazionale del 26 dicembre 1976 provocherà aspre recriminazioni. I dirigenti di Dn diranno che Almirante aveva tradito la fiducia che gli era stata concessa al momento della successione a Michelini, poiché non aveva mantenuto una serie d'impegni volti a traghettare il Msi verso l'accettazione del sistema democratico. La controparte risponderà che si trattava d'invenzioni e che non c'era stata nessuna promessa di ammorbidimento.

La seconda segreteria Almirante muove i suoi primi passi in una fase in cui il Msi sembra aver perso l'egemonia sull'area di estrema destra, dove sono germogliati numerosi movimenti extraparlamentari che gli fanno concorrenza. In che modo il nuovo segretario riesce a ripristinare il predominio del partito?

Questo scenario, tratteggiato da Ignazi nel *Polo escluso*, contiene solo una parte di verità. Certamente nella seconda metà degli anni Sessanta il Msi appare in declino, ma rimane la forza assolutamente egemone nello spazio politico dell'estrema destra. Le altre formazioni si dimostrano tutte piuttosto effimere. Anche Ordine nuovo, unica organizzazione extraparlamentare che abbia avuto una presenza politicamente e culturalmente incisiva, decide di confluire nuovamente nel Msi proprio quando in teoria, con le nuove tensioni seguite al 1968, si sarebbero aperti maggiori margini di manovra per le sue posizioni radicali. Rauti e i suoi tornano nel partito nel novembre 1969, quando Almirante si era già insediato, ma le trattative per ricomporre la scissione erano iniziate molti mesi prima, non appena la malattia di Michelini era diventata di dominio pubblico. Questo perché le tensioni innescate dalla contestazione studentesca avevano dimostrato quanto fosse inconsistente l'ipotesi di gestire autonomamente un'iniziativa politica collocata alla destra del Msi.

È un giudizio che vale a maggior ragione per tutte le altre forze extraparlamentari attive in quel periodo. Vale per Avanguardia nazionale di Stefano Delle Chiaie, che rimane un'organizzazione circoscritta a pochissime città italiane, con gruppi di consistenza assai ridotta. Vale per gli animatori di Giovane Europa, nata sulla scia dell'esperienza belga di Jeune Europe, tra i quali troviamo figure di rilievo come Franco Cardini e Claudio Mutti. Vale per sigle che cercano di collocarsi a cavallo tra il radicalismo di destra e quello di sinistra, come Lotta di popolo. Vale per il gruppo di simpatie golliste raccoltosi intorno alla rivista «L'Orologio», di cui pure fanno parte personaggi di solido spessore intellettuale come Giano Accame e Gaetano Rasi.

Questi movimenti non riescono a produrre nessun tipo di mobilitazione rilevante, proprio quando la situazione di turbolenza esistente nel Paese avrebbe dovuto aprire per loro discrete prospettive di azione. Ciò dimostra che non vi erano margini di reclutamento tali da consentire di mettere in campo una concreta alternativa al Msi sul versante dell'estremismo di destra.

Insomma, del clima tempestoso che si instaura in quegli anni riesce ad approfittare solo Almirante per rilanciare il Msi.

È così. Ancor più della contestazione giovanile, il cui profilo politico appare in una prima fase piuttosto confuso, è l'autunno caldo sindacale del 1969 a fornire al Msi la grande occasione. L'esplodere da sinistra delle tensioni sociali è infatti un trauma per l'opinione pubblica conservatrice, che non vede più nella Dc un argine adeguato di fronte all'incalzare della «sovversione». Soprattutto l'uccisione dell'agente Antonio Annarumma, durante scontri di piazza tra polizia e dimostranti a Milano, ha un impatto enorme sulla borghesia benpensante. E Almirante si dimostra pronto a cavalcare quest'ondata emotiva attraverso lo slogan della «piazza di destra».

Il Msi punta quindi a rappresentare la componente attivistica dell'anticomunismo, riconquistando il ruolo di cui il luglio del 1960 l'aveva privato. Almirante dichiara apertamente che i giovani missini sono chiamati a difendere l'ordine laddove lo Stato abdica alla propria funzione. E lo fa nella prima manifestazione tenuta dopo il ritorno alla guida del partito, a Roma, in piazza Esedra, dove nella folla compaiono uniformi paramilitari e addirittura giovanissimi tamburini in divisa da balilla, la cui fotografia finisce sulle pagine dell'«Unità».

Poi c'è la bomba di piazza Fontana, che inaugura la strategia della tensione. In un primo momento la responsabilità dell'attentato viene attribuita agli anarchici nella persona di Pietro Valpreda, ma poco tempo dopo parte la campagna di denuncia di una «strage di Stato». L'«antifascismo militante» diventa la parola d'ordine di consistenti settori dell'opinione pubblica giovanile, del Pci e persino del Psi (ci sono manifesti elettorali socialisti dell'epoca che rivaleggiano in virulenza con quelli di Potere operaio e di Lotta continua; in uno di essi, Almirante è addirittura rappresentato come un Hitler redivivo). E i gruppi extraparlamentari di sinistra approfittano delle elezioni amministrative del 1970 per scatenarsi contro il «nemico fascista», cercando un po' ovunque di impedirne i comizi. Sono scontri durissimi: compaiono le molotov, i caschi, le spranghe. Dopo molti anni viene di nuovo messo in discussione il diritto del Msi a esprimersi liberamente in pubblico. Ma questo, accrescendo la paura del comunismo negli ambienti conservatori, gli procura indubbi benefici elettorali, con un'avanzata che comincia appunto nel 1970.

Secondo la lettura classica della pubblicistica di sinistra, ma anche di autori non particolarmente politicizzati, la responsabilità prevalente delle violenze di quel periodo sarebbe da addebitare alla destra. Si citano in proposito molti episodi che vedono protagonisti militanti neofascisti, anche prima del 1968. È una versione dei fatti accettabile?

No. Fa parte di un'iconografia ufficiale, influenzata da preoccupazioni ideologiche, che non corrisponde alla realtà. Per esempio a Milano, che è uno degli epicentri dell'agitazione politica in quel periodo, nella fase successiva ai moti del 1968 si crea per gli studenti di destra una situazione di autentica invivibilità, ben documentata da Michele Brambilla nel suo libro *Dieci anni di illusioni* (e che può essere verificata scorrendo le pagine di cronaca del «Corriere della Sera», che registrano con frequenza crescente le aggressioni, anche molto gravi, subite da militanti – a volte solo presunti – della Giovane Italia o del Comitato tricolore). Soltanto dopo numerosi episodi di intolleranza comincia a organizzarsi intorno a piazza San Babila la reazione neosquadrista dei militanti missini ed extraparlamentari di destra, che contribuisce a mettere in moto una spirale di violenze durata anni e anni.

Negli ambienti della destra radicale, comprese consistenti frange del Msi, la pratica dell'azione politica violenta è stata piuttosto diffusa fin dagli anni Cinquanta. Ma si trattava di un fenomeno circoscritto, sia territorialmente, sia per intensità. Quanto accade invece in seguito alla nascita dei gruppi di estrema sinistra contribuisce a portare la conflittualità di piazza a livelli ben più elevati, sia per l'uso massiccio di armi improprie sia per l'estensione del fenomeno all'Italia intera.

I movimenti estremisti hanno sempre bisogno, per tenere alto il tono della loro mobilitazione, di configurarsi un nemico assoluto come controparte della loro azione. Per un certo periodo l'ultrasinistra lo individua nello Stato borghese e nei suoi apparati di sicurezza. Ma quando l'ondata della contestazione studentesca comincia a rifluire, emerge la necessità di trovare un bersaglio contro cui scagliarsi in modo diretto e prioritario. Il fascismo faceva perfettamente alla bisogna, sia per le sue caratteristiche oggettive, sia perché fin dal 1968 c'erano stati episodi di reazione violenta dell'estrema destra (si pensi agli scontri all'Università di Roma, voluti da Michelini e che avevano visto in prima linea anche Almirante) contro il Movimento studentesco. Quindi il meccanismo viene originariamente innescato e alimentato dalla sinistra radicale, anche se poi trova una risposta simmetrica. Ma i rapporti di forza rimangono sempre sbilanciati, poiché i neofascisti sono in grado di battersi ad armi pari solo in alcune realtà: Roma, Milano, Napoli, Trieste e poche altre. Nella maggioranza delle città italiane sono soverchiati dal peso preponderante degli avversari.

In quel periodo prende corpo a Milano un fenomeno abbastanza significativo come la Maggioranza silenziosa. Qual è il suo rapporto con il Msi?

È una vicenda complessa, che nasce dalla volontà di offrire agli ambienti moderati una capacità di espressione visibile, sottraendo a una forza delegittimata come quella neofascista il monopolio della reazione all'offensiva della sinistra. L'idea parte da un comitato cittadino anticomunista in cui operano sia alcune personalità indipendenti sia esponenti di vari partiti: missini, democristiani, monarchici, liberali. E la prima manifestazione ha un enorme successo di partecipazione, che suscita un allarme nelle sinistre.

Ben presto però la controffensiva propagandistica degli avversari induce il comitato promotore ad accentuare la caratterizzazione «contro tutti gli estremismi» e di conseguenza a emarginare la componente missina. È una rottura che danneggia la capacità di mobilitazione del movimento, causandone la progressiva estinzione. A quel punto è il Msi che cerca di impadronirsi della sigla Maggioranza silenziosa per utilizzarla in proprio, determinandone il definitivo discredito con manifestazioni in cui predominano slogan filogolpisti del tipo «Ankara, Atene, adesso Roma viene» o «Basta con i bordelli, vogliamo i colonnelli». Ma la vicenda dimostra comunque la possibilità di organizzare l'opinione pubblica conservatrice anche sul terreno della mobilitazione di piazza.

Questa situazione conferisce al Msi inedite capacità di espansione. Tant'è vero che le elezioni amministrative del 1971 segnano un vero e proprio trionfo della Fiamma. In che modo Almirante riesce a ottenere risultati così brillanti?

È un momento in cui la sinistra sta avanzando non solo nelle piazze, ma anche in Parlamento. Viene approvato lo statuto dei lavoratori. Passa la legge sul divorzio. E il Msi ne approfitta per alimentare nei ceti medi il sospetto di uno scivolamento «verso il comunismo», assecondato dai deboli governi a guida democristiana. Sono assai significativi in questo senso gli slogan dei manifesti missini affissi all'epoca. Prima di tutto l'enfasi è posta sull'ordine pubblico («Aiutateci a difendervi»), ma si insiste molto anche sull'opposizione alle riforme in discussione, sui patti agrari («La terra non si tocca») e sulla proprietà edilizia («La casa non si tocca»). Il Msi si presenta come baluardo contro la legislazione sociale promossa dalla sinistra. In questa logica Almirante vara, nel 1970, la prima formula che punta all'aggregazione di forze estranee al neofascismo tradizionale: il «fronte articolato anticomunista». Mossa che si rivela politicamente vincente.

Ma una simile impostazione non contraddice le ambizioni sociali di cui Almirante si era fatto paladino nel Msi?

Il segretario missino non ha mai ammesso apertamente di aver cambiato posizione, e la demagogia populista è rimasta sempre una delle caratteristiche fondamentali della sua predicazione. Ma di fatto tra il 1970 e il 1971 il Msi si propone come difensore degli interessi borghesi, preparando la successiva politica di Destra nazionale.

Se ne accorge subito Rauti, che però accetta la svolta in chiave tattica, con l'intento di darle nel lungo periodo contenuti diversi. Sull'ultimo numero della rivista «Ordine nuovo», uscito nel dicembre 1971, scrive un articolo, intitolato *Frontismo nazionale e politica nazional-rivoluzionaria*, nel quale propone una lettura eterodossa del fronte articolato anticomunista. La sua tesi si fonda su un paragone con l'Italia del 1919: come allora, a suo parere, lo sbandamento dell'opinione pubblica moderata può consentire un'operazione politica che non sia solo di ripristino dell'ordine, ma ponga le premesse per incisive trasformazioni. Una volta sconfitte le sinistre, sostiene, il fatto di aver salvato la borghesia dal comunismo ci darà un ruolo tale da consentirci di affermare i nostri valori, anche nella dimensione sociale. È un'idea che risente dell'inveterata abitudine missina di discutere le strategie politiche in un esasperato parallelismo con le vicende del fascismo, alla ricerca di analogie con quanto era avvenuto in quegli anni ormai lontani.

Va ricordato però che al volto conservatore ostentato dal Msi nel Nord corrisponde in quel periodo la sua azione ribellistica a Reggio Calabria. Si può parlare a tal proposito di una politica del doppio binario?

Non direi che si trattasse di una strategia. Nel settembre del 1970 si tenne a Cascia il secondo campo-scuola delle organizzazioni giovanili missine, un appuntamento annuale in cui la classe dirigente del partito esponeva la sua linea alla base militante e ne saggiava gli stati d'animo. La rivolta di Reggio Calabria era scoppiata poco prima, e uno dei suoi animatori, l'esponente del Fuan messinese Giovanni Davoli, chiese che il Msi, ancora tentennante, investisse tutte le sue energie in quella battaglia, anche per evitare di essere scavalcato da Avanguardia nazionale, molto attiva sulle barricate, o peggio dall'estrema sinistra, che aveva mandato in avanscoperta Adriano Sofri.

La risposta venne in due tempi. Sul momento Almirante fu molto duro: liquidò l'insurrezione come un tumulto popolaresco senza prospettiva, affermando che le ragioni di Reggio andavano sostenute nelle sedi istituzionali. La questione però riemerse al termine del campo-scuola, dopo che tra l'altro Davoli era tornato in Calabria per dar man forte alla rivolta. E Almirante, in un discorso di replica, cambiò posizione: disse che i dirigenti reggini l'avevano convinto dell'opportunità di schierarsi al fianco dei ribelli, mobilitando in loro appoggio tutti i giovani siciliani e calabresi disposti ad agire.

In definitiva, più che una programmazione strategica, ci fu anche su Reggio Calabria uno scontro tra l'anima d'ordine e quella barricadiera del Msi, con Almirante nel ruolo di mediatore: né incendiario né pompiere, ma sempre pronto a modificare la sua posizione a seconda delle circostanze. Infatti, dato che la partecipazione al moto reggino ha dato buoni frutti, la successiva e più effimera rivolta dell'Aquila vede il Msi in prima fila sin dall'inizio.

Ma com'era vissuta dal partito la contraddizione di fondo tra il perbenismo della Maggioranza silenziosa e il sovversivismo dei moti di Reggio?

Il contrasto era avvertito solo in parte. A ben vedere, questo comportamento bifronte è una caratteristica di tutti i movimenti fascisti e nazionalpopulisti, compreso il poujadismo francese. È una sorta di logica *double face*. In certi contesti, come il Nord Italia industrioso, si postula che la società sia bene ordinata, quindi degna di essere difesa da qualsiasi offensiva ribellistica. In altre realtà, tipica quella del Mezzogiorno, il potere costituito viene invece considerato corrotto e clientelare: qui non c'è un ordine legittimo, ma solo plebi alla catena; quindi ribellarsi è giusto. Non a caso nell'immaginario missino l'avversario principale cambia volto a seconda delle zone del Paese. Nel Centro-Nord il nemico dichiarato sono quasi esclusivamente i partiti di sinistra, nel Sud è soprattutto la Dc, con il blocco parassitario di cui è il pilastro.

Questa impostazione permette al Msi dei primi anni Settanta di non sentirsi in contraddizione: addirittura il leader dei «Boia chi molla» reggini, Ciccio Franco, viene invitato a tenere comizi al Nord come rappresentante della parte sana della nazione che si ribella alla prevaricazione partitocratica. E proprio una manifestazione con il capopopolo di Reggio Calabria, vietata dalla questura, provoca a Milano nel 1973 gravissimi incidenti, durante i quali viene ucciso il poliziotto Antonio Marino. Un episodio che segna la fine della Maggioranza silenziosa.

Si è parlato prima di slogan che inneggiavano ai colonnelli greci. E il 1970 è anche l'anno del tentato golpe del «principe nero» Junio Valerio Borghese. Qual era l'atteggiamento del Msi verso questo genere di prospettiva?

Bisogna distinguere ancora una volta tra elettorato e quadri del partito. Credo che all'epoca tra chi votava per il Msi vi fosse una diffusa disponibilità psicologica ad avventure di tipo golpista, ma la classe dirigente missina non teneva in nessun conto l'idea di giocare questa carta. Borghese, in precedenza, era stato presidente onorario del partito e aveva goduto anche di un certo prestigio culturale (aveva tra l'altro prefato il libro di Evola *Gli uomini e le rovine*). Ma in questa fase, nonostante il passato di comandante della X Mas, viene visto dai vertici missini come un uomo che, forse perché ingannato, si è fatto prendere dalla smania di protagonismo e ha perso il contatto con la realtà. Del resto il suo Fronte nazionale aveva già cercato di trovare sbocchi sul terreno della lotta politica aperta, ma senza raccogliere il seguito sperato.

Non è esatto quanto scrive Ignazi, secondo cui all'inizio degli anni Settanta si respira nelle sezioni missine un clima di condiscendenza verso il golpismo. In realtà queste suggestioni vengono liquidate come fantasie velleitarie, anche perché la preparazione del tentativo di Borghese avviene in condizioni grottesche, che in pochi prendono sul serio. Al termine di una riunione nazionale del gruppo rautiano nell'autunno 1970, per esempio, si raccomandò espressamente ai partecipanti di tenersi lontani da certi ridicoli disegni golpisti, ben noti alla polizia, di cui si parlava tra un piatto di fettuccine e l'altro nei ristoranti romani (cito a memoria, ma pressoché testualmente).

Mi lasciano quindi perplesso le ricostruzioni di quegli eventi fornite molti anni dopo da esponenti dei vertici missini dell'epoca, poi allontanatisi dal partito. Chiamare in causa il Pentagono e la Cia per spiegare la genesi e il fallimento del tentativo putschista di Borghese (come fece De Marzio in un'intervista al «Corriere della Sera») è poco credibile. È possibile che l'amministrazione statunitense abbia preso in seria considerazione l'ipotesi di un intervento di emergenza nel caso che la svolta a sinistra della politica italiana avesse assunto pieghe sgradite, ma in tal caso i suoi referenti avrebbero certamente avuto un peso ben maggiore di quello dei congiurati raccoltisi intorno all'ex comandante dei mezzi d'assalto.

Il discorso è diverso se si guarda all'atteggiamento assunto dai vertici missini nei confronti di regimi golpisti affermatisi all'estero. Checché a suo tempo abbia detto Gianfranco Fini, il partito e i suoi organi di stampa hanno sempre accolto con manifestazioni di giubilo gli interventi militari che hanno rovesciato governi di sinistra. Così avvenne nel 1967 con i colonnelli greci, il cui ingresso sulla scena politica suscitò un tale entusiasmo da spingere alcuni dirigenti a tenere nelle federazioni (ho in mente il caso di Firenze) conferenze per gli iscritti intitolate testualmente «Tecnica ed esegesi del colpo di Stato».

La stessa situazione si ripeté sei anni e mezzo dopo con la sollevazione guidata da Pinochet in Cile, e altre volte, più in sordina, in occasione della nascita di vari regimi militari in Paesi dell'America Latina. Benché in prima persona il partito non abbia mai preso in considerazione l'ipotesi di un'avventura golpista, tra le sue file ha sempre serpeggiato una dichiarata attrazione per la formula dei regimi di salute pubblica. Formula che qualche dirigente periferico e un certo numero di militanti possono aver preso sul serio, prestandosi a far da comparse in vicende come quella del dicembre 1970, che sanno più di operetta che di dramma.

La strategia della tensione però è stata una cosa fin troppo seria. Oggi retrospettivamente se ne danno letture opposte. A sinistra la si vede come frutto di una collaborazione tra apparati dello Stato e neofascisti per abbattere la democrazia. A destra si dice che si trattò di provocazioni volte a bloccare l'avanza-

ta elettorale del Msi nei primi anni Settanta. Quale di queste interpretazioni è più credibile?

Con tutte le cautele necessarie su vicende di cui si sa ancora troppo poco, trovo entrambe queste ricostruzioni piuttosto forzate. Come ha scritto Giorgio Galli, la strategia della tensione mirava verosimilmente a stabilizzare gli equilibri consolidati, fornendo un'immagine a tinte fosche delle due aree politiche delegittimate, di destra e di sinistra, la cui sfida alla centralità democristiana appariva più pericolosa di prima in quel periodo di forti attriti sociali. E non va sottovalutata l'influenza che sulla storia «sotterranea» dell'Italia di quegli anni hanno esercitato forze e pressioni di carattere internazionale. I procedimenti giudiziari sulla strage di piazza Fontana, che pure si sono conclusi con l'assoluzione degli imputati, hanno tuttavia rilanciato il sospetto dell'attiva partecipazione di servizi segreti stranieri alla stagione del terrore e dei misteri.

La tesi che le bombe siano servite a bloccare la crescita elettorale del Msi è smentita dai fatti: l'ordigno di piazza Fontana esplode nel 1969, quando tale avanzata è ancora di là da venire. Ma non sono neppure convinto che vi sia stata, a parte qualche episodio, una consapevole collusione tra estrema destra e servizi segreti per colpire la sinistra. Propendo per l'ipotesi che gruppi neofascisti siano stati infiltrati e manipolati per scopi almeno in parte estranei alla loro volontà. Anche se le dichiarazioni rilasciate negli anni da uomini di spicco dell'ambiente missino, come Rauti e Pisanò, danno l'impressione che il capitolo delle collusioni fra estremismo di destra e «poteri occulti» possa riservare novità sorprendenti e poco edificanti. Negli ultimi anni, varie sentenze, soprattutto quelle sulla strage di Brescia, hanno battuto questa pista, ma sono sempre stato convinto che la storia non possa essere scritta sulla base dei documenti giudiziari.

Comunque si siano svolti gli eventi, quali sono stati i risultati di quella scia di sangue? Il sostanziale ristabilimento degli equilibri che preesistevano alla stagione della protesta sociale, con la riaffermazione del potere democristiano. E questo lascia supporre che se una strategia occulta, come è probabile, c'è stata, puntasse ad accreditare la teoria degli opposti estremismi e non certo a favorire uno di essi.

Ma è solo l'esplodere della violenza a ostacolare l'avanzata del Msi, impedendogli di cogliere i frutti che il grande successo del 1971 sembrava promettere?

No. Pesano anche errori politici, primo fra tutti la scelta di contribuire a eleggere Giovanni Leone alla presidenza della Repubblica. In quella fase, infatti, la Dc appare nettamente scissa tra chi è favorevole e chi è contrario al dialogo con il Pci. E l'opinione pubblica conservatrice mostra di temere moltissimo l'apertura alle sinistre, fino al punto di considerare Aldo Moro alla stregua di un criptocomunista. In questo quadro la candidatura di Amintore Fanfani al Quirinale, alla fine del 1971, radicalizza la situazione e fa emergere i contrasti interni alla Dc. L'estrema sinistra parla di «fanfascismo», Lotta continua affigge un manifesto dove spicca un fotomontaggio in cui il leader democristiano e Almirante sono appesi a testa in giù a piazzale Loreto. E puntualmente Fanfani viene impallinato dai franchi tiratori. Gli scrutini si succedono senza esito e la reputazione della classe politica peggiora giorno dopo giorno.

Il Msi è dunque nella condizione ideale per dipingere la Dc come inaffidabile agli occhi dei moderati, tanto più che si parla insistentemente di una possibile candidatura Moro appoggiata dall'intera sinistra. Se quella ipotesi fosse andata in porto, per Almirante si sarebbe aperto uno spazio molto ampio, come rappresentante pressoché unico delle istanze – e dei timori – dei settori conservatori del Paese. Ma in lui prevale la preoccupazione che una presidenza Moro porti all'ingresso del Pci nel governo, a cui teme possa seguire la messa fuorilegge del Msi, allora chiesta a gran voce dall'ultrasinistra gruppuscolare e dal Psiup. Quindi preferisce appoggiare la soluzione

Leone offrendo i voti decisivi per raggiungere il quorum dopo ventitré votazioni. E perde così un'occasione favorevole.

La sua aspirazione ad aggregare forze più vaste intorno al Msi non viene però meno, tant'è che lancia subito dopo l'operazione Destra nazionale. Quanto c'era di strumentale e quanto di autentica revisione ideologica in quel progetto?

In questa fase nel partito non si avverte la necessità di una vera e propria revisione ideologica. Si è sotto l'influsso di un clima esasperato, in cui il Msi ambisce a diventare punto di riferimento non per una generica opinione pubblica moderata, ma per coloro che, al suo interno, sono pronti a battersi fino in fondo per evitare l'avvento al potere di una sinistra dominata dal Pci. In tale prospettiva la sua connotazione nostalgica non appare troppo imbarazzante, perché viene controbilanciata da un anticomunismo cristallino. E infatti alla Destra nazionale aderiscono anche, senza porre particolari problemi, persone estranee all'esperienza neofascista, benché nelle manifestazioni pubbliche missine le pratiche rituali nostalgiche non scompaiano.

La situazione dei primi anni Settanta è molto diversa da quella creatasi un quarto di secolo dopo, con la nascita di Alleanza nazionale. Allora la Fiamma non aspirava a ricoprire un ruolo di governo, ma a puntellare dall'esterno formule di totale chiusura a sinistra.

Eppure all'epoca prende piede l'immagine della destra «in doppiopetto». E durante la campagna elettorale del 1972 Almirante, soprattutto in televisione, si esibisce in ripetute professioni di fede democratica.

Almirante è stato il più abile interprete di una politica del doppio linguaggio. Usava all'interno del Msi parole d'ordine sentimentalmente capaci di evocare la coesione del mondo missino, comunità umana e politica vista come globalmente altra rispetto alla corrotta partitocrazia che dettava legge nello scenario del parlamentarismo. All'esterno invece si sforzava in tutti i modi di captare il consenso del pubblico moderato, certamente non disposto a seguire il Msi sulla strada di un'alternativa al sistema caratterizzata in termini ideologici. Era quindi naturale che di fronte ai militanti rivendicasse di avere il fascismo «scritto in fronte», come fece in un'occasione congressuale, mentre in tv mostrava addirittura di apprezzare i valori della Resistenza in quanto principi di libertà, o si proclamava interprete del messaggio degasperiano.

Ciò non vuol dire che avesse rinunciato a modificare la mentalità diffusa nel Msi. Come tutti i capi carismatici, ambiva anzi a modellare il partito a propria immagine e somiglianza. Voleva, da un lato, conservare per la Fiamma le energie tipiche di una forza ad alta intensità ideologica e, dall'altro, evitare di essere ostacolato da un'eccessiva rigidità dottrinaria nella ricerca delle alleanze possibili. Intendeva quindi radicare il Msi in un'identità da fascismo-regime, sostanzialmente nazionalconservatrice e filoccidentale, evitando ogni rottura brusca con il passato. Non si proponeva perciò di rinunciare al referente fascista, ma di declinarlo nelle forme meglio assimilabili a una serie di valori elementari: culto della nazione, dell'ordine e della disciplina, rifiuto della lotta di classe, affermazione dell'Italia nel mondo.

Per questo Almirante conduce sin dai primi anni Settanta una lotta spietata, ai limiti dello statuto e oltre, contro le componenti missine più inquiete, specialmente quella di origine ordinovista, che viceversa erano portatrici di un'ideologia dai contorni radicali che guardava al fascismo-movimento, incompatibile di fatto con il progetto della Destra nazionale, e rifiutava persino di considerarsi di destra.

Le elezioni del 1972 segnano un forte successo del Msi, che passa alla Camera dal 4,5 all'8,7 per cento dei voti. Ma in breve tempo la politica della Destra nazionale si logora. Come mai?

In effetti la Destra nazionale rimane un'incompiuta. Si concretizza nell'assorbimento di quel poco che restava dei monarchici, ma non va oltre. I liberali, nuovamente coinvolti nel governo da Andreotti, rimangono sordi all'appello. E i cattolici moderati si limitano a trarre dall'avanzata missina lo spunto per chiedere con più forza alla Dc di ricalibrare la sua immagine a destra.

Del resto la vittoria della Fiamma resta largamente al di sotto delle attese. I sondaggi demoscopici, ancora in fase pionieristica, accreditavano previsioni di cinque milioni di voti, che avrebbero fruttato cento deputati. Con una forza simile il Msi avrebbe potuto essere determinante, come Almirante continuamente ripeteva, e condizionare gli equilibri governativi. Ma alla prova dei fatti molti dei consensi attesi mancano all'appello, mentre la Dc mantiene la sua forza elettorale. I margini di manovra sono quindi ridotti, proprio mentre la sinistra intensifica l'offensiva antifascista. Non rimane altra scelta che fare la voce più grossa.

La prima reazione postelettorale del leader missino è infatti un comizio a Firenze, in cui parla di «scontro frontale» con le sinistre, che potrebbe spingersi fino a quello fisico. Il risultato di questo comportamento non è tuttavia quello sperato. Ne segue una radicalizzazione del conflitto non tra destra e sinistra nel loro insieme, ma tra destra parlamentare e sinistra extraparlamentare. E agli occhi dell'opinione pubblica il Msi finisce sullo stesso piano dei «gruppettari». Questo offre alla Dc la possibilità di agitare strumentalmente lo spettro di un grave «pericolo fascista»: è celebre in questo senso il discorso del novembre 1972 in cui Arnaldo Forlani, in un comizio a La Spezia, dice di avere le prove (poi mai esibite) di un grave complotto della destra contro la democrazia. Si apre insomma la stagione delle «trame nere», in cui si afferma l'idea del Msi come nucleo ispiratore di una serie di strategie golpiste.

Quindi la politica della Destra nazionale fallisce.

Sì, ma non, come sostengono alcuni, perché la base attivistica del Msi finisca con il condizionare Almirante, bensì perché il suo progetto viene bloccato dalla Dc, che gli preclude qualunque sbocco a livello governativo. Per questo motivo Andreotti, che si assume il compito di rassicurare i settori conservatori dell'elettorato guidando per un anno un esecutivo imperniato sull'alleanza con i liberali, può affermare che i nuovi consensi missini sono «voti in libera uscita», destinati a tornare all'ovile una volta compreso che quel tipo di protesta rimane sterile.

Ciò nonostante, nel referendum sul divorzio del 1974 Almirante tenta di nuovo la carta del grande fronte anticomunista.

In occasione del voto sulla legge Fortuna-Baslini, il Msi prova a recuperare una capacità di condizionamento delle forze centriste. Pensa di rilanciare la propria presa sull'elettorato cattolico conservatore e di dimostrare alla Dc che su taluni temi può evitare di trovarsi isolata solo accettando l'appoggio missino. Ma la sconfitta tarpa le ali a questo progetto, già compromesso del resto dal rifiuto democristiano di dar vita a iniziative comuni durante la campagna referendaria.

E a quel punto l'Italia svolta decisamente a sinistra. Si può considerare l'insuccesso sul divorzio come la fine della Destra nazionale?

Sicuramente è un colpo molto duro. Anche perché subito dopo avviene la strage di piazza della Loggia a Brescia, in seguito alla quale si dimette dalla presidenza del Msi l'ammiraglio Gino Birindelli, ex alto ufficiale della Nato del tutto estraneo all'esperienza neofascista, che era il fiore all'occhiello del nuovo corso e aveva già dato, dopo gli incidenti che il 12 aprile 1973 a Milano avevano portato alla morte del poliziotto Antonio Marino, segni di insofferenza verso quella che giudicava come una eccessiva condiscendenza del partito verso le sue frange attivistiche più irrequiete.

Eppure Almirante non demorde: cerca anzi di rilanciare l'immagine moderata del Msi attraverso il nuovo progetto della Costituente di destra, che è per molti versi ancora più audace. Basti pensare che vi aderiscono parecchi esponenti di provenienza democristiana, tra cui gli ex deputati Agostino Greggi ed Enzo Giacchero, quest'ultimo medaglia d'argento della Resistenza. Ma le elezioni del 1976, con una flessione del 2,6 per cento rispetto al risultato conseguito quattro anni prima, fanno naufragare anche questo tentativo.

Nasce allora la corrente di Democrazia nazionale, che poi darà luogo a una scissione di un certo rilievo. Che giudizio si può dare su quella vicenda?

I demonazionali chiedono che il disegno della Costituente di destra sia portato fino alle estreme conseguenze e che il partito rinunci all'idea dell'alternativa al sistema – sbandierata nel IX (1970) e X (1973) congresso del partito come una delle idee-guida del «nuovo corso» missino accanto alla Destra nazionale e all'idea corporativa –, in cui scorgono ancora un ostacolo per la conquista dell'elettorato moderato, che nel sistema invece si riconosce. Vogliono costringere Almirante a scegliere una volta per tutte la via dell'inserimento nell'area della piena legittimità politica, annullando quei margini di manovra che il segretario pretendeva di riservarsi grazie al suo carisma personale. Il contrasto quindi non è tanto sulla strategia politica quanto su quello che Ignazi ha chiamato «cesarismo» almirantiano: la pretesa del leader missino di avere le mani libere, di gestire in totale autonomia la linea del partito, a volte accentuando l'avvicinamento alle forze moderate, in altre occasioni riaffermando l'identità nostalgica e antisistema del Msi.

In Democrazia nazionale confluiscono diverse sensibilità. Egemone è il gruppo guidato da Ernesto De Marzio e Gastone

Nencioni, il cui intento è offrire una sponda alla Dc in una fase che vede il Pci ai suoi massimi storici. Non credo però si possa ritenere, come ha sempre sostenuto Almirante, che gli scissionisti fossero finanziati e incoraggiati da piazza del Gesù: mi pare che la Dc preferisse comunque fare da alternativa centrale a due polarità delegittimate piuttosto che appoggiarsi a una di esse, sia pure in seguito a una sua revisione ideologica. A questa conclusione è giunto anche Giuseppe Parlato nel libro *La Fiamma dimezzata*, basandosi sulle testimonianze di alcuni ex esponenti di Dn. È interessante notare che uno di costoro, Raffaele Delfino, ha rivelato che, al momento di trasformarsi in partito, Democrazia nazionale ottenne un finanziamento di cento milioni di lire (che poi fu restituito) da Silvio Berlusconi, evidentemente già allora convinto che per sbarrare la strada al Pci fosse necessario raccogliere tutte le forze disponibili.

Fra i demonazionali ci sono peraltro anche esponenti giovanili – sia pure ormai in età matura – come Pietro Cerullo e Massimo Anderson (alla cui corrente appartenevano anche Fini, Ignazio La Russa, Ugo Martinat e vari altri componenti del futuro gruppo dirigente di Alleanza nazionale), il cui scopo dichiarato è costringere i democristiani a una scelta di campo per portarne a galla le contraddizioni.

Comunque la scissione rimane un fatto di vertice.

Sì, Democrazia nazionale si dimostra subito un esercito di generali senza soldati: raccoglie oltre la metà dei parlamentari missini (17 deputati su 35 e 9 senatori su 15) e un buon numero di eletti locali, ma non ha quasi nessuna presa tra i militanti. Il suo comportamento trasformistico la squalifica agli occhi della base, in cui è ancora fortissimo quel complesso da fortezza assediata che ha sempre reso sterili tutte le scissioni dal Msi. Alle elezioni del 1979 Democrazia nazionale ottiene solo lo 0,6 per cento. E in breve tempo scompare.

Delfino però sostiene che in larga misura quell'esperienza anticipò la successiva svolta di Alleanza nazionale, mentre Franco Servello, in un libro dedicato alla figura di Almirante, afferma che non è affatto così. Chi ha ragione?

Servello, perché la decisione di far nascere Alleanza nazionale è stata motivata esclusivamente dallo «spazio di opportunità», per dirla in linguaggio politologico, aperto da un evento eccezionale e imprevisto come lo scandalo di Tangentopoli, che ha delegittimato in blocco la classe politica che aveva avuto fino a quel momento responsabilità di governo e sottogoverno. Se quelle circostanze non si fossero prodotte, tutto lascia supporre che il Msi avrebbe continuato a percorrere la strada che, al momento di assumere la sua prima segreteria, Gianfranco Fini aveva indicato, quella di un «fascismo del Duemila» e dell'agitazione di parole d'ordine in linea con la tradizione antipartitocratica e antisistemica missina.

5
La cultura come optional

A partire dalla fine degli anni Sessanta, anche a seguito del rientro del gruppo di Rauti, si riapre una stagione di fermento culturale, i cui frutti si vedranno nei decenni successivi. Generalmente, però, il Msi è stato raffigurato come un partito pressoché privo di referenti intellettuali, se si eccettua forse la figura isolata e un po' eccentrica di Julius Evola. È un'immagine che corrisponde alla realtà?

Occorre distinguere due aspetti del problema. Se ci si riferisce alla scarsità di letture dei militanti e dei quadri intermedi del partito, specialmente sino ai primi anni Settanta, l'impressione è esatta. Del resto l'antintellettualismo è sempre stato rivendicato con orgoglio dal Msi come un tratto distintivo. L'attuale senatore di Forza Italia Maurizio Gasparri, missino di lungo corso che di questa ostilità al mondo della cultura è un esponente esemplare, dichiarò nel 1995 a Stefano Di Michele e Alessandro Galiani, che lo intervistavano per il libro *Mal di destra*: «Noi di destra, rispetto alla sinistra, abbiamo meno professori. E dunque meno scemi in giro». E oltre cinquant'anni or sono, meno volgarmente, un giovane intellettuale come Adriano Romualdi, che del radicalismo di destra è stato una delle menti più lucide, scriveva che «per l'uomo di destra, i valori culturali non occupano quel rango eccelso cui li innalzano gli scrittori di formazione razionalistica». Ma se allarghiamo i confini del termine «referenti intellettuali», sino a ricomprendervi una dimensione antropologica, il discorso è diverso.

Sotto questo profilo, la mediazione intellettuale ha svolto un ruolo cruciale nella vita del microcosmo neofascista. Da un lato, tenendo viva l'identità nostalgica che giustificava agli occhi dei fedeli la presenza del Msi nell'aborrito scenario parlamentare e surrogando, attraverso una continua proposizione di valori, simboli e miti, l'impossibilità di offrire all'elettorato provvedimenti politici concreti. Dall'altro, agendo – almeno in taluni periodi – come sensore nei confronti delle trasformazioni sociali e di costume che scuotevano la realtà italiana. Ma questa seconda funzione, va detto, è stata patrimonio pressoché esclusivo delle componenti giovanili, e ha alimentato una sotterranea e tenace fronda, che si è tradotta in una diaspora di notevoli proporzioni e in un incentivo a un costante frazionismo interno.

E per quali motivi, in un ambiente dominato dall'antintellettualismo, a emergere è stata l'influenza di un'opera complessa e di non facile accessibilità come quella di Evola, che per giunta non andava certo per la maggiore ai tempi del fascismo?

Evola, a suo tempo emarginato dalla cultura ufficiale del regime mussoliniano, è stato a lungo osteggiato e deriso negli ambienti missini per il carattere esoterico e metapolitico (ma da più parti considerato impolitico) di molte delle sue opere: le gerarchie del partito ne hanno sempre considerato le idee – peraltro a loro perlopiù ignote – e i libri poco consigliabili ai giovani. Ma l'eco delle sue riflessioni si è imposta quasi inevitabilmente nel grande vuoto ideologico che ha avvolto il neofascismo con il declino della sua ala sinistra.

Venuto meno il mito della rivoluzione socializzatrice, le sezioni missine dell'epoca micheliniana diventano una sorta di chiese sconsacrate e semideserte, in cui si celebrano stancamente riti nostalgici in un clima da setta iniziatica. Proprio Adriano Romualdi scrisse in proposito pagine di fuoco sull'«Italiano», la rivista di suo padre Pino, paragonando le sedi del Msi, piene di cianfrusaglie, vecchi ricordi e foto ingiallite, ai retrobottega dei negozi di rigattiere. Non a caso la sua corrosiva inchiesta sulla situazione culturale del partito venne interrotta dopo la prima puntata.

L'ideologia d'ordine micheliniana era troppo rozza per servire da collante culturale a un ambiente che sentiva un estremo bisogno di fremiti ideali. La stampa di partito, imbolsita e ingrigita, subiva la concorrenza di pubblicazioni prodotte da ambienti esterni al Msi: prima di tutto «Ordine Nuovo» di Rauti e «L'Orologio» di Luciano Lucci Chiarissi, fautore di un'idea di terza via né comunista né capitalista ispirata al gollismo; ma anche «Utopia», «Pagine Libere», «Tabula Rasa», «Carattere» e tante altre.

Insomma il successo di Evola deriva dal fatto che il suo pensiero giganteggiava nel deserto?

In realtà giganteggiavano in due, perché all'epoca rimaneva molto forte anche il richiamo della filosofia di Giovanni Gentile. Autori assai diversi tra loro, erano i poli di riferimento dei dibattiti teorici all'interno delle organizzazioni giovanili del Msi.

Di Gentile attiravano l'idea dello Stato etico, le riflessioni sul rapporto tra la dimensione individuale e quella collettiva, ma soprattutto gli ultimi scritti come *Genesi e struttura della società*, che sostenevano l'idea, espressa dal filosofo nel celebre «Discorso agli italiani» del giugno 1943, del comunismo come «corporativismo impaziente» e sistematizzavano il concetto dell'umanesimo del lavoro, prodotto di un'ideologia che, rifiutando il millenarismo marxista, puntava da subito a inserire pienamente il mondo del lavoro come forza trainante all'interno dello Stato. Una concezione fatta propria da gran parte dei dirigenti missini, a partire da Almirante e dal suo vice Giorgio Bacchi, ma assai poco suggestiva per i giovani neofascisti.

Sugli irrequieti militanti di base, bisognosi di riferimenti sistematici che tracciassero il quadro epocale di una civiltà planetaria e delineassero i contorni e la genealogia di una visione del mondo, esercitava molto più fascino Evola, portatore di una vera e propria metafisica della storia. Il suo pensiero offriva una griglia d'interpretazione del susseguirsi degli eventi nelle successive epoche dell'umanità – dalle origini mitiche alla deplorata e «oscura» età moderna – potenzialmente onnicomprensiva, che un giovane missino poteva contrapporre punto per punto al marxismo dei suoi coetanei di sinistra.

Quali sono i cardini della filosofia della storia di Evola?

Non è facile riassumerli in poche battute. In via di estrema sintesi, si tratta di una visione del mondo aristocratica, radicalmente ostile al mito del progresso e a ogni forma di massificazione. Il suo caposaldo fondamentale è il concetto di tradizione, visto come principio supremo atemporale che racchiude in sé tutta una serie di valori eroici e gerarchici, destinati a sostanziarsi, epoca per epoca, in forme storiche diverse. Dietro tutto questo vi è una concezione ciclica secondo cui la vicenda umana procede per grandi fasi: da un'età dell'oro, collocata in una dimensione mitica al di là della storia, via via fino ai «tempi ultimi», punto più basso di un rovinoso processo di decadenza.

Evola ritiene che a partire dalla Rivoluzione francese si sia entrati nel periodo più acuto di crisi della civiltà. E disegna un grande affresco metastorico che fa riemergere fase per fase i tratti peculiari della tradizione, in nome dei quali intende sollecitare una vera e propria rivolta contro il mondo moderno. Evidenzia quindi quelle che considera le degenerazioni della nostra epoca, con l'intento di predisporre la personalità umana alla riacquisizione di valori alternativi che preparino a una nuova era, destinata ad aprirsi quando questo mondo di rovine sarà giunto a implosione. Allora la catastrofe produrrà una catarsi, e il ciclo potrà ricominciare.

È uno schema improntato a un chiaro determinismo regressista, che agli occhi dei giovani neofascisti veniva però controbilanciato dalla grandiosità del compito storico che affidava a chi avesse voluto impegnarsi nella «buona battaglia»: addirittura rovesciare la direzione del processo di sviluppo dell'umanità.

Ma come rientra il fascismo in questa concezione della storia?

Evola lo interpreta come uno dei fenomeni di arresto momentaneo e stabilizzazione temporanea della caduta verso il basso, con il ripristino parziale dei principi positivi: gerarchia, disciplina, primato dello spirito sulla materia, rifiuto dell'idolatria del denaro e di quella che chiama «demonìa dell'economia». Nel fascismo e nel nazionalsocialismo individua però anche degli aspetti negativi, plebei e massificanti. Rispetto ai «tempi ultimi» quei movimenti non sono per lui un'alternativa assoluta, ma solo un male minore. Sono incarnazioni storiche di una resistenza votata alla sconfitta: perché il ciclo possa compiersi bisogna infatti arrivare alla completa disgregazione della civiltà.

C'è chi ha visto nel pensiero evoliano la matrice di un certo terrorismo di destra. È un'ipotesi fondata?

Il riferimento di questi critici è all'Evola di *Cavalcare la tigre*, un'opera uscita nel 1961 che voleva essere un breviario di «orientamenti esistenziali» per un'epoca di crisi assoluta. Quel libro, giudicando il successo di certe correnti culturali contemporanee (l'esistenzialismo, la psicoanalisi, le varie forme di nichilismo) in quanto sintomo della definitiva decadenza della civiltà, raccomanda ai cosiddetti «uomini differenziati», ultimi alfieri della tradizione, di non limitarsi a una contemplazione disgustata del presente, ma di calarsi nel flusso degli eventi, governandoli dall'interno. Agendo nel proprio tempo, ma conservando nei suoi riguardi un distacco profondo.

Da molti evoliani quel testo venne interpretato come l'autorizzazione del maestro ad atteggiamenti di «apoliteìa attiva», un volontaristico rifiuto della politica, regno delle mediazioni e dei compromessi, volto ad accelerare attraverso l'azione diretta il crollo del sistema. Ciò spiega da dove nasca la leggenda di un extraparlamentarismo di destra a forti tinte nichilistiche, che studiosi come Franco Ferraresi hanno poi visto incarnato nella destra eversiva. Si tratta però di una forzatura. Le «letture attive» di *Cavalcare la tigre* hanno un certo peso negli anni Sessanta, durante la contestazione, quando c'è addirittura il tentativo di leggere parallelamente scritti di Evola e di Mao nelle aule delle università occupate. Nei gruppi terroristici dell'ultradestra il pensiero evoliano è invece semplicemente il cosmetico che serve a imbellettare *ex post* un attivismo fortemente deculturalizzato. A parte forse la figura di Franco Freda, la cosiddetta eversione nera è opera di gente che non parte da un'analisi della realtà, ma da una semplice pulsione volontaristica.

La suggestione del pensiero evoliano si è dunque racchiusa essenzialmente nella sua visione antimoderna della storia?

C'è un altro aspetto, nell'attrattiva esercitata dall'opera evoliana sugli ambienti neofascisti, che merita di essere sottolineato. Evola non è solo filosofo, artista, cultore di metafisica della storia. È anche, e per molti soprattutto, un esoterista di un certo valore, partito dai circoli teosofici e transitato per esperienze che lo hanno visto animare gruppi dalle pretese «iniziatiche», dedicarsi alla magia (in senso spirituale, ovviamente), coltivare studi sugli aspetti sapienziali delle religioni orientali.

Si potrebbe supporre che questi suoi interessi venissero considerati dai seguaci attivi in politica alla stregua di bizzarrie personali o comunque di aspetti del tutto *a latere* della sua riflessione. Invece, di regola, non è stato così. Folti gruppi di evoliani si sono appassionati, e talvolta immedesimati, in queste linee di ricerca. Probabilmente perché la condizione di marginalità esistenziale – quel desiderio di porsi sempre e comunque contro il proprio tempo di cui ha scritto Ernesto Galli della Loggia – ha sempre spinto molti sostenitori del radicalismo di destra a cercare chiavi occulte, invisibili, di lettura dei meccanismi che regolano il mondo.

Quasi tutti i fautori delle teorie cospirative della storia e i maniaci dei complotti e dei centri di potere clandestini – particolarmente numerosi nell'estrema destra – hanno per Evola un'ammirazione che spesso sconfina nel culto. Lo si può constatare non solo in Italia, ma anche esaminando la stampa europea di quest'area. Immaginando che la lotta politica sia uno degli aspetti, magari uno dei più marginali, di un conflitto tra «forze sottili», collocate sopra o dietro il proscenio della storia, si trova conforto di fronte a sconfitte di dimensioni epocali come quella subita dalle forze dell'Asse nel 1945. E ci si può illudere di essere pedine di una partita metastorica che non avrà mai fine. Così si giustificano l'impoliticità e la ricerca di capri espiatori ai quali imputare i propri fallimenti. Negli ambienti giovanili missini, libri come *Il mattino dei maghi* di Louis Pauwels e Jacques Bergier, o *Hitler e il nazismo magico* di Giorgio Galli, hanno sempre trovato una grande quantità di lettori ed estimatori.

E sino a quando la Nuova destra non è scesa in polemica contro queste inclinazioni esoteriche dell'ambiente (senza riuscire peraltro a estirparle) e, molto più in generale, contro quello che Alain de Benoist ha definito il «mito incapacitante» del tradizionalismo, di cui la visione complottistica è parte integrante, la presa di questa cultura è stata quasi egemonica fra i giovani acculturati che frequentavano con assiduità le sedi missine. Mentre le idee dell'Evola teorico di dottrina dello Stato, per esempio, non venivano considerate degne di soverchia attenzione.

Si parlava prima di Adriano Romualdi. Nonostante la sua morte precoce in un incidente stradale, nel 1973, è stato per mol-

ti giovani di destra un punto di riferimento intellettuale assai importante. In che cosa consisteva il fascino dei suoi scritti?

Soprattutto nella capacità di evocare grandi orizzonti, scenari epocali che riscattavano il neofascismo dalle miserie della retorica patriottarda e della difesa di interessi settoriali. Tra l'altro al giovane Romualdi, proprio perché figlio di uno dei padri fondatori del partito, era consentito spingere la critica ai malvezzi dell'ambiente missino molto oltre quello che potevano permettersi altre persone. La durezza della sua prosa nel fustigare dilettantismo e faciloneria della dirigenza neofascista non aveva eguali nelle pubblicazioni d'area.

Fecero scalpore soprattutto due opuscoli da lui scritti nei primi anni Settanta, poco prima di morire. Uno, *L'Europa e la crisi del nazionalismo*, dichiara conclusa definitivamente l'epoca dei nazionalismi, affermando che ormai hanno rilevanza solo i conflitti su scala continentale e planetaria. L'altro, *Idee per una cultura di destra*, critica ferocemente la tendenza del Msi a venire a patti con qualsiasi forma, anche la più improvvisata, di pensiero conservatore, attaccando in particolare Armando Plebe, il filosofo ex marxista che Almirante aveva nominato responsabile culturale del partito.

Al lettore estraneo all'ambiente di destra, Adriano Romualdi appare il difensore strenuo di una certa purezza ideologica, forse più nazista che fascista. Non è così?

Non si può negare che il Romualdi più caro ai giovani missini era anche quello che – per usare un'espressione di Giampiero Mughini – aveva delle «visioni allucinate», descriveva con toni tragici il crepuscolo dell'Europa visto attraverso lo specchio delle città abbandonate dai nazionalsocialisti e dai loro alleati di fronte all'avanzata delle truppe nemiche. Era stato lui, del resto, con un suo opuscolo di notevole successo, a patrocinare nell'ambiente la riscoperta del combattentismo ideologico che aveva trovato la sua massima espressione nelle Waffen SS.

Va detto però che nel fascino che queste rievocazioni esercitavano sui giovani missini non c'era tanto un'attrazione per il lato perverso e quasi demoniaco dell'immagine del nazionalsocialismo, come avviene tutt'oggi per certi gruppi di skinheads o ultras da stadio. Era piuttosto un richiamo ideologico in cui prevaleva la volontà di superare il nazionalismo egoistico e borghese: una sorta di cura omeopatica di svecchiamento dei rapporti tra il mondo neofascista e il proprio tempo. Sembrerà paradossale che questo avvenisse attraverso un mito datato e dannato come quello dei volontari europei che si erano battuti sotto le insegne del Terzo Reich per affermare il «nuovo ordine europeo» hitleriano: eppure, in quell'apertura a orizzonti ideali diversi da quelli, impregnati di nostalgia dell'epopea mussoliniana, che si respiravano nelle sezioni missine, c'era anche la voglia di liberarsi dall'asfissiante sudditanza a una retorica nazionalista incapace di misurarsi con le sfide della nuova realtà.

Qual è l'interpretazione dell'esperienza fascista proposta dal giovane Romualdi?

Nel libro *Il fascismo come fenomeno europeo*, rimasto incompiuto per la morte dell'autore, Adriano Romualdi lo dipinge com une momento di coagulo moderno della reazione ai principi del 1789, una proposta di civiltà alternativa all'eredità illuminista. Ne rifiuta la visione come parentesi storica, così come l'idea che i movimenti che ne avevano incarnato lo spirito e le forme nei vari Paesi europei fossero stati generati dall'imitazione dell'esempio italiano, sulla spinta di uno stato d'animo puramente reattivo nei confronti della rivoluzione bolscevica. Romualdi considera il fascismo una incarnazione di principi atemporali, sottratti alla logica delle contingenze. E ne vede i presupposti culturali, con qualche forzatura interpretativa, nei teorici della Rivoluzione conservatrice tedesca e in Friedrich Nietzsche.

Nel Msi, le influenze della cultura «alta» si mescolano spesso con iniziative apertamente strumentali. Abbiamo accennato prima all'operazione Plebe. Vogliamo approfondire l'argomento?

Almirante si sforzava di conferire al Msi un alone di rispettabilità che in qualche modo ne capovolgesse l'immagine percepita all'esterno, senza però dover incidere a fondo in quello spirito settario che era funzionale al suo «cesarismo» e alla sua attitudine manovriera. La promozione di Plebe a ideologo della Destra nazionale voleva accelerare questo processo di legittimazione.

L'interessato era un barone universitario molto potente. Il suo distacco dal marxismo con il libretto *Filosofia della reazione*, edito da Rusconi, aveva suscitato un «caso» che aveva avuto larga eco, accendendo i riflettori della stampa sul ritorno di una cultura di destra anticomunista. Avere Plebe nel Msi significava dimostrare che il partito era diventato una realtà frequentabile anche per l'establishment accademico. Serviva a nobilitare la facciata di una forza politica che in realtà ha sempre considerato la cultura come una variabile integralmente dipendente dalle scelte politiche, un semplice fiore all'occhiello da esibire per ragioni d'immagine. Lo stesso protagonista della vicenda ne ha accreditato questa interpretazione nel suo libro di memorie, peraltro pieno di ricostruzioni puramente fantasiose della sua esperienza «tra i fascisti».

Tra l'altro l'operazione Plebe conferiva visibilità al fenomeno assai più serio, allora fortemente osteggiato, dell'emersione all'inizio degli anni Settanta di una cultura spiritualista, conservatrice e aristocratizzante intorno alla casa editrice Rusconi, in cui operava Alfredo Cattabiani. Grazie a costui vennero pubblicate opere di Joseph de Maistre, René Guénon, Mircea Eliade, Ugo Spirito, Augusto Del Noce, Ernst Jünger, le memorie dei capi pellerossa, *Il signore degli anelli* di Tolkien. Si creò così un piccolo ridotto della cultura di destra non conformista, in grado di soddisfare un pubblico di lettori assolutamente trascurato dalla grande editoria.

Un'esperienza che in qualche modo anticipò il fenomeno delle edizioni Adelphi, nel cui catalogo si sarebbero inseriti autori (in parte già pubblicati da Rusconi) considerati espressione del «grande pensiero reazionario» del XX secolo – Carl Schmitt, Ernst Jünger, Louis-Ferdinand Céline, Emile Cioran, Martin Heidegger, Gottfried Benn, Knut Hamsun – o comunque poco amati dalla cultura sia liberale che marxista: René Guénon, J.R.R. Tolkien, Georges Dumézil, Ananda K. Coomaraswamy, Jean-Jacques Langendorf e parecchi altri. Per non parlare, ovviamente, di Nietzsche. Pur essendo estranee a suggestioni immediatamente politiche, queste scelte testimoniano il successo della produzione intellettuale ascritta alla destra presso un vasto pubblico e hanno sollevato vivaci polemiche. Tanto che un filosofo di sentimenti progressisti come Gianni Vattimo giunse a chiedersi, molti anni fa, se molti dei libri pubblicati da Adelphi fossero compatibili con la democrazia!

Torniamo a Plebe. Si tratta in fondo di un personaggio del tutto estraneo alla cultura fascista, catapultato in un ambiente che viveva di nostalgie. Anni più tardi il missino critico Beppe Niccolai dirà che si era comportato come lo «stregone bianco» che avrebbe dovuto insegnare la cultura alla rozza tribù neofascista. È una metafora convincente?

All'inizio, Plebe viene visto con molta curiosità, anche benevola: un ex comunista di rango che si avvicinava al Msi non era cosa di tutti i giorni. Ma in seguito, di fronte all'inconsistenza delle sue iniziative e all'eterogeneità delle sue posizioni rispetto alle aspettative del pubblico missino, nel partito prevale la delusione. Va detto poi che nel personaggio è sempre stato evidente un narcisismo esasperato, che spiega molti dei suoi comportamenti. Plebe in fondo, dopo aver rotto con il marxismo, cercava un palcoscenico sul quale esibirsi. E il Msi era l'unico partito, per di più in forte crescita, in cui avrebbe potuto occupare uno spazio pressoché vuoto. Più che lo «stregone bianco», era l'organizzatore di cultura a cui si dava carta bianca, cioè la possibilità di esprimersi a nome di una forza politica al cui interno non aveva reali concorrenti.

Ma la sua attività di responsabile culturale approda a qualche risultato?

Quasi per niente. Mentre riviste come «La Destra», pubblicata dalle Edizioni del Borghese, «Intervento», edita da Giovanni Volpe, «Civiltà», diretta da Rauti, hanno all'epoca un certo rilievo, quanto meno come palestre per la formazione di nuovi ingegni, la rivista diretta da Plebe, «Cultura di Destra», sprofonda nel più assoluto disinteresse. E anche i convegni da lui organizzati tramite l'Aico (Associazione Italiana per la Cultura Occidentale) rimangono fini a se stessi, nonostante vi partecipino anche prestigiosi intellettuali stranieri.

Più produttivi erano stati per esempio gli incontri promossi a Torino dal Cidas nel 1970-71, in uno dei quali lo scrittore Giuseppe Berto si era autodefinito «afascista», anticipando in qualche modo la tematica del superamento della diade fascismo/antifascismo. Tra l'altro, la questione è tornata di moda negli ultimi tempi, quando Salvatore Vassallo e Rinaldo Vignati, nel primo libro scientifico dedicato a Fdi, *Fratelli di Giorgia*, hanno utilizzato proprio l'espressione coniata da Berto per definire l'atteggiamento assunto da Giorgia Meloni e dai suoi verso l'eredità storica e ideologica del filone politico di provenienza. Ma all'inizio degli anni Settanta l'epoca non era matura perché una provocazione del genere venisse accolta in termini costruttivi.

Quando avviene la rottura fra Plebe e il Msi?

Al momento della scissione di Democrazia nazionale. Fallita quell'esperienza, Plebe cerca poi di accreditarsi come intellettuale fiancheggiatore dei radicali di Marco Pannella, allora sulla cresta dell'onda. Ma senza successo. Promette di pubblicare un volume di testimonianze sulla sua esperienza «trasversale», *Cinque anni tra i fascisti*, per il quale dice di avere un contratto con un grande editore. Ma il libro non vedrà mai la luce e bisognerà attendere il 2012 per veder uscire, presso una casa minore, il suo *Memorie di sinistra e memorie di destra. Un filosofo negli anni ruggenti*. Poi si reimmerge nell'attività accademica, producendo studi che lo caratterizzano nuovamente come filosofo, se non marxista, marxiano: disposto a riconoscere un primato intellettuale al pensatore di Treviri. Nel 1994 diede alle stampe un volume, *Tornerà il comunismo?*, in cui, paventando la rinascita del pericolo comunista sotto forme inedite, tesseva l'apologia della «rivoluzione» berlusconiana appena iniziata.

Evola, Gentile, Romualdi, Plebe. Il tutto in un contesto di dominante nazionalconservatorismo, non privo di tratti clericali. Come si spiega questa farraginosità di riferimenti culturali nel mondo missino?

Il Msi ha sempre considerato la cultura come un *optional*. Dominato dal culto del pragmatismo, che mutuava da una lettura piuttosto superficiale dell'esperienza mussoliniana, non ha mai riconosciuto alcuna priorità all'elaborazione intellettuale rispetto alle strategie politiche. Le due cose hanno viaggiato costantemente su binari distinti e distanti. Anche quando la rilettura critica del patrimonio intellettuale degli anni Venti e Trenta sarebbe stata di grande aiuto alla lotta che andava conducendo per impedire che il fascismo fosse considerato, crocianamente, alla stregua di una mera parentesi storica, o, seguendo Bobbio, come una negazione della cultura, il mondo neofascista ufficiale si è ben guardato dall'avventurarvisi. Sono stati prodotti, in quell'ambiente, studi rievocativi dell'esperienza italiana fra le due guerre, di taglio più apologetico che revisionista – si pensi ai libri di Nino Tripodi, che del Msi è stato presidente. C'è stata la rivendicazione di una filiazione dal pensiero gentiliano, che non si è tuttavia accompagnata, se non molto sporadicamente, all'incoraggiamento di studi che si muovessero lungo quel solco filosofico. L'unica eccezione è stato il lavoro di riflessione svolto dall'Istituto di studi corporativi, dalla sua rivista e dai suoi convegni, tuttavia il merito di quell'iniziativa non è stato del partito in quanto tale, ma del suo animatore, l'economista Gaetano Rasi, una delle rare figure intellettuali di spicco che si sono impegnate nell'elaborazione teorica in ambito missino.

Il neofascismo non ha mai conosciuto, fino alla seconda metà degli anni Settanta, una produzione intellettuale che ambisse a influenzare le strategie politiche del presente. Del resto, anche la ricerca di identità ideologica delle sue generazioni più giovani è stata in larga misura tributaria di apporti esterni. Essendo gli studi scientifici sul fascismo disertati – per ovvie ragioni – da autori che avessero una qualche simpatia per l'argomento, non restava che ricorrere a opere maturate in contesti diversi. Per cui anche case editrici d'area, come Il Borghese o Volpe, dovevano cercare all'estero testi da tradurre, come *L'ideologia del fascismo* o *Il fascismo: interpretazioni e giudizi* del politologo statunitense James A. Gregor.

Nel lungo termine, la forzata «laicità» di quelle letture ha giovato alla formazione di un atteggiamento critico in una certa parte dei frequentatori dei centri librari missini: ma sul momento contribuiva ad alimentare fra i militanti un certo senso di isolamento e di frustrazione. A destra non esisteva, neppure su scala ridotta, niente che si potesse paragonare alle scuole di pensiero di orientamento marxista. Si navigava a vista. E nel vuoto assoluto delle iniziative di partito si insinuavano le suggestioni più eterogenee. Nei primi anni Settanta circolavano nelle federazioni missine solo libelli nostalgici ed estremisti; qualche anno dopo si affermò, per un breve periodo, la produzione della Nuova destra, che sosteneva contenuti di segno opposto. Il tutto all'insegna del fai-da-te, dell'improvvisazione più assoluta e di una non celata ostilità dei dirigenti della vecchia guardia verso tutto ciò che sapesse di «intellettualismo».

Questo dato di fatto ha consentito la coesistenza di stimoli culturali molto diversi, lasciando covare sotto la cenere enormi contraddizioni. E nei momenti di crisi queste ultime sono venute a galla, con il risultato che a un certo punto la strategia politica del Msi si è attorcigliata su se stessa, senza riuscire a tenere il passo con le trasformazioni del clima culturale italiano. Per questo motivo le elaborazioni teoriche di ambienti comunque orbitanti nella sfera missina sono apparse spesso lontanissime, addirittura non-comunicanti, rispetto ai valori che hanno fatto da sottofondo all'azione concreta del partito.

Una contraddizione forte, mi sembra. Per esempio quella tra referenti culturali immanentistici (Gentile) o dichiaratamente pagani (Evola) e la pretesa del Msi di ergersi a difensore della tradizione cattolica. Non è così?

A ben vedere, tanto il gentilianesimo quanto l'evolismo possono in qualche modo comunicare con il cattolicesimo. Il primo attraverso il riconoscimento di sfere distinte di azione riservate allo Stato e alla Chiesa. Il secondo sul terreno del tradizionalismo: Evola si mostra in più occasioni prodigo di elogi per autori come de Maistre e de Bonald, nei quali ritiene – forse non del tutto a torto – che il motivo politico sia tutto sommato prevalente su quello religioso.

Quanto alla difesa dei valori cattolici da parte del Msi, essa era fortemente enfatizzata a fini elettorali. Nel dibattito interno missino il riferimento alla tradizione religiosa non appare mai molto sentito: emerge quasi esclusivamente in una prospettiva competitiva, come volontà di mostrare al pubblico cattolico conservatore che si è altrettanto (e anche più) rispettosi dei valori religiosi di quanto non lo sia la Democrazia cristiana. Ma nel Msi non è mai esistita una componente che assumesse il cattolicesimo politico come aspetto rilevante della sua posizione: tutt'al più questa tendenza si è manifestata in iniziative editoriali di piccoli gruppi o singoli individui (penso per esempio a Primo Siena).

I valori cattolici sono stati considerati importanti soprattutto in quanto valori popolari diffusi nell'Italia non ancora secolarizzata e assunti come un patrimonio fondamentale dell'identità nazionale. L'Italia è stata vista nell'ambito neofascista come un Paese *naturaliter* cattolico, la cui potenziale sensibilità al messaggio missino dipendeva anche dal fatto che non smarrisse questa sua caratterizzazione.

Ma che rapporti c'erano tra Msi e tradizionalisti cattolici?

Nella destra cattolica, su cui ha scritto un saggio interessante Giovanni Tassani, rientrano pensatori interni all'area neofascista come Attilio Mordini, che aveva combattuto nella Rsi, ma anche critici del fascismo come Augusto Del Noce. Tuttavia nel mondo del cattolicesimo militante il Msi ha sempre trovato interlocutori molto marginali, di tendenza tradizionalista. L'unico gruppo che negli anni Settanta cercò di esercitare una certa influenza sul partito era Alleanza cattolica, diretta peraltro da un ex esponente missino come Giovanni Cantoni. Ma l'intransigentismo di quel movimento, mutuato dall'organizzazione brasiliana Tfp (Tradizione, Famiglia, Proprietà) di Plinio Corrêa de Oliveira, era troppo rigido per poter penetrare efficacemente nell'ambiente, nonostante il favore con cui il gruppo era visto da Giovanni Volpe, all'epoca principale editore di area.

Del Noce era critico verso il fascismo, ma lo era altrettanto verso l'antifascismo. C'era attenzione nel mondo missino per la sua spietata demolizione dei miti fondanti dell'Italia repubblicana?

Non molta. Tutta la cultura non fascista ha sempre trovato nel Msi echi piuttosto flebili. Il dialogo del 1971 tra Del Noce e Ugo Spirito *Eclisse o tramonto dei valori tradizionali?*, raccolto in un volume edito da Rusconi, suscita all'epoca un certo interesse. Ma del filosofo cattolico si apprezza molto di più la denuncia della scristianizzazione e dell'ateismo piuttosto che la critica dell'antifascismo, poiché quest'ultima è anche simmetricamente critica del fascismo. Entrambi i fenomeni vengono ricondotti a una comune matrice, l'immanentismo, che sul piano filosofico ha trovato espressione in Giovanni Gentile, del quale Gramsci può essere considerato a suo modo un discepolo. Pur rifiutando l'idea del fascismo come male assoluto, Del Noce lo definiva un «errore della cultura», e si può capire perché, negli anni Settanta, la sua interpretazione transpolitica del fenomeno fascista, come quella per taluni versi simile proposta da Ernst Nolte, non trovasse sostanzialmente riscontro negli ambienti missini.

Neppure tra gli intellettuali di area?

Certamente Del Noce non viene ignorato, anche perché è uno dei pochi uomini di cultura italiani di prestigio che accettino di collaborare a iniziative sorte a destra: tiene relazioni ai convegni annuali della Fondazione Gioacchino Volpe, scrive articoli sulla rivista «Intervento» nel periodo in cui, tra il 1973 e il 1976, è diretta da Francesco Perfetti, futuro allievo di Renzo De Felice. Ma soltanto gli esponenti delle frange ispirate al tradizionalismo cattolico accolgono, almeno in parte, le sue posizioni. Gli ambienti colti del neofascismo non le trovano convincenti. Ne parla con un certo distacco critico Enzo Erra, sottolineando come il carattere rivoluzionario del fascismo assumesse per il filosofo piemontese un valore negativo, e come le sue valutazioni finali si inserissero nella prospettiva storica comune agli studiosi antifascisti. Ne parla Adriano Romualdi, che definisce quella di Del Noce una posizione di «antifascismo reazionario pieno di rimproveri per ogni radicalismo». E gli imputa di non aver voluto riconoscere al fascismo il ruolo di alleato nella lotta alla secolarizzazione neoilluminista, fino al punto di collocarlo assurdamente nello stesso campo del progressismo e del comunismo.

In sostanza, anche in un autore acuto come Romualdi predomina la diffidenza verso ogni teoria critica nei riguardi del fascismo. E questo vale per tutto il mondo missino, che può apprezzare alcuni aspetti del pensiero di Del Noce ma non va oltre, perché per farlo sarebbe necessario passare per le forche caudine di un autentico ripensamento critico dell'esperienza fascista.

Si possono capire le riserve verso Del Noce, ma come spiegare la scarsa attenzione verso Nolte, accusato da sinistra di aver rivalutato addirittura il nazionalsocialismo?

Bisogna distinguere fasi diverse. Nei primi anni Settanta l'autore del saggio *I tre volti del fascismo* – unica opera di Nolte a quel tempo pubblicata in Italia – condivideva l'idea delnociana del fascismo come «resistenza alla trascendenza» e la portava alle estreme conseguenze. A suo avviso il vero nemico dei movimenti totalitari di destra era la «libertà verso l'infinito», e il loro successo era un segno esplicito e allarmante dell'inesorabile progredire della tentazione nichilista che affliggeva le società liberali in crisi. La riflessione di Nolte non aveva ancora lambito i temi che ne hanno decretato la rivalutazione da destra quindici anni dopo: un certo revisionismo storiografico; l'idea che il periodo fra i due conflitti mondiali possa essere letto come il susseguirsi delle fasi di una guerra civile europea aperta dalla Rivoluzione d'ottobre; la convinzione che i crimini hitleriani non siano stati altro che la risposta (deprecabile e deprecata) alla «barbarie asiatica» del comunismo.

Restiamo per il momento negli anni Settanta. Come vengono accolte dai missini le opere di Renzo De Felice, apertamente in contraddizione con i canoni classici della dominante storiografia antifascista?

In un primo tempo non c'è una percezione del lavoro defeliciano come grande momento di frattura all'interno degli studi storici sul Ventennio. Vi è apprezzamento per alcune tesi di questo autore: per come sottolinea il ruolo dei ceti medi nell'ascesa del fascismo; per come coglie il senso del passaggio di Mussolini dal socialismo all'interventismo; per il rilievo che attribuisce alle novità introdotte dal regime nella vita delle masse. Ma nello stesso tempo si tende a svalutare la distinzione di De Felice tra fascismo-regime e fascismo-movimento, risolvendola nella normale dialettica tra le potenzialità e le effettive realizzazioni di una forza politica.

Al contrario di quel che spesso si sostiene, non c'è nessun tentativo di appropriazione dell'opera di De Felice da parte del Msi. Tant'è vero che, quando scoppia lo scandalo determinato dall'uscita della sua *Intervista sul fascismo*, nel 1975, il biografo di Mussolini ha buon gioco nel ricordare, a chi lo accusa di fornire argomenti ai nostalgici, che in realtà da quella parte gli erano arrivate soprattutto critiche. Ed era vero: anche perché in quel momento le tesi defeliciane non si erano ancora spinte, com'è avvenuto poi negli anni Ottanta, fino alla confutazione del paradigma antifascista. Va aggiunto però che, con il tempo, De Felice ha acquistato agli occhi della destra italiana il ruolo di unico storico credibile e non fazioso del fascismo, riscuotendo un successo che altri studiosi non meno validi di lui – penso per esempio a Zeev Sternhell – non hanno ottenuto.

In un primo tempo però c'è anche un tentativo neofascista di replicare a De Felice sul piano dell'interpretazione storiografica.

Sì, esce per i tipi di Volpe un volume di saggi, intitolato *Sei risposte a Renzo De Felice*, in cui il contributo più significativo – e anche l'unico di autore italiano, oltre a quello di un «testimone anonimo», che secondo alcuni è lo stesso editore – è firmato da Enzo Erra. Si intitola *Il fascismo fra reazione e progresso*. Notando, acutamente, che De Felice dà sull'esperienza fascista un giudizio senza appello, nel momento in cui la considera un fatto concluso, non più in grado di riprodursi, Erra si trova in un certo senso a simpatizzare per i suoi avversari, che pure sente politicamente e ideologicamente più distanti. Costoro infatti, quando giudicano il fascismo alla stregua di un pericolo ancora potenzialmente vitale, ne riconoscono una persistente validità. Affermano, in altre parole, che le radici della crisi che scosse in profondità la civiltà moderna all'indomani della Prima guerra mondiale non sono state recise, e potrebbero tornare a essere feconde. Dunque, Erra ne deduce che, se il fascismo non ha ripreso forma e forza nell'Italia dei tormentati anni Settanta, ciò è accaduto non in quanto non abbia incontrato circostanze adeguate, ma perché il clima culturale e morale dell'epoca non ha generato «spiriti disposti ad accoglierlo»: situazione che potrebbe ovviamente cambiare in futuro.

È un'interpretazione non priva di interesse, ma da cui emerge come ogni proposta di storicizzazione del fascismo venisse vista in quel periodo come una sorta di minaccia alla capacità propulsiva dell'entità missina (a cui Erra continuava a sentirsi vicino) nel presente. Come se consegnare al passato l'esperienza fascista fosse un atto destinato, volontariamente o meno, ad anestetizzare l'impatto della tesi dell'alternativa al sistema che il radicalismo di destra proponeva.

6
Proviamola nuova

Ritorniamo all'analisi del percorso storico dei «fascisti dopo Mussolini». Abbiamo fatto cenno di sfuggita all'esplosione del ciclo di protesta alla fine degli anni Sessanta. Il Sessantotto non apre solo una stagione di forti tensioni sociali, ma anche una fase di vorticoso mutamento dei modelli culturali e di costume, soprattutto in ambito giovanile. È un'ondata che tocca anche il mondo missino?

La contestazione studentesca esercita innegabilmente i suoi effetti anche sul versante della destra più radicale. Il 1968 viene considerato la data di nascita ufficiale della nuova sinistra, che per almeno un decennio manterrà un ruolo egemone fra le più giovani generazioni italiane; ma nello stesso anno prende avvio, molto più in sordina, anche un processo di trasformazione della gioventù neofascista, lungo direttrici diverse. I primi contraccolpi del nuovo clima sono ovviamente traumatici per questo mondo: basti pensare che la sua organizzazione più rappresentativa, il Fuan, abituata da parecchi anni a una presenza significativa nei «parlamentini» studenteschi, viene letteralmente spazzata via da gran parte degli atenei italiani. Comincia così, per questi militanti, un periodo di emarginazione che ne condizionerà fortemente l'atteggiamento psicologico.

Eppure all'inizio si registra anche la partecipazione diretta di ragazzi del Fuan ai moti studenteschi. Tant'è vero che da alcuni quelle vicende sono state rievocate come una sorta di «occasione perduta» per la destra.

La partecipazione di giovani neofascisti al Sessantotto sotto forma di adesione diretta alle agitazioni fu un fenomeno limitato, frutto più di inquietudini esistenziali che di un disegno politico anche appena abbozzato. Mentre la ricaduta indiretta degli eventi sul mondo del radicalismo di destra è di grande importanza. Nell'ambiente missino, dopo che nel 1954 era stata sottratta al Raggruppamento giovanile la libertà di azione che si era faticosamente conquistata negli anni precedenti, l'idea di una capacità di produzione politica autonoma del mondo studentesco era stata accantonata.

Per il partito di Michelini il compito dei giovani militanti si limitava perlopiù all'attivismo spicciolo: dovevano diffondere nelle scuole e negli atenei – con scioperi, cortei, affissioni di manifesti, distribuzioni di volantini – i contenuti decisi dalla politica adulta. L'attenzione alle tematiche specifiche era circoscritta a rivendicazioni saltuarie su questioni marginali e di ordine pratico. Era impensabile che partissero dai problemi generazionali per formulare analisi e proposte di respiro più ampio. Le agitazioni del Sessantotto sono quindi un vero trauma, che mette in crisi l'atteggiamento di molti giovani missini e li costringe a sforzarsi di rispondere sullo stesso terreno ai coetanei di sinistra, a ripensare se stessi, determinando una frattura profonda con il partito, che rimane sostanzialmente insensibile a queste esigenze.

Del resto l'immediata reazione del Msi ai moti studenteschi è quella tipica di una forza ultraconservatrice che vede minacciato l'ordine civile.

Proprio così. La mobilitazione giovanile viene derubricata a sovversione, istigata e pilotata dalle sinistre, alla quale ci si deve opporre con ogni mezzo, anche surrogando le forze dell'ordine, accusate di dimostrarsi colpevolmente deboli e tolleranti. Dopo gli scontri del 1° marzo 1968 alla facoltà di architettura di Roma, a Valle Giulia, ai quali un piccolo gruppo di militanti di destra (soprattutto di Avanguardia nazionale, ma anche del Fuan) aveva attivamente partecipato, nella speranza di guadagnarsi uno spazio di manovra nell'ondata di contestazione, la direzione missina agita lo spettro dell'insurrezione e del «teppismo organizzato» e decide di «fronteggiare» sul terreno il neonato Movimento studentesco.

Il 16 marzo, un gruppo di Volontari nazionali, con il sostegno di Almirante, Giulio Caradonna, Raffaele Delfino, Luigi Turchi, Michele Marchio e dei dirigenti delle organizzazioni giovanili del partito, entra nell'università romana, vista come covo di mestatori rossi. La grande rissa innescata dalla spedizione punitiva crea un primo momento di conflitto fra i giovani missini: alcuni di loro avevano cercato di inserirsi nelle agitazioni studentesche, occupando la facoltà di Giurisprudenza, e rifiutavano ora di recitare il ruolo di «guardie bianche». Ne conseguono aspre polemiche intestine e l'inizio di una certa diaspora. Ci sono gruppi che cercano di dar vita a iniziative autonome, a cavallo tra destra e sinistra; militanti che addirittura «passano al nemico», aderendo al Movimento studentesco; altri che insistono nel cercare di prendere parte alle agitazioni come componente alternativa a quella dominante. Anche se non si tratta di fenomeni numericamente consistenti.

La lettura del Sessantotto come occasione perduta per la destra, contenuta nel libro di Adalberto Baldoni *Noi rivoluzionari* e ripresa in seguito da altri autori di area, come Nicola Rao, è decisamente forzata, se non altro perché fa esclusivo riferimento alla realtà di Roma, l'unico grande ateneo in cui il Fuan riesce a tentare qualche sortita. Nel resto d'Italia i giovani missini non hanno nessun ruolo nel Movimento: subiscono anzi una dolorosa emarginazione di cui queste rievocazioni di parte danno una immagine edulcorata, con una sorta di protesi interpretativa che sostituisce il sogno alla dura realtà.

Che la controcultura studentesca diffusasi per effetto del Maggio francese, mimesi dei movimenti sorti negli Stati Uniti d'America, esprimesse istanze opposte a quelle che animavano il microcosmo neofascista era del resto apparso subito chiaro a Adriano Romualdi. Con il consueto gusto delle posizioni estreme, in un suo articolo comparso nella primavera del 1970 su «Ordine Nuovo» (*«Contestazione» controluce*), l'allievo di Evola aveva riconosciuto ai fermenti sessantotteschi solo l'autenticità della rabbia, dello scontento e della violenza dei primi animatori. Per il resto aveva bollato il movimento come un cavallo di Troia della «razza marxista» e dei suoi «utili idioti», in cerca di «nuovi paradisi di libertà e di sudiciume», che avrebbe dovuto condurre alla «putrefazione dei popoli di razza bianca» e, immancabilmente, al «tramonto dell'Occidente». Di fronte alla «minoranza di intellettuali da salotto» che occupava le facoltà, la destra antiborghese avrebbe avuto le proprie carte da giocare, ma la disabitudine al clima del proprio tempo che l'aveva portata, in un'epoca di problemi continentali, a montare «la guardia al bidone di benzina dell'Alto Adige» la tagliava fuori da ogni possibilità operativa. E non c'era da stupirsi se molti ragazzi cresciuti nelle sezioni della Giovane Italia o del Fuan erano passati, nei giorni dell'illusione rivoluzionaria, al fronte maoista. Perché, affermava convinto Romualdi, «per un giovane di temperamento veramente fascista, le parole estreme, la violenza, le vivaci bandiere dei "cinesi" venivano a surrogare quel che la destra ufficiale, tiepida e invecchiata, non poteva più dare». Questa lunga citazione fa capire, meglio di qualunque analisi a posteriori, quanto velleitaria fosse per i giovani missini la pretesa di inserirsi con successo nel clima di esasperate passioni del Sessantotto.

Dunque l'abbraccio tra giovani missini e Movimento studentesco era impossibile in partenza. Tuttavia gli effetti di quella vicenda sulle nuove generazioni di destra sono tutt'altro che trascurabili.

Il dato fondamentale, dal punto di vista antropologico ancor prima che politico, è la condizione di isolamento e irrilevanza in cui la «gioventù nazionale», come allora amava autodefinirsi, viene relegata dall'irrompere della contestazione. Esauritasi ben presto l'ipotesi di opporsi frontalmente al movimento sul piano della mobilitazione attivistica, si apre una fase in cui si è costretti a subire l'altrui egemonia. Le idee dell'estrema sinistra, compreso un rivitalizzato e aggressivo antifascismo, si radicano profondamente nel mondo giovanile. E alle nuove generazioni missine non restano che due strade da percorrere: o votarsi al culto della solitudine eroica, nella convinzione di detenere comunque una verità metastorica, offuscata dall'oscurità dei tempi ma destinata a trionfare; oppure meditare sulle ragioni di questa emarginazione e cercare di darle un connotato attivo, sperimentando faticosamente una sorta di coniugazione eterodossa fra elementi del proprio patrimonio ideale e stimoli di vario genere provenienti dalla nuova temperie culturale.

In un primo tempo però, come abbiamo visto, prevale la tentazione di contrapporre all'offensiva della sinistra la risposta di una «piazza di destra».

Non c'è dubbio. È lo slogan che verrà lanciato da Almirante nel 1969, nell'intento di collegarsi all'inquietudine per il futuro che serpeggia nel ceto medio moderato, su cui i continui e folti cortei dei gruppi dell'ultrasinistra, dove iniziano a comparire caschi, bastoni e slogan minacciosi contro lo Stato, la borghesia e la polizia, hanno sortito un effetto scioccante. In questa fase le università non sono più per la destra luoghi dove penetrare per diffondere le proprie idee, ma simboli dell'egemonia comunista da espugnare. A Milano, per esempio, le manifestazioni missine si concludono in più occasioni con tentativi di dare l'assalto alla Statale, per colpire quello che ormai viene considerato il fortilizio dove si annida il cancro sovversivo da estirpare.

Intanto però i moti studenteschi si estendono, coinvolgendo dopo gli atenei anche le scuole medie superiori. E progressivamente la componente ribellistica della gioventù neofascista prende a distaccarsi in maniera sempre più netta dal Msi. Si comincia a parlare di «nazimaoismo». Nasce, seppure con un seguito che resterà sempre limitato, un movimento come Lotta di popolo, che spinge all'estremo la predicazione populista, assumendo come punti di riferimento simbolico regimi carismatici e autoritari del Terzo Mondo, in particolare quello libico di Muammar Gheddafi. Soprattutto acquista maggior credito e forza di suggestione il nazionalismo europeo sostenuto da Giovane Europa, filiazione della Jeune Europe del belga Jean Thiriart, composta in gran parte da ex missini.

Come si caratterizzano le posizioni di questo movimento?

L'ambizione di Thiriart è quella di creare un movimento a livello continentale, che si batta simmetricamente contro gli imperialismi americano e sovietico («nemici mai, concorrenti spesso, complici sempre», come recita uno dei suoi slogan) in nome dell'indipendenza politica del Vecchio Continente. In Italia, Giovane Europa ha una presenza assai limitata – non supera un paio di centinaia di militanti – ma esercita una rilevante influenza nell'area del ribellismo neofascista, perché anticipa molti dei temi che i giovani del Msi faranno propri in seguito.

In un'epoca in cui la destra ufficiale rimpiange il colonialismo e Rauti insegue ancora la chimera dei «nuovi centurioni» – i reduci dal Vietnam che, temprati dalla guerra, avrebbero dovuto fondare negli Stati Uniti un nuovo ordine imperniato su valori marziali –, Giovane Europa rompe con l'idea di Occidente, invoca il dialogo con il Terzo Mondo, instaura rapporti con il Fronte di liberazione nazionale algerino. Nel 1967, di fronte alla Guerra dei Sei giorni, si schiera nettamente dalla parte degli arabi contro Israele: non per un riflesso antisemita, ma perché vede nello Stato ebraico la punta di lancia dell'imperialismo *yankee*. E rompe anche con il nazionalismo gretto della destra italiana, proponendo per l'Alto Adige una soluzione basata sul diritto all'autodeterminazione dei sudtirolesi.

Non a caso tra le file di Giovane Europa troviamo personaggi del più vario genere: ci sono Claudio Mutti, che anni dopo si convertirà all'islam, Franco Cardini e persone che più tardi avrebbero scritto sul «Manifesto», come Pino Balzano, o avrebbero fatto una brillante carriera in campo editoriale. Ebbe rapporti con questo movimento anche Renato Curcio, allora membro di un gruppo di sinistra che organizzò assieme a Giovane Europa iniziative in favore della Cina e contro l'Urss al tempo degli scontri di frontiera sul fiume Ussuri.

Va notato che Franco Freda cercò di influenzare ideologicamente il movimento, senza peraltro riuscirci: il documento che venne fatto circolare fra gli iscritti come base di discussione in vista del Congresso nazionale di Napoli del 1970 non era altro che il testo pubblicato in seguito in un volumetto dallo stesso Freda con il titolo *La disintegrazione del sistema*. Dall'assise scaturì però la decisione dell'autoscioglimento della sezione italiana dell'organizzazione, i cui membri esprimevano ormai convinzioni troppo eterogenee.

Ma come mai certi richiami fanno presa sui giovani neofascisti proprio in questa fase?

Tutta la tematica dell'europeismo delle nuove generazioni neofasciste si ricollega alla necessità di un'alternativa all'infatuazione per la Cina di Mao delle sinistre. L'Europa diventa la dimensione in cui investire le risorse del proprio immaginario collettivo, dove si svolge lo scontro del quale si desidera essere protagonisti. Di qui lo slogan di ispirazione evoliana «la nostra patria è là dove si combatte la nostra battaglia», in netta contraddizione con il nazionalismo caro al Msi. Di qui l'idea dell'Europa come terza forza radicalmente alternativa a Usa e Urss. E anche i vari tentativi di organizzare incontri della gioventù nazionale europea con rappresentanti di affini movimenti stranieri. In questo modo, in forme spesso molto ingenue, si esprimeva un'inquietudine di fondo a cui il vecchio nostalgismo non sapeva dare risposte.

È la fase in cui nascono i fermenti destinati a maturare nella cultura giovanile missina degli anni Settanta. Se non se ne tiene conto, non si capisce perché un editore conservatore come Volpe pubblicasse i libriccini della collezione «Europa», in cui Adriano Romualdi fece uscire *Idee per una rivoluzione degli europei* di Pierre Drieu La Rochelle e brani degli scritti di Saint-Loup sui volontari europei delle Waffen-SS. Il fatto è che testi del genere venivano incontro al bisogno spasmodico di miti dei giovani missini dell'epoca, molti dei quali ormai consideravano il fascismo mussoliniano una sorta di noiosa palla al piede, incapace di generare suggestioni mobilitanti.

Che riscontro trovano questi fermenti nella leadership dei movimenti giovanili legati al Msi?

Nessuno. Alla testa delle organizzazioni di settore (Giovane Italia, Fuan, Raggruppamento giovanile studenti e lavoratori) ci sono persone allevate nel clima asfittico dell'era micheliniana e assai più anziane dei militanti che dovrebbero dirigere: sono quasi una gerontocrazia, una *nomenklatura* di tipo sovietico. E la situazione peggiora con la decisione di fondere tutti questi organismi (anche se il Fuan mantiene la sua sigla e una parziale autonomia) nel Fronte della gioventù: Almirante la giustifica con la necessità di evitare derive violente di qualche gruppo locale incontrollato, ma in realtà punta a soffocare preventivamente forme di fronda o dissenso rispetto alla linea ufficiale.

Significativamente, il processo di costituzione del Fdg, tra il 1971 e il 1972, si accompagna al tentativo di decapitare o normalizzare, con la scusa del riassetto organizzativo, le realtà periferiche più insofferenti: una prassi che in varie parti d'Italia suscita dure proteste da parte della base.

Non c'è nessuno sforzo di dialogo con i giovani da parte dei vertici del partito?

Nemmeno l'ombra. Dal 1974 in poi cessa anche l'esperienza dei campi-scuola estivi. La leadership del Msi rinuncia a questa sede d'incontro per timore che ne nasca una spinta contestativa in un momento in cui la strategia della Destra nazionale mostra crepe ormai vistose. D'altronde già nei convegni di formazione politica dei primi anni Settanta era emersa l'insoddisfazione di consistenti frange giovanili. E si era già delineata quella dialettica tra difensori dell'esistente e fautori del cambiamento che avrebbe caratterizzato le vicende degli anni successivi. Se non si tiene conto di questo dato, non si comprende come la corrente rautiana, che al momento del rientro nel partito era un gruppuscolo sparuto, riesca più tardi a raccogliere intorno a sé un quarto dei quadri intermedi del Msi e più della metà di quelli giovanili.

La componente di Rauti funge dunque da punto di coagulo dello scontento?

Sì, a partire dai primi anni Settanta quasi tutta l'attività di formazione dei giovani neofascisti avviene attraverso le riviste e i centri di diffusione libraria dell'area rautiana, facenti capo alle Edizioni Europa, che suppliscono in questo modo alla mancanza di una scuola di partito. Si crea una rete di contatti, estesa a tutto il territorio nazionale, per la propagazione di idee che hanno sempre meno a che vedere con le vecchie parole d'ordine nostalgiche e con quelle dell'ormai evanescente sinistra socializzatrice. Così vengono gettati i semi di un conflitto di mentalità tra chi si forma su queste basi e i tradizionali quadri di partito.

Qual è l'indirizzo culturale che si afferma nell'ambiente rautiano?

Le influenze sono le più varie: il tradizionalismo, il «romanticismo fascista» (così lo definisce, in un libro molto apprezzato, Paul Sérant) degli scrittori collaborazionisti, la Rivoluzione conservatrice tedesca, i movimenti fascisti fino ad allora semisconosciuti dell'Europa orientale. Si leggono Pierre Drieu La Rochelle ed Ernst Jünger, Ezra Pound e Robert Brasillach, Oswald Spengler e Corneliu Zelea Codreanu, Joseph de Maistre e Knut Hamsun.

Senza dubbio però domina su tutti il pensiero di Evola, che trova lettori entusiasti in quel periodo proprio perché il suo insegnamento risponde alle esigenze più sentite. Innanzitutto, come detto, si tratta di una visione globale del succedersi delle vicende storiche traducibile in immagini nettamente (e spesso schematicamente) definite, che offre argomenti da contrapporre in modo sistematico a quelli marxisti. Inoltre Evola ha una concezione eroica e aristocratica dell'esistenza, in cui solitudine e isolamento dal decadente mondo moderno sono un vanto più che un cruccio. Il suo pensiero permette di immedesimarsi nel combattente di frontiera, circondato da un mondo ostile, che si prodiga comunque perché è consapevole di lottare per una causa giusta. La dimensione della mobilitazione collettiva, tipica del fascismo, in Evola viene meno, perché il suo «uomo differenziato» è convinto di possedere una verità che gli consente di affrontare anche la più completa emarginazione rispetto a ciò che lo circonda. Soltanto quando queste certezze si indeboliscono comincia a declinare l'egemonia del pensiero evoliano sui giovani neofascisti.

Prima si è accennato all'influenza di stimoli esterni. Di cosa si tratta? Sono questi che instillano nelle nuove generazioni missine formatesi nel culto di Evola il dubbio di non aver scelto la strada giusta?

La fase di predominio dell'evolismo si esaurisce intorno alla metà degli anni Settanta, nel momento in cui cade la speranza che il Msi possa avere un ruolo da protagonista nello scenario politico. L'ipotesi rautiana di poter coniugare strategia della Destra nazionale e aspirazioni rivoluzionarie viene smentita dai fatti, e tra i giovani si diffonde la sensazione di dover fare *tabula rasa* di molte convinzioni precedenti. È un periodo molto difficile per i ragazzi del Fronte della gioventù, esclusi dalle sedi naturali del dibattito nelle scuole e nelle università. La loro stessa esistenza è vista ormai come un intollerabile affronto alla natura antifascista della democrazia italiana. E non solo dall'estrema sinistra, ma da tutte le forze politiche, che impongono a livello giovanile, in maniera ancor più rigida, la logica dell'arco costituzionale.

A questo punto molti giovani militanti iniziano a interrogarsi sulle ragioni della condanna implacabile di cui sono oggetto. E vengono progressivamente contaminati dai coetanei di sinistra, in un processo inizialmente involontario e subito, più tardi volontario e talvolta cercato. È un successo indesiderato della controcultura sessantottina, che penetra anche nel fortilizio dell'avversario più odiato. Tutto ciò che si verifica nell'area giovanile neofascista dal 1974 in poi, in termini di mutamento del linguaggio e apertura intellettuale, va ascritto a suggestioni di questo tipo.

Nei suoi saggi sulla Nuova destra, Marco Revelli attribuisce a questo fenomeno una natura prevalentemente strumentale, quasi di mimetizzazione del neofascismo. È così?

Nel nuovo atteggiamento di una parte dei giovani missini c'è una forte volontà di farsi accettare, di uscire dal ghetto. Ma c'è anche e soprattutto una percezione della propria incapacità di affrontare nel modo giusto le sfide del tempo presente, da cui deriva la rottura di tutta una serie di tabù precedentemente vigenti, sotto il profilo del costume ancor prima che nel campo della cultura o della politica.

Vengono recepite talune mode giovanili: i capelli lunghi, i jeans, anche l'eskimo. Si affermano la musica rock e pop, i fumetti, i cineforum, quasi tutte le forme espressive delle nuove generazioni. E poi la passione per le culture indigene, per i pellerossa e in generale per i vinti della storia, che non sono più soltanto quelli del secondo conflitto mondiale. Inoltre c'è una nuova considerazione dell'elemento femminile. Fino a quel momento le donne nell'ambiente erano prevalentemente le belle ragazze da esibire per contrapporle alla presunta laidezza delle loro controparti di sinistra.

Conservo ancora fra le mie carte un volantino distribuito a Roma durante la campagna per le elezioni comunali del 1971, dove da un lato campeggia l'accattivante fotografia di Irene Mohrhoff, allora segretaria femminile del Msi e poi psichiatra di fama, e sull'altra metà del foglio è riprodotto il profilo tormentato di una staffetta partigiana, disegnato da Renato Guttuso. La didascalia sottolinea impietosamente il gap estetico visibile a occhio nudo. Ma non dice che nelle sedi missine alla ristretta componente femminile erano stati riservati sino ad allora compiti di mera rappresentanza: l'ottica che le voleva ridotte ad «angeli del focolare» era perfettamente riflessa dalle pagine che il «Secolo d'Italia» periodicamente riservava alle «donne di destra». E i casi di trasgressione alla norma erano estremamente rari.

Ora invece le donne cominciano a pesare politicamente, ad assumere ruoli dirigenti, a produrre proprie pubblicazioni come «Donne in lotta» ed «Eowyn». Nella terna rautiana presentata per l'elezione del nuovo segretario nazionale nell'assemblea del Fronte della gioventù del giugno 1977 c'è una ragazza di Padova, Stefania釣Paternò; ma è solo la punta dell'*iceberg* di un movimento che cresce e si organizza. Correlativamente si modifica la dimensione dei rapporti interpersonali, anche in termini di rivoluzione sessuale, per cui diventa normale il caso di giovani che fanno politica insieme e al tempo stesso intrecciano relazioni sentimentali più o meno formalizzate. L'emarginazione subita a scuola o nei luoghi di lavoro ha anche questo effetto paradossale: rafforza un legame comunitario che implica un certo grado di promiscuità e abbatte tabù gelosamente custoditi dalle generazioni più anziane. Cose impensabili per la mentalità bigotta della destra di un tempo.

Naturalmente tutto questo crea un nuovo discrimine. Non solo nei confronti delle componenti più conservatrici e conformiste, ma anche rispetto ai tradizionalisti, che vedono con disgusto questa assunzione di nuovi stili di comportamento.

Un importante stimolo all'innovazione arriva, nella prima metà degli anni Settanta, dalla Francia, attraverso l'incontro con la Nouvelle droite di Alain de Benoist. Come avviene?

In maniera abbastanza casuale. Sull'«Italiano» di Pino Romualdi, unica pubblicazione di area missina di una certa vivacità e apertura, c'era una rubrica d'informazione sulle pubblicazioni di destra in Europa, che ne riportava gli indirizzi. E noi scrivevamo alle loro redazioni per procurarcele. Tra queste c'era «Nouvelle École», rivista francese del Grece (*Groupement de recherche et d'études pour la civilisation européenne*), che ci trasmise una sensazione molto particolare. Era una rivista fortemente legata alla modernità, in cui venivano affrontati i temi più vari: nel primo numero che mi capitò in mano si parlava di aborto, archeologia, integrazione razziale, trapianti d'organi, c'era anche un'intervista a Georges Dumézil. Apriva insomma uno spazio d'espressione culturale assolutamente inedito rispetto a ciò cui eravamo abituati.

Non va nascosto però che sulle prime provammo un certo smarrimento: era troppa la distanza fra quell'esperienza e la nostra perché potessimo recepirla meccanicamente. Certe idee ci parevano stravaganti. Suscitavano in noi un misto di ammirazione e diffidenza. Solo quando iniziò la stagione dei dubbi, del distacco dal tradizionalismo evoliano, comprendemmo l'importanza di un approccio del genere. E prendemmo un contatto diretto. Conoscemmo Alain de Benoist e i suoi collaboratori, che proprio all'epoca cominciavano a far uscire la loro nuova rivista «Éléments».

Crebbe in noi la determinazione di farci portavoce di quelle istanze in maniera adeguata alla realtà italiana, anche se non mancavano alcuni dubbi. L'anticristianesimo del Grece e la sua ripresa un po' pedissequa del mito indoeuropeo ci lasciavano perplessi, ma eravamo convinti di poter tradurre a modo nostro quell'approccio cosiddetto «metapolitico», che partiva dalla riflessione culturale per influenzare l'immaginario collettivo e quindi l'azione politica. Una lezione che mostrava ancor più crudamente quanto inadeguati fossero gli strumenti di comunicazione con l'esterno di cui si avvaleva il neofascismo italiano.

Che significato aveva quella scelta metapolitica?

Puntava a creare le condizioni per un'evoluzione fortemente innovativa di un patrimonio di idee di cui si avvertiva ormai l'obsolescenza. Era l'operazione sintetizzata dallo slogan «proviamola nuova» (poi ripreso nell'intestazione del primo convegno nazionale di studi della Nuova destra); cioè: tentiamo di trasformare e aggiornare l'identità tradizionale della destra. Serviva inoltre a forzare il blocco creato da scomuniche e demonizzazioni. Era il tentativo di scavare un tunnel sotto il muro eretto tra noi e la società civile, dopo esserci rotti la testa per anni cercando inutilmente di sfondarlo. Ma era anche un modo di sottrarsi agli aspetti più grezzi, oltre che feroci, dell'esperienza politica.

Sono gli anni dal 1974 al 1977, in cui il parossismo dello scontro giunge ai limiti estremi. Si guarda alla produzione metapolitica del Grece anche per liberarsi dall'oppressione psicologica derivante dal rischio di essere aggrediti fisicamente, dall'orrore di vedere i propri amici massacrati a colpi di spranga. Non per paura, ma per il desiderio di poter tornare a esprimere liberamente le proprie idee, di uscire dal ghetto, di dialogare col mondo esterno.

Sul piano dei contenuti una delle innovazioni più radicali introdotte dal Grece, poi chiamato comunemente "Nouvelle Droite" (Nd), è il rifiuto dell'idea di Occidente. Voi come l'accoglieste?

In una certa misura l'elaborazione del Grece rafforzava convinzioni che già avevamo: sulle pagine di «Nouvelle École» o di «Éléments» ci imbattevamo in tematiche familiari, ma trattate a un livello assai più efficace e sofisticato di quello a cui eravamo abituati. Altri argomenti ci apparivano assolutamente nuovi, perché lo spettro d'interessi degli animatori del gruppo francese era assai più vasto del nostro: si andava dalla sessuologia alla genetica delle popolazioni, dalla filosofia alle scienze sociali, dall'ecologia alla storia delle religioni. Leggere quelle pubblicazioni ci aiutava ad ampliare ulteriormente il già forte distacco dalla cultura degli slogan, delle semplificazioni e delle appropriazioni strumentali in cui ci eravamo trovati immersi frequentando l'ambiente missino. E ci rendeva ancora più sensibili allo *Zeitgeist*, allo spirito del tempo, che richiedeva «contaminazioni» volontarie con stimoli che provenivano da culture diverse da quella entro la quale ci eravamo formati.

Un tema come quello dell'antioccidentalismo, a partire dal rifiuto del modello culturale americano, era già presente nelle posizioni degli ambienti più irrequieti della destra italiana. Esisteva un'ostilità di fondo verso gli Stati Uniti, dominata ma non esaurita completamente dalla loro immagine come vincitori della Seconda guerra mondiale e corresponsabili dell'ordine di Yalta. Quando Alain de Benoist e Giorgio Locchi pubblicarono su «Nouvelle École» un lungo saggio su questo tema, tradotto poi in Italia con il titolo *Il male americano*, scoprimmo di trovarci di fronte a un tipo di antiamericanismo che andava molto al di là del sentimento vago e un po' rozzo già presente nel nostro patrimonio ideale. Da lì parte la proposta di un modello di civiltà alternativo, con il passaggio dal rifiuto dello stile di vita americano alla critica della stessa idea di Occidente.

Una figura di grande importanza nell'evoluzione dell'ambiente giovanile missino in questo periodo è lo storico medievista Franco Cardini. Come si esercita la sua influenza?

Si tratta dell'esponente più prestigioso delle generazioni della diaspora, persone che avevano militato nell'area missina per poi distaccarsene. È stato un punto di riferimento fondamentale per me e per altri giovani che, uscendo dalla fase di infatuazione evoliana, non si accontentavano, al contrario di alcuni coetanei, di eleggere a proprio maestro Adriano Romualdi.

Cardini era stato dirigente nazionale delle organizzazioni giovanili missine. Ma nel 1965, a soli 25 anni, era uscito dal Msi, dopo aver prodotto un documento assai critico verso le insufficienze culturali del neofascismo. E per qualche tempo aveva frequentato gruppi non conformisti come Giovane Europa. Chi, fra noi, lo incontra negli anni Settanta, vede in lui una persona che aveva saputo uscire dalla dimensione angusta della destra per crearsi un ruolo intellettuale autonomo, senza rinunciare a riflettere sul mondo contemporaneo in termini non conformisti. Il confronto con le sue idee rappresenta un'ulteriore apertura di orizzonti. Le lunghe serate passate a discutere in casa sua lasciano il segno: per esempio fanno sì che poi la Nuova destra italiana non ricalchi le posizioni anticristiane e neopagane del Grece, ma sviluppi sul tema del sacro un proprio discorso, più sincretico.

Un'altra caratteristica dell'ambiente giovanile missino negli anni Settanta è la riscoperta della letteratura fantastica. Notevole è in particolare il successo di Tolkien. Come si spiega?

In uno dei suoi scritti più citati, *Sulle fiabe*, Tolkien chiarisce che il *fantasy* è, nella sua visione, distacco dalla realtà non come fuga del disertore, ma come evasione del prigioniero. La sua è una letteratura che non vuole servire da rifugio diversivo, ma intende oltrepassare i limiti oppressivi della quotidianità per proiettarsi in una dimensione ulteriore. Inizialmente, libri come *Il signore degli anelli* giungono alla destra filtrati da una lettura rigidamente tradizionalista. Ma poi Tolkien si afferma come l'autore che meglio risponde alle inquietudini di chi si sente estraneo alla società utilitaristica e intende lanciare una sfida alla piatta mediocrità in cui si trova immerso. E questo vale a destra come a sinistra, perché rabbia e disillusione di chi non si riconosce nell'ordine costituito sono in quel periodo patrimonio di un'intera generazione.

È così che *Il signore degli anelli* diventa il libro prediletto da tutti gli irregolari, da coloro che aspirano a coniugare il richiamo del mito e una ribellione aperta contro l'esistente. Tolkien si caratterizza quindi – l'ho scritto parecchi anni fa in un articolo sulla rivista «Intervento» – come una sorta di «pifferaio magico», che indica un percorso di fuoriuscita da un'inquietudine generazionale che lambisce aree ideologiche apparentemente lontane le une dalle altre.

Viene da Tolkien anche il nome dei campi Hobbit, molto importanti per i giovani neofascisti degli anni Settanta.

Sì, è una vicenda il cui significato è ben sintetizzato nelle parole di uno degli autori del libro che illustra e discute quell'esperienza, *Hobbit/Hobbit*, oggi ricompreso nel mio *La rivoluzione impossibile*. Vale la pena di citarle:

> Progetto di presenza e insieme un po' laboratorio sperimentale. Campo ovvero aggregazione, ipotesi di confronto, momento di verifica di un cammino percorso in ordine sparso, un po' nel giro ufficiale un po' sottobanco. Hobbit per legarsi una volta e per sempre a un nuovo modo di differenziarsi, senza il fascino *kitsch* delle divise, senza il marchio stella gialla di una diversità fissata nella tentazione torbida del ghetto.

Questo brano chiarisce il significato liberatorio che l'esperienza ludica dei campi voleva avere per i partecipanti, in opposizione alle gerarchie di partito, allo scopo di rigenerare una comunità sfibrata dagli anni di piombo e dalla sclerotizzazione burocratica delle organizzazioni ufficiali della gioventù missina.

Il primo campo Hobbit si tiene a Montesarchio, in provincia di Benevento, su iniziativa soprattutto del dirigente rautiano Generoso Simeone, nel giugno 1977, a pochi giorni dall'assemblea del Fronte della gioventù che aveva visto la sconfitta di Fini e la sua resurrezione imposta dall'alto da Almirante. È una sorta di verifica, di genuina autocoscienza collettiva di fronte alla chiusura dei vertici missini alle istanze della base giovanile. Il secondo campo, l'anno dopo, si svolge a Fonte Romana, in un clima di aspra contrapposizione tra correnti: è una specie di psicodramma collettivo. Il terzo e ultimo, nel 1980, è organizzato dai soli rautiani nello spopolato borgo abruzzese di Castel Camponeschi, riportato in vita per l'occasione con un notevole sforzo organizzativo: una vera e propria *kermesse* autogestita, con eventi musicali, teatrali, grafici, gastronomici e letterari. È il punto di arrivo di quella che l'inviato del «Manifesto», Pierluigi Sullo, definisce «evoluzione della specie fascista», proiettata alla ricerca di una propria identità in larga misura diversa e indipendente da quella che si esprimeva nel Msi.

Intanto però nel Fronte della gioventù si era svolto uno scontro molto duro tra tendenze diverse.

L'inamovibile classe dirigente giovanile dei primi anni Settanta si disintegra per effetto della vicenda di Democrazia nazionale. La corrente di De Marzio aveva infatti anche un'articolazione giovanile formalmente autonoma, Destra popolare, alla quale aderivano gli esponenti di vertice del Fronte, il segretario Massimo Anderson e il presidente Pietro Cerullo in testa. Gruppo che seguirà nella scissione, anche se non immediatamente, la sua controparte adulta.

A quel punto i rapporti di forza nel Fdg cambiano. Quasi tutti i dirigenti sino ad allora fedeli ad Almirante erano passati all'opposizione, e al segretario rimangono solo un paio di nomi spendibili sulla base di una qualche notorietà: Gianfranco Fini e Teodoro Buontempo. Il Fronte viene commissariato, affidandolo al romualdiano Franco Petronio, e ci si avvia verso un'assemblea nazionale incaricata di eleggere i nuovi dirigenti. Durante l'interregno il fronte almirantiano fa di tutto per assicurarsi le condizioni più favorevoli: respinge con qualche broglio congressuale l'ipotesi di elezione diretta del nuovo segretario, manipola la composizione dell'assemblea, avvia l'epurazione dei segretari provinciali non in linea con la segreteria. Alla vigilia della riunione decisiva, Rauti accoglie l'invito di Almirante a evitare una votazione, ma i giovani della sua corrente respingono la proposta di compromesso. Per tutta risposta Rauti impartisce ai fedeli più stretti la direttiva di non partecipare all'assemblea, facendo venir meno molti voti alla componente di opposizione.

Si va dunque al voto nelle condizioni peggiori per l'ala non conformista del Fdg. Ciò nonostante, tutti e tre i candidati rautiani – oltre a me, che ottengo il maggior numero di voti, uno meno del 50 per cento, Stefania Paternò e Biagio Cacciola – superano Fini, che arriva soltanto in quinta posizione, dietro il romualdiano Duccio Caparvi. Ma il compito di scegliere il segretario del Fdg tra i sette membri dell'esecutivo eletti dall'assemblea spettava, in virtù di un regolamento scritto *ad hoc* per evitare sgradite sorprese, al leader del Msi. E Almirante, su tutte le furie per l'affronto subito, nomina ugualmente Fini, creando una situazione paradossale per cui il movimento giovanile missino si trova a essere diretto da una minoranza.

Nasce così il dualismo fra Tarchi e Fini, di cui si è parlato in diverse occasioni.

Sì, ma non è affatto uno scontro personale. Da una parte c'è la componente rautiana, fortemente innovativa, che vuole disseccare le strutture tradizionali del Fronte per creare nuclei ecologisti, cooperative di servizi, gruppi di volontariato, organismi che si occupino di attività culturali e ricreative: in sintesi, intende dare sostanza a una strategia metapolitica. Dall'altra gli almirantiani esaltano invece l'orgoglio di partito, con l'intento di rivitalizzare le sezioni e riportare la presenza del Fdg in tutti i luoghi da cui era stato estromesso. È un contrasto che si manifesta in ogni occasione: per esempio, quando si tratta di presentare liste nelle scuole o negli atenei, la componente di opposizione cerca di creare aggregazioni d'area, con simboli e nomi nuovi, mentre gli amici di Fini pretendono che l'appartenenza di partito sia ben visibile.

Le due anime del Fdg di quel periodo risultano sostanzialmente incompatibili, tant'è vero che la convivenza pacifica a livello periferico è un caso raro. C'è una situazione a macchie di leopardo, con alcune zone completamente egemonizzate dai rautiani e altre dominate dagli almirantiani. E dall'alto fioccano i provvedimenti disciplinari nei riguardi dei membri più riottosi di una minoranza che in realtà è maggioranza tra i militanti. (Non così nella direzione, che è di nomina fiduciaria.) Una condizione paradossale e logorante, fatta di scontri continui, destinata prima o poi a esplodere.

La destra giovanile dell'epoca si esaurisce in queste due componenti?

Nella seconda metà degli anni Settanta il rattrappirsi su se stesso del Msi, preoccupato ormai solo di riassorbire la scissione demonazionale con il minor danno possibile, favorisce la rinascita dell'extraparlamentarismo di destra, che si presenta in questo caso con una connotazione fortemente populista. A

Roma, nella generale crisi degli ambienti giovanili, si crea intorno a Paolo Signorelli la componente ribellista e movimentista Lotta popolare, che viene ben presto estromessa dal Msi, del quale denunciava vivacemente l'immobilismo. Da questa situazione nascono gruppi come Costruiamo l'azione e Terza posizione, a metà strada tra la politica e l'eversione, comunque caratterizzati in senso nettamente antisistemico.

È anche l'epoca dello spontaneismo armato, dei Nuclei armati rivoluzionari (Nar) di Valerio Fioravanti e Francesca Mambro.

Sono anni in cui, sotto la spinta degli eventi, alcuni gruppi di ragazzi si avviano alla lotta armata. C'è stata una decisa influenza di episodi come la strage di via Acca Larenzia, su cui insistono molto Fioravanti e la Mambro nelle testimonianze raccolte da Giovanni Bianconi nel libro *A mano armata*.

Nell'area neofascista il culto dell'atto esemplare, l'idea dell'opposizione globale al sistema, il richiamo a valori eroici e guerrieri costituivano un brodo di coltura adatto per far germinare la violenza. Tuttavia nel periodo della strategia della tensione la scelta terroristica resta aliena dalla psicologia delle nuove generazioni missine. È la violenza diffusa che fa degenerare la situazione, determinando un fenomeno simile a quello che già abbiamo riscontrato in campo culturale. C'è la percezione di un'egemonia subita che fa sorgere un desiderio di risposta emulativa. E se per «La Voce della Fogna», una vivace *fanzine* nata alla fine del 1974 che alterna satira e immersione nell'attualità politico-culturale e che avrà un'ampia diffusione nell'ambiente neofascista, suscitando anche l'attenzione degli osservatori esterni, vale l'esempio della controcultura di sinistra, per i Nar vale la forza di suggestione delle imprese compiute dalle Brigate rosse.

Insomma, mentre la parte più sensibile della destra giovanile rifiuta la dimensione dello scontro di piazza, quella meno acculturata decide di portarlo alle estreme conseguenze, ispirandosi al modello delle Br. Va sottolineato comunque che lo spontaneismo armato dei Nar resta un fenomeno scarsissimamente ideologizzato, che esprime più una disperata reazione esistenziale che un progetto eversivo articolato e cosciente. È un passo indietro rispetto al prototipo del «soldato politico» dei Freda e dei Concutelli: i Nar, per loro stessa ammissione, sono più che altro una banda giovanile, che agisce secondo modalità istintuali.

Tra l'altro Fioravanti e i suoi scelgono come bersaglio più le forze dell'ordine che i militanti dell'estrema sinistra.

In questa fase la complessiva vena antisistemica del radicalismo di destra lo induce a spostare il tiro sui rappresentanti dello Stato. Uccidono non solo il giudice Mario Amato, ma anche numerosi agenti di polizia. E cercano di eliminare il giornalista Michele Concina, specializzato in reportage sull'estrema destra, assassinando al suo posto un tipografo che gli assomiglia. In questo modo vogliono affermare la loro volontà simbolica di combattere contro tutto e contro tutti.

Bisogna tuttavia puntualizzare che lo spontaneismo armato di destra è un fenomeno circoscritto localmente, che non ha l'estensione territoriale della strategia della tensione. I Nar sono un gruppo quasi esclusivamente romano, con pochi punti d'appoggio nel resto d'Italia. Sono un frutto perverso dell'impazzimento che lo scontro politico fa registrare nelle metropoli. Le sentenze della magistratura lo hanno connesso alla strage del 1980 alla stazione di Bologna, ma Fioravanti e Mambro, rei confessi di molti omicidi, hanno sempre respinto ogni responsabilità in merito.

7
Le strade si dividono

In coincidenza con le prime manifestazioni della Nuova destra si assiste a una trasformazione dell'ambiente rautiano. La corrente ex ordinovista, da gelosa custode dell'ortodossia evoliana, diventa sostenitrice di una decisa apertura del Msi alla società civile. E su queste posizioni si contrappone alla maggioranza almirantiana nei due congressi del 1977 e del 1979. Come si arriva a quella battaglia, il cui esito porterà alla fuoriuscita della Nd dall'ambiente d'origine?

A metà degli anni Settanta si verifica un'ascesa elettorale costante della sinistra, in particolare del Pci, di fronte alla quale le componenti missine reagiscono in maniera diversa. Democrazia nazionale vuole offrire una sponda alla Dc per evitare l'accesso al potere dei comunisti. Almirante tiene invece una posizione più ambigua: per lui il Msi deve essere disposto a scendere in campo in soccorso dei moderati in caso di scontro frontale con la sinistra, ma al tempo stesso conservare la sua intransigenza verso i governi a guida democristiana, presentandosi come potenziale forza di ricambio rispetto allo Scudo crociato. Romualdi, con qualche impalpabile distinguo, lo segue. Infine c'è la corrente di Rauti, l'unica che, anche grazie all'agenzia «Corrispondenza europea» e alla rivista di Simeone «L'alternativa», si caratterizzi come una vivace sede di dibattito. Qui la riflessione è diversa: non si tratta di arroccarsi in attesa della battaglia decisiva, ma di riprendere l'iniziativa.

L'ambizione è sconfiggere il Pci sul suo stesso terreno, offrendo alle classi popolari e alle masse giovanili deluse dalla sinistra, soprattutto dopo i fatti del 1977, un'opzione alternativa fondata sul richiamo a una maggiore giustizia sociale e al riscatto morale del Paese. Il punto di partenza di questa strategia non è dunque l'incombere del pericolo comunista ma, al contrario, la convinzione che, fallito il sorpasso nel 1976, il Pci sia destinato a logorarsi nella formula equivoca della solidarietà nazionale. E lo scopo non è fare da ultima trincea dell'anticomunismo, ma tentare un ben più ambizioso «sfondamento a sinistra».

Come nasce questa ipotesi, sulla cui base si aggrega la nuova corrente Linea futura?

È il prodotto della convergenza di sensibilità diverse, in particolare della sintonia tra Rauti e la parte più inquieta del Fronte della gioventù. In sostanza si tratta di un'alleanza tra innovatori, che vogliono cambiare i destinatari del messaggio missino e caratterizzare la Fiamma – lo ha ben colto Ignazi – come «partito della società civile». Tra l'altro questo comporterebbe anche un profondo riassetto organizzativo del Msi, per farne una struttura flessibile in grado di intervenire tempestivamente sui problemi sociali laddove si manifestano.

Dunque il contrasto congressuale non è solo tra linee politiche, ma anche tra differenti modelli di partito.

Sul tema organizzativo si gioca in gran parte l'originalità del discorso rautiano, eppure emergono anche i suoi limiti. Quello posto da Linea futura non è infatti solo un problema di mutamento di destinatari sociali ed elettorali, ma anche di completa riqualificazione di una struttura ormai sclerotizzata.

Il Msi era sempre stato il partito dei reduci, che si accontentavano di insediarsi in un fortilizio e spiegare al vento la propria bandiera: appagati del fatto di esistere come potenziale ultima frontiera anticomunista, convinti di essere chiamati prima o poi a svolgere un ruolo cruciale come forza di sostegno di un governo di salute pubblica. Negli anni Settanta i rautiani capiscono che questo atteggiamento non corrisponde a nessuna visuale strategica, ma è solo espressione di una retorica sterile, che serve a coprire un sostanziale immobilismo. E concepiscono l'idea di proiettare il partito alla conquista della società civile.

Da questo punto di vista l'unico progetto che il Msi avesse prodotto sino a quel momento era l'ipotesi della struttura corporativa, il tentativo velleitario e abortito di inquadrare gli iscritti per categorie professionali. Mentre il disegno rautiano mette in discussione l'attaccamento esclusivo all'identità nostalgica, che è da sempre il nerbo della vita del partito. Tale identità ha infatti un luogo specifico di riconoscimento: la struttura territoriale articolata per sezioni, il cui ruolo si esaurisce nel segnalare una presenza. Il movimentismo di Linea futura vuole invece reinserire il Msi nel circuito della società italiana, dargli la possibilità di trovare nuovi interlocutori.

Per questo nascono i Gruppi di ricerca ecologica (Gre) e pubblicazioni come «Eowyn», «Dimensione ambiente», «La Voce della Fogna», «Diorama letterario» e «Machina», rivista di comunicazione e spettacolo: fogli autonomi dalla corrente ma germogliati nel suo humus. Vengono fondate anche cooperative di vario genere. C'è la volontà di reintrodursi nella realtà vivente, di andare oltre l'atto testimoniale e i ritualismi della conventicola reducistica. Ma questo naturalmente avrebbe richiesto una riconversione totale del personale politico missino, che non avviene. E che non poteva avvenire.

La corrente di Rauti è compatta su queste posizioni?

Linea futura non ha un'anima sola. C'è una componente che punta tutto sull'apertura alla società civile: non ne fanno parte soltanto gli animatori della Nuova destra, ma anche gli ecologisti dei Gre, diretti da Alessandro Di Pietro, e personaggi come il già citato Generoso Simeone. Rauti e il suo gruppo storico di collaboratori restano invece legati all'insegnamento evoliano, insistendo su temi, come quello dei miti e dei simboli, ai quali i più giovani non attribuiscono più una particolare importanza.

Quali contenuti specifici caratterizzano maggiormente la mozione rautiana al congresso del 1977?

C'è soprattutto una polemica molto aspra contro la situazione esistente del partito, un forte allarme per il rischio che il Msi, esaurita la politica della Destra nazionale, segua la parabola discendente di tutte le forze politiche conservatrici emerse nel dopoguerra, dai qualunquisti in poi. Si insiste sull'«autobus perduto» al Sud dopo il 1972, con la delusione delle aspettative suscitate nell'elettorato di protesta. Si sottolinea l'incapacità di opporsi al modello di sviluppo neocapitalistico, consumistico e alienante. Si denunciano l'emarginazione dei giovani, il degrado del territorio, l'abbassamento della qualità della vita nelle metropoli, l'abbandono del mondo rurale. Inoltre si propone di adottare strumenti nuovi per diffondere il messaggio del partito: cineforum, incontri musicali, cabaret, biblioteche di cultura. Anche se a volte tornano accenti e stilemi consueti, lo scarto rispetto all'impostazione missina tradizionale si avverte immediatamente.

Quanto di tutto questo riesce a filtrare e trovare accoglienza nel corpo del partito?

Ben poco. La corrente rautiana ottiene che sia affidato a un suo esponente, Giulio Maceratini, il settore attività parallele e che venga indetta una faraonica conferenza organizzativa. In quella sede però tutte le idee innovative vengono sistematicamente contestate dalla componente maggioritaria del Msi, che le accusa di astrattezza. E Almirante si esibisce nella classica applauditissima esaltazione delle piccole sezioni e degli impavidi militanti che le avevano difese strenuamente anche nei tempi più duri. Il risultato è un nulla di fatto.

C'è poi qualche tentativo a livello periferico. Nascono strutture di base. Si tengono feste e incontri pubblici. Il rautiano Antonio Parlato riesce a insediarsi alla guida della federazione di Napoli, per la quale propone una profonda riforma organizzativa. Ma non sono iniziative che possano estendersi e radicarsi, anche perché i cordoni della borsa sono saldamente in mano alla segreteria nazionale, che può per giunta piangere legittimamente miseria a causa della decurtazione di metà del finanziamento pubblico determinata dalla scissione demonazionale.

Nel 1978 il Msi si schiera contro la legge Reale sull'ordine pubblico nel referendum promosso dai radicali: posizione insolita per un partito dalle proverbiali tendenze forcaiole. È un segno di novità o solo la conseguenza del fatto che certi provvedimenti repressivi avevano colpito anche a destra?

Non credo che negli anni di cui stiamo parlando esista all'interno del Msi, come ipotizza Ignazi, una sensibilità riconducibile a una nuova cultura dei diritti civili. Questo atteggiamento diverso è dovuto soprattutto al fatto che gli anni Settanta segnano una cesura: la destra ha subito una forte criminalizzazione, molti militanti sono stati coinvolti nella spirale repressiva. Ciò porta a una riconsiderazione della psicologia *law and order*, che tuttavia non fa venir meno il caratteristico retroterra del partito su questi temi.

Lo stesso Rauti, al congresso del 1977, afferma nel suo intervento che la critica dell'*American way of life* deve basarsi anche sul fatto che a Mosca la gente può circolare tranquilla di notte, mentre a New York questo non è possibile senza correre rischi tremendi. Parole che suscitano una violenta polemica, ma solo perché molti vi leggono un'inammissibile indulgenza nei riguardi del comunismo. In realtà esse segnalano piuttosto l'incorreggibile mentalità statolatrica e d'ordine di tutto il mondo neofascista.

Il congresso del 1979 vede una semplice ripetizione del contrasto di due anni prima o presenta qualche elemento di rilevante novità?

La partita vera si gioca nel periodo che intercorre fra i due congressi. In fondo Rauti, tenendo conto delle sfavorevoli condizioni di partenza, aveva ottenuto nel 1977 un buon risultato, con il 22,5 per cento dei voti congressuali; ma non riesce a spendere efficacemente questo consenso. La conferenza organizzativa fallisce. Nel Fronte della gioventù viene imposta la segreteria Fini, con una sua sostanziale acquiescenza. Sugli esponenti locali della minoranza si abbattono di continuo provvedimenti punitivi. Quando si arriva al nuovo congresso, la spinta innovativa si è in gran parte logorata, e il partito è più che mai imbalsamato nel suo strutturale immobilismo.

Proprio tra il 1976 e il 1979 prendono avvio le prime iniziative con il marchio della Nuova destra. Esce la prima serie della rivista «Elementi». Nasce la rassegna di recensioni librarie «Diorama Letterario», le cui pubblicazioni proseguono ancora oggi. Cominciano a uscire traduzioni dei libri di Alain de Benoist. Si organizzano in molte città dibattiti, tavole rotonde e i primi confronti con intellettuali di altre aree. Si produce insomma il massimo dello sforzo critico all'interno dell'ambiente missino. Dopo di che il distacco diventerà inevitabile.

D'altronde, finita nel nulla la scissione di Democrazia nazionale, Almirante arriva al congresso del 1979 da trionfatore.

Sì, agli occhi della base può presentarsi come il demiurgo che ha salvato il partito da chi aveva tentato di affossarlo. Il congresso diventa così un rito autocelebrativo (non a caso tenuto a Napoli, città dove la sfida degli scissionisti era stata più temuta), in cui si ribadiscono vecchie posizioni nel segno di una continuità che non cerca colpi d'ala. Si parla per esempio di «Seconda Repubblica», ma guardandosi bene dal definirne i lineamenti in termini concreti, mentre sul piano interno si afferma chiaro e tondo che non c'è bisogno di rifondazioni. Anche nell'area rautiana mancano l'effervescenza e la tensione emotiva del biennio precedente. C'è la consapevolezza che la partita si sta chiudendo. E che Almirante ha vinto.

Però la mozione rautiana del 1979, Spazio nuovo, presenta una novità di rilievo, mette in discussione esplicitamente la collocazione a destra del Msi.

È un segnale importante. Tuttavia rimanda a un dibattito culturale introflesso e in larga misura riferito al passato, benché nel documento si avverta chiaro lo sforzo di mettersi al passo con i tempi. La polemica contro il concetto di destra parte dalla volontà di ribadire la vocazione sociale del Msi, sottolineando come le forze conservatrici si siano disinteressate di questioni essenziali: la condizione umana in fabbrica, il degrado delle periferie negli agglomerati urbani, i vari aspetti della qualità della vita. Restano però i consueti riferimenti al fascismo, utili anche ad accattivarsi le platee congressuali. Quindi si cerca un riscontro a questa posizione nel periodo tra le due guerre mondiali, insistendo sul fatto che nessun movimento fascista in Europa aveva assunto una denominazione contenente il termine «destra».

In pratica, è l'"etichetta" di destra a essere messa sotto accusa, ben più della "sostanza" che vi si ricollega. Destra, si dice nella mozione, è una parola che evoca in chi l'ascolta o la legge l'idea della difesa dell'esistente; si può renderla meno indigesta aggettivandola come «sociale» o «nazionale», ma con scarse possibilità di farsi intendere. Meglio, dunque, disfarsene. Tanto più che – cito testualmente dalla mozione – la destra borghese «ha assunto, da due secoli ormai, la funzione della "conservazione" o, al massimo, del *gradualismo riformista*», largheggiando in concessioni al patriottismo ma lasciando alla sinistra «il monopolio, meglio l'egemonia, delle "istanze sociali" e del progresso». Chi innalza la bandiera della destra nella società moderna deve quindi pagare un costoso pedaggio.

Fin qui, le argomentazioni sostenute sono in linea con lo spirito dei tempi: si parla di tutela dell'ambiente e si echeggia una preoccupazione per i temi «postmaterialisti». Ma quando si tratta di contendere alla sinistra la rappresentanza dei ceti meno abbienti, il richiamo corre subito alle realizzazioni sociali del Ventennio: colonie estive, bonifiche, opere pubbliche, prevenzione delle malattie. E gli operai citati nel testo sono quelli che all'epoca delle lotte interventiste credettero alla predicazione di Filippo Corridoni, apostolo del sindacalismo nazionale caduto nelle trincee della Prima guerra mondiale. È con questo viatico che si spera di avviarsi a «diventare una grande forza politica moderna».

C'è insomma ancora una posizione a metà strada fra passato e futuro, fra fermenti innovatori e richiami nostalgici. E nella sostanza non emergono novità di contenuto particolarmente significative rispetto al 1977, mentre il clima psicologico è ormai di rassegnazione e appiattimento, dinanzi a un assetto del partito che non offre prospettive. Già da allora, parecchi esponenti della corrente Spazio nuovo legati all'esperienza della Nuova destra cominciano a distaccarsi dalla politica attiva. Se la disaffezione non si trasforma in esodo, lo si deve principalmente alla nascita di «Linea», un quindicinale diffuso nelle edicole attraverso il quale Rauti cerca di trasferire lo scontro politico e culturale con la direzione del partito dal terreno interno a quello del confronto pubblico, confidando nell'attenzione dei media (che nei fatti si rivelerà più modesta di quanto sperato).

L'impostazione del giornale, che abbraccia un arco d'interessi insolitamente vasto e rifugge dal dogmatismo, consente agli esponenti più giovani della corrente di trovarvi una sorta di zona franca in cui esprimere riflessioni «eretiche». Quando la testata dopo poco più di due anni chiude, nel luglio 1981, è convinzione diffusa che questo sia stato il prezzo richiesto a Rauti da Almirante per concedergli di partecipare a una gestione formalmente unitaria del partito. Con la fine di «Linea» viene meno l'ultima ragione della collaborazione fra chi si è formato negli ambienti ordinovisti degli anni Sessanta e chi invece guarda con favore al progetto metapolitico della Nuova destra.

La rottura definitiva tra Msi e Nd avviene sulla questione della pena di morte.

Quello è il punto di arrivo. Tra il 1979 e il 1981 si registra un continuo acuirsi delle tensioni. Basta sfogliare le due annate di «Linea» per accorgersi che su molti temi l'orientamento dei suoi redattori diverge da quello del partito. Le occasioni di scontro sono numerose: la raccolta di firme promossa dal Msi a favore della pena di morte assume una maggiore valenza simbolica perché fa reindossare alla Fiamma gli abiti, mai completamente dismessi, di forza reazionaria, sostenitrice strenua della maniera forte in tema di ordine pubblico. L'idea di lanciare il partito in una campagna del genere non poteva che essere accolta negativamente da chi aveva coltivato la speranza di dargli una connotazione diversa. È qui che i destini si separano. E non è un contrasto fra rautiani e almirantiani, ma tra le due opposte concezioni politiche di cui sono portatori da un lato il Msi nel suo complesso, dall'altro quella parte dell'opposizione interna che ormai si presenta all'esterno come Nuova destra.

Eppure Ignazi considera un paradosso il fatto che proprio la componente movimentista, sostenitrice dell'apertura alla società civile, si opponesse a una campagna che dava al Msi la possibilità di proiettarsi oltre il confine angusto dell'area neofascista.

Il problema non è questo. Chi raccoglie firme per la pena di morte accetta la configurazione del Msi come la forza più a destra del sistema politico italiano. Chi voleva cambiare questa collocazione non poteva perciò condividere quell'iniziativa. Certamente questo genere di campagna aggrega consensi, intercetta umori diffusi nella società italiana. Ma insiste nel confinare il Msi nella sua vecchia dimensione, nel farne il punto di coagulo delle pulsioni repressive aleggianti nel Paese. Proprio la prospettiva contro cui la punta più avanzata della corrente rautiana si era da tempo nettamente pronunciata, volendo indirizzarsi verso uno spazio politico diverso. Quella battaglia poteva apparire superficialmente un'apertura, ma in realtà era una netta chiusura a qualsiasi forma di cambiamento.

A questo punto la goccia che fa traboccare il vaso è una trovata dissacratoria della «Voce della Fogna».

Il numero della rivista che irrideva la classe dirigente missina sullo stile del periodico satirico «il Male», con la fantacronaca di un congresso fatta attraverso articoli apocrifi dei maggiori leader neofascisti, è solo un pretesto che Almirante coglie per regolare i conti. In realtà l'episodio decisivo resta l'opposizione radicale alla pena di morte, espressa anche attraverso prese di posizione pubbliche sulla stampa.

Il distacco dal Msi pone in rilievo una forte dissonanza tra la Nd e il resto della corrente rautiana. In che cosa consiste?

Rauti in fondo si propone di conquistare un ulteriore spazio politico partendo da quello esistente, riorganizzandolo secondo criteri innovativi. La Nuova destra giunge viceversa alla conclusione che il vecchio spazio politico non ha margini di espansione nella direzione auspicata: quindi intende muoversi lungo un'altra dimensione, in cui solo una parte delle precedenti parole d'ordine può essere trasfusa. È una divergenza di natura strategica: da una parte si accetta la prospettiva di sfruttare, sia pure in senso innovativo, la caratterizzazione a destra; dall'altra c'è l'intenzione di aprirsi la strada verso una collocazione diversa.

Nello specifico, quali sono i punti qualificanti che distinguono la Nuova destra anche dai settori più critici dell'area neofascista?

Sul tema del rapporto con il fascismo, in particolare, è costante la polemica contro il nostalgismo e le sue conseguenze deleterie. Gli esponenti di quest'area sono i primi e gli unici, nei congressi missini, a dire apertamente che se non ci si libera dalla sudditanza psicologica nei riguardi di un modello dai forti tratti autoritari, sciovinisti e bellicisti, non si può rinsaldare la frattura che ancora costringe il partito ai margini della collettività nazionale né valorizzarne fino in fondo le potenzialità.

Tutti questi moniti non vengono accolti: il Msi rifiuta di sperimentare un percorso di evoluzione consapevole dalla propria matrice d'origine, condannandosi, in prospettiva futura, a oscillare fra l'acritica esaltazione di un patrimonio ideologico inadeguato ai tempi e la scorciatoia delle abiure di comodo. Il discorso della Nd, invece, comporta il rigetto di tutte le scorie autoritarie della tradizione fascista, ma anche il recupero, in chiave critica e radicalmente evolutiva, di quel pensiero della «terza via», proiettato oltre le aporie dell'ideologia individualistica liberale e del marxismo, che negli anni tra le due guerre aveva animato i più svariati laboratori di idee e dato corpo a un filone intellettuale «eretico», trasversale rispetto allo spartiacque destra/sinistra.

Una corrente che esprimeva una comune inquietudine esistenziale e in cui trovavano posto sì il modernismo reazionario della Rivoluzione conservatrice e la «tentazione fascista» degli scrittori analizzati da Tarmo Kunnas nel suo omonimo libro, ma anche il personalismo comunitario del cattolico Emmanuel Mounier, il socialismo non marxista di Henri de Man e dei seguaci di Pierre-Joseph Proudhon e Ferdinand Lassalle, il radicalismo democratico dei non conformisti francesi studiati da Loubet del Bayle in un'opera che, è il caso di ricordarlo, in Italia è stata tradotta dalla casa editrice democristiana, Cinque Lune.

Come si inserisce in un simile contesto il «gramscismo di destra», riesumato anche nelle tesi del congresso di Fiuggi, che porta alla trasformazione del Msi in An, e in alcune polemiche sulla questione dell'egemonia culturale emerse dopo la formazione del governo Meloni?

È un tema attorno al quale sono stati alimentati molti equivoci. La Nuova destra già all'inizio degli anni Ottanta considera il neofascismo un'esperienza esaurita, che deve partorire qualcosa di diverso. Per farlo è necessaria un'opera di riqualificazione a vasto raggio, che è possibile solo allargando la propria presenza nella società civile. Si tratta quindi di spostare energie dall'impegno politico sul terreno meramente istituzionale – la «politica politicante», come si diceva allora – a un'azione di influenza sull'immaginario collettivo. Da qui la scelta di intervenire con la massima ampiezza di campo su vari temi rilevanti nel dibattito intellettuale contemporaneo, con l'intento di farne il veicolo per arrivare a proiettare un'immagine inedita della propria cultura politica e quindi a creare nuovi spazi d'interlocuzione con il mondo esterno.

In questo senso viene recepito l'insegnamento di Alain de Benoist, che nel libro *Visto da destra*, tradotto in Italia nel 1981, aveva proposto tra le altre cose una rilettura di alcuni aspetti del pensiero di Antonio Gramsci, mettendo in evidenza come il suo progetto di egemonia comportasse una concentrazione degli sforzi sul piano della formazione delle mentalità collettive. I fautori del cosiddetto «gramscismo di destra» non intendevano quindi appropriarsi di questo autore nel nome di una presunta «ideologia italiana» (come avverrà poi nelle tesi per il XVII congresso del Msi), ma piuttosto mutuare dalla sua opera un metodo: quello che, constatata la vanità di un'azione tutta concentrata sul versante della conquista del potere politico per le vie istituzionali, indica la priorità dell'impegno sul piano culturale.

Dunque la sordità missina alle istanze avanzate dalla Nuova destra costringe chi si riconosce in questa corrente di idee a cercare interlocutori altrove.

Esattamente. Fino al 1979-80 il discorso della Nd punta al rinnovamento radicale della propria area d'origine. Ancora nel primo convegno nazionale di studi del gennaio 1980, i cui atti sono raccolti nel libro *Proviamola nuova*, si indica una direzione di marcia opposta a quella del Msi, ma sempre con l'intenzione di modernizzare il mondo della destra italiana. Il volume tratto dai lavori del secondo convegno, *Al di là della destra e della sinistra*, ha come sottotitolo *Continuità ed evoluzione di un patrimonio culturale*. E il patrimonio di cui si parla è quello del radicalismo di destra, nel quale si intendono selezionare alcuni elementi da accantonare e altri da realizzare compiutamente. C'è ancora una sorta di indugio tra il rimanere aggrappati alla sponda conosciuta e il dirigersi in mare aperto. Persiste la convinzione, o forse l'illusione, di poter guidare il popolo missino, in cui si riconoscono le proprie radici, verso una nuova terra promessa.

Quando si spezza traumaticamente il filo del rapporto con il Msi, la situazione cambia. Il problema diventa intavolare un dialogo con quelli che la Nd identifica come interlocutori naturali, collocati in varie posizioni nella geografia politico-intellettuale, per crearsi uno spazio non più contiguo alla casa madre. Si tratta insomma, per dirla con Drieu La Rochelle, di «andare là dove non c'è nessuno», di aprire un nuovo spazio di riflessione e di presenza. Non ci si limita più a offrire un aggiornamento di un patrimonio ideale datato, ma si punta dichiaratamente a creare un luogo di aggregazione in cui sperimentare «nuove sintesi».

In questa prospettiva è importantissima l'enfasi posta fin dal 1981 sulla «dichiarazione unilaterale della fine del dopoguerra». La Nd, convinta di essere alla vigilia di una nuova epoca storica, rinuncia a qualsiasi forma di recriminazione sul passato, con l'intenzione di aprire un percorso inedito, in cui antagonismi e convergenze si definiscano in base a criteri diversi da quelli usuali. Logicamente, il primo meccanismo giudicato obsoleto è quello della separazione rigida tra destra e sinistra.

Con chi s'incontra il vascello della Nuova destra, una volta salpato per il mare aperto?

Fino a quando era rimasta allo stadio di componente interna al Msi, la Nd aveva riscontrato un'attenzione di tipo quasi esclusivamente giornalistico. Il situazionista Gianni Emilio Simonetti aveva scritto il libro *Lambro/Hobbit* e alcuni articoli sulla rivista «Gong» per segnalare e criticare questa sorprendente novità. Claudio Sabelli Fioretti e Michele Concina le avevano dedicato qualche servizio su «Panorama». Giampiero Mughini e William Azzella avevano curato per la seconda rete della Rai un'inchiesta intitolata *Nero è bello*, che aveva suscitato molta curiosità.

Tuttavia il vero salto di qualità avviene con le ricerche di Giovanni Tassani, pubblicate su riviste di area cattolico-progressista come «Il Regno» e «Bozze»: qui c'è il primo tentativo di un intellettuale di sinistra di entrare in discussione diretta con la Nd, pur vista ancora come parte del mondo neofascista. Tassani infatti crede e auspica che questa corrente possa assumere nell'area missina una funzione simile a quella svolta dal quotidiano «Lotta Continua» nell'ultrasinistra: fare da coscienza critica che sollecita l'emancipazione dalle cattive abitudini d'ambiente, promuovendo scelte eterodosse. Vede la Nd come una sorta di lievito, capace di innescare una trasmutazione quasi alchemica del neofascismo: un'ipotesi che parte dalla premessa – allora fondata, ma poi progressivamente venuta meno – di un'egemonia sostanziale della Nuova destra negli ambienti giovanili missini.

Insomma, con Tassani si rompe il ghiaccio. Ma poi gli orizzonti si allargano, fino all'incontro pubblico con lo stesso Tassani e Massimo Cacciari nel 1982. Come ci si arriva?

Progressivamente le prove di attenzione s'infittiscono. Per esempio lo storico del pensiero politico Dino Cofrancesco dedica un'acuta relazione al rapporto tra la Nuova destra e il fascismo nell'ambito di un convegno organizzato a Cuneo dal locale Istituto storico della Resistenza. E avvengono i primi contatti con Cacciari, dai quali emerge l'esigenza di un momento di verifica comune del cammino compiuto dalla Nd e delle possibili convergenze con una sinistra intellettuale irrequieta che si sta cimentando con autori come Schmitt, Jünger, Heidegger. L'incontro del 27 novembre 1982 a Firenze si può già considerare un primo punto d'arrivo di questa ricerca.

Va ricordato peraltro che nel frattempo c'era stata l'esplosione del caso Nouvelle droite a livello internazionale, con l'inchiesta del «Nouvel Observateur» che nell'estate del 1979 aveva attirato sul Grece i riflettori dell'informazione: in un paio di mesi, oltre trecento articoli sulle maggiori testate giornalistiche europee. Si era insomma consolidata l'immagine di un nuovo soggetto, distinto dalla destra conservatrice come da quella neofascista. E la cosa aveva avuto notevoli riflessi anche in Italia, richiamando l'attenzione dei media su chi aveva stabilito un rapporto privilegiato con il gruppo di Alain de Benoist.

Da questo punto di vista va sottolineato che le tesi della Nuova destra italiana si erano andate gradualmente affinando in una sorta di osmosi con l'elaborazione del Grece. Nello stesso 1982, per esempio, il convegno «Occidente, decadenza di un mito» segna una rottura definitiva con altre personalità della destra, che non sono disposte a spingersi oltre un certo limite. È significativo che Marcello Veneziani rifiuti di partecipare all'iniziativa, affermando che a suo avviso si dovrebbe rovesciarne tutta l'impostazione, intitolandola semmai «Occidente, il mito di una decadenza». Del resto, già nell'incontro dell'anno precedente aveva dichiarato il suo totale disaccordo nei confronti della Nd, accusata di coltivare «fantasticherie un po' hippies e un po' tardo arcadiche» e di dimenticare Mussolini e i critici più radicali della democrazia a profitto di Gramsci.

Il discorso di Veneziani non manca di chiarezza, quando sostiene che la democrazia è «la superstizione dell'uguaglianza», o esprime il timore che le idee sostenute dalla Nd «trasformino la nostra destra in un pacifico e un po' svizzero paese dei balocchi». E non si capisce come mai commentatori politici attenti quali Giorgio Bocca e Giorgio Galli abbiano potuto accomunare l'autore della *Rivoluzione conservatrice in Italia* alla Nuova destra, fornendogli un paravento dietro il quale egli ha potuto svolgere per anni un'opera di sistematica neutralizzazione delle istanze di rinnovamento radicale che la Nd cercava di far penetrare nella sua area d'origine.

Torniamo al dibattito del 1982. Quali reazioni suscita, a destra e a sinistra?

A destra si registra una certa curiosità, segnalata da alcune presenze nella sala del convegno. Davanti ai relatori sono seduti in prima fila il futuro direttore del «Secolo d'Italia», Gennaro Malgieri, e il futuro ministro Altero Matteoli, in compagnia di Beppe Niccolai. E più in là c'è il sindacalista della Cisnal Romano Becherini, ex esponente della sinistra missina. Sono persone che vedono la Nd come una corrente culturale che porta alle estreme conseguenze l'itinerario del fascismo-movimento. Quando però assistono a una forte presa di distanza da parte di chi dichiara il neofascismo ormai un capitolo chiuso, si rendono conto che non c'è nessun margine di recupero e intervengono – lo fa, dalla platea, Malgieri – per manifestare un forte dissenso. L'iniziativa viene duramente attaccata dal «Secolo d'Italia». E Veneziani sul «Borghese» spara a zero, accusando gli organizzatori del dibattito di voler cercare un'impossibile mediazione tra destra e sinistra, in un'intervista dal titolo emblematico: *La notte in cui tutte le vacche sono grigie.*

Del resto, conoscendo il Msi, era inevitabile che sui transfughi cadesse la scomunica.

È una delle tradizioni consolidate del partito, a tutt'oggi mai smentita. Almirante non esita a utilizzare l'arma della calunnia. Racconta in giro che la Nuova destra è un gruppo di traditori finanziati dal Psi, adducendo come prova l'interesse mostrato da Mughini e dalla rivista liberalsocialista «Pagina». In realtà più tardi il Psi craxiano ammiccherà non alla Nd, ma al Msi, cercando di adoperarlo in funzione antidemocristiana. E, alla luce delle successive vicende di Alleanza nazionale, fa un certo effetto rileggere l'accusa che Almirante, nel suo consueto gergo nostalgico, rivolse, in un'intervista all'«Europeo», ai promotori del dialogo con la sinistra non conformista, rimproverando loro di seguire una via «badogliana» e di rinnegare le radici fasciste...

La sinistra come reagisce al convegno di Firenze?

Mostra la paura di veder offuscarsi i confini che la separano dal nemico. C'è chi vede nella Nd un lupo travestito da agnello: è la tesi sostenuta da Marco Revelli su «Pace e Guerra», poi sostanzialmente ripresa nel libro *La destra radicale*, curato da Franco Ferraresi. Altri temono invece una contaminazione che potrebbe acuire le fratture nella sinistra: «Il Manifesto» ospita un lungo dibattito di questo tenore. E sull'«Unità» lancia l'allarme anche uno studioso che ha da tempo familiarità con gli autori di spicco della destra, il germanista Ferruccio Masini, che alcuni anni più tardi si segnalerà invece per il suo atteggiamento di apertura verso la stessa Nuova destra, offrendo interviste e saggi a riviste come «Elementi» e «Trasgressioni».

Infatti piano piano gli interlocutori della Nuova destra aumentano.

Sì; se in un primo tempo prevale un'attenzione piuttosto superficiale, in seguito gli episodi di dialogo si fanno più frequenti, coinvolgendo intellettuali come Salvatore Sechi, Sabino Acquaviva, Alexander Langer, Giacomo Marramao, Ernesto Galli della Loggia, Domenico Settembrini, Dino Cofrancesco, Giorgio Galli, Marino Freschi, Pietro Barcellona e molti altri. Naturalmente, con sfumature e finalità diverse.

Su quali argomenti si sviluppa il confronto?

Soprattutto quello della qualità della vita e dei nuovi bisogni postmaterialisti. Quindi tra gli interlocutori ci sono i Verdi, ma anche forze che pongono l'accento sul problema della solidarietà come Comunione e liberazione. E poi ovviamente quegli intellettuali di sinistra che rivalutano temi come il decisionismo, le identità collettive, il sostrato mitico-simbolico nella politica, rifacendosi agli autori della Rivoluzione conservatrice tedesca. Più proficuo è ovviamente il dialogo con chi non considera più decisivo il discrimine tra destra e sinistra nel campo delle idee. Da questo punto di vista Cacciari non è, per chi lo sceglie come punto di riferimento, soltanto un fine studioso di Schmitt e Heidegger, ma anche l'autore del saggio *Sinisteritas*, nel volume *Il concetto di Sinistra*, in cui mette in rilievo le slabbrature della diade.

Un dato colpisce: la Nd, pur rigettando ogni suggestione autoritaria, non indirizza affatto la sua evoluzione verso un approdo liberale.

La conversione del Msi al liberalismo, già all'epoca da molti auspicata, lo avrebbe portato verso la reincarnazione in una destra conservatrice, tutt'al più con sfumature di stampo gollista. Invece la fuoriuscita della Nuova destra dalla casa madre si attua consapevolmente verso sinistra: sul terreno di una forte critica dell'ideologia individualista e sulla base di contenuti come l'esaltazione delle differenze in un contesto non gerarchico, il recupero della partecipazione popolare, la rivalutazione delle appartenenze collettive.

Quindi questo distacco dal fascismo segue un percorso del tutto diverso da quello indicato da chi, in seguito, avrebbe sollecitato una Bad Godesberg o una «Predappina» per il Msi. Però la critica della Nd alla civiltà liberale non è una ripresa di quella formulata dall'intellettualità antidemocratica europea negli anni Venti e Trenta, ma una rielaborazione compiuta anche alla luce di contributi provenienti da sinistra, primo fra tutti quello della Scuola di Francoforte.

È strano però che una corrente innovatrice come la Nd abbia nei suoi cromosomi il rigetto dell'individualismo secolarizzato che è alle radici della modernità.

La Nuova destra manifesta una radicale critica verso i principi dell'ideologia liberale che va molto oltre quella espressa genericamente dall'area neofascista; ma va soprattutto in tutt'altra direzione. Alla Nd non interessa la rifondazione dello Stato proposta dal Msi con la Seconda Repubblica, perché non ritiene efficace un intervento istituzionale dall'alto sulle dinamiche sociali. Vuole favorire una trasformazione dal basso della mentalità collettiva, attraverso la trasmissione delle idee, che crei le condizioni per l'approdo a una sorta di democrazia comunitaria.

La Nd si colloca risolutamente nel campo democratico. Afferma che nelle società complesse la legittimità del potere deve fondarsi sul consenso diffuso e che l'azione dei governanti deve essere sempre soggetta al controllo dei cittadini, secondo procedure esplicite e garantiste. Però tende a sottolineare i punti di contrasto tra il pensiero democratico e quello liberale. Considera liberalismo e democrazia due concetti ben distinti, dalle potenzialità prevalentemente oppositive. Quindi ne critica la composizione realizzata in concreto nei sistemi politici contemporanei, per i quali adotta la definizione di «liberalismo reale», in un parallelismo voluto con il «socialismo reale» di marca sovietica.

Eppure ci sono studiosi che tendono a presentare la Nd come una sorta di «destra radicale dal volto umano».

Proprio per dissipare questo equivoco nel 1984 viene organizzato un convegno, i cui atti sono stati pubblicati integralmente nel numero 76 della rivista «Diorama Letterario», dedicato appunto al rapporto tra destra radicale e Nuova destra. In quella sede la Nd italiana definisce con estrema chiarezza due percorsi di esclusione reciproca, scanditi da tutta una serie di passaggi in cui si manifestano posizioni inconciliabili.

La Nuova destra punta a realizzare sintesi inedite, fondendo temi tipici del suo patrimonio ideologico d'origine con altri mutuati da culture diverse, mentre la destra radicale, alla continua ricerca di una genealogia rassicurante, ostenta la sua fedeltà al fascismo e al tradizionalismo. Importante è anche l'accettazione dell'altro da sé, che sottrae la Nuova destra alle sirene dell'intolleranza e del razzismo, a cui invece la destra radicale è assai sensibile. Inoltre la Nd professa un'antropologia aperta, ben diversa da quella pessimistica di coloro che ritengono l'uomo un essere fondamentalmente cattivo, preda degli istinti più brutali, che solo l'azione dello Stato può tenere a freno. E ancora: il comunitarismo della destra radicale, inteso come criterio di esclusione, si colloca all'opposto di quello della Nd, che ha una forte dimensione di apertura all'esterno. Infine – ma si potrebbe continuare l'elenco delle divergenze – netta è da parte della Nuova destra la condanna della concezione cospirativa della storia caratteristica di gruppi estremisti ossessionati dalla ricerca del capro espiatorio. Siamo in presenza di due universi concettuali ormai incomunicanti.

In una fase successiva, verso la fine degli anni Ottanta, una certa influenza delle posizioni elaborate dalla Nd si nota anche negli ambienti giovanili missini. Forse il ruolo che le assegnava Tassani in qualche misura lo ha davvero esercitato.

Una circolazione delle idee della Nuova destra italiana e del Grece in quegli ambienti c'è sicuramente stata, anche perché le nuove generazioni missine degli anni Ottanta sono sostanzialmente estranee alle vicende che avevano condotto alla fuoriuscita dei primi animatori del gruppo. Si può anzi parlare di una vera e propria attenzione, visto che per esempio Gianni Alemanno, che sarà poi segretario nazionale del Fdg, partecipa ad alcuni incontri di studio promossi dalla Nd. Tuttavia nel Msi non resta quasi nessuno che possa pilotare un processo di avvicinamento, per cui il fenomeno rimane superficiale e strumentale.

Eppure vi sono pubblicazioni del Fronte della gioventù in cui la volontà di trarre profitto dalla lezione del Grece è palese.

Sì, ma anche un libro come *Le radici e il progetto*, scritto da dirigenti del Fronte della gioventù nel 1989, è indicativo dei limiti di questa acquisizione. A molti spunti tratti dal pensiero della Nuova destra si sovrappongono tematiche estranee, che finiscono per determinarne uno stravolgimento. Penso all'insistenza esagerata sulla questione dell'identità nazionale, che in fondo è un tentativo di far rientrare dalla finestra quel nazionalismo che la Nd aveva fatto uscire dalla porta. Del resto da parte dei giovani rautiani non giunge mai una proposta seria di collegamento organico. Anzi, nella loro pubblicazione principale, «La Contea», è vivissima la polemica nei confronti della Nuova destra, descritta come un ambiente in cui si fa strada il germe corrosivo di un'apertura alla democrazia, considerata «cedimento all'avversario».

In altre parole, le tesi espresse da questa corrente di pensiero non hanno mai attecchito in profondità nel mondo neofascista. Certo, se negli anni Settanta i giovani missini si riunivano per leggere Evola, negli anni Ottanta Alemanno organizza letture collettive di alcuni libri di de Benoist. Ma è un'esperienza che viaggia su binari molto diversi da quelli del decennio precedente, anche perché rifiuta la scelta metapolitica e rimane interna a un'ottica di partito. Avendo alcune radici in comune con la Nd, questi ragazzi non possono evitare di confrontarsi con le sue tesi. Ma ne accettano solo alcuni spezzoni, che poi cercano di assemblare con tematiche di segno opposto. Il risultato è un progetto velleitario, in cui si accavallano stimoli e riflessioni che si elidono a vicenda. Una commistione che porta verso il nulla. E che nel nulla è sfociata.

8
Sulla soglia del ghetto

Gli anni Ottanta portano con sé un nuovo clima, in cui s'indebolisce progressivamente il cordone sanitario stretto intorno alla destra. Prende piede una considerazione meno negativa del fascismo e lo stesso Msi è oggetto di una serie di attenzioni, in particolare da parte di Bettino Craxi. Come possiamo valutare questi fenomeni?

Bisogna distinguere tra un versante strettamente culturale e uno politico. Dal primo punto di vista, negli anni Ottanta assistiamo a uno sviluppo della revisione storiografica inaugurata da De Felice, malgrado l'ostilità di molti ambienti accademici politicamente orientati. Si crea a mano a mano una scuola di studiosi che si rifanno alle tesi del biografo di Mussolini (contro cui, peraltro, vent'anni dopo si scatenerà una controffensiva di storici «militanti» ispirati da interessi di carriera e da preoccupazioni ideologiche, che – con poche eccezioni – ha instradato il dibattito scientifico italiano inerente al fascismo su un vicolo cieco e lo ha allontanato, se si esclude la figura di Emilio Gentile, dai progressi compiuti in campo internazionale). E un po' alla volta si fa strada anche nei grandi mezzi di comunicazione l'idea che il fascismo, in quanto parte integrante e significativa della storia d'Italia, vada scandagliato con attenzione nelle sue molteplici dimensioni, anche in riferimento all'eredità che, dopo la sua conclusione, ha trasmesso al Paese.

Per quanto concerne il versante politico, le aperture di Craxi al Msi sembrano dettate soprattutto da motivazioni di carattere tattico, per non dire strumentale. È vero che il leader socialista si dimostra in vari episodi (il più celebre è quello di Sigonella) capace di toccare i tasti di alcune sensibilità fino ad allora trascurate, innanzitutto l'orgoglio nazionale, procurandosi le simpatie di alcuni ambienti neofascisti. Lo testimonia un libro di Giano Accame, *Socialismo tricolore*, che riapre in quegli anni, sia pure con argomenti che si prestano a discussione, la questione della continuità tra movimento socialista e fascismo dopo la rottura di Mussolini con il Psi.

L'intuizione di Craxi, nel momento in cui ammette il Msi a un ruolo diverso da quello a cui lo costringeva la formula dell'arco costituzionale, si dimostra tuttavia legata soprattutto a un calcolo contingente. Il segretario socialista si convince che mantenere nel ghetto il partito di Almirante giova solo alla Dc: in primo luogo perché la mancanza di un concorrente legittimato a destra consente a quest'ultima di gestire a suo piacimento una buona fetta di consensi conservatori che non le appartengono strutturalmente; e poi perché comunque essa può sempre ricorrere ai voti missini congelati, in caso di necessità, per accordi sottobanco a detrimento dei suoi alleati del pentapartito. Quindi Craxi cerca di dare maggiore visibilità al Msi nella speranza che, grazie a questa parziale legittimazione, possa insidiare l'egemonia incontrastata dell'alleata-concorrente sugli ambienti moderati. È una logica a tenaglia: allargare lo spazio della destra serve a diminuire il peso specifico dello Scudo crociato, in modo da rendere il Psi più forte in sede di contrattazione.

Il Msi rimane però sostanzialmente insensibile ai segnali provenienti da Craxi. La porta del ghetto è stata aperta, ma chi si è abituato ad abitarvi rimane esitante sulla soglia, senza decidersi a uscire.

Il fatto è che nel partito predomina ancora la logica dell'autoconservazione. Manca nella sua classe dirigente la convinzione di poter svolgere un ruolo propulsivo. Si è convinti che la propria missione si esaurisca nella difesa di un certo patrimonio storico, più sentimentale che politico: al massimo si pensa di poter contribuire a operazioni di contenimento del pericolo comunista, ma non si crede più alla possibilità di mettere in moto iniziative autonome capaci di coinvolgere altre forze.

Nel momento in cui si aprono nuovi margini di manovra, il Msi è quindi del tutto impreparato ad approfittarne. Si fa prendere dal timore tipico di chi è sempre rimasto chiuso nella propria tana e non se la sente di uscire allo scoperto. Avverte il rischio di mettere a repentaglio l'identità nostalgica, cioè lo strumento essenziale attraverso cui ha consolidato il suo rapporto con un'area di opinione limitata, ma non irrilevante. Spendersi in intese con altre forze, entrando in un gioco di riconoscimenti per forza di cose reciproci, vorrebbe dire compromettere in qualche misura una legittimazione basata su uno scenario catastrofistico: da una parte i missini, isolati eredi della passata grandezza dell'Italia, e dall'altra tutto l'arco costituzionale, espressione della pochezza e della miseria dell'oggi. Rinunciare a questa autorappresentazione appare pericoloso.

Del resto l'attaccamento all'identità nostalgica risulta evidente nelle manifestazioni promosse nel 1983 per il centenario della nascita di Mussolini.

In una fase nella quale si è diffusa una lettura meno demonizzante del fascismo e si è aperto uno spazio d'interlocuzione a livello politico, il Msi avrebbe tutte le ragioni per far passare l'anniversario senza clamori, o per celebrarlo attraverso iniziative non etichettabili come di parte. Invece non lo fa. Al contrario, insiste nel rimarcare la propria presenza alle manifestazioni rievocative, la cui intonazione apologetica a volte sconfina nel grottesco. È un sintomo evidente del fatto che nell'ambiente ancora si antepone l'esigenza di conservare salda la presa sui tradizionali elettori a quella di conquistare nuovi adepti.

D'altronde questo è il tratto dominante della vicenda missina dal 1960 in poi. Chiusa la partita dell'inserimento nei governi a guida democristiana, al Msi rimane per oltre trent'anni solo una funzione testimoniale. Almirante è più un galvanizzatore delle forze disponibili che lo stratega di un'apertura verso l'esterno. La stessa operazione Destra nazionale può essere interpretata come un tentativo di sondare il terreno con circospezione. Scottati da quell'esperienza, sfociata nella scissione, i dirigenti missini abbracciano fino in fondo la logica dell'autoconservazione. Si consolida così la fase cesaristica: ogni dialettica interna viene recisa, su uno sfondo che vede giganteggiare la figura carismatica del leader, interprete della memoria collettiva del partito.

Gli organismi direttivi, gonfiati sino a raggiungere dimensioni pletoriche per poter offrire una gratificazione simbolica al massimo numero possibile di fedeli, vengono convocati a scadenze sempre meno ravvicinate. Le innovazioni statutarie imposte dalla dialettica interna rimangono lettera morta: del tutto inapplicata è la norma che imponeva di non ricandidare i parlamentari uscenti dopo tre legislature, vengono abbandonate a se stesse le iniziative parallele (cooperative, gruppi ecologici, centri culturali, organizzazioni per il tempo libero), sono confinate sulla carta le strutture professionali – denominate, per rispetto del ritualismo gergale, «corporative» – che avrebbero dovuto affiancare le sfiatate sezioni territoriali.

L'opposizione, già in via di smobilitazione dopo aver subito quasi senza reagire uno stillicidio di defezioni pilotate da una gestione intollerante verso ogni manifestazione di dissenso, viene sconfitta anche nel congresso del 1982 e si rassegna alla normalizzazione, sottoscrivendo lo scioglimento delle correnti. Del resto, la partita Rauti e i suoi l'avevano persa alla fine degli anni Settanta, quando non si erano impegnati a combattere la battaglia dei regolamenti congressuali. Con norme che prevedevano quasi il 50 per cento di partecipanti di diritto (cioè non selezionati dalla base) al congresso nazionale e facevano eleggere in blocco, con sistema plurinominale maggioritario, i delegati delle sezioni – in gran parte dominate dai ras della segreteria – alle assemblee provinciali, una componente movimentista, poco versata nelle alchimie di apparato, non aveva scampo. E risultava sistematicamente sottodimensionata.

Egemonizzava l'ambiente giovanile, ma il Fronte della gioventù, per anni commissariato e impossibilitato a esprimere dirigenti elettivi persino a livello locale, ai congressi inviava rappresentanti nominati dalla leadership minoritaria. Il gruppo rautiano aveva, se si guarda ai voti espressi a livello sezionale, un peso del 35-40 per cento fra militanti e quadri intermedi, ma per effetto dei filtri regolamentari si riduceva a poco più della metà al momento delle verifiche di vertice. A un certo punto il conformismo almirantiano diventa talmente soffocante da suscitare tra gli stessi amici del segretario, primo fra tutti Beppe Niccolai, il desiderio di creare una qualche forma di confronto critico, attraverso un'aggregazione informale che più tardi si tradurrà nella formazione della corrente Proposta Italia.

Ma l'indifferenza di Almirante rispetto alle profferte di Craxi non ha in qualche modo preparato la grande rivincita missina degli anni Novanta? In fondo la fortuna del Msi è stata quella di apparire estraneo al sistema dei partiti nel suo complesso. Forse hanno pesato, sugli indugi di fronte alle prospettive aperte dal «disgelo», gli scenari poco edificanti della Prima Repubblica e il timore di doversi piegare a troppi compromessi.

Le interpretazioni a posteriori degli eventi, soprattutto in chiave moralistica o pedagogica, non mi convincono. Indubbiamente, visto come sono andate le cose, la scelta dell'immobilismo si è rivelata pagante, perché il Msi è apparso diverso dagli altri partiti quando questi sono stati scompaginati da Tangentopoli. Ma non credo che i dirigenti missini avessero percepito in anticipo che il sistema era destinato a crollare sotto il peso della corruzione. Se così fosse stato, avrebbero fatto molto di più per denunciare in ogni sede il reticolato di connivenze tra politica e affari che è stato poi scoperchiato dall'inchiesta Mani pulite.

In realtà il Msi, a parte qualche caso sporadico, su questo stato delle cose si è limitato alla retorica da comizio. Di più: ove possibile, i suoi rappresentanti erano disposti a trovare accomodamenti sottobanco con il sistema della corruzione, contro cui tuonavano in sede ufficiale. Non mi pare si possano trovare tracce concrete di una determinazione a fare del Msi il partito della denuncia contro il malaffare: in questo senso è stata assai più efficace l'azione dei radicali.

Naturalmente oggi è possibile una rilettura di comodo che presenti la storia missina come una marcia trionfale verso l'accesso all'area governativa, preparata dalla lungimiranza e dalla lucidità di visione dei suoi leader già in anni lontani. Ma questa è retorica a uso interno, buona per le platee congressuali, che non ha alcun fondamento serio. Il sistema consociativo è crollato per le colpe di chi ne faceva parte, non per i presunti meriti di chi lo combatteva da destra.

Tuttavia è innegabile che per molti anni il Msi ha pagato il prezzo di un isolamento tutt'altro che facile da sopportare.

I costi affrontati per affermare la propria diversità erano senz'altro pesanti. Ma non per la leadership missina, fatta di politici di professione che disponevano comunque di una nicchia nelle istituzioni rappresentative, quanto piuttosto per i quadri intermedi e i militanti. Se si considera l'elemento umano della vicenda del partito, non si può non riscontrarne la dedizione ammirevole a una forza politica sulla quale è stato a lungo impresso il marchio della discriminazione e della riprovazione.

Nella riflessione di commentatori autorevoli si trovano spesso riconoscimenti nei riguardi dei comunisti rimasti fedeli ai loro ideali malgrado le smentite della storia, descritti come testimoni inattuali di grandi speranze. Penso che sarebbe equo riconoscere lo stesso spirito anche nei sostenitori di altre visioni del mondo. Se si riflettesse più approfonditamente sulle motivazioni dell'impegno politico, molti giudizi moralistici avanzati sulle ideologie che presentano tratti millenaristici andrebbero riconsiderati, perché i loro fautori sono non di rado spinti da intenzioni soggettive lodevoli, anche se a posteriori possono risultare ingenue o infondate. Il problema dell'eterogenesi dei fini è d'altronde ben noto a chiunque studi i fenomeni politici.

Ma il criterio fondamentale per valutare le forze politiche non può che essere quello dei risultati che producono.

D'accordo. Qui però non si parla di qualità delle idee, ma dei moventi di chi le professa. E non concordo – su un piano scientifico: qui il vissuto personale non deve interferire – con chi insiste a usare due pesi e due misure nel considerare i sentimenti dei militanti comunisti e di quelli neofascisti. Gli uni e gli altri in genere si sono battuti per le proprie convinzioni con un atteggiamento mentale molto simile, spinti dal desiderio di giovare all'umanità o quanto meno al proprio Paese.

Prima di dire che l'antropologia dell'estrema destra è tutta contrassegnata in termini negativi, di esclusione, violenza e razzismo, sarebbe opportuno documentarsi meglio. I dati sulla cultura politica degli attivisti missini di cui disponiamo, grazie al lavoro di Ignazi, dimostrano che la presenza in quell'ambiente di valori costruttivi e positivi, naturalmente filtrati attraverso una specifica tradizione ideologica, non era inferiore a quella che si registrava a sinistra. I sondaggi effettuati fra i delegati dei congressi del Msi hanno messo in evidenza le diffuse preoccupazioni per l'indipendenza nazionale e una forte diffidenza verso i monopoli economici, sottolineato l'impegno per la riduzione delle differenze di reddito fra i vari strati della popolazione e per la tutela della piena parità tra uomo e donna, e rivelato una mentalità garantista in materia di ordine pubblico.

Tendenze che si sono ridotte, stando a quanto risulta in successive inchieste sui quadri intermedi di Alleanza nazionale, come quella di Flavio Chiapponi e Simone Bertolino del 1998, ma che rimangono significative. Tanto più se si pensa che l'elettorato missino, e tanto più l'universo dei simpatizzanti della Fiamma, è da sempre schierato su posizioni decisamente più conservatrici di quelle di chi è impegnato nella vita di partito.

Però lo stesso Ignazi, nel suo libro Postfascisti?, *segnalava tra i militanti del Fronte della gioventù, nei primi anni Novanta, una rimarchevole propensione allo scontro fisico e alla svalutazione dei principi democratici.*

Sono dati che vanno interpretati alla luce della già citata teoria del «ciclo di vita». È noto che il grado di raffinamento dei comportamenti e delle affermazioni politiche è molto limitato nei soggetti di giovane età. Con il tempo le cose cambiano e le acerbità si attenuano. Nel mondo giovanile missino, in particolare, questa maggiore predisposizione a recepire i messaggi più estremi e semplificati si è tradotta in una scarsa capacità di mediazione nei confronti di alcuni aspetti della cultura politica neofascista, quelli relativi a una visione quasi etologica per cui l'uomo è dominato più da istinti animali che da un filtro razionale. Non ci si può quindi stupire che le affermazioni più dure e sgradevoli prevalgano in un campione di giovani intervistati.

Nel sondaggio del 1991 citato da Ignazi emergono del resto alcune incongruenze: la maggioranza degli intervistati rifiuta di dichiararsi democratica, ma nel contempo afferma che non preferirebbe vivere in un regime dittatoriale; una quota ancora più cospicua ritiene impossibile una società multirazziale, ma non crede nella superiorità della razza bianca sulle altre; molti si dichiarano fascisti, ma rifiutano l'etichetta di nostalgici. La nota dominante è una confusione che non si può non imputare all'assenza di iniziative formative che ha contraddistinto il Msi in tutta la sua storia. Certo, il brodo di coltura del neofascismo è quello da cui hanno preso forma talune frange violente e xenofobe del movimento *skinhead*; ma la maggioranza dei militanti delle organizzazioni giovanili missine si è sempre orientata, in età adulta, verso un pieno inserimento nella società.

Pensare al Fronte della gioventù o alle strutture che lo hanno preceduto come accolite di adepti del culto della violenza, come si è letto in certa pubblicistica di parte avversa, i cui echi riaffiorano in talune polemiche dei giorni nostri, come quella aperta dalle *Istruzioni per diventare fascisti* di Michela Murgia, sarebbe fuorviante. Farebbe tornare ai tempi in cui, per spiegare l'ascesa dei movimenti fascisti, gli storici e i sociologi non trovavano di meglio che evocare masse di sradicati abbandonati a se stessi nell'anonimato delle metropoli e dal crollo della coscienza di classe. Teorie che sono state ormai superate e abbandonate dalla comunità scientifica.

Ignazi sosteneva che era stata la pratica dell'attività politica in un quadro democratico ad aiutare i giovani del Msi a maturare con il tempo un atteggiamento più tollerante.

Sulla base della mia esperienza da testimone-partecipante, rafforzata da successive verifiche compiute dall'esterno, posso dire che la maggior parte di quei militanti che negli ambienti giovanili missini dimostrano tendenze estremiste non viene civilizzata dalla vita di partito. I più se ne vanno, abbandonano la politica. È raro il caso di un attivista turbolento che fa carriera. E va detto che le poche eccezioni sono emerse quasi sempre all'interno della corrente che passava per essere la più moderata, quella di Almirante. Molti personaggi noti alle cronache giudiziarie, assai diversi tra loro ma accomunati dalla propensione per le maniere spicce, hanno seguito questa trafila. Chi ne dubita può verificare in quali liste congressuali fossero presenti certi nomi, conosciuti dal grande pubblico per le esibizioni attivistiche, condotte prevalentemente in piazza ma talvolta anche nelle aule parlamentari.

Del resto, quelli che un giornalismo disinformato e/o fazioso ha fatto passare per fautori della linea del «doppiopetto» sono sempre stati soliti rivendicare i propri meriti di militanti «duri-e-puri» mentre trattavano gli avversari interni come intellettuali da salotto. La diffidenza, non di rado sconfinante nel disprezzo, verso chi preferiva la pratica delle letture a quella delle risse (i «bibliotecari») era moneta corrente nell'era almirantiana, e lo stesso segretario nazionale se ne faceva interprete – naturalmente, con l'arguzia e la studiata ambiguità che caratterizzavano la sua efficace oratoria – nei discorsi con cui galvanizzava la base dei fedeli nel corso degli ininterrotti giri in sezioni e federazioni di tutta Italia. Quelle apologie dell'onesto e incolto militante – molto simile agli «attacchini» poi lodati da Bossi –, e più in generale il rinfocolamento dei miti e delle affabulazioni di cui si alimentava l'orgoglio della diversità missina, hanno esercitato un ruolo cruciale nella resistenza del partito al difficile clima degli anni dell'ostracismo.

D'altronde non c'è da stupirsi. Chi è portato a non elaborare le proprie posizioni da giovane, preoccupandosi solo di «dar man forte ai camerati», in generale poi preferisce anche da adulto collocarsi dove non si sente il bisogno di alcuno sforzo di riflessione. Per stare con l'opposizione rautiana bisognava in qualche modo interrogarsi sulle proprie idee, sebbene in forma molto schematica. Per stare con Almirante bastava obbedire alle direttive provenienti dall'alto.

Insomma, la maggioranza missina è stata una vera e propria scuola di conformismo.

Diciamo che aveva la tendenza a delegare tutto al capo, investito quasi di un alone messianico. Nel mondo missino c'è questa strana considerazione di sé come popolo perseguitato, ma al tempo stesso eletto: un gruppo di esclusi che però si sente chiamato ai massimi destini. Ne consegue la tendenza ad attribuire connotati salvifici a chi fa intravedere la possibilità di uscire da questa sorta di cattività: è avvenuto con Almirante e con i suoi predecessori e poi con Fini. E qualcosa di simile sta accadendo per Meloni.

Il fenomeno è particolarmente evidente nel periodo di cui stiamo parlando, i primi anni Ottanta. Per certi versi è una fase di stanca, in cui però il carisma si consolida proprio diventando un fatto di *routine*: forse non ha più il nitore di un tempo, ma è ormai parte integrante della vita di partito nella pratica quotidiana. Non c'è più bisogno di reprimere il dissenso perché lo si è ormai estinto, si è creato un clima in cui avanzare critiche appare sconveniente. Quasi tutti hanno interiorizzato la norma non scritta secondo cui il capo ha sempre ragione. Del resto nel 1983, tra la sorpresa generale degli analisti politici, il Msi ottiene una significativa vittoria elettorale, che rafforza ulteriormente il predominio di Almirante.

Eppure, come si diceva prima, affiorano proprio in questa fase nuove posizioni critiche.

È così, anche se va evidenziato che si tratta di una fronda assai variegata. Il primo a ribellarsi è Tomaso Staiti di Cuddia, l'unico che si azzarda a candidarsi alla segreteria contro Almirante nel congresso del 1984: sa di non avere speranze, il suo è un *beau geste* volto a dimostrare che nel partito c'è la volontà di riaprire un dibattito. È un deputato di Milano, portatore di istanze neoborghesi ma anche populiste, quasi un leghista *ante litteram*. Poi c'è Niccolai, ex fedelissimo del segretario, che rifiuta la mummificazione dell'ideologia neofascista e vuole rivalutarne le origini trasversali: tant'è vero che è l'unico dirigente missino ad apprezzare gli studi di Sternhell sulle «radici rosse» del fascismo. Su posizioni assai diverse troviamo Domenico Mennitti e Adolfo Urso, nazionalconservatori e sostenitori della necessità che il partito si adatti ai tempi, confrontandosi con i problemi del capitalismo maturo, e accusati per questo di tendenze tecnocratiche. Inoltre ci sono battitori liberi come Pietrangelo Buttafuoco, legato a una tradizione letteraria che naviga tra futurismo e romanticismo jüngeriano, e gli ultimi esponenti della Nuova destra rimasti nel Msi, soprattutto Peppe Nanni e Umberto Croppi.

Il punto d'incontro di sensibilità così eterogenee è il rifiuto della museificazione del Msi. Il documento su cui si coagulano al congresso del 1984 è intitolato *Segnali di vita*, un nome che dice tutto. Di fronte a un partito chiuso nell'immobilismo, coloro che lo sottoscrivono affermano che bisogna muoversi, uscire dalle secche, accettare un rapporto positivo con il mondo circostante. Da questi fermenti si sviluppa più tardi una nuova corrente dalle ambizioni fortemente modernizzatrici, Proposta Italia, che però verrà allo scoperto solo nel 1987, quando la crisi dell'almirantismo, con il declino fisico del leader missino, sarà ancora più evidente.

Avremo modo di parlarne più avanti. Per il momento torniamo al contesto generale, che appare in questi anni assai meno ostile al Msi di quanto non fosse in passato. Può darsi infatti che le aperture di Craxi fossero strumentali, ma certi temi da lui avanzati, come il decisionismo e il presidenzialismo, avevano una connotazione inequivocabile. E c'è chi ritiene che Giano Accame non avesse torto quando sosteneva che il craxismo avrebbe potuto esprimere appieno le sue potenzialità solo in un contesto di destra.

C'è del vero in queste osservazioni, ma non si può estrapolare da qualche spunto una interpretazione complessiva piuttosto forzata. Quello di Accame, con tutto il rispetto per uno dei pochi intellettuali critici espressi dall'ambiente neofascista, era più che altro un *wishful thinking*, il tentativo di accreditare una linea politica futuribile del Psi che però non si è trasformata in realtà. I socialisti che accettavano un dialogo su questi temi erano personaggi piuttosto marginali, come i fratelli Antonio ed Enrico Landolfi. Un altro, Massimo Pini (peraltro futuro esponente di Alleanza nazionale), dava spazio ad autori di destra nelle sue edizioni Sugarco, ma più per interesse verso queste correnti culturali che per promuovere nuove sintesi politiche. Non credo che Craxi, attraverso il progetto della «grande riforma», volesse davvero far crescere un movimento di tipo gollista in grado di prendere le redini del Paese.

Eppure è forte la sensazione che Craxi abbia portato nella politica italiana suggestioni nettamente di destra, estranee alla tradizione del Psi.

Non ne sarei così sicuro. Nella storia del socialismo italiano c'è anche un filone volontaristico e plebiscitario che va ben oltre la figura di Mussolini. Ci sono tracce di questa tendenza anche in un autore come Carlo Rosselli, che guardava con interesse alle opere del futuro collaborazionista belga Henri de Man. Lo stesso gollismo aveva trovato consenso anche a sinistra: basti pensare ad André Malraux. In questo senso il craxismo può essere considerato l'inveramento di correnti socialiste sotterranee, difficilmente classificabili attraverso lo schematismo destra/sinistra. In Italia, anche per la presenza di una figura autorevole come Bobbio, si pensa che l'incontro tra socialismo non marxista e liberalismo sia un fatto naturale. Ma in realtà il socialismo nasce e si sviluppa come corrente politica antiliberale, per cui non c'è da stupirsi che possa avere sviluppi di tipo diverso, non appiattiti sull'ideologia borghese.

Comunque il Msi resta indifferente a queste suggestioni, che pure potrebbero fornirgli un certo spazio di confronto.

Lo rileva proprio Accame, che sul foglio pacciardiano «L'Italia del popolo» attacca violentemente il progetto di nuova costituzione elaborato dai missini, giudicandolo l'ennesima dimostrazione di un pervicace rifiuto di uscire dall'isolamento, di confrontarsi con quanto avviene all'esterno del recinto neofascista. E ha ragione: in quegli anni il Msi è un partito geloso della sua diversità irriproducibile, che tende a chiudersi dietro paratie stagne, per cui anche la circolazione di temi in grado di favorire convergenze operative con altre forze rimane a mezz'aria.

Per esempio, nei referendum sulla giustizia del 1987 si schiera per il Sì, ma non impegna alcuna energia in quella battaglia. Se ne accorge Paolo Mieli, all'epoca giornalista di «Repubblica», il quale nota come solo gli esponenti della Nuova destra partecipino alla campagna referendaria, mentre i missini se ne disinteressano, quasi che scendere in piazza con radicali e socialisti li esponesse al pericolo di una dannosa contaminazione.

Forse Craxi avrebbe fatto meglio a rivolgersi alla Nuova destra piuttosto che al Msi.

La «grande riforma» craxiana avrebbe potuto aggregare settori sensibili all'idea della rottura degli equilibri politici consociativi. Ma per ottenere risultati su questo terreno il Psi avrebbe dovuto favorire la disgregazione del Msi, facendo leva sul malcontento suscitato dall'immobilismo almirantiano. È una prospettiva perseguita in effetti da qualche battitore libero come Mughini all'inizio degli anni Ottanta. Craxi però non la incoraggia: anzi, con le successive mosse di legittimazione del Msi, si muove in senso diametralmente opposto. Rinuncia a scardinare la posizione missina, accontentandosi di sfruttarne la presenza in funzione antidemocristiana.

Abbiamo accennato nel capitolo precedente all'interesse che molti studiosi di sinistra mostrano in questo periodo per i grandi autori della cultura di destra europea. Forse vale la pena di approfondire l'argomento.

Tutto nasce dal fatto che gli intellettuali di sinistra avvertono molto prima e più acutamente dei politici del loro campo l'esaurimento del marxismo. E si mettono alla ricerca di nuovi strumenti per interpretare il mondo: questo li spinge a fare i conti con un pensiero che aveva espresso una radicale critica antiborghese. Si rendono conto che l'«anticapitalismo romantico», come veniva definito, resiste all'onnipervadenza dell'ideologia liberale assai meglio del marxismo e delle sue derivazioni e offre argomenti di critica al capitalismo affini e opposti a quelli in voga a sinistra. Basti pensare all'interesse che, a partire dagli anni Settanta, viene rivolto da intellettuali di formazione marxista, come Cacciari o Masini, al cosiddetto «pensiero negativo», il filone che parte da Friedrich Nietzsche e, costeggiando il nichilismo, mette corrosivamente in discussione i fondamenti filosofici della modernità. Gli interrogativi sulle conseguenze dell'avvento di un'«era della tecnica» formulati dai fratelli Ernst e Friedrich Georg Jünger o da Martin Heidegger appaiono loro ineludibili, perché consentono di esaminare le forme del dominio borghese partendo dal punto in cui Marx aveva dovuto arrestare la propria analisi.

Nasce così, in molti pensatori di area progressista, la volontà di esplorare una sorta di continente proibito. L'egemonia culturale marxista era stata incrinata da interlocutori critici collocati tutti nel pensiero liberale, a cominciare da Bobbio. Ma questo dialogo a un certo punto si rivela sterile, perché non offre elementi nuovi di interpretazione dei più recenti sviluppi della realtà. Più fecondo è il confronto con correnti devianti e trasgressive come quelle gravitanti nell'area della Rivoluzione conservatrice, il composito movimento di pensiero che nella Germania di Weimar si era contrapposto alla *Zivilisation* individualistico-borghese assumendo forme eterogenee che andavano dal conservatorismo di Arthur Moeller van den Bruck al nazionalbolscevismo di Ernst Niekisch, feroce critico di Hitler ancor prima del suo avvento al potere. Per Cacciari, Tronti, Marramao, Curi, Masini approfondire il pensiero di Nietzsche,

Schmitt, Jünger o Gottfried Benn si configura come un modo per passare dalla speranza rivoluzionaria alla meditazione riflessiva sui limiti della società occidentale, senza transitare per la rassegnazione tipica di chi invece si arrende semplicemente alla supremazia del pensiero liberale.

Ma come mai la riscoperta di certi autori avviene a sinistra più che a destra?

Perché la destra italiana, con rare eccezioni, non aveva mai saputo esprimere in materia una riflessione critica degna di questo nome. Ci sono casi isolati: la lettura che Evola fa dell'*Operaio* di Ernst Jünger, il saggio di Adriano Romualdi su Nietzsche, quello di Accame sul romanticismo fascista francese. Tutto qui. Per il resto troviamo solo rievocazioni più o meno di circostanza, senza tentativi di andare in profondità, senza un approccio problematico. Sono i Cacciari e i Marramao a recuperare criticamente certi pensatori, mentre gli intellettuali di destra sfornano a getto continuo stucchevoli immaginette: non studiano questa cultura; si limitano ad amarla, o a esibirla come un fiore all'occhiello per vincere i complessi d'inferiorità.

Anche un editore serio come Volpe aveva fatto poco in questo senso, se si eccettua la collana «L'Architrave», diretta da Gianfranco de Turris, che nei primi anni Settanta aveva cercato di proporre in sintesi antologiche autori di rilievo assimilabili alla destra: Ortega y Gasset, Drumont, Spengler, Michels, Sorel, Carrel. Erano libri che tra i giovani si erano venduti come il pane. Ma c'era solo questo: Schmitt è rimasto un illustre sconosciuto finché non lo hanno recuperato due studiosi non certo di area neofascista, come Gianfranco Miglio e Pierangelo Schiera. Mentre il «Secolo d'Italia» ha continuato fino agli anni Novanta a riproporre profili che già si sarebbero potuti leggere sulle sue pagine all'epoca di Michelini. E spesso con parole e argomentazioni identiche.

Nello stesso periodo c'è un altro soggetto politico-culturale, Comunione e liberazione, che mostra interesse per la destra. In particolare il suo settimanale «Il Sabato» ospita una rubrica fissa di Accame e frequenti articoli di Veneziani. Che significato si può attribuire a questi fatti?

Cl, con le sue varie emanazioni, è uno dei fenomeni più rilevanti tra quelli che per alcuni anni hanno fatto ritenere possibile il superamento dei vecchi equilibri mediante la sostituzione dei movimenti ai partiti, cioè attraverso la crescita di nuovi soggetti che scomponessero e ricomponessero trasversalmente, su basi diverse, le vecchie appartenenze. I ciellini, punta avanzata di questa tendenza nel mondo cattolico, mostrano una sensibilità per temi che li portano a incontrarsi con la destra: basti pensare al discorso sulla resistenza alla secolarizzazione ispirato da Del Noce, oppure alla questione dei bisogni non materiali.

Questi, tra l'altro, sono motivi molto cari alla Nuova destra.

Si può dire che la Nuova destra è per il radicalismo di destra ciò che Comunione e liberazione è per il mondo cattolico. Mentre a sinistra questa idea della trasversalità trova i suoi interpreti principali nei Verdi, che abbandonano la logica classista ed economicista per mettere al centro di tutto il rapporto tra uomo e ambiente. Si crea così un potenziale terreno d'incontro con forze di provenienza diversa, ma altrettanto interessate a una nuova dimensione dell'impegno civile, fondata su valori comunitari da contrapporre alla dilagante mercificazione.

È opportuno notare peraltro che i ciellini, pur spregiudicati nella ricerca di contatti trasversali a livello politico e culturale (al «Sabato» collaborano contemporaneamente Accame e l'allora direttore dell'Istituto Gramsci, Giuseppe Vacca), sono i più riluttanti a porre reciprocamente in discussione la loro identità con gli altri movimenti. Sono disposti a dialogare con chiunque, a cavalcare tutte le formule politiche, ma non a integrare il loro patrimonio di idee con apporti esterni per creare nuove sintesi.

In questo tentativo la Nuova destra per alcuni anni ha trovato una maggiore sintonia con i Verdi, soprattutto quelli provenienti da Lotta continua come Alexander Langer, che già nei loro cromosomi avevano il concetto di superamento degli antichi steccati. I contatti sono proseguiti e si sono intensificati, seppure in modo non organico, anche in seguito, nel periodo in cui l'ecologismo politico aveva alla testa Carlo Ripa di Meana. Poi però anche nel mondo ambientalista hanno prevalso altre logiche, finalizzate a conquistare spazi di politica istituzionale, che hanno emarginato quella prospettiva, sostituendola con una strategia di alleanze a sinistra che finora ha dato ben pochi frutti.

Un altro segnale inedito di interesse per la destra è la ricerca di Ignazi, la prima che si occupi organicamente del Msi seguendo criteri scientifici. La sua conclusione è che per quel partito è indispensabile una Bad Godesberg, un'accettazione senza riserve dei principi liberaldemocratici. Era una proposta praticabile?

Inizialmente il libro di Ignazi non doveva intitolarsi *Il polo escluso*, bensì *Da Almirante ad Almirante*, per fotografare una situazione di immobilismo che pareva doversi perpetuare all'infinito. E così sarebbe stato, se le precarie condizioni di salute del leader missino non l'avessero costretto a passare la mano.

Di fronte a un partito paralizzato, Ignazi conclude che solo un vero e proprio cambio di pelle potrebbe mutarne la situazione, promuovendolo al ruolo che molti commentatori hanno cercato di cucirgli addosso nella sua storia: quello di punto di riferimento della destra conservatrice. Ma all'epoca un'ipotesi del genere sarebbe stata realizzabile solo se la Dc non avesse ancora occupato la posizione centrale nel sistema italiano. Nella situazione data, non aveva senso chiedere al Msi di cambiare radicalmente rotta, abbracciando una cultura politica che appariva agli antipodi della sua tradizione.

Forse il partito avrebbe potuto già allora riconsiderare il rapporto tra alcuni postulati della sua ideologia e il mutato scenario del Paese e quindi interrogarsi sui residui anacronistici e autoritari del proprio retaggio dottrinale, facendo proprio il valore del pluralismo come elemento irrinunciabile in democrazia. Tutto questo però non in una versione liberale, ma ispirandosi a modelli più vicini alla propria cultura: il discorso sul gollismo avrebbe anche potuto essere approfondito. Ma sarebbe stato necessario tagliare i ponti con l'identità nostalgica. Il che all'epoca era impensabile.

Del resto una sorta di Bad Godesberg l'aveva già compiuta Democrazia nazionale. Senza ricavarne nulla.

Esattamente. In cambio di che cosa il Msi avrebbe dovuto recidere il cordone ombelicale con le sue matrici ideali, fino a quando un contenitore onnicomprensivo e inamovibile come la Dc copriva quasi per intero l'area moderata? Senza dubbio il neofascismo aveva un urgente problema di modernizzazione del proprio messaggio politico, posto in evidenza non solo dalla Nd, ma anche dalla corrente di Mennitti. Meno plausibile era un avvicinamento al liberalismo: in fondo sul piano del metodo questo era di fatto già avvenuto, mentre sotto il profilo sostanziale avrebbe significato per il Msi spogliarsi dei propri caratteri fondanti, senza esserne ripagato in termini di allargamento dello spazio politico praticabile.

9
Senza nemico

Nella seconda metà degli anni Ottanta si verificano due fatti di grande importanza per il Msi: la fine della segreteria Almirante, per motivi di salute, e la caduta del comunismo, nemico principale della destra. Cominciamo dal primo punto: come valutare il fatto che all'anziano leader della Fiamma subentri un personaggio giovane come Fini?

L'avvicendamento alla testa del Msi tra Almirante e Fini, che si configura come la cooptazione di un «delfino» e non come il frutto di una competizione, non può stupire chi conosca la storia di quel partito, che in quasi cinquant'anni di vita ha avuto in tutto cinque segretari. Le gestioni di lungo periodo e le successioni concordate sono la norma, con elementi di turbativa intervenuti solo in casi straordinari: il passaggio dal primo Almirante a De Marsanich e quello temporaneo da Fini a Rauti. Anche la sostituzione di De Marsanich con Michelini era avvenuta in assoluta tranquillità, con il pieno consenso dell'interessato. La designazione di Fini da parte dell'anziano e malato leader missino, nel 1987, è quindi nella tradizione di una forza che delega al suo vertice una funzione carismatica ben maggiore di quella di massimo responsabile politico.

Il problema infatti non è tanto la designazione dall'alto del successore, quanto il fatto che si tratti di un personaggio così acerbo. C'è una volontà implicita di rinnovamento in questa scelta, che salta in pratica un'intera generazione?

No, è una successione che avviene nel segno della continuità. La generazione di mezzo, peraltro mai particolarmente numerosa e influente in un ambiente che ha sempre avuto a disposizione pochi incentivi appetibili per chi volesse fare della politica una professione a tempo pieno, non viene saltata in questa occasione, perché si era già in gran parte messa fuori gioco da sola con la scissione di Democrazia nazionale, a cui avevano aderito i quadri più ambiziosi che si erano fatti le ossa negli anni Sessanta.

D'altronde Almirante aveva impedito sistematicamente a tutta una classe politica di mettersi in luce, facendo apparire gli altri dirigenti poco più che delle spalle. È proprio per questo che la generazione di mezzo a un certo punto si ribella: nella pubblicistica demonazionale si trovano attacchi molto duri al culto del capo, che sono indicativi di uno stato d'animo diffuso. Quando Gennaro Ruggiero, già consigliere regionale del Msi in Campania, pubblica il libro polemico *Un uomo di destra*, che accusa fra l'altro Almirante di uso indebito di fondi pubblici e verrà utilizzato con scarso successo da Pannella per lanciare una campagna sul coinvolgimento degli uomini della Fiamma nelle «mafie partitocratiche», lo fa in questa prospettiva: vuole dimostrare che l'assolutismo di un segretario non sottoposto a controlli finisce per affossare ogni possibile ipotesi di ricambio nel partito.

Come risultato di questa condotta, nel 1987 non c'erano nella cerchia almirantiana candidature credibili che potessero costituire un anello ulteriore della catena. I dirigenti di maggior spicco erano tutti più o meno coetanei del segretario: infatti l'unico candidato di quest'area alternativo a Fini non è un quarantacinquenne, ma l'ormai stagionato Franco Servello.

Dunque Fini è quasi una scelta obbligata.

Almirante vuole come successore un personaggio fidato, da tenere sotto tutela. E Fini gli deve tutta la sua carriera politica. Il segretario lo ha collocato alla guida del Fronte della gioventù, malgrado la sconfitta subita nell'assemblea dell'organizzazione, e poi lo ha imposto dall'alto come deputato in una realtà molto concorrenziale come quella romana. Credo che la vedova di Almirante, donna Assunta, abbia detto sostanzialmente il vero quando affermava che il marito, non pensando certo di morire di lì a breve, aveva scelto Fini nella convinzione di poterlo controllare, di tenergli ben strette le briglie sul collo. Ma dall'elezione del nuovo segretario al decesso del suo predecessore passano pochi mesi. E Fini, che probabilmente a sua volta aveva sperato di fruire della spinta d'immagine che gli garantiva Almirante, si trova a dover camminare sulle sue gambe, privo di un punto di riferimento essenziale.

Quindi non c'è discontinuità.

Di nessun genere. Certo, Fini è nato nel 1952, non ha alcuna esperienza del regime mussoliniano o della Rsi, ma continua a inalberare l'insegna del fascismo, ottenendo l'appoggio delle componenti più nostalgiche. È suo l'uso della formula «fascismo del Duemila». Nella sostanza la continuità è assoluta: dando la propria investitura a un giovane, Almirante vuole dimostrare che il proprio verbo si è perpetuato nel tempo. E se nella maggioranza del Msi affiorano alcuni dubbi, di cui sono espressione la candidatura di Servello alla segreteria e lo smembramento in più liste congressuali, alla fine l'intero fronte almirantiano si compatterà su Fini.

Del resto è sintomatico che tutti coloro che si battono per cambiare, anche con idee assai diverse, stiano dall'altra parte. Così Mennitti, che al primo turno ha presentato la sua candidatura, al ballottaggio si schiera per Rauti, benché le posizioni dei due non coincidano affatto su molti punti.

Durante la prima segreteria Fini si sviluppa la crisi finale del comunismo, in contrapposizione al quale il Msi aveva cercato di inserirsi nel gioco politico, quale ultima barriera di fronte al «pericolo rosso». Come accoglie l'ambiente neofascista la prospettiva di ritrovarsi senza nemico?

All'interno del Msi si registrano due reazioni di segno opposto. Da una parte ci sono alcuni, Rauti e gli altri sostenitori del rinnovamento, che vedono il crollo del Muro come una grande occasione. A loro avviso questa svolta libererà, sull'onda della delusione, grandi energie e aspettative, un tempo collocate a sinistra e ora disponibili a orientarsi altrove: coloro che avevano creduto nel comunismo come rimedio ai guasti del modello neocapitalistico occidentale guarderanno al Msi con occhi diversi e potranno costituire un nuovo bacino di consenso per il partito. Di qui il giudizio che sia giunto il momento opportuno per riqualificare dal negativo al positivo una presenza politica ormai molto logora. Si ambisce a fare del neofascismo non più la terza, ma la seconda via: l'unica alternativa rimasta in piedi di fronte al liberalcapitalismo trionfante.

Gli esponenti della maggioranza almirantiana hanno invece una reazione di sconcerto. Percepiscono la fine della minaccia comunista come la perdita di un punto di riferimento: senza di essa viene meno la possibilità di avere un ruolo in eventuali situazioni di emergenza nell'eterna ipotesi del «fronte di salute pubblica». Quindi le già ridotte capacità di condizionamento del partito sul resto del sistema politico vengono pressoché azzerate.

È logico che la prima interpretazione dei fatti del 1989 eserciti una maggiore suggestione sui quadri missini. È in seguito a questa novità che riacquista credibilità l'ipotesi secondo cui l'eterno sconfitto Rauti potrebbe gestire il rilancio del partito nel momento in cui la componente maggioritaria si ritrova priva di qualsiasi prospettiva da offrire ai militanti. E in effetti l'operazione che porta l'ex leader di Ordine nuovo alla guida della Fiamma è gestita in quest'ottica. Come dire: mettiamolo a tamponare la falla, perché, con le sue teorie un po' bizzarre sullo sfondamento a sinistra, può consentirci di dire qualcosa nel momento in cui la vecchia ricetta anticomunista diventa improponibile.

Il rafforzamento delle posizioni rautiane nel Msi preoccupa un osservatore esterno come Domenico Fisichella, futuro ideologo di Alleanza nazionale, che nell'estate del 1989 lancia un grido d'allarme dalle colonne del «Tempo».

L'articolo di Fisichella, significativamente intitolato *Compagno missino*, va collocato nel contesto di quel periodo. Dopo l'elezione di Fini e la morte di Almirante, il Msi era andato incontro a una serie di sconfitte elettorali e a una grave perdita di iniziativa politica. Il fatto che il contrasto tra comunismo e anticomunismo non sia più il fulcro della politica italiana toglie alla Fiamma uno dei suoi più efficaci strumenti di agitazione, mentre la competizione tra Dc e Psi sul terreno clientelare le sottrae consensi elettorali.

Alla ricerca di una bussola con cui orientarsi, Fini cerca di imitare Jean-Marie Le Pen, che proprio in quegli anni sta mietendo grandi successi cavalcando le inquietudini diffuse nella società francese davanti alla continua crescita dell'afflusso di stranieri. Ma la campagna contro l'immigrazione lanciata dal Msi in questa fase, disapprovata pubblicamente da Rauti, viene condotta con poca convinzione e si esaurisce nel nulla.

In questa situazione, è logico che nel partito guadagnino consenso gli oppositori. Non soltanto Rauti, ma anche Mennitti, che si dimostra in grado di raccogliere numerose energie intorno alle sue iniziative. Recupera Erra e Accame. Cerca di recuperare il musicologo Piero Buscaroli. Lancia segnali alla Nuova destra. Coinvolge in varie occasioni di confronto personaggi della destra non missina come Fisichella. Rauti dal canto suo accentua la spinta verso una sensibilità «di sinistra», che lo porta a chiedere con rinnovato vigore che il Msi giochi a tutto campo, con l'intento di intercettare la protesta sociale.

Dinanzi a questa effervescenza uno studioso come Fisichella, di dichiarati sentimenti monarchici, buon conoscitore della pubblicistica missina e osservatore attento delle dinamiche del sistema politico italiano, rimane comprensibilmente molto perplesso, anche perché la segreteria Fini, all'epoca assai incolore, non gli appare in grado di fronteggiare con efficacia questi fermenti. Di conseguenza, nel suo intervento sul «Tempo», mette in campo le ragioni di quella destra che, sentendosi pienamente tale, era rimasta sostanzialmente senza rappresentanza dopo la scomparsa del Pdium e l'affermazione di un «progressista» come Valerio Zanone nel Pli.

Proviamo a chiarire meglio i connotati di questa destra, che avrà un ruolo di tutto rilievo nella creazione di Alleanza nazionale.

Si tratta di settori d'opinione pubblica che, pur avendo un rapporto con la destra democristiana, sopportano a fatica la vocazione compromissoria della Dc. E temono di vedersi sfuggire anche il Msi, l'ultimo partito che esprima posizioni in qualche misura in sintonia con le loro. Dopo i primi anni della segreteria Michelini, l'appiattimento dell'identità missina sul richiamo nostalgico aveva in effetti tolto spazio non solo alla sinistra interna ma anche alla destra, spiazzata dal tramonto di ogni ipotesi di collaborazione con il centro. Per quasi venticinque anni l'unico referente di quest'area nel Msi era stato Pino Romualdi, che però rappresentava anche una chiara continuità con Salò. E nella stessa politica della Destra nazionale e della Costituente di destra lo spazio per le posizioni conservatrici classiche era stato più apparente che reale.

Fisichella, denunciando il pericolo di una prevalenza nel Msi della sua anima di sinistra, esprime quindi un orientamento ben poco rappresentato all'interno del partito, ma assai consistente nel suo elettorato. Questo conferisce al suo intervento un rilievo politico che induce parecchi dirigenti missini a replicare, con toni e argomenti molto diversi, alle sue tesi.

D'altronde la vittoria di Rauti qualche mese dopo, nel congresso del gennaio 1990, sembra confermare che i timori di Fisichella erano fondati, anche se avviene in maniera contraddittoria, in seguito a una sorta di congiura dei maggiorenti contro Fini.

Alla fine degli anni Ottanta il Msi si trova in un autentico stato di emergenza. Con il disfacimento dell'impero sovietico, l'anticomunismo sta perdendo, come si è detto, la sua ragion d'essere. La gestione statica di Fini ha depresso il partito, che accusa un'allarmante contrazione degli iscritti e delle sezioni, anche se le cifre ufficiali che vengono fornite agli osservatori esterni, fortemente gonfiate rispetto alla realtà, attenuano i contorni del fenomeno. In un contesto simile affidare la segreteria a Rauti, assertore di una politica che recuperi la dimensione popolare del Msi, significa dare uno scossone: mettere in circuito un'immagine rinnovata per tentare un rilancio verso l'esterno. Non solo. Assegnandogli questo compito quasi disperato, la vecchia classe dirigente missina ha il vantaggio di non esporsi in prima persona, passando la patata bollente nelle mani di un personaggio che appariva sostenitore di un'alternativa mai sperimentata all'ormai declinante nostalgismo.

Fini si rende conto delle difficoltà e, in vista del congresso, punta su una gestione unitaria del partito, offrendone a Rauti la presidenza. Il suo intento è realizzare una saldatura operativa, anche se non ideologica, tra le due anime del Msi, in modo da mettere definitivamente in naftalina la componente anziana della maggioranza almirantiana, che pretende di tenerlo sotto tutela. Per spezzare questa manovra e continuare a contare qualcosa, alla *nomenklatura* missina non resta che offrire a Rauti la carica di segretario in contrapposizione a Fini.

Dunque l'avvento alla segreteria dell'eterno oppositore è frutto di un'operazione poco limpida.

Quella dei notabili era una mela avvelenata. Ma Rauti, che desiderava mettersi finalmente alla prova, l'accoglie invece come un'opportunità storica. Probabilmente gli sarebbe convenuto respingere tanto l'offerta di Fini quanto quella dei vecchi dirigenti almirantiani, tenendosi le mani libere. A Rimini, nel congresso che lo elegge segretario nel gennaio 1990, la sua corrente conquista il 29 per cento dei seggi in Comitato centrale. Le proposte che gli vengono rivolte servono anche a contenerne una crescente capacità di opposizione: di fronte ad anni che si preannunciano difficili, un Rauti isolato avrebbe potuto rafforzarsi grazie ai prevedibili insuccessi del partito, forse fino al punto di conquistare la guida del Msi in ben altre condizioni.

Certo, ragionare di politica con il senno di poi ha poco senso. E si può pensare che sulla pesante battuta d'arresto nelle regionali del 1990 abbia inciso anche lo sconcerto provocato nel tradizionale elettorato missino dalle tesi rautiane. Però un ridimensionamento era nelle previsioni di tutti. E se fosse avvenuto con alla guida del partito la vecchia maggioranza, Rauti avrebbe senz'altro potuto giovarsene. Invece si trova a gestire il Msi in una condizione molto precaria, potendo contare su una maggioranza eterogenea e subendo la concorrenza di una minoranza estremamente aggressiva. Tant'è vero che – cosa mai avvenuta in passato – spesso i telegiornali registrano per il Msi sia le opinioni del segretario sia quelle di Fini, che ne contesta puntualmente le scelte.

Ma Rauti fallisce per questa precarietà della sua leadership o avrebbe probabilmente fatto fiasco anche se avesse avuto il pieno controllo del partito?

Credo che avrebbe fallito in ogni caso, se non altro perché le sue posizioni in questa fase mescolano spunti e suggestioni incompatibili, elementi innovativi e usurate parole d'ordine nostalgiche. Nel congresso di Rimini, i cui lavori vengono trasmessi in diretta da Radio radicale, si assiste a uno psicodramma collettivo: sembra di essersi trasferiti in un'altra dimensione temporale. A fronte dei tanti problemi esistenti nel Paese all'inizio del 1990, il dibattito si risolve in una gara a chi è più autenticamente fascista, per conquistare i consensi di una platea ancora completamente succube dell'identità nostalgica. E Rauti tesse un patetico elogio delle colonie di villeggiatura per i bambini come grande momento di modernizzazione e progresso sociale durante il regime di Mussolini, mentre i suoi oppositori, né più né meno dei precari alleati della vecchia guardia almirantiana, giocano al rialzo nell'accreditarsi come epigoni fedeli del verbo del Duce.

Eppure nella posizione rautiana ci sono palesi riferimenti all'elaborazione della Nuova destra.

Sì, ma inseriti in quel contesto perdono ogni significato. Già ai tempi dell'abortita campagna del Msi contro l'immigrazione, Rauti aveva rilasciato al «Manifesto» un'intervista che riprendeva gran parte delle tesi di Alain de Benoist sull'argomento. Ma per tradurre in politica questi stimoli il nuovo segretario missino ha a disposizione un partito totalmente inadeguato. E la gravitazione nell'universo psicologico nostalgico, di cui Rauti non si è mai liberato, rende velleitario ogni progetto di trovare ascolto a sinistra.

La prima preoccupazione strategica della Nuova destra è stata invece proprio quella di uscire dal tunnel del fascismo, di rompere consapevolmente con il riferimento a quell'esperienza come modello riproponibile. Rauti invece si prefigge di conquistare un pubblico di sinistra agitando parole d'ordine anticapitaliste e solidariste, ma si trincera ancora e sempre dietro l'usbergo di un'immagine che è quella del vecchio Msi: una prospettiva totalmente perdente.

D'altronde, sulla nuova strada che vorrebbe percorrere, il partito non lo segue.

Basti pensare che per la prima volta nel Msi vengono tollerati atteggiamenti di aperta ribellione, espressi persino nelle aule parlamentari. Di fronte a queste continue turbolenze, che rendono impossibile lavorare con determinazione su un progetto innovativo, la reazione del segretario è molto blanda, anche perché condizionata dai notabili. Tanto per fare un esempio, il deputato ultranostalgico Carlo Tassi, che insulta pesantemente Rauti sulla stampa, viene semplicemente sospeso per un periodo provvisorio, mentre Almirante aveva fatto delle epurazioni interne, decise per motivi ben più futili, una pratica costante.

Gli sforzi di rinnovamento si perdono quindi nel nulla, perché Rauti non dispone degli strumenti per imporre la sua linea e trasformare l'immagine del Msi. D'altronde lui stesso non si pone nemmeno lontanamente il problema di cambiare simbolo e nome del partito o comunque, come aveva suggerito oltre dieci anni prima la Nd, di creare strutture parallele che operino senza esibire la vecchia etichetta.

Ma la causa principale del disastro non è il fatto che una svolta a sinistra era comunque incomprensibile per la stragrande maggioranza dell'elettorato missino?

Guardare verso sinistra era comunque rischioso. Per le origini e per la collocazione assunta da oltre quarant'anni nel sistema politico italiano, il Msi non era un interlocutore facile da accettare per quei settori di opinione che, delusi dalle incertezze e dai compromessi del Pci e dei sindacati, cominciavano a guardarsi intorno in cerca di nuove offerte di rappresentanza. Ma l'ipotesi dello «sfondamento a sinistra», cui l'ambiente rautiano guardava da molti anni – sulle pagine di «Linea» se ne era discusso nel 1979 –, poteva essere plausibile e praticabile a patto di tradurla in atto con comportamenti coerenti e con un linguaggio accessibile a chi doveva esserne il destinatario. Sarebbe stato indispensabile imprimere un'accelerazione decisa a quella trasformazione dei programmi e, prima ancora, della mentalità conservatrice vigente nel partito, che era stata abbozzata nelle battaglie congressuali degli ultimi anni Settanta per poi diventare lettera morta. Spostarsi dalla tradizionale collocazione all'estrema destra verso un'altra posizione era possibile, ma occorreva dare per scontato che una parte dell'elettorato neofascista si sarebbe distaccata: proprio per questo si doveva puntare decisamente sulla conquista di *altri* consensi, mettendo la sordina ai richiami nostalgici. Però ci sarebbe voluto più tempo, non i cinque mesi intercorsi tra l'elezione di Rauti e le elezioni amministrative.

Invece il leader missino cerca di dare un colpo al cerchio e uno alla botte, di conservare i voti d'ordine lanciando nel contempo messaggi a un pubblico completamente diverso da quello dei tradizionali simpatizzanti. Non riesce a sciogliere l'eterna contraddizione tra l'ideologia spuria del Msi e la sua collocazione a destra. Un'operazione che del resto appariva già a quel tempo estremamente ardua, ai limiti dell'impossibilità.

Bisogna aggiungere che le condizioni oggettive non erano certo favorevoli. Forse a sua discolpa va ammesso che in quella fase per il Msi non c'era assolutamente spazio d'iniziativa e di crescita.

In teoria ci sarebbe stato. Decenni di sondaggi condotti dall'Eurobarometro (l'Ufficio di ricerche statistiche politiche e sociali dell'Unione Europea) dimostrano che in Italia il tasso d'insoddisfazione per il funzionamento della democrazia è sempre stato enormemente più elevato rispetto a tutti gli altri Paesi dell'Ue, con una forbice che va dai 24 ai 40 punti percentuali, a seconda degli anni, rispetto alla media europea. Che cosa ha tenuto in piedi il sistema politico, di fronte a un così enorme bacino di consensi per i partiti di protesta? Due fattori. C'era una costrizione internazionale, causata dalla contrapposizione tra blocco occidentale e blocco sovietico, aggravata dalla presenza in Italia del più forte partito comunista d'Occidente. E sul piano interno operava un meccanismo di scambio clientelare che assorbiva domande e aspettative diffuse, deviandole verso concessioni in grado di surrogare le prestazioni scadenti, o addirittura nulle, dei servizi pubblici e dell'apparato statale.

Mentre la struttura interna al Paese risulta alla fine degli anni Ottanta ancora solida, sebbene Tangentopoli sia alle porte, il primo fattore viene meno. Ci sono dunque le condizioni adatte affinché il voto di protesta possa lievitare e determinare spostamenti massicci nell'atteggiamento dell'opinione pubblica. Lo dimostrerà di lì a poco l'ascesa di vari soggetti che si ponevano in dichiarata polemica con le forze politiche tradizionali e con il sistema nel suo insieme. La chiave interpretativa che spiega il successo riscosso alle elezioni amministrative e regionali del maggio 1990 dalla Lega e da altri movimenti autonomisti, dai Verdi, dai partiti monotematici creati dai cacciatori e dai pensionati e da una serie di liste civiche d'impronta localistica, è il diffuso sentimento "antipartitico" e per certi versi antipolitico (nel senso del rifiuto dei politici di professione) che sta lievitando in Italia. E che il Msi non riesce a catturare e capitalizzare. Potrebbe farlo solo a condizione di essersi attrezzato, negli anni precedenti, in termini di capacità propositiva e comunicativa.

Viceversa la dirigenza missina ormai da molti anni gioca il suo ruolo in termini esclusivamente difensivi, lasciando il partito privo degli strumenti indispensabili per intercettare la protesta. Il fallimento completo fatto registrare in questa fase da due segreterie di segno diverso – la prima di Fini e quella di Rauti – dimostra che, se Tangentopoli non avesse spazzato via la Prima Repubblica, il Msi si sarebbe probabilmente ridotto a una funzione meramente testimoniale, senza alcuna possibilità di uscirne.

In passato i rautiani avevano molto insistito sull'importanza della politica estera e, sin dalla metà degli anni Settanta, avevano assunto in materia posizioni eterodosse, contestando in particolare la difesa incondizionata delle ragioni dell'Occidente in cui il Msi si era distinto sotto la guida di De Marsanich, Michelini e Almirante. Come reagiscono al nuovo scenario determinato dalla fine dell'impero sovietico? La caduta del Muro e la segreteria Rauti favoriscono una ripresa del sentimento di ostilità verso gli Usa all'interno del Msi?

L'antiamericanismo circolante nelle vene del neofascismo italiano è sempre stato condizionato e monco, perché espressione di un moto di rivalsa contro i vincitori della Seconda guerra mondiale e non di un'analisi spassionata dei difetti insiti nel modello di civiltà esportato dagli Stati Uniti. Non c'è mai stato da parte missina un discorso serio sui rischi connessi alla riduzione di tutto lo spazio culturale occidentale a proiezione dell'*American way of life*. Su questo punto c'è una netta differenza, malgrado alcune coincidenze di facciata, rispetto alle posizioni della Nuova destra, mentre si registra una sostanziale sintonia del Msi con il radicalismo di destra, il quale però spinge il motivo antiamericano a un livello quasi patologico, abbracciando puntualmente le cause di tutti i più diversi antagonisti degli Stati Uniti, da Khomeini a Fidel Castro.

Nella tradizione politica missina l'opposizione all'ordine di Yalta è sempre stata un dato qualificante. Questo atteggiamento, soprattutto fra i giovani, si traduceva in una marcata avversione nei riguardi di entrambe le superpotenze. Si insisteva molto sulla corresponsabilità di Usa e Urss nella crisi di valori della società contemporanea, salvo poi naturalmente usare verso i sovietici accenti molto più aspri: in fondo la subalternità dell'Europa a Washington veniva vista come un male minore rispetto al pericolo costituito dal comunismo. Ma la disgregazione del blocco sovietico avrebbe dovuto togliere forza anche alle ragioni residuali dell'atlantismo missino, predisponendo una situazione ideale per aumentare la presa delle posizioni rautiane.

Eppure, proprio nel periodo della segreteria Rauti, il Msi approva l'intervento italiano al fianco degli Stati Uniti nella guerra del Golfo.

È un fatto paradossale, che dimostra come le ragioni dell'Occidente si fossero fatte strada nell'ambiente missino, riducendo l'antiamericanismo a un atteggiamento quasi esclusivamente di facciata. E in secondo luogo emerge anche in questa occasione quella volontà di non perdere il contatto con l'elettorato di destra che condiziona rovinosamente fin dall'inizio la leadership di Rauti. È il solito tentativo di salvare capra e cavoli, perdendo entrambi.

Questa contraddizione si era però già manifestata anni prima, ai tempi di Sigonella.

Sì, ma in quell'occasione almeno c'era stato qualcuno che aveva saputo sfruttarla politicamente. Mi riferisco a Niccolai, che nel 1985 aveva presentato in Comitato centrale un ordine del giorno di condanna del comportamento americano che Almirante, per evitare una spaccatura, aveva fatto approvare dai suoi. Quella sbandata in senso antiatlantico aveva causato le dimissioni di Tremaglia, ben presto rientrate, da vicesegretario e dirigente del settore per i rapporti con l'estero. Un episodio che non era destinato a rimanere isolato, visto che lo stesso Niccolai, anni dopo, avrebbe addirittura proposto in direzione e fatto approvare un testo tratto, all'insaputa di tutti, da un documento ufficiale del Pci. Ma all'epoca della guerra contro l'Iraq non avviene nulla di simile: insorge solo Staiti di Cuddia, che si dimette da responsabile esteri del partito.

D'altronde non era facile mostrare comprensione per un personaggio come Saddam Hussein. E l'impiego di soldati italia-

ni in operazioni belliche non poteva non far vibrare le corde del patriottismo missino.

È anche vero però che il fronte contrario all'intervento nel Golfo non era tutto caratterizzato a sinistra. C'era il Movimento popolare di Roberto Formigoni, c'era il Papa in persona, c'erano intellettuali della diaspora come Cardini. Invece il Msi non reagisce neppure quando il retaggio nostalgico dovrebbe indurlo a indignarsi. I suoi deputati tacciono persino nel momento in cui, alla Camera, Giulio Andreotti, per difendere gli Stati Uniti dall'accusa di aver scatenato l'operazione «Tempesta nel deserto» allo scopo di tutelare i propri interessi petroliferi, rivendica il carattere «disinteressato» dell'intervento delle truppe americane per liberare l'Italia dall'oppressione nazifascista. Un argomento che da sempre aveva suscitato da parte missina – anche nelle frange più «moderate» – aspre repliche.

Quanto al sentimento patriottico, rispolverare la retorica del tricolore che garrisce e degli italiani in armi significa collocarsi nettamente a destra. Proprio il contrario di ciò che sosteneva di voler fare Rauti, il cui comportamento risulta anche in questa occasione ambivalente.

Con la fine dell'ordine di Yalta va in pezzi la Jugoslavia. E nel Msi le reazioni sono contraddittorie: Fini simpatizza per i serbi, i rautiani per i croati. Come spiegare un simile contrasto?

Sicuramente in molti missini la disgregazione dell'odiata Jugoslavia fa risuonare il richiamo della foresta, risvegliando vecchi demoni nazionalisti. Si comincia subito a tratteggiare scenari irrealistici, come il recupero dei territori adriatici persi dall'Italia a seguito della guerra. Questa mancanza di senso della realtà deriva anche dal fatto che il mondo neofascista non ha mai contato niente sullo scacchiere della politica internazionale, rispetto al quale poteva quindi tenere il tipico atteggiamento dello spettatore che parteggia, senza doversi assumere responsabilità di alcun genere. Ancora negli anni

Cinquanta i missini ragionavano come eredi di una tradizione che a loro avviso aveva creato quasi dal nulla la politica estera dell'Italia, sollevandola al rango di grande potenza. Ma poi si erano resi conto di dover giocare tutte le proprie carte sul tavolo della politica interna, limitandosi al massimo a strumentalizzare qualche problema specifico di natura internazionale.

Non c'è quindi da stupirsi se nel 1991 prevale in Fini, appena tornato alla segreteria, la tentazione del revanscismo, che lo induce a gettare alle ortiche ogni riferimento europeista. Lo si vede così volare a Belgrado per discutere la possibilità di barattare un appoggio missino alla causa dei nazionalisti serbi con il sostegno di questi ultimi alle rivendicazioni italiane su Istria e Dalmazia. Una mossa contraria non soltanto al principio dell'autodeterminazione dei popoli, ma anche all'interesse dell'Europa a stabilire rapporti costruttivi con i nuovi Stati, nella fattispecie Slovenia e Croazia, in via di formazione a est.

Che dire invece dei giovani neofascisti che accorrono in soccorso della Croazia? Vedono forse gli indipendentisti di Zagabria come gli eredi degli ustascia di Ante Pavelić?

In parecchi di loro prevale sicuramente la suggestione del nazionalismo europeo. Nei separatisti croati vedono, più che i discendenti di Pavelić, i nemici della costruzione statale comunista titina. Per loro la disintegrazione della Jugoslavia segna una sorta di primavera dei popoli, nella prospettiva di un'Europa delle piccole patrie che va costruita dal basso. È un'idea che già circolava nei campi Hobbit degli anni Settanta e poi viene ripresa in più occasioni da vari ambienti del radicalismo di destra.

Al di là della vicenda jugoslava, la linea ufficiale di politica estera del partito, dopo il ritorno di Fini alla segreteria, rimane legata a un'impostazione europeista. Prova ne sia che, a differenza della quasi totalità dei movimenti di estrema destra europei, il Msi, pur votando contro la ratifica del trattato di Maastricht, non fa di questa opposizione un cavallo di battaglia.

Sin dalle origini, il discorso missino sulla Comunità europea assume toni concilianti e costruttivi, e nel tempo non se ne discosta. Le ragioni di questo atteggiamento sono complesse. Da un lato pesa molto il capitale di legittimità che si conta di ottenere sedendo – unica formazione di tutto il variegato panorama del radicalismo di destra europeo – nelle istituzioni della Cee. Il partito, nella sua propaganda, presenta l'ingresso nell'assemblea di Strasburgo come un riconoscimento prestigioso di una parità di condizione negata in patria. L'attività svolta nell'Europarlamento consente poi di tessere discrete relazioni con compagini estere di sentimenti conservatori, la cui immagine è nettamente più presentabile di quella di movimenti ideologicamente affini come il Front national, la Npd o Fuerza nueva. Una politica di buoni rapporti con questi partiti lascia sperare di essere ammessi, un domani, nel salotto buono della destra europea, con ricadute spendibili anche in Italia.

L'importanza che l'adattamento dei gruppi parlamentari italiani ed europei alla prassi (ma anche, in certa misura, ai valori) della democrazia liberale ha esercitato sull'evoluzione complessiva del Msi è un aspetto sin qui poco indagato della vicenda di questo partito, e che andrebbe approfondito. Di certo, alcune suggestioni «golliste» o conservatrici si sono rafforzate, in uomini come Almirante – che del ruolo di eurodeputato andava fiero – anche grazie alla frequentazione di aule, commissioni e uffici di Bruxelles e Strasburgo.

Schierarsi frontalmente contro Maastricht avrebbe significato disperdere gran parte di queste risorse di immagine e di credito politico, proprio quando il mancato apparentamento con il «gruppo tecnico delle destre» dell'Europarlamento, per via del dissidio con i Republikaner tedeschi sull'Alto Adige, poteva rafforzarle. Ciò non toglie che l'europeismo del Msi rimanga limitato dalla pregiudiziale del «primato degli interessi nazionali», che a sua volta fatica a mascherare una riserva mentale nazionalista: e così la sua opposizione all'«eurocrazia di Bruxelles», che pure è giudicata da Le Pen estremamente blanda, lo porta a diffidare dell'Unione Europea. La formula dell'«Europa delle patrie», cara alle successive classi dirigenti del partito, è in quest'ottica intrinsecamente ambigua.

10
Il modello Le Pen

Negli anni Ottanta il panorama dell'estrema destra europea cambia in modo radicale. Mentre per lunghi anni il Msi era stato l'unica presenza stabile e rilevante di questo tipo, ora si assiste in Francia all'ascesa fulminea del Front national (Fn) di Jean-Marie Le Pen. Che rapporto s'instaura tra i due partiti?

Quando nasce ufficialmente, nell'ottobre 1972, il Front national è soltanto una sigla di copertura di Ordre nouveau, che aveva bisogno di scrollarsi di dosso un'immagine troppo estremista e turbolenta. Il Msi lo aiuta fornendogli migliaia di manifesti stampati nel suo centro tipografico, la Saipem di Ciarrapico, che sono identici a quelli missini, salvo che per gli slogan in francese e per la fiamma, che si colora di blu, bianco e rosso. L'uso del simbolo era stato evidentemente concordato con Almirante. Quando però Ordre nouveau viene sciolto dal governo a seguito del coinvolgimento in duri scontri di piazza, le cose si complicano. Inizialmente, nel tentativo di creare, più che altro per ragioni di immagine, una sorta di confederazione di forze affini di vari Paesi europei, l'Eurodestra, dopo qualche esitazione Almirante sceglie come interlocutore il Parti des forces nouvelles (Pfn), creato dagli ex dirigenti di Ordre Nouveau, divenuti nel frattempo rivali di Le Pen. Il Pfn, cui ha aderito un leader storico dell'estrema destra francese, Jean-Louis Tixier-Vignancourt, a quel tempo ambisce a rappresentare in forma modernizzata una sorta di *pendant* del Msi. Ma non riesce a decollare e in breve esce di scena, mentre il Fn comincia a raccogliere alcuni incoraggianti risultati in elezioni locali.

A quel punto, dati i precedenti rapporti privilegiati con i rivali, i primi contatti con Le Pen risultano imbarazzanti. Tuttavia il sorprendente successo conseguito dal Fn alle europee del 1984 – quasi l'11 per cento e 10 seggi – obbliga a rompere il ghiaccio, anche perché, collegandosi organicamente, i parlamentari dei due partiti possono formare un gruppo comune all'assemblea di Strasburgo, sfuggendo allo scomodo destino di finire parcheggiati nel gruppo misto.

Insomma, decisivi sono i nuovi rapporti di forza, visto che ormai i voti del Fn superano quelli del Msi.

Per anni Le Pen aveva insistito, senza grande successo, per instaurare forme di stabile collaborazione con i missini; aveva anche inviato una delegata ufficiale in Italia a questo scopo. Ma il Msi era in maggiore sintonia con il Pfn, che ambiva a essere un partito strutturato, mentre il Front national appariva più che altro una federazione di notabili. All'improvviso le cose cambiano, perché il Fn è diventato più forte dei «cugini» italiani. E il Msi, pur nutrendo qualche riserva verso la connotazione xenofoba dei lepenisti, fa buon viso a cattivo gioco, ostentando una comunanza di idee nei loro confronti. Tutto viene facilitato dal fatto che Le Pen si mostra disposto a riconoscere di buon grado all'anziano segretario missino, che per anni aveva giganteggiato nel panorama depresso dell'estrema destra europea, un ruolo da fratello maggiore. Ma in Almirante, forse anche per ragioni di orgoglio, rimaneva una certa tendenza a tenere le distanze dal Fn.

C'è poi una svolta con l'avvento alla segreteria di Fini, che mostra un'aperta volontà di sfruttare la spinta propulsiva che sul piano elettorale potrebbe garantire l'alleanza con un partito sulla cresta dell'onda. Nel frattempo in Francia, per volontà del presidente François Mitterrand, è stata provvisoriamente reintrodotta la legge proporzionale, che alle elezioni del 1986 ha garantito al Fn ben 35 seggi alla Camera. A quel punto, malgrado alcuni periodici distinguo sul problema del razzismo, la scelta del Msi di andare a traino dei confratelli francesi appare molto evidente, con Fini che cerca di avere Le Pen al suo fianco il più spesso possibile nelle occasioni importanti. C'è insomma il tentativo di saldare il tradizionale consenso nostalgico con quello ottenibile, specie nell'elettorato popolare, cavalcando l'ideologia della sicurezza e dell'identità nazionale contro un'immigrazione percepita come minaccia.

Si è parlato molto di legami più o meno visibili tra il Front national e la Nouvelle droite. Che cosa c'è di vero?

Si tratta di un rapporto complicato, che ha attraversato fasi diverse e creato al Grece non pochi problemi. Ne hanno analizzato gli sviluppi soprattutto due studiosi di sinistra ma molto onesti nel lavoro di ricerca, Pierre-André Taguieff e Jean-Yves Camus. Da un lato, personalmente, Alain de Benoist ha sino a tempi recenti espresso un chiaro rifiuto delle tesi del Front national, con toni che, scrive Taguieff, stanno «fra il disprezzo e il disgusto», commentando testualmente: «Non si tratta di un semplice atto di rottura; è una dichiarazione di guerra ideologica». Anche l'uso strumentale delle tesi differenzialiste in chiave xenofoba, tentato da alcuni ambienti lepenisti, è stato apertamente rifiutato da de Benoist e da molti suoi collaboratori.

Il contrasto di opinioni tra i due ambienti è peraltro palese. Il Grece si batte per un differenzialismo fondato sul diritto alla specificità dei popoli e delle culture, quindi sulla convivenza tra diversi consapevoli delle proprie identità. Il Front national ha inteso a lungo il discorso sulle differenze in senso negativo, come rivendicazione della superiorità europea sul Terzo Mondo, e ha teorizzato l'impossibilità di una coesistenza tra individui di culture diverse, se non nel segno di una omologazione forzata degli allogeni allo stile di vita francese.

È vero però che un certo numero di esponenti del Grece, fra cui un ex segretario dell'associazione, Pierre Vial, all'epoca dei maggiori successi del Fn, hanno aderito al partito di Le Pen e vi hanno ricoperto ruoli di rilievo. Così come hanno fatto Yvan Blot e Jean-Yves Le Gallou, fra i primi animatori della Nouvelle droite, che già erano transitati per la destra gollista e giscardiana. Ed è vero anche che in seno al partito lepenista gli ex Grece, oltre ad avere la responsabilità della rivista ideologica «Identité» e dei corsi di formazione dei quadri, con l'andar del tempo hanno formato una corrente, sotto la guida di Bruno Mégret, che si è posta seriamente il problema di sostituire alla presidenza Le Pen. Risultava sempre più chiaro, infatti, che sotto la sua guida, per ragioni sia di immagine che di temperamento, il Fn non avrebbe mai potuto puntare con successo su una strategia di «unione delle destre» e tentare di accedere al governo; Mégret, dopo essere entrato in scontro diretto con il vecchio leader, ha provocato quindi una scissione.

Tuttavia, durante questa fase di impegno politico, tutti costoro avevano reciso ogni rapporto con la Nouvelle droite e soprattutto con de Benoist, per cui è fuorviante parlare del Grece come «officina» ideologica utilizzata da Le Pen. Su quasi tutti i grandi temi, fino a quando Jean-Marie Le Pen è rimasto alla guida del partito, Nouvelle droite e Front national si sono trovati agli antipodi. Il libro di Taguieff *Sulla Nuova destra* ha dissipato l'equivoco, negando i presunti rapporti di filiazione o collaborazione tra i due soggetti.

La crescita del Front national e di altri movimenti analoghi in vari Paesi europei è interpretata da Ignazi come l'insorgenza di un'inedita «estrema destra postindustriale». È una lettura convincente?

Indubbiamente il successo del Front national, anticipato da

quello del National front britannico (poi rapidamente tramontato), segna una novità di rilievo nella politica europea. È l'affermarsi del tema dell'immigrazione come nuovo *cleavage*, nuovo punto di frattura nello spazio politico, che fornisce all'estrema destra opportunità insperate. Il problema della convivenza tra diversi in una società multirazziale crea infatti aspettative che ben difficilmente possono trovare risposta da parte delle forze tradizionalmente presenti nelle assemblee rappresentative. La radicalità con cui si pongono presso vaste fasce di cittadini problemi come l'identità etnica e la sicurezza personale, di fronte al sempre più massiccio afflusso di individui provenienti dal Terzo Mondo, è una grande sfida a quella che può essere definita, senza intenzioni polemiche, la retorica dell'universalismo occidentale. Questa ideologia dava per certo che, in presenza di istituzioni liberali, l'accettazione da parte della popolazione autoctona delle masse di immigrati si sarebbe diffusa in maniera quasi automatica. Invece non è stato così.

E qui si inserisce l'estrema destra.

Certo, perché solo chi contesta l'ideologia egualitaria può avere credibilità presso gli strati della popolazione autoctona che vedono negli immigrati una grave turbativa del loro stile di vita, se non addirittura una minaccia al posto di lavoro e alla sicurezza. Avviene così che l'emarginazione e la demonizzazione della destra radicale, conferendole un'immagine di assoluta diversità ed estraneità rispetto al mondo politico ufficiale, ne aumentino a dismisura la capacità d'attrazione in un momento di grave scollamento nei rapporti tra il sistema liberaldemocratico e vaste frange di opinione pubblica.

Tra i cittadini cresce lo scontento, e le uniche forze disposte a schierarsi apertamente contro gli immigrati ne ricavano corposi dividendi elettorali in ogni direzione. Il Front national toglie voti a tutti i partiti rivali, perché l'allarme sociale per l'aumento della popolazione allogena ha una valenza trasversale rispetto alle ordinarie linee di conflitto tra le forze politiche. Insomma, Le Pen si trova già scavata una nicchia elettorale che può occupare da solo, senza dover fronteggiare alcuna rilevante concorrenza. E la reticenza delle altre forze politiche ad affrontare la questione, che per molto tempo le spinge addirittura a negare che l'immigrazione rappresenti un problema, le lascia disarmate di fronte all'offensiva xenofoba. Paradossalmente è stata proprio la forza del Fn a costringere gli altri partiti a prendere in considerazione il problema dell'immigrazione e a proporre misure specifiche per affrontarlo.

Ha quindi ragione Ignazi quando sottolinea come su questo tema sia nata una nuova categoria di formazioni politiche, anche se non mi convince, per questa destra, la qualifica di «postindustriale». Molto più appropriato è sottolinearne lo stretto legame con la mentalità populista.

In questa fase l'esempio del partito di Le Pen influenza in qualche modo l'atteggiamento del Msi?

Quando il Fn coglie i suoi primi clamorosi successi elettorali, salutati dal «Secolo d'Italia» come il segnale della rinascita di una destra europea, c'è una parte del Msi che vede nella formula lepenista l'unica possibilità di risalire la china discendente che il partito ha imboccato dopo il buon risultato del 1983. Si tratta di una componente interna alla maggioranza almirantiana, che individua nel problema dell'immigrazione la possibilità di sfruttare un motivo particolarmente congeniale: una richiesta di sicurezza che si accompagna all'ostilità contro i diversi, gli stranieri, i rappresentanti di civiltà ritenute aliene e inferiori. Gli *exploits* xenofobi di alcuni settori del Msi – si pensi alla campagna propagandistica della federazione di Caserta contro gli immigrati che lavorano nella zona di Villa Literno, o alle manifestazioni ostili verso centri di accoglienza per extracomunitari e rom guidate da dirigenti di alcune sezioni romane – sono quindi determinati non solo dall'oggettiva gravità di certe situazioni, ma anche dalla deliberata volontà di applicare in Italia il modello Le Pen.

Questo tentativo trova un argine soprattutto nelle correnti di minoranza del Msi, che vi si oppongono per un duplice ordine di considerazioni: sotto il profilo politico, su cui insiste Mennitti, perché certi comportamenti trasmettono un'immagine estremista del partito; sotto il profilo ideologico, perché l'esempio lepenista cozza con le idee di rispetto delle specificità identitarie dei popoli filtrate almeno in parte nell'ambiente missino attraverso la lezione della Nuova destra.

Lo scontro tra le varie anime del neofascismo si arricchisce dunque di un ulteriore elemento. E anche in questo caso emerge come non si tratti affatto di un conflitto fra moderati almirantiani ed estremisti rautiani. L'identificazione di una parte della maggioranza con il modello lepenista dimostra infatti come in essa sia sempre viva la tentazione del ricorso alla piazza, mentre l'opposizione di Rauti funge da freno a queste pulsioni oltranziste. Peraltro la sua intervista al «Manifesto» appare fin troppo allineata alle idee di de Benoist, a partire dall'ipotesi di un'inedita alleanza fra Europa e Terzo Mondo in funzione antioccidentale: è quasi un'ammissione del fatto che solo un certo linguaggio, che non era quello da lui solitamente usato, avrebbe potuto trovare ascolto e comprensione tra i lettori di quel giornale.

Quali sono le posizioni della Nuova destra sull'immigrazione che influenzano la minoranza missina?

La Nuova destra considera cruciale il problema della convivenza tra le differenti culture, reso più acuto dallo spostamento di vaste masse dal Terzo Mondo verso i Paesi più sviluppati. Il suo intento dichiarato è quello di demistificare tutte le affermazioni demagogiche, razziste o antirazziste, che banalizzano in un senso o nell'altro la sfida lanciata al modello occidentale dall'avvento delle società multietniche. Poiché per la Nd la pluralità delle etnie, delle lingue e delle civiltà va difesa dai pericoli di omogeneizzazione planetaria, essa si dichiara a favore di una convivenza non discriminante né omologante tra i gruppi umani di radici diverse che occupano gli spazi abitativi delle metropoli europee.

In sostanza si tratta di un «antirazzismo differenzialista», che si contrappone tanto alla logica di appiattimento cosmopolita dell'antirazzismo universalista, quanto alle pretese di superiorità di certi popoli su certi altri. Chiave di tutto è la proposta di una coabitazione tra nuclei culturali differenti, basata non sulla chiusura reciproca ma sullo scambio, nel rispetto del diritto di ciascun gruppo a conservare i propri connotati originari.

Quali conseguenze derivano da questo inquadramento teorico del problema?

Innanzitutto la denuncia della mentalità xenofoba, vista come un prodotto del timore di perdere la propria identità, a sua volta derivante da un'incertezza di fondo su quella stessa identità, messa a repentaglio dal diffondersi di uno stile di vita individualistico e standardizzato. Poi la negazione della possibilità di stabilire una graduatoria tra le varie culture, ritenute non commensurabili e non riconducibili a un unico criterio di giudizio. Ciò porta a rifiutare la demonizzazione dell'Islam basata sul timore del fondamentalismo e a opporsi alla logica del sistema occidentale, che viene ritenuta omologante e destinata a riprodurre una disparità di condizione psicologica e civile tra «cittadini di prima scelta» e allogeni assimilati – un dato di cui ancora oggi i ricorrenti violenti disordini nelle *banlieues* francesi sono testimonianza. Di conseguenza la Nd non condivide l'esaltazione acritica dell'incontro tra immigrati e popolazione autoctona, l'elogio della commistione e del meticciato, la retorica dell'inclusione a ogni costo, ma nel contempo contesta il rifiuto del contatto e dello scambio interculturale espresso dai movimenti xenofobi, che a priori rappresentano lo straniero come un estraneo da evitare, se non addirittura come un aggressore da respingere.

In definitiva, l'esito di questa visione del problema è un'accettazione pragmatica del fenomeno immigrazione, che mira a limitarne la portata e a organizzarne le forme. La Nd è convinta che una parte del flusso migratorio si debba considerare definitiva, ma anche che esista in ogni società una soglia di integrazione degli allogeni, varcata la quale si determinano disagi e turbative non controllabili. La sua preoccupazione principale è quindi quella di organizzare la convivenza con gli immigrati secondo uno schema realistico di rapporto tra diversi, che tali devono restare. Solo così, a giudizio dei suoi animatori, si può determinare un mutuo arricchimento, progettando una società che non sia omogenea e monoculturale, quindi non chieda agli stranieri di rinunciare alla propria identità, bensì differenziata e multiculturale, fondata sulla interazione tra entità comunitarie che mantengano la loro specificità. Una prospettiva, va detto, che oggi è messa in seria discussione non solo dall'ulteriore forte crescita dei flussi migratori, ma anche dalla conseguente tendenza dei nuclei comunitari a costruire barriere sempre più rigide verso altre componenti della popolazione, con il rischio di secessioni e gravi conflitti interetnici. Ma va detto che stiamo parlando delle riflessioni che la Nuova destra proponeva quando questi fenomeni erano ancora di là da venire.

Torniamo al Msi. Si può dire in definitiva che questo partito, finché è esistito, abbia preferito non fare della protesta antimmigrati un suo cavallo di battaglia?

Come detto, Fini prova a giocare la carta lepenista durante la sua prima segreteria, ma ottiene scarsi risultati. Su questo tema si registrano forti resistenze interne, mentre all'esterno si rischia di compromettere lo scongelamento appena avviato del Msi. In questo senso un campanello d'allarme molto significativo è la levata di scudi che colpisce il Pri di Giorgio La Malfa quando si pronuncia contro la legge Martelli sull'immigrazione giudicandola troppo permissiva. Il fatto che persino uno dei più classici rappresentanti dell'establishment politico venga attaccato quasi come un razzista per aver chiesto maggiore severità verso gli extracomunitari dimostra alla dirigenza missina tutti i rischi che una forza di ben più discussa connotazione avrebbe corso schierandosi più nettamente su quel terreno.

D'altronde al momento della polemica sulla legge Martelli il segretario del Msi è Rauti.

Sì. Ma già da prima l'ipotesi di imitare Le Pen aveva trovato controindicazioni anche nell'ala più tradizionalmente nostalgica del partito, legata al ricordo delle imprese coloniali. In questa componente prevale infatti la visione edulcorata di un fascismo da *Faccetta nera*, paternalistico e bonario nei confronti degli africani, che contribuisce a mettere la sordina alle più rozze tentazioni xenofobe. Diverso è l'atteggiamento delle frange giovanili oltranziste, collocate all'estrema destra nel composito filone del neofascismo ortodosso. Qui l'intolleranza razziale ha sempre costituito un sottofondo rilevante, creando disponibilità alla mobilitazione diretta antimmigrati, e i missini non hanno disdegnato di dare fiato a queste tendenze. Con qualche esitazione negli ultimi anni di Almirante, i cui interlocutori privilegiati erano appunto i paladini del nostalgismo di cui si diceva; con assai meno remore durante la prima segreteria di Fini, che per l'esperienza di dirigente del Fronte della gioventù romano era invece molto vicino alle componenti militanti dalle più accentuate venature xenofobe.

La scelta di ispirarsi a Le Pen per ridare al partito smalto e presenza, anche nelle piazze, entra però in conflitto con la necessità di non perdere il contatto con l'opinione pubblica conservatrice classica. Per cui Fini, che non ha mai mancato di assecondare taluni umori della base, preoccupandosi però sempre di rassicurare gli elettori di ceppo moderato, preferisce lasciar cadere una tematica su cui la saldatura tra queste due esigenze appare difficile. Non va dimenticato comunque che tra gli addebiti che gli vengono mossi al congresso del 1990 c'è anche quello di aver dato eccessivo credito al modello lepenista.

Con la crescita di movimenti xenofobi in tutta Europa, si prende a parlare del pericolo che rinasca l'antisemitismo. Lo stesso Le Pen viene più volte messo sotto accusa e anche nel nostro Paese si lanciano periodici allarmi. Che rapporto ha avuto storicamente il Msi con il mondo ebraico?

Se è corretto sottolineare i legami tra xenofobia ed estrema destra, l'accostamento tra Msi e antisemitismo è in buona parte strumentale. Il partito della Fiamma ha sempre tenuto largamente ai margini le tentazioni antiebraiche, nella consapevolezza che le leggi razziali e l'alleanza con Hitler erano una grave macchia nell'immagine del regime mussoliniano. Tant'è vero che, forse per sottrarsi alle accuse di antisemitismo, si è sempre schierato con decisione, a volte del tutto acriticamente, dalla parte di Israele, visto come punta avanzata dell'Occidente nel mondo arabo e baluardo contro l'espansionismo sovietico. Nel 1967, in occasione della guerra arabo-israeliana, esponenti missini tentarono addirittura di creare corpi di volontari che si recassero in Medio Oriente per combattere al fianco dello Stato ebraico. Il senatore del Msi Alessandro Lessona inviò ripetuti telegrammi in questo senso all'ambasciata di Israele, di cui ho potuto esaminare le copie, senza ottenere naturalmente alcuna risposta.

Però Ordine nuovo e altri movimenti di destra radicale erano su posizioni ben diverse.

Proprio il favore del Msi verso Israele ha contribuito a fomentare un sempre maggiore antisionismo – e talvolta un vero e proprio antisemitismo – tra i gruppi che cercavano di fargli concorrenza e di reclutare adepti sottraendoli alle sue organizzazioni giovanili. Essi hanno infatti cercato di enfatizzare al massimo questo tema, su cui le posizioni erano nettamente distinte, perché permetteva loro di muovere ai dirigenti missini l'accusa di aver tradito l'eredità del fascismo: in questo modo potevano sfruttare a proprio vantaggio gli umori ostili verso gli ebrei e Israele esistenti in certi settori della base del partito. Va ribadito però ancora una volta che l'extraparlamentarismo di destra è sempre stato un fenomeno poco rilevante numericamente e di nessuna influenza politica.

Comunque l'avversione nei riguardi dello Stato ebraico non era patrimonio esclusivo delle frange estremiste. Nelle sue ricerche Ignazi riportava i dati di un'indagine svolta tra militanti del Fdg, nessuno dei quali si proclamava filoisraeliano.

Si parla però dei giovani missini all'epoca della segreteria Rauti, quando la questione palestinese è diventata uno dei grandi temi della polemica interna al partito. Nel momento in cui la minoranza di origine ordinovista si prendeva una provvisoria rivincita, era logico che tendesse a rimarcare con forza i motivi su cui maggiore era il contrasto con gli almirantiani. Del resto nell'ambiente giovanile la simpatia per la causa palestinese, non necessariamente dettata da riflessi antisemiti, ha sempre avuto un certo peso, anche all'epoca in cui Fini era segretario del Fdg.

11

Lo «sdoganamento»: da Cossiga a Berlusconi

Quando Fini ritorna alla segreteria, nel luglio 1991, la situazione del Msi appare disperata. Al Sud i partiti di governo ne saccheggiano l'elettorato, mentre il voto di protesta del Nord si indirizza verso un concorrente pericoloso come la Lega. Non va riconosciuto al segretario missino il merito di aver fatto risalire la china al partito, ancor prima di poter beneficiare delle condizioni esterne favorevoli che ne avrebbero decretato il cosiddetto «sdoganamento»?

Già in questa fase Fini mostra i suoi pregi maggiori: una ragionevolezza e un pragmatismo che, se gli precludono grandi slanci progettuali, gli consentono però di ottenere il massimo dei risultati da una politica di piccolo cabotaggio, condotta tenendo i piedi ben piantati per terra. Tornato alla guida del partito, dopo aver sistematicamente sabotato la linea di Rauti tesa a contendere alla sinistra l'elettorato di protesta, riequilibra subito il timone: stabilisce che il Msi ha la sua ragion d'essere esclusivamente come partito della destra più intransigente. Ritiene che in un'Italia in cui le crepe del vecchio sistema politico sono ancora poco evidenti, non sia possibile alcuna collocazione alternativa a quella consueta.

Il suo è quello che in termini aziendali si definirebbe un «investimento di nicchia». Mira a rimettere insieme i cocci, a rassicurare e riconquistare l'elettorato d'ordine sconcertato dalle posizioni di Rauti. Guarda quindi a un mondo conservatore e benpensante sempre più insofferente verso la Dc e tentato dalla Lega, ma disponibile anche a votare per la Fiamma. Il clima di scontento verso la partitocrazia fornisce margini abbastanza ampi d'iniziativa: si tratta di sfruttare al meglio le circostanze, di riassestare il partito sui binari che gli sono più familiari. E in questo Fini ha indubbiamente successo.

La stessa Lega, se da una parte contende al Msi frange di elettorato, dall'altra gli consente di caratterizzarsi sullo scenario politico proprio in contrapposizione a Umberto Bossi.

L'ascesa del Carroccio fornisce l'occasione di rimettere in pista la parola d'ordine del patriottismo. Un richiamo che sembrava fuori moda e non più spendibile riacquista improvvisamente forza e attualità. Vent'anni prima il Msi aveva cercato di giocare questa carta opponendosi duramente all'introduzione dell'ordinamento regionale, ma senza ricavarne granché. Ora però la Lega dà corpo agli egoismi localistici, fa balenare addirittura il rischio della secessione: ovvio che il sentimento nazionale riprenda vigore. E chi meglio del Msi può farsene interprete con veemenza?

Tutto questo però rientra sempre nella strategia di riavvicinamento all'elettorato tradizionale. Dove il messaggio leghista fa proseliti, la reazione missina non ha molta efficacia. Funziona invece nel Mezzogiorno, dove si delinea la nascita di un particolarismo uguale e contrario a quello, sentito come prevaricante, delle regioni più ricche. Fini tuttavia non coltiva l'ipotesi di puntare su una tacita «divisione geografica del lavoro» con i leghisti, non cerca di fare del Msi, come a un certo punto propone Rauti, una sorta di Lega del Sud.

In compenso si scatena su altri temi tipici della propaganda neofascista.

Sì, c'è un recupero di motivi classici: la pena di morte, l'irredentismo nei riguardi di Istria e Dalmazia, la protesta fiscale, il presidenzialismo. Nulla di nuovo. Anche la campagna contro il canone Rai aveva avuto dei precedenti in epoca almirantiana, quando il Msi aveva promosso varie iniziative, con il supporto del settimanale «Il Borghese», contro l'azienda radiotelevisiva pubblica.

Sono comunque tutte battaglie che nascono e si sviluppano nella consapevolezza che non avranno sbocchi concreti, non produrranno alleanze, non si tradurranno in provvedimenti legislativi. Servono a raccogliere consensi umorali, non a cambiare le cose. Quindi possono essere condotte con il massimo della demagogia, giocando al rialzo su tutti i tavoli. Mentre Rauti aveva cercato di uscire un po' velleitariamente in campo aperto, Fini ricompatta le truppe nella fortezza: espone le insegne, mette i megafoni al massimo volume, ma rimane al coperto dentro la cittadella.

Poi però cominciano le dichiarazioni polemiche del capo dello Stato Francesco Cossiga, che rilancia con il suo comportamento l'ipotesi presidenzialista e al tempo stesso fa cadere la pregiudiziale nei riguardi del Msi.

L'effetto delle esternazioni di Cossiga nell'ultimo anno e mezzo della sua presidenza è uno dei cardini della clamorosa riscossa missina nei primi anni Novanta. È vero che nelle elezioni del 1992, tenutesi subito dopo le dimissioni del capo dello Stato, il Msi riesce soltanto a limitare al minimo le perdite, assestandosi su un 5,4 per cento dei voti che è di mezzo punto inferiore al risultato del 1987. Ma l'influsso delle prese di posizione del presidente della Repubblica sui destini del partito va misurato, per un verso, in relazione al minimo storico delle regionali del 1990 (3,9 per cento), che aveva fatto supporre un imminente tracollo, e per l'altro nel più lungo periodo, cioè come veicolo di una prima rilegittimazione che verrà spesa utilmente al momento dell'esplosione dell'inchiesta giudiziaria sulla corruzione dei pubblici poteri.

Il fatto che dal Quirinale, cioè dalla sede istituzionale più elevata, si scateni un'offensiva polemica contro i guasti della partitocrazia offre improvvisamente una maggiore credibilità ad alcune delle più tradizionali argomentazioni del repertorio missino. E non solo. Cossiga, mentre rilancia un anticomunismo aggiornato, che mette alla berlina il Pds per i suoi presunti ritardi politico-culturali dopo la caduta dei regimi di «socialismo reale» e non, come da vecchio copione, per le sue origini ideologiche, spezza più di una lancia per il superamento delle pregiudiziali legate alle conseguenze della Seconda guerra mondiale: tema cruciale per un partito segnato dal marchio della catastrofe bellica. Caldeggiare la riammissione nel gioco democratico, a pieno titolo, di tutte le forze politiche presenti in Parlamento significa, di fatto, decretare l'obsolescenza di quella formula dell'arco costituzionale di cui, per giunta, Cossiga era stato a suo tempo uno dei patrocinatori. E di conseguenza minare la credibilità dei richiami alla discriminante antifascista.

Le esternazioni del capo dello Stato appaiono spesso bizzarre e umorali, riscuotono censure da molti organi di stampa, scatenano le ire della sinistra. Ma la popolarità del presidente «picconatore» sale: i sondaggi mostrano che la maggioranza dei cittadini approva le sue dichiarazioni, anche le più ruvide. Molti lo vedono come il Pasquino della situazione, che dice ad alta voce quello che la gente pensa, ma spesso non osa dire in pubblico. Il ricorso sistematico all'invettiva da parte del titolare della suprema carica dello Stato legittima la protesta come normale forma di espressione della politica anche agli occhi di parecchi moderati. Il suo stile aggressivo e sarcastico infligge un duro colpo all'immagine di circostanza dei politici tradizionali, ridà *verve* all'ipotesi di una riforma delle istituzioni in senso presidenziale, mette in circuito l'idea del passaggio a una Seconda Repubblica, fa parlare di gollismo.

Non è detto, tuttavia, che la fibrillazione dell'inquilino del

Quirinale fosse consapevolmente orientata a un rovesciamento degli equilibri tra le forze politiche. Penso anzi che, almeno agli inizi, il suo primo obiettivo fosse strigliare la Democrazia cristiana e obbligarla a cambiare immagine e mentalità, giacché i tempi della rendita di posizione anticomunista erano agli sgoccioli. Ma gli eventi prendono una piega diversa: la Dc finisce per rimanere spiazzata dalle prese di posizione di quello che pure passava per uno dei suoi più influenti e accorti notabili.

Fini, dal canto suo, si mostra subito consapevole di questa opportunità. E affronta le elezioni del 1992 all'insegna dello slogan «Contro il muro dei partiti, ogni voto una picconata». Più cossighiano di così...

In questa fase il Msi si presenta come partito del presidente: i suoi dirigenti in televisione ostentano all'occhiello il distintivo con il piccone e difendono Cossiga anche nelle uscite più discutibili. Quando poi il presidente si dimette, fanno capire di essere pronti a sostenerne la rielezione, coagulando sul suo nome una maggioranza antipartitocratica nel nuovo Parlamento.

Cossiga rappresenta l'imprevista apoteosi del populismo e nel contempo l'incarnazione della personalizzazione della politica. La sua azione, al di là delle intenzioni che la muovono, può saldarsi solo con le posizioni della Lega o del Msi. Ma verso il Carroccio, nonostante l'amicizia con Gianfranco Miglio, l'inquilino del Quirinale resta piuttosto diffidente, perché ne avversa le posizioni antirisorgimentali. Con Fini invece questi problemi non esistono.

Tra l'altro l'appoggio al presidente e la contrapposizione a Bossi consentono alla Fiamma di acquistare una maggiore visibilità sui mass media.

Non c'è dubbio. Il Msi ritrova eco sui mezzi di comunicazione, specialmente radio e televisione, come partito di Cossiga e anti-Lega. Le sue manifestazioni vengono seguite e i suoi dirigenti vengono intervistati con una frequenza senza precedenti. E non è un caso; c'è dietro una strategia. L'establishment cerca di usare un partito che sino a poco tempo prima giudicava infrequentabile o irrilevante per mettere i bastoni fra le ruote del movimento leghista, considerato una minaccia assai più dirompente dei missini, che si pensa comunque di poter facilmente ricacciare indietro, rispolverando al momento opportuno la pregiudiziale antifascista.

Solo che a un certo punto esplode Tangentopoli. E il Msi scopre un nuovo eroe: Antonio Di Pietro.

L'inchiesta Mani pulite è la realizzazione inaspettata delle aspirazioni coltivate dal Msi per decenni. È la denuncia pubblica della cancrena che pervade il sistema dei partiti, l'arco costituzionale. Viene percepita come la grande rivincita storica, il momento in cui i nodi vengono al pettine, la dimostrazione dei teoremi inutilmente enunciati per tanti anni. Il fatto stesso che la corruzione venga alla luce arreca di per sé grandi vantaggi alla destra. Per di più Tangentopoli scompagina i partiti moderati, sprofondati nel discredito, mettendo in circolazione una massa enorme di voti.

Questo secondo aspetto in un primo momento favorisce soprattutto la Lega, alla quale si rivolge un elettorato piccolo e medio borghese, la cui protesta ha un carattere più umorale che ideologico. Mentre l'opinione pubblica di destra, soprattutto nel Sud, non si muove finché continua a credere che la Dc, dimagrita e in qualche modo ripulita, possa continuare a essere il cardine del sistema, il partito che manovra le leve delle risorse pubbliche. Quando però l'inchiesta si allarga, inghiottendo un'intera classe politica, anche per la Fiamma si aprono prospettive di crescita molto allettanti.

Dunque Mani pulite risulta provvidenziale per il Msi. Ma in che rapporti era stato fino a quel momento il partito neofascista con la magistratura?

Tutt'altro che idilliaci. La dirigenza missina aveva condotto negli anni Sessanta e Settanta una dura campagna contro la politicizzazione dei giudici, i pretori d'assalto, il filone giurisprudenziale che parlava di interpretazione evolutiva e uso sociale del diritto. Il Msi era semmai il partito del formalismo giuridico, guardava con deferenza alla corte di Cassazione, alle toghe d'ermellino: non a caso aveva mostrato apprezzamento verso il giudice Corrado Carnevale quando questi era stato sottoposto ai primi duri attacchi, schierandosi dalla stessa parte del Psi e dei radicali. Non era in discussione l'uomo, ma l'istituzione: era l'ordine gerarchico che andava difeso dalle interferenze esterne. Le diffidenze crescevano invece a mano a mano che si scendeva di livello all'interno del «terzo potere». E naturalmente la Magistratura democratica era vista come un nemico estremamente temibile, con cui non si poteva scendere a patti. Tra gli apparati dello Stato, i neofascisti avevano cercato un rapporto preferenziale con le forze armate e di pubblica sicurezza, mentre avevano sempre sospettato che una parte della magistratura potesse divenire il cavallo di Troia dei comunisti, confortati del resto in questo timore dalla costante ascesa delle correnti di sinistra negli organi di rappresentanza della corporazione giudiziaria.

Anche verso Mani pulite c'è all'inizio una certa diffidenza. Alcuni settori del Msi temono che lo sbancamento della classe politica centrista sia un'operazione volta ad aprire la strada alla sinistra: in fondo la loro strategia era sempre stata quella di cercare un'alleanza con la Dc, poiché ritenevano che del crollo di quel partito, visti i rapporti di forza, si sarebbero avvantaggiate in primo luogo le sinistre. Per qualche tempo la posizione del consigliere comunale milanese Riccardo De Corato, schierato anima e corpo con la procura, viene considerata da molti estremistica e avventata.

Successivamente, però, intorno alla figura di Di Pietro si crea nella destra una sorta di culto: viene visto come l'uomo forte che può rappresentare le aspirazioni di pulizia del cittadino contro il marciume partitocratico. Ma questo alone giustizialista si concentra appunto su di lui, non sull'azione della magistratura nel suo complesso. Con estrema diffidenza viene vista invece, per esempio, la figura di Gerardo D'Ambrosio, considerato uno dei persecutori storici della destra.

D'altronde qualche problema con la giustizia l'hanno avuto anche esponenti missini.

Sì. Benché il Msi metta in moto con successo la sua macchina propagandistica, per cercare di amplificare la propria immagine di partito integerrimo opposto al regime della corruzione, qualche macchiolina gli rimane addosso. D'altronde era difficile ritenere che fosse rimasto completamente estraneo alla pratica universalmente diffusa del finanziamento illecito dei partiti. Certamente però le possibilità di attingere al grande serbatoio delle tangenti erano assai limitate per una forza dotata di scarsissima incidenza nei più importanti processi decisionali.

In questo periodo si attenua anche l'ostracismo verso le posizioni missine nel mondo della stampa, soprattutto grazie all'«Indipendente» di Vittorio Feltri.

È una novità che prende corpo con il delinearsi nell'opinione pubblica di un'ondata di avversione nei confronti del sistema consociativo e delle sue degenerazioni. Feltri arriva all'«Indipendente» per farne un megafono di quella protesta antisistema che aveva la Lega come referente immediato, ma poi allarga lo spazio degli interlocutori politici, ipotizzando un grande blocco antipartitocratico che coinvolga anche il Msi. Più che orientare i lettori, ne segue gli umori, riuscendo comunque a interpretarli con grande efficacia.

Il fenomeno «Indipendente» evidenzia l'esigenza di adeguare il sistema informativo alla presenza di un'opinione pubblica di destra nettamente sottorappresentata nella stampa: lo stesso «Giornale» di Indro Montanelli le dava voce solo in parte. C'è insomma un'area d'opinione molto vasta che risulta in gran parte scoperta.

Torniamo sul terreno della politica istituzionale. Nell'aprile del 1993 il Msi si schiera contro l'introduzione per via referendaria di quel sistema elettorale maggioritario che ne avrebbe favorito l'ascesa. È una dimostrazione del fatto che tra le qualità di Fini non c'è la lungimiranza?

Non credo che questo episodio possa essere portato a carico o a discarico delle capacità del segretario missino. Si tratta di una strettoia dell'evoluzione politica italiana, in cui Fini si comporta nell'unico modo possibile. Se si fosse pronunciato a favore del maggioritario, le opposizioni interne avrebbero potuto agevolmente accusarlo di portare il partito al massacro. E in quel momento sarebbe stata un'argomentazione molto forte.

Per decenni i politologi più accreditati hanno scritto che la dinamica del sistema elettorale maggioritario, a turno unico o a doppio turno, porta al ridimensionamento drastico delle ali estreme dei sistemi parlamentari. Era perciò ovvio pensare che con il successo del referendum il destino del Msi, da sempre collocato all'estrema destra, sarebbe stato assai gramo: o diventare componente secondaria e penalizzata di una vasta coalizione di centrodestra, o trasformarsi in gruppo di pressione culturale e politico esterno al Parlamento. Solo la straordinarietà della condizione creatasi con Tangentopoli ha modificato quella prospettiva. Ma non si può parlarne con il senno di poi: nell'aprile 1993 il Polo delle libertà e del buongoverno era di là da venire.

C'è di più. L'aver scelto la strada naturale dell'opposizione al maggioritario accresce in quel frangente la visibilità del

Msi, aumentandone i passaggi televisivi e riconfermandone la diversità rispetto al blocco dei partiti schierati per il Sì. E questo gli è senza dubbio tornato utile al momento di enfatizzare la propria estraneità radicale all'arco costituzionale e al sistema consociativo. In questo senso anche il fatto di essere stati soli contro tutti (eccezion fatta per Rifondazione comunista) in occasione del referendum elettorale non è stato un danno.

Subito dopo il referendum si comincia a parlare di Alleanza nazionale. Fini manda in avanscoperta sul «Secolo d'Italia» il suo portavoce Francesco Storace, mentre il politologo Domenico Fisichella, che di quell'ipotesi scriveva già da qualche tempo, rilascia un'importante intervista all'«Unità».

Va dato atto a Fisichella di aver percepito tempestivamente, nell'autunno del 1992, che si era aperta nel contenitore democristiano una grande crepa, dalla quale sarebbe fuoriuscito l'elettorato conservatore: in questo modo si sarebbe creata una grande massa di manovra per una destra presentabile, che sapesse emanciparsi dalla originaria connotazione neofascista. Dal momento che il referendum promosso da Mario Segni aveva avuto successo, l'ideatore di Alleanza nazionale approfondisce la sua riflessione: da sempre sostenitore del maggioritario a doppio turno, abbraccia invece la causa del sistema all'inglese, rendendosi conto che per arrivare a un bipolarismo compiuto occorre un'aggregazione conservatrice molto vasta, capace di bilanciare il peso dello schieramento in via di formazione intorno agli ex comunisti del Pds.

È significativo che su questo Fisichella dissenta dal collega Giovanni Sartori, con cui si era trovato tante volte d'accordo. Il fatto è che i due studiosi hanno in mente progetti politici diversi: Sartori rimane fautore del modello francese, perché con un sistema del genere le ali di estrema destra e di estrema sinistra restano sottomesse a una logica di apparentamenti di secondo turno che favorisce il centro; Fisichella diventa invece monoturnista, perché auspica un contenitore unico, un blocco che non penalizzi la destra e anzi sposti il centro verso destra. Questa seconda ipotesi prevede un nuovo inatteso protagonismo missino, che trova una clamorosa occasione di dispiegarsi nelle elezioni comunali di Roma e Napoli alla fine del 1993.

In realtà qualche limitata avvisaglia si era già avuta in occasione delle amministrative di giugno.

In effetti, in tutti i ballottaggi che vedono contrapposti candidati del Msi e della sinistra nelle regioni meridionali, l'elettorato democristiano si riversa in gran parte su quelli di destra. Non c'è però ancora, nel giugno 1993, quell'elemento di forte drammatizzazione dello scontro politico che farà la fortuna della Fiamma pochi mesi dopo. Il Msi non sarebbe mai uscito dall'emarginazione se non fossero intervenute circostanze straordinarie. Solo in situazioni di crisi profonda nel rapporto tra cittadini e istituzioni le connotazioni delegittimanti perdono peso e l'opinione pubblica si rende disponibile a puntare su attori che fino a poco prima non apparivano credibili. Sotto questo profilo il Msi ripercorre in qualche misura il cammino del movimento fascista. Le circostanze sono completamente diverse, ma anche in questo caso eventi eccezionali fanno sì che una forza ritenuta in precedenza estremista e pericolosa venga vista da larghi strati di cittadini come una sorta di male minore.

Del resto in occasione del turno amministrativo autunnale si vede che sul Msi, specialmente a Roma, è pronto a confluire anche il voto organizzato di categorie professionali molto influenti, come costruttori e commercianti.

Lo spostamento di forti gruppi d'interesse sulla candidatura a sindaco di Fini, rappresentante di una forza ritenuta in precedenza quasi inavvicinabile, è un sintomo del forte scollamento tra la Dc e il blocco sociale che tradizionalmente l'aveva sostenuta. Peraltro nessuno meglio degli operatori economici poteva sapere quanto fosse estesa e profonda la corruzione nello Scudo crociato. Comunque sia, per sancire questa nuova tendenza nasce una lista civica di sostegno alla candidatura del segretario missino, «Insieme per Roma». A darle vita sono esponenti di primo piano di associazioni di costruttori, imprese cattoliche, commercianti, imprenditori, ingegneri e architetti. Fra i designati a un assessorato in un'ipotetica giunta Fini al Comune c'è un uomo della finanza come Sergio Pugliese, che diventerà un anno dopo il candidato di Alleanza nazionale per la presidenza dell'Ina privatizzata.

Affiora dunque la tendenza di alcuni settori professionali e imprenditoriali a fare del Msi il nuovo partito di raccolta dei ceti conservatori. Fini risponde positivamente a queste sollecitazioni, agevolato anche dal fatto che il suo partito, a differenza di altre forze, non ha mai avuto una sua *classe gardée*, una categoria che ne fosse il punto di riferimento preferenziale, eccezion fatta per quella, esclusivamente ideologica, dei reduci e dei nostalgici del fascismo. Quindi la sua disponibilità a stringere alleanze con interessi organizzati è molto superiore a quella di altri partiti, poiché non dispone di rapporti consolidati che possano essere messi a repentaglio da nuove aperture. Inoltre la formazione mentale di tipo corporativo lo predispone a farsi mediatore di istanze particolari in nome del bene comune, inteso in senso conservatore. Non c'è da stupirsi se viene visto come un partner potenzialmente più abbordabile di altri da taluni gruppi d'interesse, grazie all'appoggio dei quali può finalmente aspirare a divenire soggetto catalizzatore di nuove alleanze sociali.

E subito dopo il primo turno delle elezioni romane c'è la sortita di Berlusconi a favore di Fini. Come possiamo giudicarla?

Berlusconi si pone in quella fase il problema di offrire una rappresentanza politica all'opinione pubblica e ai ceti sociali di tendenza conservatrice. E si fa interprete di una valutazione abbastanza diffusa nella borghesia moderata, cioè che, se il nuovo sistema maggioritario deve portare a contrapposizioni binarie, l'unico modo di evitare un predominio delle sinistre è creare uno schieramento che abbia nell'opposizione a quella prospettiva il suo collante fondamentale. In questo schema chi si caratterizza più nettamente nel voler sbarrare il passo ai progressisti è destinato a essere sostenuto, e se necessario «sdoganato», dalle forze di cui il proprietario della Fininvest è al tempo stesso rappresentante e suscitatore.

Di fronte a una situazione come quella creatasi a Roma, la scelta è obbligata. Sostenere Francesco Rutelli o rifiutarsi di prendere posizione avrebbe significato vanificare in partenza il progetto di dar vita a un'aggregazione antisinistra, mentre appoggiare Fini vuol dire porsi in sintonia con l'elettorato che sente come prioritaria l'esigenza di fermare la coalizione egemonizzata dal Pds. D'altro canto, alle elezioni del marzo 1994 uomini come Bruno Visentini ed Eugenio Scalfari non si schierano insieme a Rifondazione comunista? Quando si assume come prioritaria una certa discriminante, non si può poi essere troppo schizzinosi nella scelta degli alleati.

Prima del pronunciamento a favore della candidatura di Fini a sindaco di Roma, Berlusconi aveva mostrato qualche simpatia per il Msi, tale da far sospettare che lo «sdoganamento» fosse un progetto coltivato da tempo?

Non mi risulta. Ci sono invece prove di una forte ostilità missina nei suoi confronti. Addirittura Giuseppe Tatarella, il futuro grande tessitore dell'alleanza tra Msi e Forza Italia, sul suo giornale «Repubblica presidenziale» (anno I, n. 5, ottobre 1991), sotto il titolo *Cose da pazzi. Anche Berlusconi alza il dito contro i politici*, in prima pagina, aveva pubblicato un articolo contro il patron della Fininvest che merita una citazione testuale. «L'attacco del mondo industriale al sistema politico è di moda. Ed è in fondo legittimo» scriveva il foglio. E proseguiva così:

> Ma la moda contagia anche chi non ha diritto di cittadinanza nell'area della legittimità della critica ma in quella della tutela partitocratica. Ci riferiamo a Berlusconi che in una intervista a «Repubblica» accusa: «Sì, Milano è malata e il virus è la politica». E lo dice proprio a Milano, al comune di Milano, ove il virus della politica fu concausa del suo successo in edilizia prima e nella televisione poi. È passato dal mattone all'etere con l'avallo del virus politico e partitocratico. Ha quindi titolo per parlare. Ma solo per l'autocritica e l'autocensura.

C'è di che rimanere sbalorditi, pensando a quanto sarebbe accaduto un paio d'anni dopo. Tanto più che, nei confronti di altri imprenditori, la rivista di Tatarella adottava atteggiamenti ben diversi: nella vicenda Enimont, per esempio, aveva difeso strenuamente le ragioni di Raul Gardini, «sabotato» da «una chimica tutta Stato e Chiesa partitocratica».

Invece la reazione della sinistra al successo di Fini è assai contraddittoria. Prima del ballottaggio agita lo spettro della minaccia fascista, dopo la vittoria di Rutelli fa generosi riconoscimenti al leader missino.

È chiaro che per il Pds, visto ancora con diffidenza da molti elettori, avere come diretto competitore un partito estremo come il Msi era un elemento di legittimazione. Il retaggio squalificante del fascismo rendeva possibile riversargli contro argomenti ritenuti efficaci: poteva quindi apparire un avversario abbastanza comodo. Ma è un ragionamento che si rivelerà miope, perché quanto più si mostra di considerare Fini un leader come un altro (anzi, migliore di Berlusconi), tanto più diventa difficile usare contro di lui, in seguito, l'arma della demonizzazione. È un comportamento ondivago, che finisce per sconcertare molti elettori.

D'altronde Tangentopoli dà un tale scossone a tutto il sistema politico che anche appellarsi alla clausola antifascista diventa molto meno produttivo, perché significa collocarsi a fianco di forze pesantemente coinvolte in gravi episodi di corruzione. E questo può essere di non poco danno, quando l'uso della televisione come principale strumento di comunicazione impone di semplificare all'estremo i messaggi che si inviano ai cittadini.

Le elezioni romane coincidono con il varo ufficiale del progetto di Alleanza nazionale. Che procede molto rapidamente fino alla costituente del gennaio 1994, ma aggregando ben poche energie esterne all'ambiente neofascista.

Alleanza nazionale, così come la prefigura Fisichella, ambisce a spingersi molto oltre i confini del Msi. Ma la sua realizzazione concreta, in una fase di rapida evoluzione dello scenario politico, concede assai più all'immagine che alla realtà. È comunque significativo che il partito, rimasto privo di un vero congresso per quattro anni, organizzi quasi contemporaneamente due assemblee distinte, una per Alleanza nazionale il 22 gennaio e una per il Msi dal 28 al 30 gennaio 1994. Appare infatti evidente la volontà di dare alla sigla di An, almeno in apparenza, una possibilità di vita propria che in passato non avevano avuto né la Destra nazionale né la Costituente di destra, ridotte a semplici appendici. Inoltre il progetto di Alleanza nazionale nasce da un esterno al partito come Fisichella, e anche questa è una novità.

L'assemblea congressuale missina della fine di gennaio è però appunto un'assemblea, con delegati nominati dall'alto e non eletti dalla base. È un falso congresso, svolto secondo le regole di un centralismo niente affatto democratico. Il che dimostra come la classe dirigente del partito creda molto nel progetto di An, ma non sia convinta che i quadri e gli iscritti possano accettarlo di buon grado. Perciò l'operazione viene gestita in modo autoritario, senza nessuno spazio reale di discussione.

Tuttavia non si registra in questa fase alcun dissenso esplicito, neppure da parte di Rauti e Buontempo.

Questo accade perché non si va a una conta, a un congresso vero: restano congelati i rapporti di forza risalenti al 1990, quando era stato eletto segretario Rauti. Manca una vera drammatizzazione della scelta e l'operazione rimane ambigua e interpretabile in due modi assai diversi: da una parte, il fatto che An abbia una costituente propria e nasca da una sollecitazione esterna può far ritenere che sia destinata ad assumere una connotazione autonoma; dall'altra, il fatto che le sue truppe siano costituite quasi esclusivamente da missini consente di ritenerla un semplice strumento del partito.

La gestione dall'alto della vicenda dimostra che Fini non intende far crescere accanto al Msi una struttura con cui federarsi, ma semplicemente mettere in piedi una sigla di copertura. Tuttavia il diverso clima politico e il nuovo sistema elettorale rendono difficile gestire il tutto come una semplice operazione di facciata, come quelle in cui eccelleva Almirante. Non c'è più la proporzionale, che metteva i candidati in completa balìa dei partiti. Ora, con l'uninominale, le candidature sono frutto della convergenza tra forze differenti, per cui le qualità personali del singolo e la sua capacità di raccogliere consensi in una determinata area territoriale assumono un'importanza ben maggiore. Anche per questo la dirigenza missina fa in modo di collocare elementi fidati nella stragrande maggioranza dei collegi, in modo da controllare pienamente la sua fetta del Polo costituito con Forza Italia e il Ccd di Pier Ferdinando Casini e Clemente Mastella.

D'altronde il fatto stesso di entrare in una coalizione è per la Fiamma un indubbio successo.

Certo. Alleanza nazionale è la realizzazione di un'ambizione coltivata sin dalla seconda metà degli anni Cinquanta: prendere la guida, se non la rappresentanza esclusiva, di un'area di destra di cui all'origine il Msi era solo una delle potenziali espressioni. Con An il mondo missino si trova pienamente legittimato e privo di concorrenti diretti: diventa l'unico interlocutore a destra, senza scomodi intermediari, di una forza dalla vocazione centrista come Forza Italia. È il punto d'approdo di una lunga marcia, la riammissione alla cittadinanza politica.

Il sogno di Almirante e Michelini diventa realtà.

Si va anche oltre, perché il Msi non funge più da leva puramente reattiva in chiave anticomunista, né è costretto a fare i conti con la centralità democristiana, che in passato costituiva un dato ineludibile. Ora è pienamente accettato da un alleato che non professa pregiudiziali antifasciste e stabilisce con An un rapporto non più legato all'emergenza, ma al fisiologico funzionamento di un meccanismo maggioritario.

Insomma, la comparsa di Forza Italia è manna dal cielo per An.

Per le argomentazioni usate e l'apparato coreografico che l'accompagna, l'entrata in scena di Berlusconi è un elemento di ulteriore drammatizzazione della crisi italiana. I suoi toni sono quelli della denuncia di un'emergenza. Un allarme che viene recepito da una parte significativa dell'opinione pubblica. Ne deriva un'esasperazione del contesto emotivo del confronto, a cui sono tutt'altro che estranei i proclami sulla «gioiosa macchina da guerra» progressista, che riqualifica la presenza dei candidati missini, naturalmente vocati a fare da prima linea nel fronte antisinistra. Questo inasprimento della contesa induce inoltre a mobilitarsi anche gli elettori neofascisti potenzialmente diffidenti verso il messaggio liberista del Cavaliere.

Così i gesti di rottura simbolica con il passato compiuti da Fini, a partire dall'omaggio reso ai caduti delle Fosse Ardeatine, vengono digeriti dalla base del Msi senza problemi.

È un effetto del «complesso dell'orfano» di cui abbiamo già parlato. Tutti i segretari missini vengono circonfusi da un alone carismatico. Anche Michelini, ritenuto da molti piuttosto scialbo, con le sue apparizioni televisive suscitava l'entusiasmo della base. Figuriamoci Fini, che come un novello Mosè conduce il suo popolo di "esuli in patria" al pieno inserimento nel gioco politico. A fronte di questa posta in palio, qualsiasi pegno da pagare è considerato accettabile dalla stragrande maggioranza dei quadri e degli iscritti. Alcuni mantengono una riserva mentale sull'abbandono del richiamo al fascismo, sperando di poterlo risfoderare in un secondo momento. Altri invece si rassegnano ad accantonarlo per sempre. Ma la disponibilità ad accettare la svolta, con i prezzi ideologici che comporta, è pienamente in linea con la storia del partito.

Ci sono novità degne di nota nel programma con cui An si presenta alle elezioni, o è una semplice riproposizione dei contenuti propri del Msi?

In sostanza è lo sviluppo coerente, senza grandi sbalzi, del progressivo adeguamento ai gusti del pubblico nazionalconservatore, che rappresenta la maggioranza del suo elettorato. Mentre nei programmi missini si dava in genere maggior spazio alle aspettative dei militanti rispetto a quelle degli elettori, An fa una scelta di campo precisa, scioglie definitivamente il nodo intricato della doppiezza neofascista: dismette l'anima "di sinistra" del partito, o quel che ne restava, e sanziona l'egemonia incontrastata di quella di destra.

Quindi siamo alla fine dell'ambiguità ideologica.

A livello politico, sì. Ne restano tracce solo nel mondo fiancheggiatore giornalistico e intellettuale, che ha Veneziani e

Accame come esponenti più noti. «L'Italia settimanale» diretta dal primo e «Pagine Libere», mensile della Cisnal, sono in questa fase una sorta di riserva indiana, in cui una cultura di matrice neofascista, più o meno modernizzata, continua a coltivare una logica del doppio binario, cercando di mantenere vive le suggestioni antisistema.

Non c'è da parte di Fini una recisione netta dei rapporti con i referenti ideologici tradizionali. Non vengono scomunicati né l'anticapitalista Accame né Veneziani e Malgieri, che sono anzi premiati e valorizzati. L'ambiente culturale e pubblicistico che occhieggia ancora a una visione rivoluzionaria e romantica del fascismo serve da valvola di sfogo, da fattore di bilanciamento tattico rispetto alle frange più irrequiete e sensibili a certe tematiche, con cui An vuole evitare fratture traumatiche.

Al voto del 27-28 marzo 1994 si arriva in una situazione equivoca. Al Nord infatti la Lega mette il veto sulla presenza missina nel Polo. E An, per tutta risposta, presenta propri candidati in tutti i collegi settentrionali, rischiando tra l'altro di favorire la sinistra. Come mai il Msi opera questa scelta, piuttosto sgradita a Berlusconi?

Nel momento in cui An avesse subito il veto leghista al Nord, ritirando i propri candidati o presentandoli sotto l'etichetta di Forza Italia, avrebbe ammesso una sudditanza tale da fare di Bossi il motore trainante del Polo. Poiché invece ha il vantaggio di essere organizzato su tutto il territorio italiano, rispetto a una Lega presente solo nelle regioni settentrionali, il Msi preferisce correre il rischio di far perdere qualche seggio al Polo, come avviene in Piemonte, pur di rimarcare con forza questa connotazione nazionale.

Nonostante le contraddizioni, il Polo delle libertà e del buongoverno dimostra di funzionare benissimo dal punto di vista della raccolta del consenso. Ci sono valutazioni particolari da esprimere sul risultato dei candidati di An?

Di solito i candidati progressisti nei collegi uninominali della Camera raccolgono meno voti rispetto alla somma di quelli ottenuti da tutte le forze della coalizione nella parte proporzionale, mentre i candidati del Polo ne ottengono in genere di più. Non solo. La presenza in un collegio di un candidato connotato in senso estremista fa perdere ancora più voti alla sinistra. Al contrario nel Polo i candidati di An non solo non risultano penalizzati, ma addirittura guadagnano ulteriori consensi: raccolgono in media il 37,8 per cento contro il 34,5 della somma delle forze di destra coalizzate. Se ne deduce che l'elettorato conservatore è più compatto di quello progressista, per cui l'eventuale distanza ideologica dal singolo candidato non scoraggia il voto per il Polo. La pregiudiziale antifascista si dimostra perciò più debole di quella anticomunista.

È un chiaro successo della linea tattica di Fini, che lo rafforza nella determinazione a proseguire sulla via imboccata: la trasformazione del Msi in un contenitore più ampio e meno caratterizzato ideologicamente, che presenti evidenti elementi di discontinuità rispetto alla tradizione neofascista. D'altro canto il risultato elettorale fa ritenere che gli italiani diano per scontato un certo grado di assimilazione di An al sistema politico nel suo complesso. Agli occhi della gente la Fiamma ormai è un partito come gli altri.

Come si configura, in questo quadro, il rapporto con Forza Italia?

La discesa in campo di Berlusconi favorisce la nascita di An. Tuttavia Forza Italia è un competitore che può ridimensionare la capacità di traino politico dei missini all'interno del mondo anticomunista. Dal punto di vista di Fini il problema, in quel momento, è capire se Berlusconi riuscirà ad assorbire completamente le funzioni in precedenza ricoperte dalla Dc, o se invece parte di quel ruolo potrà essere assunto da An. Un conto infatti è trovarsi a rappresentare tutto l'elettorato moderato, come gli era accaduto in occasione delle comunali di Roma, un conto è doverlo dividere con un alleato ingombrante come il Cavaliere. E questo spiega perché, dietro le apparenze dell'ufficialità, il rapporto fra i due leader rimarrà sempre controverso, anche prima di trasformarsi in un conflitto.

12
Il polo incluso

Le elezioni del marzo 1994 segnano per il Msi la fine di una condizione che lo vedeva permanentemente fuori gioco. Ora il polo missino non è più «escluso» per definizione, ma anzi incluso a pieno titolo nella coalizione di governo: un risultato ottenuto mettendo la sordina al richiamo nostalgico. Eppure all'indomani del voto Fini afferma in un'intervista che Mussolini è stato «il più grande statista del secolo». È una semplice gaffe *o qualcosa di più?*

Bisogna tener conto che Fini non segue una politica studiata e progettata in precedenza. Naviga a vista, tenendo il filo delle onde secondo le convenienze del momento. Non c'è da stupirsi quindi se, quando la sua attenzione a non commettere passi falsi viene occasionalmente meno, incappa in qualche scivolone. Succede anche qualche mese più tardi, nel dibattito sulle mozioni di sfiducia al governo Berlusconi, quando gli sfugge un accenno ai «muscoli» che il Msi sarebbe in grado di mettere in campo, se solo lo volesse. È un attimo in cui emergono i veri sentimenti dell'uomo, i suoi riflessi condizionati da oltre vent'anni di fedeltà senza smagliature alle parole d'ordine del partito e alla sua cultura.

La politica non fa miracoli. Come attesta la sua biografia, scritta da Daniele Martini e Goffredo Locatelli nel 1994, il profilo di Fini non è quello di un personaggio di grande spessore, capace di concepire progetti originali. Ha soprattutto un grande senso dell'opportunità, riesce a cavalcare tutte le occasioni favorevoli. E sa recitare molto bene la parte del moderno politico di destra: concreto, pragmatico, tollerante, garbato. Ma questo non esclude che possa cedere in alcuni momenti a reazioni umorali immediate, chè rivelano ancora, sotto questa scorza rassicurante, i residui del credo nostalgico a lungo professato. Certo, aveva ragione Filippo Ceccarelli, che sulla «Stampa» lo definì «fascista per caso». Ma una volta approdato sulle sponde missine, Fini ha sempre interpretato il suo ruolo con il massimo dell'ossequio verso le regole dell'ambiente, anche se con una buona dose di ambizione personale e di cinismo.

Infatti alcuni osservatori, in questa fase, dipingono la svolta di Alleanza nazionale come un puro camuffamento superficiale.

Diciamo che Fini, da segretario, non si pone mai il problema di modernizzare e riqualificare il patrimonio ideale del Msi. Non si sforza di rivedere criticamente quell'eredità per trarne una formula politica applicabile nel presente, sfuggendo al dilemma tra nostalgia paralizzante e puro trasformismo. A metà degli anni Novanta si limita ad avviare una marcia di avvicinamento al potere, accantonando gli aspetti meno «digeribili» dell'ideologia originaria del Msi per sostituirli con un *patchwork* di elementi eterogenei, tenuti insieme dal collante del successo elettorale.

Un'operazione fondamentalmente opportunistica, compiuta pagando prezzi via via più salati man mano che procede l'accreditamento di An come forza protagonista sullo scenario politico. Ma dietro non c'è una strategia: ci sono le doti del giocatore di poker, che sa distinguere quando è il momento di azzardare o di bluffare. Se si procede in questo modo, però, sono sempre in agguato le cadute di tono e di stile, tipiche di chi non ha compiuto un processo evolutivo ma solo frettolose rimozioni.

Come giudicare allora i timori di un ritorno della Fiamma su posizioni nostalgiche, avanzati da molti osservatori?

Erano preoccupazioni che si sarebbero ripresentate – come sappiamo – molti anni dopo con la nascita di Fratelli d'Italia, e che si dimostrano ben presto infondate. Alla prova dei fatti, il «fascismo del Duemila», che Fini aveva utilizzato come cavallo di battaglia nei confronti interni per solleticare gli umori della base, si volatilizza istantaneamente. Il nuovo corso semplicemente accentua prese di posizione tributarie di un'altra famiglia ideologica, quella liberalconservatrice. Svolte come il passaggio dal corporativismo al liberismo, o dal centralismo statalista a un federalismo appena abbozzato, non hanno alle spalle alcuna elaborazione.

Intendiamoci: in questa prima fase Alleanza nazionale non può essere considerata un soggetto compiuto. Nasce come protesi tattica di una forza politica il cui potenziale di coalizione, a causa dell'immagine consolidatasi negli anni, rimaneva troppo limitato rispetto alle opportunità aperte dopo il crollo democristiano. Si presenta come un contenitore nel quale si miscelano le speranze di quei militanti e quadri intermedi che hanno digerito il rospo del cambio di sigla e di certe tesi congressuali solo perché convinti che le cose sarebbero potute cambiare, e le ambizioni di un ceto politico di origine esterna, che mira a imporre al partito una forte discontinuità con il passato.

All'inizio, a garantire una presenza visibile e accettata sulla scena politica bastano formule programmatiche minimaliste e compromissorie: l'ideologia dell'ordine e della sicurezza, un richiamo generico ma emotivamente intenso al sentimento nazionale, dosi sostanziose di tradizionalismo familista, un'improvvisata fiducia nel mercato, un decoroso e controllato rimpianto per i tempi in cui «si stava meglio». Era difficile ipotizzare che da questo impasto di suggestioni potesse prender corpo un «pericolo fascista». Non solo. Era già allora prevedibile che l'istituzionalizzazione, la parlamentarizzazione, il riassetto del rapporto di forze all'interno, con l'inevitabile crescita degli apporti esterni con vocazioni di carriera e la contrazione dei quadri fideisti, socializzatisi nel vecchio Msi, avrebbe spinto An sulla via di un progressivo scostamento dall'antica matrice.

Tuttavia, subito dopo l'arrivo di An al governo, una parte consistente della stampa estera manifesta forti preoccupazioni per il «ritorno dei fascisti». Che valutazione si può esprimere in proposito?

Si tratta perlopiù di reazioni epidermiche e abbastanza scontate, espresse a volte in modo talmente plateale da risultare controproducenti. E poi la democrazia si fonda sul principio della sovranità popolare, per cui sindacare il giudizio degli elettori di un Paese straniero significa mettersi su una strada piuttosto sdrucciolevole.

C'è inoltre da rilevare la differenza tra le reazioni della stampa e quelle degli specialisti. Per esempio Joseph LaPalombara, decano dei politologi italianisti nordamericani, concede a Fini una notevole apertura di credito, dichiarando che il ritorno in gioco della destra è nella logica dell'alternanza nella democrazia. Gli studiosi più avvertiti si rendono ben conto che An progredisce proprio in quanto si disfa della sua formale connotazione neofascista.

Però alle elezioni comunali di Roma e Napoli il consenso era affluito direttamente sulle liste del Msi, senza bisogno di alcun accorgimento cosmetico.

Si trattava di competizioni svoltesi in condizioni eccezionali. Quando si pone il problema di stabilizzare quel consenso, il Msi imbocca la via di una frettolosa riconversione a un conservatorismo dalle tinte liberali.

Ma è poi una via così innaturale? Non la si può considerare lo sbocco obbligato delle posizioni sostenute per anni dall'ala conservatrice del partito, quella più in sintonia con l'elettorato?

Non mi pare. È vero che il conservatorismo paternalistico e anticomunista era da tempo egemone nel Msi, ma a professarlo erano ambienti che al tempo stesso sostenevano la superiorità storica dell'esperienza fascista su tutto ciò che l'aveva preceduta e seguita. È difficile immaginare un'evoluzione lineare da queste posizioni a un liberalismo «nazionale». Il bagaglio ideale missino si fonda su parole d'ordine elementari: Dio, patria, famiglia, ordine, disciplina. E presenta venature autoritarie, mutuate dal clima dominante negli anni del consenso di massa verso il regime mussoliniano: non ha nulla da spartire con Adam Smith o Alexis de Tocqueville.

Tuttavia ricordavamo nei capitoli precedenti che Almirante non aveva esitato a porsi come baluardo della proprietà privata.

Ma a quella stessa proprietà assegnava una funzione sociale poco compatibile con il liberismo senza freni a cui dichiara di ispirarsi nel 1994 la coalizione guidata da Berlusconi. E rimaneva fedele all'idea secondo cui l'ordinamento della società deve essere garantito dall'ente gerarchicamente preposto a definire tutti gli aspetti della vita collettiva: lo Stato. Quello missino è un conservatorismo statalista, ostile all'idea liberale che i pubblici poteri debbano limitarsi a garantire il rispetto delle leggi e dei diritti individuali.

Lo dimostra del resto il fatto che nel 1925, dopo l'instaurazione della dittatura fascista, una parte dell'opposizione si schierava su posizioni liberalconservatrici. Questi paladini di una politica elitaria trovavano intollerabile il progetto mussoliniano di irreggimentare le masse e nazionalizzarle, trasformando ogni italiano in un «milite dell'Idea». Mentre quel tipo di visione, anche dopo la caduta del regime, resta parte integrante dell'ideologia missina sino allo scioglimento del partito.

Però in fondo Fini non rinuncia del tutto a queste posizioni per convertirsi a un liberismo selvaggio. Cerca piuttosto una sintesi.

È ovvio che il Msi non può compiere un'abiura pura e semplice, che pure molti gli chiedono, nel momento in cui ottiene un successo mai immaginato. Il programma di An è contraddittorio, cerca di tenere insieme elementi che ben difficilmente possono convivere. Da una parte c'è il permanente culto dello Stato, dall'altra una proclamata fiducia nei meccanismi a fondamento individualistico del mercato. Nella prassi si può anche cercare di conciliare questi riferimenti, ma dal punto di vista della teoria la loro eterogeneità è lampante. Il fatto è che la preoccupazione prevalente di An ha un carattere tattico. Non c'è un ripensamento che porti a deviare dal solco della tradizione originaria, ma solo accorgimenti per sfruttare al massimo il capitale di simpatia accumulato nei riguardi di un elettorato moderato-conservatore.

Lo stesso apporto degli esterni risulta in questo senso piuttosto estemporaneo: non c'è un gruppo unitario che si fonde con il Msi per far penetrare al suo interno le proprie idee, ma l'adesione di singole personalità (Fisichella, Fiori, Ramponi, Armani) che provengono da percorsi ideologici variegati. Mentre il fascismo era stato il prodotto della convergenza di soggetti anche molto diversi, che però avevano interagito tra loro sotto l'impulso plasmante di Mussolini, in Alleanza nazionale c'è un soggetto organizzato che incontra alcuni personaggi – spesso ex missini o transfughi di forze centriste – sulla base di un conservatorismo assai generico, per non dire equivoco.

Ma non era proprio quel genere di conservatorismo che informava da tempo la concreta azione politica missina?

Non c'è dubbio che nei suoi comportamenti, specie in Parlamento, il Msi si fosse venuto sempre più discostando da alcuni punti di riferimento dell'identità neofascista. Tuttavia anche su questo piano si trovano contraddizioni costanti. Nel 1985

Almirante si era battuto al fianco del Pci nel referendum sulla scala mobile. E nell'elenco iniziale del governo Dini l'unico ministro di area missina, che poi aveva rinunciato all'incarico, era Gaetano Rasi, direttore dell'Istituto di studi corporativi, assai poco propenso al liberismo. Può esserci insomma una sostanziale continuità di fondo tra le posizioni di An e quelle del Msi nella routine, ma non a livello di riferimenti culturali.

Non si può dire neppure che tra le componenti di destra e di sinistra del patrimonio ideale neofascista An sceglie consapevolmente di conservare le prime e accantonare le seconde?

Non mi pare che l'operazione sia così ragionata e sofisticata. Si tratta piuttosto di un assemblaggio di materiali eterogenei il cui scopo è inviare un messaggio all'esterno. Non c'è nessuna autocritica, nessuna selezione di una parte dell'originario patrimonio ideologico: del resto chi aveva tentato simili revisioni in passato, dalla sinistra socializzatrice alla Nuova destra, era sempre stato emarginato e costretto a uscire. E va aggiunto che, se la svolta fosse stata realmente meditata, ci sarebbe stata una classe dirigente in grado di incarnarla, come avveniva per la Destra nazionale almirantiana. Invece Fini parla per tutti, mentre gli altri si limitano a fare da contorno: un'ulteriore prova di come si sia proceduto in maniera improvvisata.

Comunque sul piano politico in questa fase la linea di An regge. E tiene benissimo anche l'asse privilegiato con Berlusconi, che pure appare portavoce di un'ideologia consumista e individualista poco conciliabile con i dettami della tradizione missina.

La cultura nostalgica si era molto depotenziata con il tempo: era già esausta negli anni Ottanta, quando si era ridotta a un apparato di codici simbolici, a un riferimento puramente oleografico al fascismo-regime. Di fronte ai notevoli vantaggi immediati che l'alleanza con Berlusconi comporta, pochi pensano a sollevare obiezioni in nome di riferimenti di valore. Sul piano culturale, però, la contraddizione è stridente: lascia perplessi la convinzione di Veneziani che nel Polo delle libertà si sia incarnata una «Rivoluzione conservatrice» italiana (salvo poi, al primo governo Berlusconi caduto, richiamarsi ai capisaldi della vecchia «cultura di destra»). Invece sul piano politico il problema quasi non si pone: l'omologazione della classe dirigente missina ai dettami dell'individualismo si era in gran parte già consumata e le remore dei quadri intermedi non possono che cedere il passo di fronte alla remuneratività dell'intesa con Forza Italia, anche se saranno destinate a tornare a galla in alcuni momenti successivi dell'esperienza di coalizione.

Durante il primo governo Berlusconi le dichiarazioni di esponenti missini contro i «poteri forti», a partire da un'intervista estiva di Giuseppe Tatarella, fanno parlare di un sottofondo populistico e autoritario ancora vivo all'interno di An. Era una preoccupazione fondata?

In questa fase il quadro complessivo delle trasformazioni avviate con la nascita di Alleanza nazionale resta fragile. Il problema non riguarda però, come ha sostenuto Ignazi, gli autori e le letture di riferimento dei missini, a cui andrebbe imputato un certo grado di continuità con il passato. Il vecchio nostalgismo appare destinato irrevocabilmente a essere travolto. Ma una certa tentazione autoritaria, al fondo della cultura politica missina, sopravvive alla svolta. Questi rischi non sono però collegati alle polemiche sui «poteri forti». La denuncia dell'influenza che certi circoli economici hanno sulla politica non è indizio di una volontà prevaricatrice: semmai è il tentativo di portare allo scoperto aspetti della nostra vita pubblica di cui si parla molto poco.

Però gli attacchi non erano rivolti solo contro la Fiat o Mediobanca, ma anche contro la Banca d'Italia e la Corte costituzionale.

La diffidenza verso i poteri impersonali e «anonimi» fa parte del tradizionale bagaglio culturale della destra missina: ma da qui a sospettare che dietro le polemiche degli esponenti di Alleanza nazionale nei confronti di taluni enti o istituzioni vi sia una deliberata intenzione di colpire l'articolazione dei poteri garantita dalla Costituzione repubblicana, ce ne corre. Su giudizi di questo genere pesa l'ipoteca di un'ideologia liberale estremizzata, che legge l'affermazione del primato della politica come un segno di vocazione autoritaria. Del resto, An non è forse la più fedele alleata di Berlusconi, che da più parti viene considerato il simbolo della sottomissione della politica all'economia? Se è per questo, nel febbraio 1995 un gruppo di senatori di An presenta una proposta di legge che mira a espropriare la Banca d'Italia della titolarità della moneta emessa, per restituirla al «popolo», che ne riscuoterebbe gli interessi attraverso un «reddito di cittadinanza» annuale (proposta che, alla luce degli avvenimenti politici di vent'anni dopo, richiama analogie sorprendenti). E da questo si dovrebbe forse dedurre che il partito nato dalle ceneri del Msi si è instradato verso un anticapitalismo militante? Mi pare che i fatti, nella linea politica scelta da Fini, si tengano ben lontani da queste parole...

Altre perplessità, a proposito delle tendenze autoritarie e plebiscitarie presenti in An, suscitano certi attacchi rivolti contro il presidente della Repubblica Oscar Luigi Scalfaro.

Occorre distinguere. Un conto è prendere di mira un'istituzione in quanto tale, un altro rivolgere critiche, anche dure, al modo in cui chi è investito di un'alta carica esercita il proprio mandato. In quel periodo Angelo Panebianco scrive sul «Corriere della Sera» che Scalfaro si è reso responsabile, prima con la gestione della crisi sfociata nell'incarico a Giuliano Amato e poi con quella che si è risolta con l'attribuzione della premiership a Lamberto Dini, della «politicizzazione» di un potere tradizionalmente neutrale come la presidenza della Repubblica. È un rilievo che può essere condiviso da tutti i politologi che hanno qualche familiarità con le teorie della crisi democratica, e che non configura alcun peccato di lesa maestà.

Molto discutibile è semmai la logica che porta a credere che, in democrazia, chi si trova a occupare certe posizioni istituzionali diventi *ipso facto* intoccabile. L'epoca in cui chi comandava aveva, per definizione, sempre ragione, si è conclusa da un pezzo, almeno nel nostro Paese. E ritenere che ci si debba astenere dal criticare un presidente anche quando – ed è ormai prassi consolidata – nei suoi interventi esprime opinioni politiche basate sulle sue personali convinzioni ideologiche, in nome di una presunta posizione *super partes* degli inquilini del Quirinale, è una limitazione dei principi alla base di una democrazia pluralista.

A proposito del rapporto tra An e Forza Italia, molti al tempo ipotizzano che la prima, forte di un reale radicamento territoriale e di un personale politico esperto, possa ridurre l'altra in una condizione di subalternità. Perché le cose sono andate diversamente?

La presunta forza organizzativa della destra, di cui tanto all'epoca si parla, è più ipotetica che reale. Nonostante le cifre gonfiate messe in giro a uso della stampa, lo stesso Fini, manifestando la sua fiducia nei nuovi circoli su cui intende strutturare la presenza del partito, ammette che l'articolazione territoriale del Msi resta asfittica e deficitaria. La dimensione di massa del Msi è assai meno rilevante di quanto si creda: dispone di una presenza strutturata, soprattutto in alcune zone del Paese, ma non è nemmeno raffrontabile a quella del Pds. Il pletorico dato ufficiale di 8412 sezioni e 250.000 iscritti con cui la Fiamma sarebbe giunta al suo ultimo congresso è del tutto inattendibile, come ho dimostrato nel mio libro *Dal Msi ad An*. Il vecchio partito, malgrado una discreta crescita negli ultimi due anni, era attestato, prima del congresso di Fiuggi, attorno ai 100.000 aderenti.

Che giudizio si può dare sulla prima esperienza di governo di An?

La forte concorrenza con la Lega impedisce agli esponenti missini, eccezion fatta per Tatarella, di ottenere posizioni chiave all'interno dell'esecutivo. Ministeri a cui essi potevano aspirare, come quelli dell'Industria e delle Riforme istituzionali, non vengono concessi. Peraltro An non protesta pubblicamente per il trattamento subito, se non per l'esclusione di Tremaglia dal ministero per gli Italiani all'estero, dovuta alla sua condizione di ex combattente della Rsi.

In sostanza Fini fa buon viso a cattivo gioco, cercando di far apparire il suo partito diverso da come è stato dipinto: per questo inserisce due indipendenti (Fisichella e Fiori) e una donna (Adriana Poli Bortone) nella delegazione ministeriale. Visto che le trattative si presentavano difficili, tanto valeva caratterizzarsi come forza responsabile e offrire all'opinione pubblica un'ulteriore prova di rispettabilità e moderazione.

An spesso manifesta l'intenzione di rappresentare nel governo una sorta di «anima sociale» del Polo delle libertà. Si tratta di pura retorica?

È più che altro un'immagine costruita propagandisticamente per evitare le reazioni negative di parte della base e prevenire la possibilità di uno strappo con la Cisnal. Lo dimostra un sondaggio alquanto significativo, realizzato dalla Swg in occasione dello sciopero generale del 1994 contro la legge finanziaria, da cui risulta che gli elettori di An sono gli unici, tra quelli di tutti i partiti, a dichiararsi contrari a qualunque uso dell'astensione dal lavoro come strumento di lotta. Ciò dimostra che per Alleanza nazionale votano persone collocate su posizioni di destra ultraconservatrice. Nel Polo gli ex missini sono la forza meno connotata in senso liberista. E hanno interesse a sottolineare questo dato per qualificare la loro presenza, tenendo anche conto del fatto che sono l'unico partito della coalizione a disporre di un legame organico con una confederazione sindacale. Durante il primo governo Berlusconi però tutto questo è rimasto solo sulla carta: basti pensare alla sonora contestazione rivolta al rappresentante missino dalla platea congressuale della Cisnal nell'autunno 1994.

In questa fase An insiste molto sul presidenzialismo, forse nella speranza di capitalizzare al massimo la buona riuscita televisiva del suo leader. È solo l'ennesimo slogan o c'è dietro qualcosa di serio?

La personalizzazione della politica è inscritta nei cromosomi del Msi, appartiene alle radici profonde della sua cultura. Quindi l'idea di giocare la carta presidenzialista ha un retroterra consistente e non è dettata solo da ragioni di ordine tattico: in fondo è uno dei pochi spunti evolutivi sviluppati dal mondo missino sin dagli anni Settanta. Il presidenzialismo consente di mantenere la visione carismatica del potere implicita nel modello fascista, ma rivista e corretta alla luce delle regole democratiche. Tuttavia l'elaborazione concettuale compiuta in campo istituzionale dal Msi, con il suo progetto di Seconda Repubblica, è sempre rimasta approssimativa e generica, senza mai tradursi in proposte originali e convincenti. Non è stata insomma all'altezza di quel ruolo di partito della riforma dello Stato che An si sforzava di rivendicare.

Passiamo al congresso di Fiuggi, che porta allo scioglimento del Msi. Ciò che maggiormente attira l'attenzione dei mass media è la votazione sull'antifascismo. Si tratta veramente di uno strappo traumatico?

Lo sarebbe se avesse causato lacerazioni vaste e dolorose. Ma il trauma che produce non si dimostra di particolare rilevanza. La riserva mentale che accompagna la vicenda è espressa non solo dal fatto che l'elogio dell'antifascismo viene sottoscritto da persone fino a poco tempo prima collocate su posizioni rigidamente nostalgiche, ma anche dalla forte ambiguità della dichiarazione approvata, suscettibile di essere caricata di significati diversi a seconda della prospettiva da cui la si guarda. Non a caso vi si oppongono solo persone provviste di un buon retroterra intellettuale come Rauti ed Erra, che si rifiutano di piegarsi alla logica della dissimulazione e del doppio linguaggio.

Dire che l'antifascismo ha avuto una parte essenziale nel ripristino dei valori democratici conculcati dal fascismo non significa molto, se non si chiarisce quali sono questi valori, su quali fondamenta poggiano e perché li si deve difendere. Non c'è infatti nelle tesi nessuna confutazione esplicita degli argomenti della cultura antidemocratica: anzi, alcuni classici di quel pensiero sono collocati tra gli autori cui An afferma di richiamarsi. E manca anche la critica ai fondamenti dell'autoritarismo che la Nuova destra a suo tempo aveva ritenuto necessario formulare. Nelle tesi presentate da Fini troviamo solo una generica adesione ai principi della democrazia, senza quella *pars destruens* che avrebbe creato serio imbarazzo. D'altronde gli intellettuali d'area come Veneziani o Accame si guardano bene dal sollecitare scelte di sostanza su questo punto: preferiscono piuttosto indorare e abbellire, con qualche distinguo formale, le ambiguità delle posizioni ufficiali.

Insomma, le tesi sono tutt'altro che rivoluzionarie.

Sono improntate a una disponibilità apparente e a una reticenza di sostanza. Non contengono una ridiscussione dei tradizionali vizi ideologici dell'ambiente missino: la mentalità autoritaria, gli aspetti sciovinisti del nazionalismo, il culto della gerarchia, il moralismo esasperato. Il resto era già stato superato nei fatti: il Msi, per esempio, non è mai stato un partito antisemita, ma An fa una dichiarazione altisonante su quel tema al solo scopo di ottenere un forte impatto esterno. E i fautori di un sistema a partito unico erano da lungo tempo una trascurabilissima minoranza, per cui il rifiuto del totalitarismo non fa né caldo né freddo alla stragrande maggioranza dei missini.

Come giudicare il punto in cui nelle tesi si trova il richiamo a una destra preesistente al fascismo e a esso sopravvissuta? Rauti lo contesta, ma in fondo proprio lui aveva sempre detto che il fascismo è la reincarnazione di valori ben più antichi.

Non equivochiamo. Le tesi fanno chiaramente riferimento al filone conservatore dell'Italia postrisorgimentale. È una paradossale riabilitazione della classe dirigente prefascista da parte di chi l'aveva denigrata per anni, esaltando in Mussolini la capacità di dare una risposta ai problemi di sviluppo del Paese che rimanevano insoluti. Ma questa proposizione posticcia e decontestualizzata non ha nulla a che vedere con le teorie secondo cui il fascismo sarebbe espressione modernizzata di un'ideologia eterna. Queste sono le posizioni degli evoliani che pensano a Platone, mentre Alleanza nazionale guarda più prosaicamente ad Antonio Salandra e Sidney Sonnino.

Un altro passo delle tesi che desta scalpore è quello in cui si cita Antonio Gramsci come uno dei grandi autori italiani dei quali siamo in qualche misura tutti tributari. Un'affermazione che molti ritengono scandalosa, ma che per esempio Ferdinando Adornato, all'epoca ancora deputato progressista, valuta positivamente, osservando che è proprio individuando un'ascendenza culturale comune, parte della nostra identità nazionale, che si può svelenire la competizione politica.

Questo riconoscimento della necessità di riconsiderare il profilo intellettuale della storia italiana è senza dubbio positivo. Già studiosi di sinistra come Massimo Cacciari e Salvatore Natoli si erano mossi nella direzione indicata da Adornato, affermando che occorreva rivalutare il pensiero di Gentile come un patrimonio appartenente a tutto il Paese. Ma queste posizioni non avevano trovato l'accoglienza che avrebbero meritato.

Nelle tesi congressuali missine c'è però qualcos'altro. Cioè una delle tante sindromi che hanno afflitto il mondo neofascista, un fenomeno che chiamerei «complesso del figliol prodigo». Il Msi si pone sin dalla nascita, ma come An in maniera ancor più spasmodica e ossessiva, il problema di essere accettato al pari delle altre forze nella famiglia dei partiti italiani, che l'ha sempre considerato una pecora nera. Per molto tempo la reazione a tale chiusura è l'orgogliosa esibizione di tutte le stigmate della diversità intellettuale neofascista, l'attaccamento ad autori magari mai letti o studiati da chi li cita, ma sempre rivendicati come propri: quegli stessi autori che, guarda caso, sono compresi nel primo elenco di nomi contenuto nelle tesi presentate a Fiuggi (Schmitt, Pareto, Jünger, Evola e così via).

Ora che le porte della casa paterna sembrano riaprirsi al figliol prodigo, si va invece alla ricerca di citazioni dal grande effetto scenico, che permettano di essere ammessi una volta per tutte al banchetto familiare. Da questo punto di vista la scelta di Gramsci è la più logica: quanto più appare clamoroso il nome citato, tanto più si ottiene il risultato voluto. In una direzione del genere aveva già fatto da apripista Veneziani, con la sua idea di rintracciare un'improbabile «ideologia italiana» trasversale; anche se c'è da dire che uno dei maggiori ispiratori del progetto di Alleanza nazionale, Domenico Fisichella, aveva a suo tempo giudicato quel tentativo tutt'altro che convincente.

Sul piano politico le tesi dell'ultimo congresso missino contengono notevoli aperture nei riguardi della sinistra. Non è più vista come una minaccia mortale, ma solo come un concorrente politico, pienamente legittimato a governare. Le si rimproverano semmai persistenti tendenze consociative, frutto del suo inguaribile «sconfittismo». E la si esorta ad avere il corag-

gio di candidarsi apertamente alla guida del Paese. Sono solo mosse tattiche?

Una parte di finzione c'è, ma non la attribuirei a una presunzione di superiorità. Questo gioco delle parti tra formazioni con nette connotazioni antagonistiche si trascina da tempo. Comincia all'indomani del voto sul referendum Segni, che lasciava presumere l'imminente avvento di un sistema elettorale maggioritario, e si intensifica dopo gli scontri Rutelli-Fini e Bassolino-Mussolini nell'autunno 1993. Nel nascente clima di bipolarismo, ex comunisti ed ex fascisti capiscono ben presto che avrebbero tutto da perdere nel delegittimarsi a vicenda proprio quando il peso specifico che si sono conquistati li rende componenti irrinunciabili delle coalizioni di centrodestra e centrosinistra destinate a contendersi il governo del Paese. Uno scontro al calor bianco avrebbe favorito ciò che restava del vecchio centro, sempre a suo agio nel recitare la parte del moderatore.

Pur cercando di esorcizzare questa eventualità, tanto gli uni quanto gli altri si rendono però conto che il marchio di estremismo del rispettivo passato, non ancora del tutto cancellato, potrebbe risaltare negativamente agli occhi di molti ex elettori democristiani o dei partiti laici, e cercano di respingerlo nel campo avversario. Paradossalmente un Msi (sia pur ribattezzato Alleanza nazionale) in piena evidenza nella coalizione conservatrice fa comodo al Pds tanto quanto l'egemonia di quest'ultimo in seno al fronte progressista fa il gioco della destra. Si spiegano così le aperture di credito di Occhetto e D'Alema a Fini durante e dopo la campagna elettorale del 1994 e la disponibilità di An a dialogare direttamente con quelli che per mezzo secolo si erano configurati come i nemici assoluti. Prodi o Berlusconi, per quanto li si ridicolizzi o li si demonizzi, sono considerati avversari – o alleati – più scomodi, perché possono catalizzare il sostegno di chi non si sente a suo agio di fronte a liste troppo sbilanciate a destra o a sinistra. Ed è chiaro che nei riguardi di una formazione direttamente concorrente si utilizzano argomentazioni dure per toglierle consensi, mentre nei confronti di rivali distanti ideologicamente, a cui ben difficilmente si possono sottrarre voti, conviene adottare un certo *fair play*, in modo da rafforzare la propria recente legittimazione politica.

Le concessioni della mozione di Fiuggi vanno lette in questa ottica. Ma in realtà coloro che sottoscrivono queste tesi nel dicembre 1994 sono gli stessi che solo pochi anni prima, nel 1990-91, attaccavano Rauti e Mennitti per un presunto ammorbidimento verso la minaccia comunista, che la componente finiana riteneva sempre incombente anche dopo la caduta del Muro.

Va osservato peraltro che Berlusconi continua a presentare la sinistra come nemica della libertà, mentre Fini propone al Pds una sorta di rinuncia unilaterale alle argomentazioni polemiche tendenti a squalificare l'avversario rinfacciandogli le sue radici storiche. Un curioso paradosso...

Premesso che ho molti dubbi sulla bontà di una politica sganciata dalle ideologie, visto che in Italia il pragmatismo viene abitualmente declinato in termini pratici come difesa di interessi particolari e clientelismo, si capisce perché Pds e An plaudano agli inviti di Bobbio o di Gianni Agnelli a mettere la parola fine alle diatribe su comunismo e fascismo.

Ma quando si tratta di ricucire davvero le ferite storiche connesse a quei fenomeni, le cose si complicano. Pensiamo a quel che succede allorché, nel maggio 1994, all'indomani delle polemiche sulla celebrazione della Liberazione in un'Italia sul punto di vedere esponenti missini al governo, Michele Salvati, sul «Corriere della Sera», cerca di offrire uno sbocco concreto alla discussione intorno alla pacificazione nazionale. La sua ricetta per assorbire gli umori nostalgici di qualunque segno era basata sull'ipotesi di un ragionevole scambio. Da un lato l'accettazione di alcune semplici verità: cioè che la «reazione fascista – esecrabile perché liberticida – si oppose a un'azione confusa, allarmante e massimalistica dei socialisti e dei comunisti di allora, anch'essa da condannare» e che «ci fu buona fede e idealismo in molti combattenti della Repubblica di Salò, come vi fu opportunismo nella parte opposta». Dall'altro il riconoscimento non solo del *metodo*, ma anche del *principio*, democratico. La formula era praticabile, ma nei fatti viene messa da parte. Perché chiudere una volta per tutte il contenzioso della guerra civile significherebbe, per la sinistra, privarsi di una leva di mobilitazione ancora efficace. Per An, invece, si tratterebbe di sostituire l'identità nostalgica che ha tenuto a galla il Msi per mezzo secolo con programmi di destra allineati ai tempi, correndo, nel medio termine, il rischio della diaspora di quei quadri intermedi che hanno sempre creduto nella sua presunta anima «sociale» e ribellistica.

A onor del vero, qualche passo in avanti in questa direzione An ufficialmente lo compie già all'epoca di Fiuggi: glielo riconoscono uomini di cultura antifascista come Gian Enrico Rusconi e Vittorio Foa. Ma in questa fase, all'interno del partito, è diffusa e dichiarata la convinzione che si tratti solo di accorgimenti tattici.

Comunque queste ambiguità non bastano a evitare la scissione. Mentre a Fiuggi Alleanza nazionale prende il posto del Msi, a Roma Pisanò e Rauti manifestano la loro volontà di tenere in vita il vecchio partito in una riunione dai forti toni nostalgici. Ma la «rifondazione missina» mostra subito un fiato corto.

È un tentativo privo di qualsiasi base programmatica. Rauti non elabora una piattaforma congressuale alternativa a quella di Fini, forse perché considera inutile farlo: si limita a partorire un documento schematico ed essenzialmente polemico, pubblicato sul suo mensile «Linea» (resuscitato per l'occasione), poco diffuso anche all'interno del partito. La scissione nasce intorno a una mozione degli affetti e smentisce le riflessioni innovative del Rauti degli anni Settanta: è un passo indietro profondamente impolitico, che si spiega solo con un cedimento a ragioni sentimentali. Soggettivamente comprensibile, ma oggettivamente nefasto per chi vi indulge. Come il fiasco successivo del tentativo ha dimostrato.

Tra l'altro la scissione rautiana contribuisce ad accreditare ulteriormente An.

Da un certo punto di vista l'uscita di Rauti rappresenta l'evento ideale per Fini e Tatarella. Garantisce loro un surplus di legittimazione, dilatato a dismisura dalla controproducente presa massmediale dell'iniziativa di Pisanò. Basta vedere in che modo le reti televisive, specie quelle della Fininvest, trattano il raduno dei nostalgici, soffermandosi compiaciute sugli aspetti più patetici e grotteschi: lo stesso Rauti appare in evidente imbarazzo di fronte a simili manifestazioni.

Tuttavia per altri versi è opportuno ricordare che, come parecchi cronisti notano, molti dei congressisti che a Fiuggi applaudono a scena aperta Rauti, Erra e Buontempo sono gli stessi che mostrano entusiasmo per Fini. Le ragioni del cuore e quelle della convenienza si confondono, come è sempre accaduto nella storia del neofascismo. E la maggioranza dei delegati vive la svolta come un prezzo tattico da pagare.

Da Fiuggi esce un soggetto rinnovato anche dal punto di vista degli organi statutari, con un'assemblea nazionale composta in buona parte da persone non provenienti dal Msi. Che significato ha tutto questo?

Nello statuto i confini organizzativi di Alleanza nazionale restano incerti, perché non è chiaro quale sia la consistenza autonoma dei circoli di An né come dovranno fondersi con le sezioni missine. Ciò consente a Fini di avere ancor di più le mani libere. In sede congressuale Ignazio La Russa, presentando i primi quattro articoli dello statuto, sostiene che le sue norme favoriscono l'adeguamento del partito alla dottrina presidenzialista. È un modo come un altro per dire che si ricalca ancora la vecchia idea secondo cui è meglio che ogni responsabilità venga delegata ai vertici, e in primo luogo al «capo».

Lo confermano le modalità di formazione dell'assemblea nazionale di An, assai poco conformi ai principi democratici. Essa si compone di 500 membri, dei quali 450 formalmente eletti dal congresso. Ma di fatto 200 nomi sono decisi da Fini e dai suoi collaboratori senza possibilità di revoca. Altri 200 sono proposti con la formula blindata della lista bloccata su cui si potevano fare sostituzioni cancellando dei nomi e scrivendone altri: ovviamente vengono confermati tutti. Sono assegnati con il libero voto solo 50 posti, che finiscono alla corrente maggioritaria di Tatarella, La Russa e Gasparri. Gli ultimi 50 sono cooptati su designazione diretta del presidente di An, cioè di Fini. Siamo dunque alla negazione più categorica della democrazia competitiva, in termini tali da far impallidire il tanto vituperato dispotismo di Forza Italia, dove è noto che anche nella cerchia più ristretta dei collaboratori di Berlusconi esistono posizioni differenziate.

E i circoli di Alleanza nazionale? Sono evanescenti come i club di Forza Italia?

Al momento del congresso An dichiara l'esistenza di circa 1600 circoli attivi. Ma non è chiaro quanti di essi esistano realmente e quanti figurino solo sulla carta. Né quanti siano vere aggregazioni d'ambiente, quanti siano sezioni missine mascherate (a chi nel 1994 voleva costituirne una nuova veniva consigliato di aprire piuttosto un circolo di An), quanti si limitino a un'attività conviviale. Teoricamente questi circoli, raccogliendo competenze, propensioni culturali, interessi di categoria, dovrebbero esprimere la multiformità della società civile. Ma così a suo tempo erano state presentate anche le strutture corporative missine, che rimasero nei fatti evanescenti.

13
La competizione fallita

Chiusa l'esperienza del governo Dini, la legislatura del ribaltone termina nel febbraio 1996, quando fallisce il tentativo di formare un esecutivo di larghe intese, guidato da Antonio Maccanico, che avrebbe dovuto promuovere le riforme istituzionali. E Fini dà un contributo determinante all'affossamento di questa ipotesi, che vedeva Berlusconi disponibile. Come si spiega la posizione del leader di An, che verrà poi contraddetta ampiamente dai suoi comportamenti successivi?

Alcuni ex esponenti di Alleanza nazionale, dopo la rottura con Fini, hanno parlato di dubbi e dissapori occulti (a parte il contrasto palese con Fisichella) che si determinarono in quel momento nel gruppo dirigente del partito. Hanno insomma scaricato per intero sulle spalle di Fini la responsabilità della decisione di sbarrare la strada a Maccanico. La mia impressione è che il leader di An abbia allora scommesso su una scarsa capacità di tenuta, in prospettiva, del progetto di Forza Italia. Ritengo che Fini abbia pensato fin dall'inizio che l'alleanza messa in piedi da Berlusconi fosse proficua non solo perché nell'immediato apriva agli ex missini le porte della legittimazione politica e del governo, ma anche perché metteva insieme un vaso di ferro (An) con alcuni vasi di coccio (in primo luogo Forza Italia). Credo fosse convinto che l'ex Msi, da lui diretto con polso fermo, avrebbe potuto sfruttare a suo vantaggio l'antico radicamento territoriale e la nuova credibilità che lo sdoganamento gli attribuiva. Lo spingeva l'idea di fare concorrenza a Forza Italia nell'immediato, non appena finita la stagione della prima coalizione di governo, naufragata a fine 1994 con la dissociazione della Lega.

Insomma, la sfida a Berlusconi non è una scelta degli anni successivi al 2008, parte subito.

L'avvio di una competizione per l'egemonia con Forza Italia (non tanto con Berlusconi, di cui in questa fase non si mette in discussione la leadership) rientra già nella prima fase del progetto finiano, se lo si può chiamare così. Negare il consenso a Maccanico è stata forse la mossa meno miope di Fini dal punto di vista strategico, perché in effetti nelle elezioni politiche successive An tocca il massimo storico, con il 15,7 per cento dei consensi. È evidente che una parte dell'elettorato genericamente di centrodestra apprezza la chiusura all'ipotesi di convergenza con la sinistra.

Però An rimane ben lontana dalla conquista di un ruolo egemonico.

Il problema è che Forza Italia non soffriva della debolezza intrinseca che gli è stata attribuita dal suo principale alleato per diversi anni. Ma in quella fase non credo che Fini temesse che l'elettorato di An, quello ereditato dal Msi e quello recente, avesse difficoltà a capire il senso dell'operazione Maccanico e potesse penalizzare le liste della Fiamma. Il suo intento mi sembra piuttosto far capire all'opinione pubblica di centrodestra che il punto di riferimento più significativo della coalizione è An. Quindi la rottura avviene per evitare che Forza Italia si consolidi in un quadro di larghe intese. Solo che il grande successo della Lega, che si presenta da sola, e la concorrenza esercitata dalla Fiamma tricolore di Rauti fanno perdere al centrodestra le elezioni del 1996. Se le avesse vinte, probabilmente Fini avrebbe reclamato un maggiore peso, facendo notare che nell'arco di due anni il suo partito aveva guadagnato il 2,2 per cento dei voti.

Del resto l'idea che An fosse il vaso di ferro del centrodestra non apparteneva solo a Fini. Anche un politologo come Ignazi, all'epoca, la pensava così.

La convinzione che Forza Italia fosse un fenomeno effimero ha pesato molto sulle mosse di Fini, ma era diffusa anche a sinistra e tra gli studiosi. Si parlava di «partito di plastica», si dipingeva il movimento di Berlusconi come un'armata Brancaleone, raccogliticcia e destinata a sparire abbastanza presto. Il fatto poi che la breve esperienza di governo avesse permesso di piazzare personale proveniente dal Msi in vari gangli importanti dell'amministrazione aveva sbilanciato le aspettative. Non si voleva più andare a rimorchio, ma si pensava di possedere un patrimonio potenziale di competenze che avrebbe potuto sopraffare l'alleato.

Tra l'altro l'uscita della Lega dal centrodestra aveva rafforzato l'influenza di An all'interno della coalizione.

Nel 1994 il Msi-An aveva dovuto accettare a malincuore l'idea delle geometrie variabili, quindi nel Nord era stato costretto a presentare candidati alternativi a quelli del blocco tra Forza Italia e Lega, con scarso successo. E nel primo governo Berlusconi i rapporti con il Carroccio erano stati molto difficili. Nel 1996 An è in una posizione molto più favorevole, nonostante la presenza del Ccd di Casini e del Cdu di Rocco Buttiglione, la cui lista unitaria ha comunque un rilievo minore. Senza più la Lega, siamo a una sorta di coabitazione con Forza Italia. E chi prende più voti, anche se la leadership di Berlusconi non può essere messa immediatamente in discussione, è nelle condizioni di esercitare un'opzione sulla guida del centrodestra.

Durante le trattative sull'ipotesi Maccanico, Fini decide di sconfessare Fisichella, che in un primo tempo rappresentava An in sede di negoziato sui temi istituzionali tra esperti dei diversi partiti, per sostituirlo con un missino di antica data, Domenico Nania. Quali motivi possono averlo spinto a comportarsi così, tenendo conto che il politologo era stato tra i padri del progetto di Alleanza nazionale?

Emerge qui una forte diffidenza, o comunque una grande circospezione, nel delegare facoltà operative a soggetti non totalmente controllabili. È un problema che rimanda come sempre all'anima profonda di An, ereditata dal Msi. I diversi vertici missini non erano mai stati abituati a gestire il partito con aperture sostanziali nei confronti di forze provenienti dall'esterno. Anche il fallimento dei progetti almirantiani della Destra nazionale e della Costituente di destra, molti anni prima, si doveva in buona parte alla genetica impossibilità di considerare alla pari chi non avesse percorso una carriera interna al partito. Fisichella costituisce una minaccia alla leadership di Fini, non nei confronti della base militante, che condivide l'orgoglio dell'appartenenza, ma di fronte agli interlocutori esterni. Si tratta di una personalità intellettuale di rilievo, che aveva patrocinato la trasformazione del Msi in An e quindi avrebbe potuto rivendicare – ancora più energicamente e autorevolmente rispetto, per esempio, a Birindelli nei confronti di Almirante – la genuinità e il marchio di fabbrica del progetto. Non penso che Fisichella avesse intenzioni del genere, ma Fini non ha mai sopportato che qualcuno gli facesse ombra.

La sostituzione con Nania, che tra l'altro proveniva dalla corrente rautiana, è molto indicativa: si antepone l'orgoglio di partito all'opportunità di accreditarsi in senso più moderato. Anche questa mossa rientra nell'intenzione di rafforzare l'influenza di An in quanto tale, non inquinandola con eccessive aperture all'esterno che avrebbero potuto diminuire la riconoscibilità del suo profilo.

Abbiamo accennato al fatto che tra le cause della sconfitta subita dal centrodestra nel 1996 c'è anche il mancato accordo con la Fiamma tricolore di Rauti. Ed è proprio Fini a mettere il veto su una possibile intesa. Temeva forse la concorrenza dei neofascisti irriducibili sull'elettorato ex missino?

No. Ma ci sono due fattori importanti che determinano quella scelta. Uno è di ordine idiosincratico. La lotta tra Fini e Rauti nel Msi era stata molto aspra e il leader di An aveva accolto con evidente sollievo la scissione della Fiamma tricolore a Fiuggi. Erano rimasti dei rancori e Fini ha sempre attribuito a queste ruggini personali un peso determinante. A ciò va aggiunta una seconda considerazione: i dirigenti di An sapevano che una parte dei quadri intermedi e del loro stesso elettorato aveva digerito con fatica l'amara pillola somministrata a Fiuggi. Un accordo elettorale, anche basato sulla semplice desistenza, avrebbe accreditato l'idea che tutti gli spezzoni ex missini appartenessero a un unico ambiente: esattamente ciò che Fini voleva smentire.

Invece Berlusconi era favorevole a un'intesa con Rauti.

Qui emerge un enorme divario di sensibilità. Fini era anche disposto a rischiare di perdere le elezioni, pur di non rilegittimare una componente che godeva di simpatie evidenti, anche se non dichiarate, all'interno di An. Va aggiunto che nel 1996 l'unico collegio in cui i rautiani riescono a eleggere un senatore, Luigi Caruso, è quello di Avola, in Sicilia, dove stranamente, per un intoppo burocratico, il centrodestra non si presenta. Oltre al candidato di sinistra, è presente soltanto un radicale, ma l'elettorato di destra preferisce di gran lunga l'esponente della Fiamma tricolore a quello pannelliano. Un comportamento significativo: tra chi vota An non c'è la stessa diffidenza verso l'estrema destra che si registra invece nei confronti dei radicali. C'è di più: non solo i 750mila voti raccolti dai rautiani al Senato costano al centrodestra diversi seggi in collegi incerti, ma si nota, anche dove questo problema non c'è, che una parte degli elettori di An preferisce il candidato della Fiamma tricolore a quello centrista o di Forza Italia presentato dal Polo.

L'identità neofascista è dura a morire.

Quasi 750mila voti per la Fiamma tricolore al Senato non sono una cifra trascurabile. Nei listini proporzionali della Camera, dove An è sempre presente con il suo simbolo, Rauti prende meno della metà dei suffragi, circa 340mila. Non dimentichiamo che ai consensi raccolti al Senato corrisponde una presenza che non copre affatto l'intero territorio nazionale, per evidenti problemi organizzativi, ma si limita a circa due terzi dei collegi. Con un patto di desistenza i dirigenti di An non avrebbero potuto dire che il voto per Rauti era inutile e anzi favoriva la sinistra. In quel caso probabilmente il suo successo sarebbe stato ben maggiore e avrebbe creato a Fini un notevole imbarazzo.

Eppure la Fiamma tricolore non ha candidati di spicco e finirà presto nell'irrilevanza, anche per via dei contrasti interni che la portano a perdere un pezzo dietro l'altro.

È vero, ma i discreti risultati colti da questo partito nella prima fase della sua esperienza dimostrano che c'è una fetta di elettori legata a un'identità specificamente neofascista piuttosto che a una generica destra. Esiste una sacca di forte persistenza della tradizione missina, che però tutte le altre formazioni di ultradestra sorte successivamente, da Forza nuova a CasaPound, non riusciranno a intercettare. Per un certo periodo il movimento rautiano non viene identificato come l'estrema destra, ma come il continuatore di una certa visione ideologica consolidata nel tempo.

Nell'estate 1996 Fini invita i professori di Forza Italia, quasi tutti provenienti da sinistra (Lucio Colletti, Piero Melograni,

Marcello Pera, Giorgio Rebuffa), a un convegno tenuto a San Martino al Cimino, suscitando malumori tra gli intellettuali di destra più legati alla tradizione missina. Forse il leader di An pensa di dare al proprio partito, attraverso il dialogo con questi uomini di cultura, un profilo liberale tale da consentirgli di prendere la guida del centrodestra?

È un'interpretazione diffusa, che però mi lascia dei dubbi. La mia impressione è che Fini abbia sempre avuto una considerazione scarsa e strumentale della componente intellettuale, ma non ignorava, soprattutto in quegli anni, l'accreditamento che da essa poteva venire, in termini di legittimazione a svolgere ruoli di primo piano a livello governativo.

Non credo insomma che avesse alcuna intenzione di creare un vero laboratorio per partorire un progetto culturale riconducibile alla destra. Del resto l'incontro di San Martino al Cimino non andò liscio: vi fu una reazione piuttosto negativa del pubblico, composto anch'esso di persone di solido profilo intellettuale, nei riguardi dei professori di Forza Italia. Non solo il convegno non amalgamò niente, ma fece venire ancor più chiaramente alla luce la distanza ideologica esistente tra le varie componenti nel variegato arcipelago della cultura definibile, in senso molto sfumato e generico, di centrodestra.

Siamo di fronte a una pura operazione di facciata?

Direi di sì. Era stata ideata per mostrare che An non poteva essere raffigurata come una forza culturalmente grezza, capace solo di fare la voce grossa come partito dell'ordine, ma aveva l'ambizione di pesare anche sul terreno intellettuale. Non va dimenticato che la nascita di Forza Italia, grazie a figure come Giuliano Urbani, era stata vista anche come la riattivazione di un'area culturale genericamente di destra, che poteva sfidare l'egemonia della sinistra. Ma dall'ambiente di An non era venuto alcun contributo significativo, se si esclude il caso di Fisichella, che certo non era espressione delle radici ideologiche missine.

C'è anche Veneziani...

Comincia allora ad avere un certo rilievo esterno. Ma non è un personaggio che possa godere della notorietà di studiosi come Colletti, Melograni, Urbani. E nel corso degli anni il rapporto di Veneziani con An sarà piuttosto oscillante, a seconda delle rispettive convenienze: dell'uso che il partito vorrà fare di lui e degli sbocchi che lui riuscirà a ottenere. Solo molto più tardi Fini costituirà un vero e proprio pensatoio, legato alla sua figura e a un disegno politico.

Nel settembre 1996 An tiene una manifestazione a Milano per contrapporsi al rito secessionista di Bossi lungo il Po. Anche qui si riscontra una divergenza con Forza Italia, perché la volontà di combattere il leghismo non è condivisa da Berlusconi.

È un'iniziativa emblematica del ruolo che An riesce a ritagliarsi nel centrodestra a metà degli anni Novanta. Qual è l'unica carta del suo passato che può ancora spendere senza essere inchiodata alle consuete polemiche antifasciste? Un patriottismo piuttosto esacerbato. Il partito di Fini non può rivendicare le vecchie idee corporative o le suggestioni dello Stato etico, tanto meno le proposte della sinistra socializzatrice, e neppure l'antiquato cavallo di battaglia della pena di morte. Non può far altro che mostrarsi come il «partito della nazione»: una formula che mette d'accordo tutti gli ambienti interni senza suscitare rampogne all'esterno.

Quindi Bossi è uno degli avversari principali da contrastare.

Il secessionismo leghista, che comincia allora a manifestarsi nella sua fase espansiva indipendentista, serve molto a Fini per cercare di ottenere un riequilibrio di visibilità all'interno della coalizione, proprio perché Berlusconi esita a prendersela in maniera diretta e immediata con gli elettori del Carroccio, che ritiene di poter riconquistare. Non dimentichiamo che i cospicui spezzoni parlamentari della Lega fuoriusciti dopo la rottura di Bossi con il centrodestra erano rimasti fino al 1996 al fianco del Cavaliere. Forza Italia non vuole liquidare la domanda di federalismo che giunge dal Nord. Una posizione di attesa rispetto alla quale Fini punta invece a dare il tono alla coalizione: a Milano mette in campo parole forti per dimostrare che An è il motore vero del centrodestra. È un evidente tentativo di scavalcamento.

A parte la scontata opposizione al governo Prodi, nella prima fase della legislatura il centrodestra deve misurarsi con la sfida della Bicamerale, la commissione per le riforme istituzionali promossa dall'Ulivo. In un primo tempo Fini è diffidente, tanto che An non dà il suo consenso alla candidatura del segretario del Pds (poi Democratici di sinistra, Ds) Massimo D'Alema, che diventa presidente della commissione anche con i suffragi di Forza Italia. Più tardi invece Fini cambierà idea e diventerà uno dei massimi sostenitori del progetto di riforma della Costituzione partorito dalla Bicamerale. Come spiegare le sue oscillazioni?

La questione ruota intorno al modello verso il quale indirizzare la Bicamerale in materia di revisione della forma di governo. Fini teme che si vada verso una soluzione diversa da quella adottata prima dal Msi e poi da An come bandiera, il presidenzialismo. Ha paura che Berlusconi giochi al ribasso e accetti un accordo con D'Alema per riportare in auge forme di parlamentarismo rafforzato con un sistema elettorale ispirato al modello tedesco, che avrebbe dato agli ex missini molte meno possibilità di egemonizzare il centrodestra. La sconfitta dell'ipotesi presidenziale in Bicamerale avrebbe potuto segnare per An un vero e proprio smacco.

Poi però, grazie a un voltafaccia della Lega, passa in Bicamerale una soluzione di tipo semipresidenziale alla francese. E il leader di An diventa uno dei più convinti fautori di quel progetto di riforma.

È logico. Un simile sbocco avrebbe consentito a Fini di presentarsi, in prospettiva, come colui che aveva sempre sostenuto la tesi su cui tutti gli altri avevano finito per convergere. An a quel tempo sente ancora (e continuerà a sentire lungo tutta la sua parabola) la necessità di conquistare una piena legittimazione. Gli ex missini non sopportano l'idea di rimanere in eterno gli «sdoganati», i fratelli minori tenuti sotto tutela da Berlusconi. Quindi cercano di cogliere ogni occasione possibile per rivendicare un ruolo di punta avanzata del centrodestra. La riforma semipresidenziale è quella che hanno sempre voluto e appare collegata all'ipotesi di un maggioritario uninominale a doppio turno, che può favorirli rispetto a Forza Italia per il loro maggiore radicamento sul territorio. Non c'è da stupirsi che Fini e i suoi caldeggino un esito positivo della Bicamerale.

Ma i contrasti sulla giustizia inducono Forza Italia a far saltare il tavolo delle riforme, con grave disappunto di Fini.

Già dopo l'avviso di garanzia consegnato a Berlusconi nell'ultima fase del suo primo governo, la dirigenza di An aveva capito che la questione giudiziaria era il tallone d'Achille del suo principale alleato. Per un partito che aveva rivendicato con forza un assoluto primato in fatto di lotta alla corruzione, prendere le distanze era quasi un obbligo. È un punto sul quale Fini e i suoi hanno sempre insistito nel tentativo di competere con Forza Italia, anche se ovviamente le necessità contingenti e tattiche dell'alleanza li hanno talvolta costretti a ingoiare cospicui rospi in fatto di giustizia.

Nei primi mesi del 1998 Fini intensifica il dialogo con gli ex comunisti. Non solo difende la Bicamerale guidata da D'Alema, ma tiene con il presidente della Camera Luciano Violante, il quale si era già segnalato per le sue aperture ai ragazzi di Salò, un dibattito sulle foibe che suscita scandalo tra i custodi più intransigenti dell'antifascismo. C'è forse in quella fase un tentativo di legittimazione reciproca tra gli eredi del Msi e quelli del Pci, che mira a tagliar fuori i centristi e Berlusconi, o almeno a ridimensionarne il peso?

È interesse di An operare un simultaneo depotenziamento dei due fattori fondamentali che avevano contribuito a emarginare il Msi durante la Prima Repubblica. In primo luogo l'antifascismo, ma in realtà anche l'anticomunismo, che ormai da tempo era vissuto dai neofascisti come un richiamo strumentale che aveva avvantaggiato indebitamente la Dc, mettendola in condizione di attirare un vasto elettorato di destra che solo con Tangentopoli era poi confluito sulle liste di An. Se è vero che il Msi aveva cercato a lungo di usare l'anticomunismo per condizionare lo Scudo crociato, si era visto almeno dagli anni Ottanta che, a quello scopo, l'arma era ormai inservibile.

Di conseguenza An propone agli ex comunisti una sorta di disarmo bilaterale: rinunciamo vicendevolmente ad argomenti delegittimanti, voi abbandonate l'antifascismo e noi lasciamo perdere l'anticomunismo, riconosciamoci reciprocamente di aver compiuto un'evoluzione importante e mettiamo un freno alla concorrenza soprattutto di Berlusconi, ma anche degli ex democristiani, che vogliono tenerci in uno stato di subalternità.

Ma il Cavaliere non ci sta.

Il dissidio esplode alla conferenza programmatica tenuta da An a Verona nel 1998. In quella sede Fini proclama di fatto la fine dell'anticomunismo, perché il sistema sovietico non esiste più e il mondo è cambiato: esorta a guardare avanti, a ricostituire il tessuto connettivo della nazione oltre le ideologie. E Berlusconi risponde con un *exploit* dei suoi: regala alla platea un gran numero di copie del *Libro nero del comunismo* e dichiara che non bisogna abbassare la guardia, perché il pericolo rosso è tuttora in agguato. Qui si vede come il leader di Forza Italia, capito il gioco di Fini, passi alla controffensiva, cercando lui di andare a pescare nel bacino elettorale ex missino. L'atteggiamento competitivo nei riguardi del maggiore alleato viene inaugurato da An, ma poi diventa bilaterale.

Tuttavia all'interno di Alleanza nazionale ci sono esponenti di primo piano che svolgono un ruolo costante di ricucitura degli screzi con Berlusconi. In particolare si distingue nel ruolo di paciere Tatarella, la cui prematura scomparsa, nel febbraio 1999, viene considerata una grave perdita per il centrodestra. Si trattava davvero di una figura così importante?

Tatarella acquisisce un peso specifico significativo nel Msi soltanto quando si apre la corsa alla successione di Almirante. In precedenza non era uno dei personaggi di spicco del partito: certe sue velleità di discutere la linea politica in sede ufficiale, ipotizzando il ritorno alla prospettiva di una «grande destra», venivano accolte con fastidio e talvolta anche con sarcasmo. Poi però diventa lo sponsor principale di Fini e da allora gode di un ascendente psicologico nei confronti del segretario, assurto a quella carica appena trentacinquenne, che ha verso di lui un debito di riconoscenza. È soprattutto questo che lo caratterizza e differenzia in maniera molto netta da dirigenti come Gasparri e La Russa.

Quando Tatarella manifestava l'esigenza di andare «oltre il Polo», prefigurava una fusione tra An e Forza Italia?

Penso che non si proponesse l'assorbimento degli ex missini all'interno di una nuova formazione politica, ma pensasse di sintonizzare le diverse componenti e smussare le asperità nei rapporti reciproci. Sono altri gli esponenti, vedi Gasparri, come i fatti dimostreranno, che vorrebbero una coalizione più spostata verso destra, ma che sarebbero poi disposti a sciogliere completamente l'identità originaria di An in un soggetto unico guidato da Berlusconi. La funzione equilibratrice di

Tatarella metteva il partito al riparo dall'inasprirsi del dissidio tra le due tendenze: una più identitaria e l'altra tendente alla dissoluzione dell'ex Msi in un contenitore più eterogeneo. La morte del deputato pugliese fa venir meno un fattore di mitigazione delle tensioni interne ad An e ancor più di quelle tra Fini e Berlusconi.

Lo chiamavano il «ministro dell'armonia».

Tatarella godeva della fiducia di entrambi i leader. Il capo di Forza Italia ne ha sempre parlato molto bene e ha spesso lamentato la sua scomparsa. Per un uomo come Berlusconi, che ha sempre attribuito un peso enorme ai rapporti interpersonali, l'idea di non dover trattare direttamente con Fini, con il quale non si è mai trovato in sintonia sul piano caratteriale, ma di avere in An un interlocutore affidabile, con cui s'intendeva umanamente, era un dato di grande importanza. La perdita è stata molto significativa. Anche all'interno di An, morto Tatarella, si sviluppa la tendenza delle diverse correnti a divaricarsi, a mettere in rilievo ciò che le differenzia. È da quel momento, per esempio, che il gruppo di Urso e Matteoli accentua le sue iniziative per proporre una linea strategica più caratterizzata in senso liberalnazionale.

C'è anche la destra sociale di Alemanno e Storace, che si esprime nella rivista «Area» e intende contrastare gli eccessi liberisti di alcuni settori del centrodestra.

An conosce un crescente sviluppo delle correnti interne. Era un fenomeno già presente nel Msi degli ultimi anni, ma che assume connotati molto più significativi. Il partito di Almirante era stato anche un luogo di ritrovo per sensibilità diverse, che si erano aggregate di volta in volta intorno ai progetti della leadership. Già negli anni Settanta, dalla scissione demonazionale in poi, si era visto come convivessero sotto la Fiamma anime variegate, che si ripresentano con diversa composizione dopo la fine del primo governo Berlusconi. Nasce una sorta di bipolarismo interno: da una parte la già citata corrente liberalnazionale, molto attiva sul piano culturale con la rivista «Charta Minuta» e frequenti convegni; dall'altra la destra sociale.

Che cosa distingue le due aggregazioni?

Un'antica linea divisoria. Ci sono coloro che guardano a una destra più conservatrice, che mantiene un forte richiamo nazionalpatriottico, se non nazionalista, ma sul terreno economico predilige un capitalismo produttivistico. Sull'altro versante Alemanno e Storace riprendono alcuni motivi della sinistra neofascista e cercano di conciliarli con il richiamo alla dottrina sociale della Chiesa. Questo dualismo fa peraltro il gioco della leadership finiana, che si erge a garante dell'unità del partito, capace di smorzare i toni delle due tendenze, lasciando spazio di espressione a tutti e proseguendo nella sua linea di piccolo cabotaggio.

La destra sociale non è in fondo la riproposizione della corrente rautiana di un tempo, specie della sua componente giovanile?

Direi di no. C'è semmai il tentativo di adeguarsi alla nuova situazione politica, senza contestare l'accettazione del capitalismo, ma distinguendo il modello anglosassone da quello renano, con una preferenza per il secondo. Non a caso si apre un dialogo tra Alemanno e Buttiglione, dietro il quale troviamo la Fondazione Adenauer e altri ambienti d'indirizzo ciellino o cattolico-liberale. Si chiede un maggiore intervento pubblico nell'economia, ma in un quadro di sussidiarietà. Mentre Urso e Matteoli vogliono un'integrazione più marcata con le correnti liberali del centrodestra, la destra sociale crede che An e Forza Italia debbano viaggiare unite, ma senza perdere le rispettive caratterizzazioni, per cui occorre che gli ex missini mantengano una coerenza identitaria, con aperture verso il solidarismo cattolico.

Bisogna notare però che la rivista «Area» guarda anche verso ambienti che conservano le stigmate dell'antica identità. La parte culturale ripropone costantemente le icone tradizionali del neofascismo, soprattutto giovanile: Drieu La Rochelle, Jünger, Brasillach, la Rivoluzione conservatrice, le correnti eretiche del movimento mussoliniano. Si cerca di tenere insieme il progetto politico di cui si è detto e un retroterra culturale che non gli è consono. La destra sociale ripropone insomma la vocazione onnicomprensiva che era già stata tipica del Msi almirantiano: insiste sull'esigenza di non omologarsi a Forza Italia, ma non delinea mai una piattaforma culturale coerente, che configuri un modo diverso d'interpretare l'anima ex missina del centrodestra.

Dopo il fiasco della Bicamerale, Fini punta sul quesito referendario che mira ad abolire la quota proporzionale nel sistema elettorale e trova un nuovo alleato in Mario Segni. Ma il referendum, nell'aprile 1999, non raggiunge il quorum, sia pure per un soffio, e l'accordo con Segni alle successive elezioni europee, sotto il segno dell'Elefantino, dà risultati pessimi: 10,3 per cento rispetto al 12,5 della sola An (e al 3,2 del Patto Segni) nelle europee del 1994. Quali i motivi di un fallimento tanto clamoroso?

Tutta l'operazione è mal gestita. Sono chiare le ragioni che inducono Fini a proporre l'abolizione della quota proporzionale, per accentuare la tendenza bipolare e approfittare nei collegi uninominali della maggiore presenza territoriale su cui An può contare rispetto a Forza Italia. Ma l'alleanza con Segni è un tentativo miope, da cui emerge forse per la prima volta con tanta chiarezza l'insipienza strategica di Fini, che si muove sempre sull'onda d'improvvisazioni e tatticismi.

Eppure Segni era stato un simbolo di rinnovamento radicale in una fase politica non troppo lontana nel tempo.

Ma nel 1999 aveva già perso quasi completamente visibilità e credibilità a causa degli atteggiamenti ondivaghi e indecisi tenuti durante la crisi finale della Prima Repubblica: non era stato capace di giocare le sue carte e ciò ne aveva offuscato il profilo. In sostanza non aveva alcun capitale di consensi da portare in dote. Come se non bastasse, nelle liste dell'Elefantino alle elezioni europee non entra soltanto Segni: ci sono anche referendari come Marco Taradash e Giuseppe Calderisi, che vengono dal Partito radicale. E questa è una rottura molto forte, per via dell'ostilità che l'elettorato di destra aveva sviluppato nel tempo verso Pannella e le sue battaglie. Malgrado i confronti pubblici tra missini e radicali organizzati in alcune occasioni, la distanza su temi come l'aborto o la legalizzazione delle droghe restava abissale. Una parte degli elettori di An, specie tra quelli di provenienza missina, vede nell'operazione Elefantino una volontà di snaturare le posizioni della destra.

Basti pensare che nel 1989 Taradash era stato eletto deputato europeo in una lista monotematica antiproibizionista.

Appunto. Qui si vede uno dei connotati tipici del comportamento politico di Fini. Impone svolte senza alcuna discussione interna. Non mette mai la classe dirigente di An, tantomeno la base, di fronte a una riflessione circa le decisioni da assumere ogni volta che vuole cambiare rotta. Utilizza la sua posizione strutturalmente carismatica, in un modello di partito fondato sul centralismo plebiscitario, per affermare la sua volontà e indurre gli altri a seguirlo.

Nel 1999 però deve scontare un forte mal di pancia della base, acuito dal fatto che le europee sono considerate anche a destra consultazioni secondarie, il classico appuntamento in cui si può manifestare senza gravi conseguenze il disaccordo dell'elettore rispetto al proprio partito di riferimento. Così l'operazione finisce male: Fini deve registrare il primo grosso fiasco nel tentativo di apparire come chi apre l'alleanza in direzioni verso le quali Berlusconi personalmente non può andare, perché gravato dalla zavorra del conflitto d'interessi.

Eppure il leader di An persevera sulla medesima strada.

È evidente il suo sforzo di ribaltare il rapporto di sudditanza psicologica costruito intorno al nodo dello sdoganamento. Fini vive questa legittimazione dimezzata con estremo disagio e cerca di cogliere ogni occasione per emanciparsi da Berlusconi. Ma con scarsa fortuna.

Subito dopo l'insuccesso alle europee, Fini presenta le sue dimissioni, ritirate però in cambio dell'impegno del partito a raccogliere subito le firme per un nuovo referendum elettorale. Come giudicare la vicenda?

In Alleanza nazionale permane fino all'ultimo il rapporto fideistico nei riguardi del leader che si era creato nel Msi. Di più. Siccome in questo caso non si tratterebbe soltanto di far cadere la segreteria di un partito di opposizione, ma si rischia di mettere in discussione colui che lo ha traghettato dall'emarginazione all'accettabilità e al governo, nessuno si fa avanti come candidato alternativo. Ci sono correnti che si possono anche agitare molto, ma hanno l'unico obiettivo di influenzare il leader e portarlo a ragionare in modo più vicino alla loro sensibilità. Non emerge mai l'idea di convergere intorno a una figura che possa sostituirlo. Non lo propone la destra sociale né il gruppo liberalnazionale, tanto meno gli esponenti più vicini al presidente di An.

Quindi le dimissioni sono una farsa?

Sembrano soprattutto un gesto di stizza. Fini sfida il partito e dice: bene, se avete qualcuno che pensate possa adottare una linea strategica più efficace della mia, proponetelo e si vedrà come va a finire. Poiché sa che questa prospettiva non esiste, il gesto di rassegnare le dimissioni (abitudine peraltro radicata nella politica italiana) è un modo come un altro per affermare simbolicamente che il partito è lui: che non ci sono alternative credibili e dunque bisogna smetterla di rumoreggiare e borbottare, perché la linea la detta il leader.

D'altronde Fini nei sondaggi risulta molto più popolare del suo partito.

Negli ultimi anni il successo dei diversi leader italiani nelle rilevazioni demoscopiche spesso non ha coinciso con il consenso elettorale che poi sono effettivamente riusciti a raccogliere. Varie figure hanno goduto di un tasso di popolarità elevato, senza che i loro partiti riuscissero a tradurlo in voti alla prova delle urne. Nel caso di Fini, questo dato ha agito soprattutto a livello psicologico: lo ha convinto non solo di non avere rivali dentro An, ma addirittura di poter fare a meno del partito. Nel 1999 non siamo ancora a questo punto. Ma le sue mosse successive dimostrano che Fini si è persuaso di possedere un patrimonio personale di credibilità da spendere in contenitori diversi e comunque più vasti di An, e perciò dimostra insofferenza verso chiunque voglia veramente animare una qualche forma di dibattito nel partito.

Infatti la vita interna langue.

C'è un dato evidente. Già con il nuovo statuto approvato a Fiuggi si era stabilito che i termini di scadenza congressuale (peraltro mai rispettati) dovevano essere allungati da due a tre anni. Ma tra la svolta di Fiuggi e lo scioglimento di An c'è un solo congresso, che si tiene nel 2002 e non è significativo dal punto di vista delle scelte politiche. Semplicemente, non si può gestire un partito a tempo indefinito senza celebrare un congresso e così, bene o male, sette anni dopo Fiuggi, si espleta questa formalità democratica.

Ma la colpa forse non è solo del leader. Probabilmente anche ai colonnelli non interessa un discorso di prospettiva politica. E questo finisce per giustificare un andazzo verticistico.

È un elemento posto in rilievo nelle ricostruzioni più benevole verso il capo di An, come quella di Salvatore Merlo, che nel libro *La conversione di Fini* sostiene che il leader inizia presto a provare una forte sfiducia verso la classe dirigente del partito e ancor più verso i quadri intermedi, che non considera all'altezza delle sue ambizioni e del progetto di una moderna destra europea. Il problema però è che non ci sono alternative: mancano spazi politici praticabili, a parte quelli conquistati e mantenuti sotto l'insegna della Fiamma. Ciò comporta una situazione di stallo, perché la mancanza di sfidanti interni non stimola alcun dibattito in cui il leader di An esponga e sostenga in maniera chiara il suo presunto disegno. Ne consegue che si procede per strappi calati dall'alto, tra mugugni interni che solo in alcuni casi vengono alla luce, ma comunque minano la funzionalità della struttura.

Nessuno mette in discussione la leadership di Fini, però emergono sensibilità e anche comportamenti difformi. Per esempio La Russa partecipa al riavvicinamento tra la Lega e il centrodestra in largo anticipo sul resto della dirigenza di An. Lo si può considerare l'erede di Tatarella come tessitore di rapporti esterni?

La disponibilità di La Russa al dialogo con la Lega deriva soprattutto da ragioni geografiche. Come ricordato, al Nord nel 1994 il Msi-An si era trovato schiacciato dal rifiuto della Lega di presentare candidati comuni ed era stato costretto a correre da solo, con risultati molto deludenti. Credo che quell'insuccesso fosse stato un forte campanello d'allarme per La Russa, sempre molto legato al suo ambito di egemonia territoriale a Milano. Aveva capito che al Nord con la Lega si vince, mentre senza Bossi si rischia gravemente di perdere. Qui risiede il primo movente del suo atteggiamento di apertura. Che poi per varie ragioni, anche di natura professionale, La Russa abbia sempre mantenuto buoni rapporti con l'ambiente di Forza Italia, è un dato di fatto. Certamente si adopera per evitare screzi e non è tra quelli, come Tremaglia, che a Berlusconi preferiscono Di Pietro.

Le regionali del 2000 sono un grande successo del centrodestra. Per quanto riguarda An, Storace diventa presidente del Lazio. Ma il ruolo nazionale che ne deriva per l'ex capo ufficio stampa di Fini non pone forse anche i germi per la successiva rottura tra i due?

Nel momento in cui diventa presidente di una regione importante come il Lazio, Storace si trova nella condizione di poter reclamare un peso maggiore anche nella discussione della linea politica. A partire da quel momento insiste molto sul fatto che non è la leadership personale di Fini a dover essere messa in discussione, ma è necessario giungere a un confronto sulle scelte del partito. Il fatto poi di essere alla guida della regione di «Roma ladrona», proprio nel momento in cui si ricrea l'alleanza tra il Polo e la Lega, spinge Storace a fare da contrappeso ad alcune tendenze nordiste che si manifestano nella nuova coalizione, enfatizzando il primato della capitale e del Lazio. Si pongono insomma le precondizioni per il futuro scontro con Fini. Se non avesse ottenuto quel successo, Storace non avrebbe avuto la visibilità di cui gode da allora in avanti e probabilmente avrebbe tenuto un profilo più basso. Invece ora sa di poter esercitare un peso non indifferente.

La pace tra la Fiamma e il Carroccio viene siglata alla conferenza programmatica di An, tenuta a Napoli nel febbraio 2001. Fini, che al momento del ribaltone aveva parlato di fine della Lega, sancisce la nuova alleanza nella Casa delle Libertà. Bossi dice che la Lega ha fatto un passo indietro (dalla secessione al federalismo) e An uno avanti (dal centralismo al federalismo). Ma l'impressione è che le riserve mentali restino forti da entrambe le parti e che semplicemente i due partiti non abbiano fatto altro che accettare l'egemonia di Berlusconi. Non è così?

I risultati delle regionali del 2000 e i sondaggi spingono verso l'idea che una nuova coalizione tra il centrodestra e la Lega abbia la vittoria elettorale in tasca. Nella conferenza programmatica di Napoli, An si sforza di smussare gli angoli per predisporre un terreno di accoglienza dell'alleanza con Bossi. Diversamente dalle tesi di Fiuggi e da quelle di Verona, quelle presentate a Napoli tralasciano il dibattito ideologico e le tematiche legate ai grandi princìpi. Puntano invece sull'opera di governo, con una serie di considerazioni pragmatiche sulle quali si pensa che anche la Lega possa convergere. Alcune discordanze rimangono e la diffidenza non viene mai completamente meno, ma si pensa di poterle superare nell'ambito del comune impegno alla guida dell'Italia.

14
Gli anni del subgoverno

Alle elezioni politiche del 2001 An ottiene nella quota proporzionale il 12 per cento. Tenendo conto del trionfo di Forza Italia, che sfiora il 30, è un discreto risultato, tanto più che la Lega e il Ccd-Cdu (che presto diverrà Udc) restano sotto il 4. A che cosa si deve la tenuta del partito di Fini?

Principalmente è dovuta al fatto che l'elettorato italiano di destra, nonostante il sistema prevalentemente uninominale allora in vigore, non si riconosce in un'area genericamente moderata. Rispetto ad altri Paesi europei, pesa molto di più il passato, quando l'elettorato conservatore sceglieva la Dc quasi obbligatoriamente, *obtorto collo*, come unica possibile diga anticomunista. Ora, di fronte a una coalizione variegata, quella costrizione è venuta meno: ciascun elettore può esprimere nella quota proporzionale la connotazione specifica del suo suffragio. Siamo in presenza di una destra plurale, che si articola per spazi differenziati. Lo stesso progetto del «partito liberale di massa», perseguito almeno a parole da Berlusconi, funziona a corrente alternata, non riesce ad assorbire del tutto nel suo seno le tendenze provenienti da un'altra storia.

Quindi il vecchio richiamo identitario, tanto bistrattato, resta l'arma più efficace di An?

Sì, ma non in modo esclusivo. Nel precedente periodo di governo, per quanto breve, An aveva mostrato una forte vocazione a occupare posti di potere e a crearsi consistenti clientele, mentre ancora Forza Italia balbettava da questo punto di vista, come avevano dimostrato le sue difficoltà nelle elezioni amministrative. Quindi il partito di Fini può contare su uno zoccolo duro fondato non solo sulla radice missina, ma anche sulla capacità di offrire sbocchi concreti in fatto di sottogoverno.

Però nel secondo governo Berlusconi An non ha ministeri di primo piano. Il più importante è quello delle Comunicazioni, dove però Gasparri deve svolgere un'azione di tutela degli interessi di Mediaset che certo non lo qualifica politicamente. La vicepresidenza del Consiglio attribuita a Fini appare un po' una scatola vuota, soprattutto in presenza di un premier iperattivo come Berlusconi. E per giunta fallisce l'ipotesi di portare Fisichella alla presidenza del Senato. Bisogna concludere che An si è mossa male in sede di trattative?

Per quanto riguarda il sacrificio di Fisichella, rientra sempre nel desiderio di Fini di non vedere offuscata la sua leadership da personaggi ingombranti. Avere un simile presidente del Senato significava mostrare due volti diversi di An, con il rischio di differenziazioni rilevanti durante la legislatura. Credo sia stata una riedizione della vicenda che aveva visto nel 1994 tramontare, anche per un veto del Quirinale, l'ipotesi di Gianfranco Miglio ministro delle Riforme istituzionali, con la susseguente rottura tra lo studioso e la Lega. Nel caso di Fisichella non c'è alcun intervento presidenziale, ma si ripropone il rischio che un personaggio esterno diventi quasi un faro per un partito guidato in modo assolutistico.

Però non ne deriva ad An alcuna compensazione incisiva nella distribuzione dei ministeri.

Anche se si tratta di una carica dalle attribuzioni imprecise, con la vicepresidenza del Consiglio Fini si qualifica come personalità di primo piano. Per il resto pesa su An la scarsa presentabilità della sua classe dirigente. Non ci sono parlamentari che siano ritenuti particolarmente competenti in qualche settore, da promuovere a ruoli governativi senza creare polemiche sul loro passato o sulla loro adeguatezza. Si possono promuovere solo uomini di apparato, che rischiano di non essere accettati positivamente dall'opinione pubblica. E se anche An ha mantenuto un 12 per cento, ben inferiore al 13,5 del 1994 e al 15,7 del 1996, il divario rispetto a Forza Italia è cresciuto parecchio. Dato che Fini aveva impostato, specie dal 1998 in poi, un'aperta concorrenza con il suo alleato, la penalizzazione degli ex missini è anche un modo di far vedere, da parte di Berlusconi, che c'è chi comanda e chi deve stare agli ordini. Perciò An subisce l'impatto del suo ridimensionamento elettorale.

Nella prima parte della legislatura Fini appare alla ricerca di un ruolo. Reca una zelante solidarietà alle forze dell'ordine durante il G8 di Genova. Invoca la riforma della previdenza e licenziamenti più facili, sposando le posizioni confindustriali. Dà il nome, insieme a Bossi, alla legge sull'immigrazione, i cui aspetti di maggiore severità vengono però smussati. Come si spiega il suo protagonismo?

La preoccupazione principale di Fini, durante tutta la parabola di An, è trovare il modo di svolgere un ruolo autonomo, differenziandosi da Berlusconi, per accreditarsi come il capofila di un'anima condizionante del centrodestra. Per riuscirci deve ogni volta smarcarsi rispetto alla linea ufficiale del governo.

Nella seconda metà degli anni Novanta aveva patrocinato un tentativo di spostare la coalizione al centro, precedendo e soppiantando in quel ruolo Berlusconi. Nel 2001 invece abbiamo una mossa in senso opposto, perché Fini si espone moltissimo in occasione del G8 di Genova, con la presenza nella sala operativa della questura, e assume un ruolo di duro difensore dell'ordine. Lo affianca in questo il deputato di An ed ex carabiniere Filippo Ascierto, che assume atteggiamenti provocatori e invoca una repressione più brutale nei riguardi dei manifestanti. In quel periodo anche l'auspicio dei licenziamenti facili e il patrocinio della legge restrittiva sull'immigrazione, la Bossi-Fini, sono tentativi per tornare a rappresentare il volto più nettamente di destra della coalizione. Ma, poiché non danno grandi frutti, in seguito Fini intraprenderà un cammino diverso. Il suo obiettivo rimane sempre conquistare uno spazio autonomo, soprattutto per se stesso, ma anche per An, giocando di rimessa rispetto a Berlusconi.

Dopo l'11 settembre 2001 il governo italiano approva l'invasione dell'Afghanistan e nel 2003 avalla l'intervento angloamericano contro Saddam Hussein, fino al punto di inviare un contingente militare in Iraq. An non sembra muoversi a suo agio nel clima dello scontro di civiltà e si allinea un po' a denti stretti, mentre Marcello De Angelis, su «Area», condanna l'attacco a Bagdad. Forse il ricorrente paragone con la Seconda guerra mondiale, fondato sul parallelo tra la liberazione dell'Italia e quella dell'Iraq, infastidisce gli eredi, sia pure indiretti, della Rsi?

Non mi pare che in questo caso il comportamento di An si colleghi all'immaginario collettivo ereditato dal Msi. Direi piuttosto che nella tradizione del partito, specie nel mondo giovanile, si era coltivato un europeismo che tendeva al terzaforzismo. Erano state accolte positivamente le posizioni golliste, si era chiesto che l'alleanza con gli Stati Uniti divenisse paritaria, lo stesso atlantismo, almeno fino al 1989, era stato vissuto come un male necessario o un male minore.

Il fatto che nel 2001 vari Paesi occidentali, tra cui l'Italia, mostrino una chiara sudditanza verso la reazione di Washington agli attentati dell'11 settembre non poteva non risvegliare l'orgoglio nazionalistico dentro An. Ci sono del resto altri Stati europei, a partire dalla Francia di Jacques Chirac, che si oppongono apertamente alla politica di George W. Bush.

An vuole rappresentare una sorta di gollismo all'italiana?

Essere troppo allineati sulle scelte filoamericane di Berlusconi non solo poteva apparire un tradimento delle premesse ideologiche a cui ho fatto riferimento, ma avrebbe dato l'idea di un'Alleanza nazionale appiattita sul maggiore alleato. Invece Fini tiene a far vedere che non segue supinamente né il capo del governo né la corrente di opinione che afferma la superiorità della cultura occidentale rispetto all'Islam. Gli ex missini ne ricavano il vantaggio di apparire i moderatori delle posizioni governative, riducendo così il carico dell'accusa di venire da un passato estremista e di voler soffiare sul fuoco dei conflitti. L'approvazione della legge Bossi-Fini aveva riacceso le polemiche sulla tendenza di An a tornare sulla strada del radicalismo; mostrarsi più cauti nel giudizio sulla strategia di Bush consente di trasmettere un'immagine di raziocinio. Non credo invece che le discussioni sul cosiddetto «islamofascismo» o sul paragone tra Saddam Hussein e Hitler abbiano destato molto interesse all'interno di An.

Neanche nel mondo giovanile?

Qui sono in gioco altri fattori. Nel 1989 Alemanno, all'epoca segretario del Fronte della gioventù, era stato malmenato e incarcerato quando, in primo luogo per rivendicare l'autonomia dell'Italia all'interno della Nato, ma anche in segno di solidarietà con il popolo palestinese, aveva cercato di bloccare il corteo presidenziale di Bush padre, in visita in Italia, che si stava recando a rendere omaggio ai caduti americani della Seconda guerra mondiale. C'era nella destra sociale e in Azione giovani, erede del Fronte della gioventù, una tradizione, se non terzomondista, di sostegno alle ragioni del mondo arabo. I mal di pancia si erano già manifestati nel 1991, in occasione della prima guerra del Golfo, anche se Rauti, allora segretario del Msi e prigioniero dei notabili che lo avevano sostenuto, non aveva potuto esprimere il suo dissenso, come certamente avrebbe fatto se fosse stato all'opposizione. Tutto ciò non poteva essere sparito dal radar mentale dei militanti nel giro di pochi anni.

Nel febbraio 2002 Fini trova un ruolo come rappresentante dell'Italia nella Convenzione che deve elaborare il nuovo trattato dell'Unione Europea. Anche qui si colloca un po' in secondo piano rispetto al vicepresidente della Convenzione, Giuliano Amato. Molti però ritengono che quell'incarico gli sia stato molto utile per legittimarsi all'estero.

Se crediamo alla parola dell'interessato, si tratta di una svolta. Non è casuale che il libro da lui scritto su quell'esperienza, *L'Europa che verrà*, abbia come prefatore Amato. Nel ricostruire il suo tragitto politico, Fini insiste sul fatto di aver capito durante i lavori della Convenzione che le sue idee potevano trovare interlocutori ben disposti in Europa. Gli oppositori interni hanno poi parlato o favoleggiato di contatti con ambienti economici o massonici, che ne avrebbero stimolato l'evoluzione ideologica.

Per rimanere ai fatti, senza dubbio la presenza di Fini nella Convenzione, accettata dagli altri membri, è un passo importante verso la definitiva legittimazione in sede internazionale, dove erano emerse in passato notevoli diffidenze. E aiuta An nel processo di avvicinamento al Partito popolare europeo. Fini scrive che il motore di certe sue scelte è l'idea di Europa acquisita in quella sede.

Siamo alla conquista della patente di rispettabilità internazionale.

Ed è anche un modo per marcare la totale estraneità di An rispetto ai partiti nazionalpopulisti che si vanno affermando in tutta Europa. Gli anni Novanta vedono la rapida crescita di forze che contestano l'establishment e il processo d'integrazione continentale, ma gli ex missini non vogliono neppure sentirne parlare.

In quel periodo partecipai con Ernesto Galli della Loggia, Gianni Baget Bozzo e Piero Ignazi a un convegno organizzato da «Charta Minuta» su che cosa potesse significare l'andare «oltre il Polo» ipotizzato da Tatarella. Quando nel dibattito emerse l'ipotesi che An facesse propri alcuni motivi dell'ondata populista, la reazione degli organizzatori fu molto aspra: respinsero l'idea, dicendo che avrebbe portato su un binario morto, e anzi sottolinearono il loro intento di prendere le distanze da quei fenomeni.

An è unanime nel vedere il nazionalpopulismo come fumo negli occhi?

L'unica eccezione è la destra sociale di Alemanno, non tanto di Storace. Sulle pagine di «Area» si registrano aperture di credito al Front national e soprattutto allo scissionista Bruno Mégret, dopo la sua rottura con Le Pen. Il politico francese viene intervistato e si nota una certa simpatia verso un nazionalpopulismo non troppo connotato in senso xenofobo. Ma negli altri ambienti di An si pensa che accreditarsi in sede europea verso il centro e anche trovare forme d'interlocuzione con la sinistra moderata sia indispensabile per evitare ogni assimilazione al nazionalpopulismo e quindi una nuova demonizzazione.

Il risultato è che un cospicuo capitale elettorale trova in Italia un referente soltanto nel Nord, dove lo intercetta la Lega, mentre nel resto del Paese cade nel vuoto. Piuttosto che occupare quello spazio, certamente redditizio sul piano del consenso, An preferisce garantirsi un'immagine rispettabile, lontana da ogni radicalismo.

Che dire del II congresso di Alleanza nazionale, tenuto a Bologna nel marzo 2002?

È un appuntamento di vetrina, convocato solo perché non si può dare l'impressione che il partito sia tiranneggiato a tempo illimitato da un uomo solo. Ci si arriva sulla base di tesi elaborate da un comitato composto di tre persone, che rappresentano le diverse correnti interne. Esaminando quel documento, ci si accorge che si tratta di un mosaico di inserti che corrispondono a ciascuna corrente. Vi sono accentuazioni targate destra sociale in fatto di politica estera; si leggono passaggi sulle politiche industriali che risentono dell'influenza liberalnazionale; in materia di valori la mediazione è assicurata dal gruppo maggioritario finiano. È una sorta di lottizzazione delle tesi, a dimostrazione del fatto che non si vuole sviluppare un vero confronto di opinioni. Si preferisce che ciascuno coltivi la sua riserva, piuttosto che discutere sul serio.

Insomma, è un congresso inutile.

Serve più che altro a confermare l'assoluto primato del leader e della sua cerchia più stretta. È una sorta di re-incoronazione che, a distanza di sette anni da Fiuggi, consacra Fini come immagine e sostanza del partito, in modo che non si percepiscano all'esterno le divisioni correntizie, se non per quanto riguarda l'occupazione di cariche interne o di sottogoverno. Nessuno pensa più a produrre progetti politici alternativi alla linea del presidente.

Dopo i risultati sfavorevoli delle elezioni amministrative tenute nel maggio 2003, nasce un'intesa tra An e Udc, all'epoca guidata da Marco Follini (Casini è presidente della Camera). Qualcuno la descrive come un «subgoverno», creato per controbilanciare l'«asse del Nord» Berlusconi-Bossi-Tremonti. Ma ci riesce davvero?

No. Fini si sente offuscato nella compagine governativa e cerca maggiore visibilità. Sulla carta ottiene la creazione di una «cabina di regìa» delle politiche economiche e sociali, che non avrà alcuna conseguenza pratica, ma gli permette per qualche settimana di apparire vincente nel braccio di ferro con il ministro dell'Economia Giulio Tremonti.

Quanto all'«asse del Nord», il problema è che la Lega ha un peso elettorale complessivo più ridotto, ma concentra i suoi voti nelle regioni settentrionali e qui funge da vero e proprio ago della bilancia mentre An ha una presenza più omogenea sul territorio nazionale, ma non appare altrettanto decisiva per le sorti della coalizione. Soprattutto però l'intenzione di Fini è di arginare lo strapotere d'immagine di Berlusconi, che con la sua narcisistica esuberanza relega in secondo piano gli alleati. Bossi non se ne preoccupa troppo, perché il suo campo d'azione è circoscritto a un ambito territoriale in cui la struttura della Lega ha un rilievo determinante; Fini può contare molto meno su quel tipo di risorsa.

Per lo stesso motivo An non ha alternative reali all'intesa con Berlusconi, perché la sua presenza diffusa la rende utile dappertutto, ma quasi da nessuna parte decisiva: se si presentasse da sola, con il sistema vigente non avrebbe possibilità di ottenere una consistente presenza parlamentare.

Nell'estate del 2003 Berlusconi rilascia un'intervista estiva in cui descrive il fascismo come un regime bonario, che mandava gli oppositori in villeggiatura nelle isole del Mediterraneo. L'uscita mette in forte imbarazzo Alleanza nazionale. Non è un paradosso che il Cavaliere possa permettersi tranquillamente di fare riconoscimenti al Duce mentre per An gli esami non finiscono mai?

Checché se ne dica, nei partiti che hanno una forte matrice ideologica l'impronta genetica permane ed esercita effetti di lungo periodo. Infatti An non ha potuto mai svincolarsi dai sospetti. Mentre si è sempre andati a cercare qualsiasi sbavatura nelle posizioni degli ex missini, inchiodandoli al loro passato, Berlusconi è esente da questo peccato originale, quindi può permettersi incursioni nel retroterra psicologico dell'elettorato di An, rischiando poco.

La sua uscita estiva è chiaramente un'altra mossa per guadagnare terreno nel sotterraneo conflitto che lo oppone agli alleati. Ed è un modo per metterli in difficoltà, perché è evidente che, nel prendere progressivamente le distanze dalla sua matrice neofascista, il gruppo dirigente di An aveva scontentato una parte non irrilevante del proprio elettorato tradizionale. Berlusconi vuole mostrare che non ha preclusioni verso quelle persone e può fare affermazioni a loro gradite senza alcun imbarazzo, mentre i dirigenti di An sono costretti a dissociarsi, irritando ulteriormente la propria base elettorale.

Del resto in Italia l'indulgenza verso il fascismo e Mussolini non è merce rara, anche al di fuori del ristretto mondo nostalgico.

Alcune ricerche recenti hanno messo in evidenza che nell'opinione pubblica italiana, specialmente quella scarsamente interessata alla partecipazione politica, la memoria del fascismo non è mai stata così negativa come si tende a credere nelle cerchie intellettuali. Perciò ammiccamenti come quelli di Berlusconi possono apparire, se non benaccetti, quanto meno non sgraditi alle fasce di popolazione a cui il centrodestra guarda con maggiore attenzione.

Come ha spiegato Roberto Chiarini nel suo bel saggio *25 aprile. La competizione politica sulla memoria*, tra le varie articolazioni che ha assunto la memoria del Ventennio è prevalsa in fondo, nonostante l'ufficialità, la versione della «zona grigia», come la chiamava De Felice, estranea ai canoni della ritualità antifascista che si è perpetuata nella sinistra. Forse questo è uno dei motivi che inducono una fetta di società a diffidare degli eredi del Pci, per quanto socialdemocratizzati. Pizzicare certe corde può essere considerato un espediente non banale, da parte di Berlusconi, per rafforzare la sua presa su quell'elettorato.

Basti pensare alla vastissima platea dei lettori di Indro Montanelli, che è stato sempre piuttosto comprensivo verso il regime mussoliniano.

Oppure alle dichiarazioni del 2013, molto esecrate, dell'allora capogruppo del Movimento 5 Stelle alla Camera, Roberta Lombardi, che in fondo esprimevano l'opinione di una parte degli italiani, per cui al regime di Mussolini, nonostante la dittatura e l'esito disastroso della guerra, si devono riconoscere anche dei meriti, soprattutto nel campo dei lavori pubblici.

Fini invece, nell'autunno 2003, va nella direzione opposta. Si dice favorevole al voto amministrativo per gli immigrati, suscitando le ire di Bossi, e poi a Gerusalemme associa al fascismo il concetto di «male assoluto». Non bisogna ammettere che dimostra coraggio nel prendere posizioni così inusuali per il suo partito?

Gli si potrebbe fare un simile riconoscimento se si fosse sicuri che queste sortite derivino da una profonda revisione interiore delle sue precedenti posizioni. Si può invece sospettare che quelle esternazioni siano il prodotto di un calcolo politico. Dopo aver constatato che nella Casa delle Libertà gli manca spazio per via dell'attivismo straripante del Cavaliere, Fini decide di cercare la legittimazione della controparte, cioè del centrosinistra, come unico leader presentabile del centrodestra, in vista di un dialogo che oltrepassi la stagione bipolare fondata sulla scelta tra berlusconismo e antiberlusconismo.

Sarà anche un calcolo politico, ma è comunque rischioso, visto che si tratta di contraddire gli orientamenti dominanti nella propria base.

È rischioso per Alleanza nazionale come partito, ma non per il suo leader. Fini si rende conto, dopo il voto del 2001, che An non lo può seguire nella creazione di una nuova immagine moderata e per certi versi perfino progressista: avverte il partito come una zavorra, ma non può farne a meno, quindi preferisce procedere per violenti strattoni, in modo da accreditarsi personalmente agli occhi dell'opinione pubblica.

Ma il punto è un altro: se Fini avesse maturato già allora

posizioni sgradite alla sua base, avrebbe dovuto aprire la discussione in congresso e ripetere quanto era avvenuto a Fiuggi. Cioè mettere le correnti di fronte alle loro responsabilità, contare sostenitori e avversari, quindi eventualmente depurare An della componente refrattaria all'evoluzione che auspicava, oppure accettare di essere messo in minoranza e prendere un'altra strada. Non c'è un particolare coraggio nell'assumere certe posizioni mantenendo nel partito una leadership garantita da organi che di democratico hanno poco o nulla, dato che la selezione dei dirigenti nell'assemblea nazionale di An è regolata da uno statuto in cui la figura del presidente è quasi monarchica.

Dunque Fini rigetta sul terreno ideologico l'autoritarismo ereditato dal Msi, ma se ne avvantaggia sul piano pratico?

Di fatto, in tutto il corso della sua gestione, mostra la più assoluta indisponibilità a un dibattito di fondo sull'identità di An. Opera solo scelte verticistiche, non apre mai un confronto in cui le varie anime del partito si misurino e la revisione dei giudizi storici e culturali possa diventare un fatto condiviso. In questo è netta la differenza con la sinistra postcomunista. Le divergenze rimangono sottotraccia e non vengono mai apertamente soppesate. Anche a Fiuggi, del resto, i delegati si erano trovati di fronte tesi preconfezionate come un contratto capestro: chi le approva è dei nostri, chi non ci sta se ne vada. Neanche l'ombra di un vero confronto.

Insomma, gli ex missini sono refrattari al dibattito delle idee.

Le due riviste più importanti prodotte dalle correnti di An, «Area» e «Charta Minuta», sembrano organi di partiti diversi, che non s'incontrano quasi su nulla. Ma tutto rimane nell'ottica per cui ciascuno cura il suo orto, organizza la sua fondazione e i suoi convegni, mentre le occasioni di confronto sono evanescenti. Del programma non si discute mai, un po' come avveniva nel Msi. Almirante prometteva sempre che si sarebbe fatto un convegno ideologico, ma non prima di giungere alle soglie del potere, perché prima avrebbe creato dannose divisioni.

Per giunta la linea di Fini appare piuttosto mutevole.

È uno zigzagare continuo, con frequenti inversioni a U. Per fare un esempio, prima si afferma che non bisognerebbe consentire agli omosessuali di lavorare come insegnanti, poi si consente l'attività organizzata del gruppo GayLib all'interno di An.

Proprio nell'autunno del 2003 nasce CasaPound, il più importante centro sociale di matrice neofascista. Queste forme di aggregazione giovanile, che appaiono in crescita, potrebbero assumere a destra lo stesso rilievo che hanno a sinistra?

CasaPound Italia (Cpi) sorge e si sviluppa perché la deriva centrista di An, con la piena accettazione del sistema dominante e le svolte formalmente antifasciste di Fini, lascia una profonda insoddisfazione nell'ambiente giovanile ex missino. Azione giovani perde progressivamente un numero non indifferente di militanti e quadri, che cercano referenti diversi, più in sintonia con gli ideali a cui si sono formati.

Non a caso CasaPound si richiama a tutto il pantheon politico-culturale caro al radicalismo dei giovani neofascisti degli anni Settanta e Ottanta. Con una serie di iniziative spettacolari – come l'occupazione di locali sfitti da affidare in uso a famiglie italiane disagiate e la campagna contro l'usura bancaria – cerca di recuperare la vocazione sociale, che An aveva messo da parte per allearsi con Berlusconi, e rilancia alcune idee del fascismo di sinistra, ma si richiama anche a un pensatore di orientamento opposto come Evola. Vuole rendere visibile una presenza «non conforme», così la definisce, tra le nuove generazioni.

Il limite dell'iniziativa è che rimane totalmente legata all'immaginario e alla simbologia del fascismo storico. Mentre i centri sociali dell'ultrasinistra non ripropongono certo lo stalinismo, il maoismo e neppure il trotskismo, ma hanno una visione creativa, per quanto confusa, che si riallaccia a cause politiche di stretta attualità (tipo la battaglia No-Tav o le lotte per i diritti dei precari), Cpi e gruppi del genere guardano ostinatamente al passato. Lo dimostra fin dall'inizio il fatto che i dirigenti di CasaPound si proclamano orgogliosamente «fascisti del terzo millennio», e lo confermano le varie occasioni in cui i suoi militanti fanno sfoggio di tipici atteggiamenti nostalgici: sfilate con un inquadramento in stile paramilitare e un abbigliamento standardizzato che vorrebbe replicare in forme attuali le divise di un secolo fa, saluti romani, slogan che ripropongono parole d'ordine del Ventennio.

Ne è un esempio caratteristico la celebrazione dei tre giovani missini uccisi nel 1978 ad Acca Larenzia che ogni anno Cpi organizza in collaborazione con altri gruppi neofascisti, radunando alcune centinaia di giovani estremisti. Questo evento viene puntualmente strumentalizzato dagli avversari della destra – come è accaduto ancora di recente, e con accenti più infuocati del solito, proprio per la presenza di un governo guidato da una ex attivista del Fronte della gioventù – per evocare lo spettro di un imminente ritorno delle camicie nere.

Però l'insistenza sul disagio abitativo da parte di Cpi è una novità significativa.

I militanti di CasaPound forniscono a famiglie italiane prive di alloggio la possibilità di risiedere negli stabili da loro occupati, che peraltro sono assai pochi. Manca però completamente la proiezione verso tematiche postmoderne. Anzi, il gruppo polemizza aspramente contro la Nuova destra, bollata come una sorta di escrescenza deviazionistica, mentre guarda alla possibilità di restaurazione di modelli ormai inattuali.

Come dimostrano anche i suoi riscontri elettorali, su questa strada non si va molto lontano. I centri sociali di sinistra hanno almeno condizionato le amministrazioni locali progressiste, mentre a Roma i rapporti di Cpi con la giunta Alemanno si sono presto interrotti, senza produrre alcun frutto politico. È vero che le liste del Blocco studentesco hanno ottenuto buoni risultati in alcune scuole, ma questo attivismo non si collega a un progetto che possa essere percepito come innovativo dalla stragrande maggioranza dei giovani. I gruppi vicini a CasaPound creano piccole comunità di militanti che affermano la loro presenza e sfidano l'assedio dei coetanei di sinistra, però non vanno oltre.

Dopo il risultato delle europee, deludente per An (11,5 per cento) e disastroso per Forza Italia, Fini ottiene nel 2004 un notevole successo politico, le dimissioni di Tremonti. Non è un paradosso che i momenti in cui il vicepremier conta di più siano quelli in cui il centrodestra va in difficoltà?

Siamo alle solite. La Casa delle Libertà s'identifica in Berlusconi, per cui gli sforzi di Fini per indebolirlo hanno successo quando i risultati della coalizione sono negativi. Dato che non può attaccare direttamente il leader del centrodestra, An si accontenta di combatterne i collaboratori più stretti. È una sorta di gioco obbligato. Così Fini ottiene la testa di Tremonti. Ma in nome di che cosa? Qual è la politica economica alternativa espressa da Alleanza nazionale? Si fatica a trovarne traccia.

Da notare che Tremonti viene sostituito da Domenico Siniscalco, il suo direttore generale, e tornerà poi trionfalmente al ministero nel settembre del 2005.

Per usare termini tratti dal diritto societario, l'importante per Fini è mostrare di avere nel patto di sindacato del centrodestra un rilievo tale da poter influire sulla nomina e sulla revoca di alcuni membri del consiglio d'amministrazione. Ma sugli indirizzi della società, sui piani operativi, non incide quasi per niente.

Nel novembre 2004, con la nomina di Franco Frattini a commissario europeo, Fini diventa ministro degli Esteri. Come giudicare il suo operato alla Farnesina?

In quell'incarico Fini ha l'obiettivo primario di affermare la propria affidabilità come partner internazionale del fronte europeista e atlantico, quindi conduce una politica che non va mai sopra le righe e rimane accuratamente nei confini dell'usuale subordinazione agli Stati Uniti. Non promuove una linea innovativa: su Medio Oriente, integrazione europea, rapporti con l'altra sponda del Mediterraneo, non si distingue in nulla dagli alleati, non assume posizioni originali e men che meno eterodosse.

Se Berlusconi appare a volte uno sparigliatore dei giochi, per via dei suoi rapporti preferenziali con Putin, Erdoğan e Gheddafi, tanto da suscitare irritazione nelle diplomazie straniere, Fini rappresenta invece l'anima normalizzatrice della politica estera italiana. Tende sempre a correggere il tiro, a rassicurare circa la fedeltà del nostro governo alle alleanze tradizionali. Assume quasi il ruolo di precettore nei confronti del discolo Berlusconi. Vuole ritagliarsi il ruolo di commissario, di garante per l'Italia delle posizioni espresse dall'Unione Europea e dalla Nato.

L'ossessione di legittimarsi non lo abbandona mai.

Anche se in precedenza aveva ricordato di essere nato dopo la guerra, quindi di non poter essere ritenuto responsabile per quanto era avvenuto prima del 1945, Fini è sempre condizionato dal fantasma di ciò che lui stesso era prima dello sdoganamento. Lo soffre molto più degli altri dirigenti di An, che non hanno le sue ambizioni. Per i Matteoli e i Gasparri stare nel cono d'ombra di Berlusconi è una manna dal cielo, per Fini sembra essere una sorta di maledizione.

Alla vigilia delle regionali del 2005, scoppia lo scandalo delle firme false raccolte per la candidatura di Alessandra Mussolini in concorrenza con la Cdl nel Lazio. Pare che le sia stata tesa una trappola. Poi la Mussolini riesce comunque a presentarsi, ma non risulta determinante per la sconfitta di Storace. Ad Alessandro Giuli sembra il sintomo di cattive abitudini molto radicate in una destra abituata a sentirsi sotto assedio da parte delle forze di sicurezza. Ha ragione?

Questo episodio accredita l'idea, poi confermata dagli scandali che coinvolgeranno nel Lazio esponenti di An confluiti nel Polo delle libertà, che gli ex missini siano dediti a giochi sottobanco e malversazioni di vario genere. Sono comportamenti tipici di un modo di intendere la politica che aveva caratterizzato in negativo i partiti di governo della Prima Repubblica ed era stato messo sotto accusa ai tempi di Tangentopoli. Ma non scomoderei l'ipotesi che nel caso di An abbia giocato anche una sorta di dipendenza psicologica da un più o meno torbido passato di rapporti con organismi paralleli dello Stato. Vedo piuttosto all'opera il volto maneggione del partito, che gli ha procurato più danni che vantaggi.

La partecipazione al sottogoverno e alle spartizioni clientelari ha allontanato da Alleanza nazionale una parte del suo pubblico potenziale, ancora attratto dall'immagine del partito estraneo all'establishment e capace di tenere le mani pulite. Dopo il periodo 1992-93, che vede il grande successo del Msi nelle elezioni locali, il mito si estingue rapidamente. E quei picchi elettorali, soprattutto nel Centro-Sud, non vengono più toccati da An.

All'epoca però non c'era ancora Forza Italia.

Questo è vero. Il partito di Berlusconi assorbe parte dei consensi antiestablishment dell'elettorato diffidente verso la politica, perché si presenta come il portavoce della società civile, che non vuole più avere a che fare con i vecchi apparati. La predicazione del leader di Forza Italia contro il «teatrino della politica» e la sua immagine di «uomo del fare», proveniente dalla «trincea del lavoro», tolgono armi ad An, che però per altri versi si disarma da sé, quando mostra il suo volto di partito non diverso dagli altri nell'utilizzo di mezzi poco limpidi e nell'occupazione del potere. Integrarsi nel sistema comporta vantaggi, ma anche prezzi da pagare: questo è uno dei più salati per gli ex missini.

Nel maggio 2005, alla vigilia dei referendum che vogliono rendere meno restrittive le norme sulla procreazione assistita, Fini prende posizione contro la legge, che pure An aveva sostenuto. Come spiegare il voltafaccia, che tra l'altro si traduce in un clamoroso ma prevedibile boomerang, visto che i referendum finiscono invalidati per via di una bassissima affluenza alle urne?

Alcuni biografi di Fini mettono in evidenza questa scelta come la controprova della genuinità del percorso di revisione da lui compiuto, in quanto un'opzione di coscienza avrebbe qui nettamente prevalso sulle considerazioni di opportunità politica. Nel caso in questione penso sia una valutazione accettabile. Non però fino al punto di sottoscrivere la versione di Salvatore Merlo, secondo il quale l'intervento di Fini sulla procreazione assistita sarebbe stato anche un modo per mandare al partito, in particolare alla dirigenza, un messaggio del tipo: o mi seguite sulla via di una maggiore laicità, o si arriverà allo scontro. In realtà Fini non ha mai chiesto una conta nel partito sui temi bioetici.

Del resto dichiara che la sua posizione è di carattere personale.

E come al solito la comunica alla stampa. Non motiva la sua scelta pubblicamente per sollecitare un confronto di opinioni negli organi di partito, peraltro convocati di rado. Parla con i giornali. Un altro redattore del «Foglio» assai meno benevolo verso Fini, Alessandro Giuli, oggi presidente di un importante museo romano, sostiene all'epoca che il leader di An sarebbe stato condizionato dall'ambiente laico-massonico della Convenzione europea.

Io non so come Fini abbia maturato le sue convinzioni, ma vedo un paradosso: su una serie di tematiche, dal trattamento degli immigrati alla bioetica, c'è un'inversione di rotta troppo drastica e poco esplicitata nei suoi aspetti di travaglio personale, per pensare che si tratti di un mutamento progressivo d'opinione. A pesare è sempre la smania di smarcarsi in tutte le occasioni possibili dalla vecchia immagine.

Ma come possiamo interpretarla?

Non è facile. Noto però che in questa fase si accentua nei discorsi di Fini il richiamo alle altre «destre nuove» che operano in Europa. Il riferimento è a Nicolas Sarkozy, al leader conservatore britannico David Cameron, al centrodestra svedese, ai popolari spagnoli. Probabilmente Fini immagina se stesso (e non Berlusconi) come la figura parallela a queste forze, cioè il loro equivalente italiano. Parliamo di personaggi nelle cui agende lo spazio della visione tradizionale in campo bioetico è ridotto ai minimi termini: difendono una laicità conservatrice, ma libertaria sul piano del costume, che fa proprie molte istanze della sinistra. Una posizione del genere in Italia non c'è e Fini vuole farsene interprete.

Però su questo s'incrina anche l'asse con l'Udc, il cosiddetto «subgoverno».

Non enfatizzerei quell'intesa. È chiaro che per contenere Berlusconi era necessario che i suoi alleati trovassero una convergenza tattica. Sta nell'ordine delle cose che Fini e Casini (o Follini) agiscano spesso in sintonia. Ma è anche vero che, se due soggetti aspirano entrambi alla successione di un leader molto forte, tra loro rimane una rivalità di fondo. Insomma, quello tra Fini e Casini è senz'altro un asse di circostanza: l'emergere di divergenze anche forti è normale.

Ma prendere quella posizione sui figli in provetta significa rompere anche con la Chiesa, con la Conferenza episcopale italiana di Camillo Ruini, che aveva dato un notevole appoggio al centrodestra.

Appunto: al centrodestra nel suo complesso, non ad An. Era scontato che la Cei, per garantirsi sui temi bioetici, preferisse il fronte guidato da Berlusconi rispetto al centrosinistra. Però, per esempio, i ciellini hanno puntato su Forza Italia, non su An e neppure sull'Udc. Penso che in fondo per Fini, in un'Italia secolarizzata, il gioco di mettersi contro Ruini potesse valere la candela.

L'approvazione della riforma costituzionale riguardante la devolution, nel novembre 2005, induce Fisichella a lasciare An. Al di là dei motivi, anche personali, che portano al distacco del politologo, si poteva dargli torto quando criticava la disorganicità della riforma e osservava che la destra (non solo il Msi, ma anche il Pli) era sempre stata contro il regionalismo e non poteva certo ingoiare con tanta disinvoltura un federalismo piuttosto confuso?

Ancora una volta, Alleanza nazionale si dimostra incapace di elaborare una piattaforma programmatica alternativa rispetto alle altre forze politiche. Una buona parte della tradizione missina in materia di unità dello Stato era stata abbandonata a Fiuggi in fretta e furia, per evitare di essere inchiodati alla propria impronta genetica. Di che cosa era accusata in primo luogo la destra finiana appena convertita, nel clima liberista dell'epoca? Di statalismo. Il che non voleva dire solo burocratismo accentratore, ma anche autoritarismo e alla fin fine nostalgia del fascismo. Quindi An proclama subito di non essere assolutamente centralista. Poi, quando vede che al Nord la Lega morde sul suo elettorato potenziale, si mette a rimorchio della deriva federalista, cercando di moderarla e temperarla nei limiti del possibile.

Una posizione debole.

Fin dall'inizio le linee difensive vengono scompaginate. An non cerca mai di tutelare l'unità del Paese dal punto vista dell'organizzazione amministrativa. Si rifugia in vaghi discorsi culturali, per cui la secessione è una follia e bisogna che gli italiani si riconoscano tutti in un'unica matrice nazionale. Ma la battaglia contro il regionalismo condotta da Almirante viene gettata alle ortiche. Fini, come in altri casi, si riduce a inseguire la moda politica del momento. Pensiamo al caso dell'immigrazione: quando vede che criticare la società multietnica può apparire minoritario e ghettizzante, comincia a predicare il binomio accoglienza/integrazione. Allo stesso modo, quando si convince che opporsi alla regolarizzazione delle coppie gay lo mette in cattiva luce, comincia a fare aperture verso gli omosessuali. Non esiste una progettualità organica rintracciabile nelle posizioni che assume di volta in volta.

Quindi anche la devolution può andare bene?

In fondo l'immagine del federalismo è connessa a una maggiore efficienza dell'apparato pubblico, all'idea che i territori possano gestirsi più liberamente. Questa retorica fa presa sui mass media e quindi viene accettata senza tante obiezioni. Per quanto possa apparire paradossale, è Rifondazione comunista, molto più di An, a proclamarsi contro il federalismo. È la sinistra radicale a contrastarlo, mentre la destra comincia a farselo piacere, magari evocando il modello degli Stati Uniti o della Germania. Ovviamente si cercano dei compromessi, si fa un po' un tiro alla fune con la Lega per evitare di apparire perdenti nei confronti di Bossi, fino a imbarcarsi in una riforma costituzionale decisamente disorganica, che poi nel giugno 2006 viene bocciata dagli elettori, nel referendum chiesto dalla sinistra, senza neppure essere difesa da An.

Dobbiamo concludere che a oltre un decennio da Fiuggi, dopo una lunga esperienza governativa, An si riduce a un partito privo d'identità?

È il problema fondamentale degli ex missini, che risale al trauma originario dello sdoganamento. Cioè il fatto di non essere arrivati alla piena legittimazione per via autonoma e per forza propria, ma grazie a un gesto di liberalità compiuto da Berlusconi. Torna alla mente la Costituzione *octroyée*, concessa dal sovrano, che la Francia del re Luigi XVIII adotta dopo la caduta di Napoleone I. È il leader di Forza Italia che elargisce il certificato di accettabilità, condizionandolo al fatto che An non disturbi il manovratore. Da questo «trauma del parto» i postfascisti non si rimettono mai completamente.

Eppure Fini ci prova.

Se nel periodo 1996-99, quando aveva portato una sfida diretta a Forza Italia, avesse ottenuto maggiori successi elettorali, forse An avrebbe potuto impegnarsi di più sul terreno di una progettualità riconoscibile, che la distinguesse in positivo dagli alleati. Poiché questo non accade, anche le correnti più interessate a una ridefinizione ideologica, liberalnazionali e destra sociale, accettano che sia Fini a gestire immagine e linea del partito, quasi in perfetta solitudine. E poiché l'ansia di legittimazione resta l'unica bussola, non si vede alcun indirizzo coerente.

Tuttavia An convoca conferenze organizzative e programmatiche.

Dalle quali però non emerge alcuna idea forte per fare del partito il propositore di un'offerta politica originale, un prodotto realmente innovativo. Forza Italia ha un profilo molto marcato, che attira consensi e ostilità. Forse non si concretizza in scelte di governo, ma è riconoscibile. L'unico stigma che può rimanere impresso nella pubblica opinione quale emblema di An è un surplus di patriottismo. Tutto il resto non c'è più. Sul tema dell'ordine pubblico si teme di apparire troppo repressivi e, a parte forse la questione della droga, si lascia campo libero alla Lega. La polemica antipartitocratica viene meno con il pieno inserimento nel sistema. La lotta alla corruzione è abbandonata. Le politiche sociali di tipo corporativo svaniscono nel nulla, a parte qualche accenno alla cogestione della destra sociale di Alemanno.

Resta solo l'orgoglio nazionale.

Anche qui però c'è una concorrenza forte, rappresentata dalla presidenza della Repubblica di Carlo Azeglio Ciampi, che poi viene seguito sulla stessa via da Giorgio Napolitano. Ormai la pedagogia patriottica del Quirinale è molto più visibile di quanto non lo siano le argomentazioni di An. Un partito deve cercare di caratterizzarsi per il possesso esclusivo di almeno un'idea forte, una *issue*, come si usa dire in scienza politica. Se vuoi scavarti uno spazio, devi dimostrare che tu (solo tu o soprattutto tu) padroneggi un tema con una proposta chiara. Chi condivide quella priorità deve venire da te. Vale per la politica come per il marketing pubblicitario: devi colpire l'interesse del pubblico. An non ha dimostrato di possedere alcuna *issue*, non ha fatto propria alcuna tematica capace di attirare consenso.

Tuttavia ancora alle elezioni politiche del 2006 supera il 12 per cento dei consensi. Come mai?

Lo abbiamo già visto: paradossalmente il vero motivo per cui su un certo pubblico An esercita un richiamo maggiore di Forza Italia rimane la matrice del partito, il fattore meno dichiarabile. Il fatto che discenda dal neofascismo continua a far preferire il partito di Fini a qualche milione di elettori. Quanti sono gli italiani che votano An perché la considerano l'equivalente del Partido popular spagnolo o dei conservatori britannici? Probabilmente una cifra irrisoria. Del resto le poche analisi sul campo condotte tra i quadri intermedi di An dimostrano che persiste ancora come motivo identitario la matrice storica missina.

15
Il naufragio e la scialuppa

Berlusconi ha sostenuto che la Casa delle Libertà non riuscì a battere il centrosinistra nel 2006 perché An e Udc non credevano nella vittoria. E in effetti si opposero anche alla riforma della par condicio. Si può ipotizzare che Fini e Casini immaginassero di liberarsi di Berlusconi dopo la prevedibile sconfitta? E in che modo l'esito incertissimo del voto modifica i loro programmi?

Non solo Fini e Casini, ma quasi tutti gli osservatori erano convinti che il centrodestra nel 2006 non potesse farcela. Ma per i leader di An e dell'Udc, da tempo scalpitanti, era anche un problema di ambizioni personali che speravano di poter finalmente soddisfare. Credo che il loro calcolo fosse sbarazzarsi di Berlusconi e che la rimonta della coalizione moderata, con il risultato del tutto inatteso di un quasi pareggio, abbia scompaginato i loro programmi fino al punto di lasciare An e Udc prive di una strategia praticabile.

Un'ennesima conferma di quanto fosse difficile disarcionare il Cavaliere.

Dal voto del 2006 esce rafforzata l'immagine di Berlusconi come grande combattente, in grado di attingere, durante le campagne elettorali, a risorse che i suoi alleati non hanno. Così i rapporti interni alla Casa delle Libertà si sbilanciano ulteriormente. Non è casuale che allora si approfondiscano le crepe che poi porteranno allo sganciamento dell'Udc e quindi al dissidio sempre più aspro tra Fini e Berlusconi.

Il gruppo parlamentare di An eletto nel 2006 comprende un numero insolito di donne. E Giorgia Meloni, da poco leader di Azione giovani, viene promossa vicepresidente della Camera. Poco tempo prima Renata Polverini era diventata segretaria dell'Ugl, sindacato erede della Cisnal, e poi verrà eletta presidente del Lazio. Cambia dunque qualcosa a destra per quanto concerne l'apertura al mondo femminile?

Sono fatti non episodici, che riflettono trasformazioni di portata molto ampia nel rapporto tra politica e società. Quanto poteva ancora resistere la destra postmissina alle tendenze che vedono una valorizzazione sistematica delle figure femminili? Non dimentichiamo che in questo periodo cresce il dibattito sulle quote rosa, quindi si ipotizza una sorta di vincolo giuridico per aumentare la presenza delle donne in politica. E teniamo conto che, pur con le ben note storture, si accentua una femminilizzazione anche nell'immagine di Forza Italia. Mi sembra dunque naturale il riconoscimento di un ruolo più rilevante alle donne anche dentro An.

Detto questo, bisogna osservare che comunque il ritardo rispetto alla sinistra non viene colmato allora, né lo sarà fino all'avvento della leadership di Giorgia Meloni in Fratelli d'Italia e al governo. È un'evoluzione che segue a una certa distanza quella degli altri partiti.

Nel maggio del 2007 nasce la Fondazione Farefuturo, legata personalmente a Fini, di cui fanno parte diversi ex esponenti della Nuova destra. Giuli e altri scorgono nel documento istitutivo della fondazione tracce di un'elaborazione culturale tipica della Nd. Pure coincidenze, semplici assonanze, riferimenti strumentali o qualcosa di più?

Farefuturo è il risultato del lavoro iniziato dal Forum delle idee, lanciato da Fini rivolgendosi a intellettuali di area. Qui si concentrano le attenzioni dei commentatori, che notano il ritorno di tematiche caratteristiche della Nuova destra. Lo spunto è offerto da alcune dichiarazioni di Fabio Granata, che parla di «destra politeista». In realtà il «politeismo dei valori» è un'espressione che risale a Max Weber e non si capisce come possa essere attribuita alla Nd. Forse è semplicemente un fatto d'ignoranza, nutrito magari anche dalle convinzioni pagane di de Benoist, che fanno accostare il politeismo al paganesimo.

Comunque intorno a Fini non mancano gli ex appartenenti alla Nd.

È vero che affluiscono nel Forum e poi in Farefuturo persone che avevano partecipato attivamente alle iniziative della Nuova destra: Monica Centanni, Umberto Croppi, Peppe Nanni, Alessandro Campi, Luciano Lanna e forse qualcun altro. Tutti costoro però, con l'unica eccezione saltuaria di Campi, dopo la metà degli anni Ottanta non avevano più collaborato ai tentativi di mantenere in vita il progetto. Avevano seguito percorsi personali fino a convergere sull'ipotesi finiana. Se poi passiamo a esaminare le idee, mi rifaccio a un'espressione di de Benoist: anche dalla stessa fermata della metropolitana si può uscire in diverse direzioni, a destra o a sinistra, a sud o a nord. Quando si è detto che Fini, come la Nd, voleva uscire dal tunnel del neofascismo, si è trascurato che le direzioni erano diverse, se non opposte.

Per quanto riguarda le questioni internazionali e le politiche sociali, la Nuova destra abbandona la sua area d'origine per andare a sinistra, accentuando la critica al capitalismo e al vincolo atlantico, mentre Farefuturo fa la scelta contraria. Viceversa sulle tematiche etiche e del costume la Nd si pronuncia contro l'individualismo libertario, mentre la fondazione di Fini compie evidenti aperture in quella direzione.

Però alcuni esponenti di Farefuturo rivendicano, almeno in parte, l'eredità della Nd.

È nell'ordine delle cose. Qual era l'unico precedente di un ambiente intellettualmente vivace, riconosciuto come tale all'esterno, di provenienza neofascista? La Nuova destra. Ovvio che nel riproporre, a distanza ormai di una ventina d'anni, una specie di pensatoio che ambisca a contagiare un pubblico non solo di area, per proiettare un'immagine di modernità, si faccia ricorso a quella matrice. Ma se si comparano le posizioni della «destra nuova» finiana a quelle della Nuova destra, ci si accorge facilmente che gli elementi comuni sono irrisori.

All'assemblea di An del 7-8 ottobre 2006 Fini ipotizza una «Fiuggi 2», con l'ingresso nel Partito Popolare Europeo, suscitando la reazione negativa di Storace, che crea la sua corrente staccandosi da Alemanno. D'altronde il presidente del Ppe, Wilfried Martens, esclude l'ammissione di An nel partito. Perché gli eredi del Msi incontrano tante difficoltà a farsi accettare in Europa?

Contano molto le valutazioni dei commentatori interni e internazionali. Dal 2000 in poi si è accreditata, non solo da parte di giornalisti, ma anche di politologi come Ignazi, che scrisse a tal proposito sul «Mulino» un articolo intitolato *Il leader è in fuga ma il plotone arranca*, la teoria secondo cui Fini aveva compiuto decisivi passi per allontanarsi dal passato neofascista, ma i suoi colonnelli e il resto del partito erano rimasti indietro.

Echi di questo approccio non potevano non giungere al Ppe. Ed è ovvio che Martens non fosse disposto a rilasciare una cambiale in bianco. È l'ennesimo paradosso. Fini gestisce la sua linea quasi a prescindere da An. Si preoccupa poco del fatto che il partito non lo segua, perché rinuncia a ogni azione di convincimento. Usa soltanto il bastone e al massimo concede la carota della tolleranza verso atteggiamenti difformi dalla sua posizione in alcuni ambiti. Ma non ha alcun intento pedagogico. Non considera e non ha mai considerato il partito, neppure nel periodo missino, come un terreno da arare per seminarvi le nuove idee da lui abbracciate. Ha sempre messo An di fronte al fatto compiuto, sapendo che, magari di malavoglia, lo avrebbe seguito.

Ma perché si comporta così? A forza di tirarla, la corda si spezza.

Non saprei. Può anche darsi che gli sia rimasto nel fondo quell'atteggiamento, se non di disprezzo, di sottovalutazione della massa, che era stato caratteristico della sua gestione nel Fronte della gioventù. Anche allora procedeva per scelte verticistiche e mostrava di considerare inutile e inopportuno sottoporsi a verifiche della base. Credo abbia una visione cinica e pessimista dell'umanità: anche quando creammo la rivista del Fdg, «Dissenso», non mostrò mai di credere che potesse servire per sviluppare un dibattito serio e far crescere culturalmente i militanti. La considerava un semplice strumento di proiezione esterna.

Ma questa base tanto negletta nel frattempo aveva maturato qualche nuovo orientamento o i suoi referenti ideologici erano rimasti immutati?

Sui quadri intermedi di Alleanza nazionale, e più specificamente sui delegati ai suoi congressi e alle sue conferenze programmatiche, sono state compiute varie ricerche servendosi di questionari. I risultati hanno mostrato più di un cambiamento. Il più vistoso, anche se per certi versi scontato in partenza, è la definitiva accettazione della collocazione a destra del partito, passata dal 43,6 per cento del 1995 al 79,1 del 1998, con una correlativa deradicalizzazione degli atteggiamenti su molti temi politicamente rilevanti.

Come hanno scritto i due ricercatori che hanno analizzato i dati raccolti alla conferenza organizzativa di Verona del 1998, Flavio Chiapponi e Simone Bertolino, «nel partito si sta lentamente instaurando un orientamento di affinità ideale con la destra moderata». La fedeltà ai principi è ancora considerata essenziale dai più, ma la disponibilità al compromesso e a scelte pragmatiche si fa strada: una tendenza che sarà confermata da una ricerca svolta nel momento in cui An sta per confluire nel Popolo della Libertà. E che comunque rivela ancora una certa resistenza nei confronti delle svolte conservatrici e liberiste imposte dai vertici.

Nel dicembre 2006 viene varato il nuovo statuto di Alleanza nazionale. Quali caratteristiche ha?

Non modifica quasi per niente l'impianto fondato sul centralismo plebiscitario che era stato approvato a Fiuggi. L'unica novità è una maggiore attenzione nel definire le norme per l'elezione dei coordinatori regionali, che non sono più nominati dall'alto. Ma di fatto il partito resta controllato dal centro anche nelle articolazioni periferiche: il cosiddetto «federalismo interno», più volte promesso, non si realizza e i coordinatori regionali restano dei proconsoli del presidente nazionale.

Nel luglio 2007 La Destra di Storace si stacca da An. È legittimo pensare che la scissione sia stata in qualche modo pilotata da Berlusconi, visto che poi il candidato premier di quel partito sarà Daniela Santanchè?

Non credo che si tratti di un'operazione telecomandata. Berlusconi non avrebbe avuto interesse ad arroventare il dissidio con Fini, nel momento in cui non si erano ancora aperte crepe veramente insanabili tra i due leader. Sarebbe stato un gioco rischioso. Penso invece che ormai si fossero accumulate troppe tensioni dentro An: si era arrivati a una sostanziale rottura già dopo la visita di Fini in Israele, quando Storace aveva organizzato manifestazioni di dissenso e poi le sue richieste di aprire un serio dibattito interno e di andare a un congresso erano state non solo respinte, ma ridicolizzate pubblicamente. La stessa Santanchè, all'epoca dirigente di An, aveva manifestato insofferenza verso una politica di svolte continue e repentine. La scissione era nell'ordine delle cose e anzi non averla preparata adeguatamente comprometterà le possibilità di successo de La Destra.

Però Berlusconi va a parlare al congresso costitutivo del partito di Storace.

Il leader di Forza Italia accetta l'invito de La Destra e mostra nei suoi confronti considerazione, forse anche una certa simpatia. Questo peraltro non gli impedirà di accettare il veto di Fini a un collegamento organico con Storace in occasione delle elezioni: da qui nasce la candidatura di Santanchè alla presidenza del Consiglio. A Berlusconi poteva non dispiacere che la leadership di Fini venisse un po' azzoppata, ma non credo che in quel momento volesse andare oltre.

Il 18 novembre 2007 c'è il famoso «discorso del predellino». A Milano Berlusconi annuncia la nascita di un nuovo soggetto politico che dovrebbe comprendere l'intero centrodestra. All'inizio An è contraria, anche perché la mossa sembra inquadrarsi in un dialogo a distanza con il Pd di Walter Veltroni per ristrutturare il sistema in chiave bipartitica. Ma perché Fini prende una posizione tanto dura e parla di «comiche finali»? Non è un comportamento imprudente, da parte sua?

Siamo sempre all'annoso problema della leadership della coalizione. Il discorso del predellino viene vissuto da Fini come un'imposizione, e di fatto lo è. Per la verità, da qualche tempo si era aperto un confronto tra Forza Italia e An in vista di una possibile convergenza, magari in forma confederativa: si parlava di coordinamento dei gruppi parlamentari, nella prospettiva di unificarli. Il fatto che Berlusconi, all'improvviso, decida di proclamare la nascita di un partito unico, dando per scontato che gli alleati dovranno seguirlo, è una lesione grave nell'immagine del suo alleato. Di colpo Fini, che nel suo campo (tutt'altro che un ristretto orticello) non conosce rivali, si vede relegato al massimo – perché all'inizio non è neanche certo – in una posizione di numero due. E senza neppure essere consultato. La sua profonda irritazione non può stupire. Se il processo avesse valorizzato l'apporto di entrambi i leader e avesse dato luogo a un accordo almeno formalmente paritario, quella reazione non ci sarebbe stata.

Però poi Fini accetta la lista unica e la prospettiva di far confluire An nel Popolo della Libertà.

E in questo modo il suo precedente diniego suona come il tipico ruggito del coniglio. Aver usato toni così aspri per poi arrivare a un quasi immediato riallineamento dà l'impressione che abbia in mano ben poche carte da giocare. Per giunta il rifiuto iniziale non si basa su un ragionamento articolato in difesa di un'identità politica. No, in sostanza Fini contesta solo i tempi e i modi dell'operazione: diventa un problema d'insofferenza personale più che di linea strategica.

Forse ciò avviene perché l'inaspettato pareggio ottenuto da Berlusconi nelle elezioni del 2006 aveva consolidato il suo primato in modo decisivo, spazzando via ogni possibilità di condizionarlo politicamente.

Non è affatto detto che si dovesse andare verso l'inglobamento di An. Berlusconi pone un *aut aut*: con Fini, come con Casini, non ammette la possibilità di replicare una presentazione di liste apparentate secondo il meccanismo previsto dalla nuova legge elettorale elaborata dal ministro Roberto Calderoli, neanche con la prospettiva vincolante di far poi confluire i parlamentari in gruppi unici.

Questo «prendere o lasciare» non è giustificato dai successi di Forza Italia, perché la campagna elettorale del 2006 era stata condotta secondo lo schema «a tre punte», che prevedeva anzi un'accentuazione della visibilità di An e dell'Udc. Quell'approccio viene smentito dal lancio del Pdl: ora le tre punte devono scomparire e al loro posto si prospetta un'entità unica, naturalmente diretta da Berlusconi.

Fini avrebbe potuto rifiutare la proposta e correre da solo? O sarebbe stato un azzardo eccessivo?

Non credo che sarebbe stato impossibile andare a vedere le carte di Berlusconi, porlo di fronte al rischio di staccarsi da tutti gli alleati. Certo, la Lega si allinea con Forza Italia, anche perché le si consente di presentare il proprio simbolo, e questo indebolisce An e Udc. Come risulta dalle testimonianze di chi allora partecipò alle trattative, in quella fase Fini teme che il nuovo partito berlusconiano possa fagocitare una parte consistente del suo elettorato. Tuttavia, quando si ambisce a un ruolo di leader nazionale, bisogna essere disposti a misurarsi anche in una prova difficile. In quelle stesse elezioni del 2008 la Sinistra arcobaleno tenta di farlo: corre da sola e ne esce a pezzi. Il rischio dunque c'era. Ma Fini, tirandosi indietro, non dimostra coraggio, bensì una certa codardia politica.

Probabilmente teme che gran parte del gruppo dirigente di An non lo segua.

D'accordo. Ma se si continua a sostenere che l'obiettivo di Fini era sottrarsi al condizionamento dei colonnelli, quale migliore occasione avrebbe avuto di quella che gli veniva fornita dalla possibilità di respingere il diktat di Berlusconi?

D'altronde gran parte dei colonnelli era ormai più fedele al proprietario di Mediaset che al leader di An.

Ragione di più per sfidarli in campo aperto. Se Fini avesse maturato da tempo la convinzione di doversi liberare della zavorra, quello era il momento opportuno per operare la scelta che poi avrebbe compiuto diversi anni dopo. Da leader del partito avrebbe potuto ergersi a difensore dell'identità di An, dicendo a Berlusconi: se ci vuoi come alleati, va benissimo, altrimenti andremo al voto da soli. Di certo avrebbe ottenuto molto più di quello che ha raccolto alle elezioni del 2013 con Futuro e libertà.

Però nel 2008 la vittoria appariva assicurata e non era facile apparire come colui che poteva comprometterla.

È un altro motivo per cercare di condizionare Berlusconi, tanto più che l'Udc aveva già deciso di staccarsi. Il coraggio dei giocatori si vede nei momenti di difficoltà, non quando tutto va liscio. Non rischiare, avendo alle spalle comunque un buon patrimonio di voti, significa chinare la testa. Se Fini avesse avuto la personalità che alcuni gli attribuiscono, avrebbe dovuto farla valere, seguendo l'esempio di Casini.

Del resto la Lega ottiene di allearsi con Berlusconi con le proprie liste autonome proprio perché, in passato, il coraggio di andare da solo e sfidare il centrodestra Bossi l'aveva avuto.

E all'inizio quella scelta era apparsa vincente. La Lega coglie il suo massimo risultato elettorale alle politiche nel 1996, quando in perfetta solitudine attacca in modo simmetrico «Roma-Polo» e «Roma-Ulivo». In seguito Bossi invertirà la rotta e ripristinerà l'alleanza con Berlusconi, ma nessuno poteva mettere in dubbio che l'elettorato leghista fosse cosa diversa rispetto al pubblico di Forza Italia. Il Carroccio ha un'identità forte e solida.

Se quella di An era ritenuta dal suo stesso leader così debole da non resistere alla prova della presentazione di liste proprie, vuol dire che nel decennio precedente non si era fatto abbastanza per chiarirla e rafforzarla, al contrario di quanto il gruppo dirigente (e Fini per primo) proclamava di continuo.

Ma una volta accettata la svolta del predellino, il Pdl non poteva proprio essere altro che un partito personale, diretto da Berlusconi in maniera tirannica?

Ingoiata l'imposizione dopo essersi inizialmente ribellati, i vertici di An entrano nel nuovo soggetto in una posizione nettamente subordinata. E per giunta accettano un rapporto di forza che, nella distribuzione delle cariche, vede il 70 per cento riservato a coloro che provengono da Forza Italia e solo il 30, meno della metà, agli ex missini. È evidente che le possibilità d'incidere sono molto scarse, tanto più che il Pdl si struttura sin dall'inizio ben diversamente dalle forze politiche tradizionali. In fondo An era rimasta abbastanza fedele alla sua matrice organizzativa originaria. Era un partito di circoli e di federazioni, che svolgeva bene o male un'attività continuativa a livello locale. Forza Italia no. Nel momento in cui non si apre neppure una discussione sulle forme organizzative, ma si crea un partito più sulla carta che sul territorio, sommando identità diverse piuttosto che fonderle davvero, è chiaro che non esistono prospettive reali di far valere posizioni difformi da quelle del capo supremo.

Ma i dirigenti di An sono consapevoli di subire una pura e semplice annessione?

Ricordo un'uscita estemporanea di Altero Matteoli: indispettito dalle domande dei giornalisti sull'identità del nuovo contenitore, dichiara che è finita l'era dei partiti identitari e che nel futuro ci saranno solo formazioni politiche pluridentitarie. Se un partito fosse assimilabile a un essere umano, una situazione così descritta equivarrebbe a una scissione di personalità, un caso di schizofrenia da curare con l'intervento di uno psichiatra. E qualcuno l'ha fatto anche notare. La sostanza è che il Pdl non ha mai avuto un'identità propria né una presenza territoriale stabile, come dimostrano i suoi risultati costantemente negativi nelle elezioni amministrative.

An avrebbe potuto porre delle condizioni per evitare questa deriva?

Avrebbe dovuto chiedere che nel patto costitutivo del Pdl si mettesse in chiaro che le strutture territoriali dovevano avere un ruolo preciso, con una vera fusione delle articolazioni di base. Ciò avrebbe garantito di più An, ma è chiaro che Forza Italia non ci sarebbe stata. Il risultato è una condizione da separati in casa.

Per quanto riguarda le nuove generazioni, in teoria nasce una struttura comune, che riprende il vetusto nome di Giovane Italia, ma in molte realtà locali non si verifica alcuna confluenza e restano in piedi Azione giovani, Forza Italia Giovani e gli Studenti per la Libertà. Addirittura alle elezioni universitarie vengono presentate liste concorrenti: la percezione dell'intolleranza reciproca e la scarsa propensione a confluire in un contenitore unico sono palesi.

I ragazzi di Forza Italia, mi diceva anni fa un esponente di Azione giovani, sono gente che non ha mai distribuito un volantino.

In sostanza il Pdl viene tenuto insieme solo dalle sue rappresentanze elettive, a forte discapito della componente di An, avvezza a un'identità più marcata e a una presenza territoriale articolata. I militanti ex missini sono così rimasti orfani del ruolo che prima esercitavano. Anche se Msi e An hanno sempre fornito cifre inattendibili sul numero degli iscritti, si trattava pur sempre di un ambiente che aveva mantenuto una cospicua componente di attivisti, che con la creazione del Popolo della Libertà si sono ridotti tutt'al più a procacciatori saltuari di voti in occasione delle elezioni, perché quel partito non ha mai prodotto una vita organizzata in cui socializzare i propri membri.

Le elezioni del 2008 vedono il trionfo di Berlusconi, ma anche una discreta affermazione de La Destra di Storace, che raccoglie il 2,4 per cento in una situazione di accentuato bipola-

rismo. Poteva sembrare il primo passo per la creazione di un soggetto politico rilevante a destra di un Pdl che, come si è visto, aveva tutte le caratteristiche per deludere la base ex missina. Eppure La Destra non decolla. Come mai?

Le ragioni sono di vario genere. In primo luogo nel 2008 la visibilità de La Destra deriva soprattutto dalla candidatura di Daniela Santanchè alla guida del governo. Le sue esuberanti prestazioni televisive attirano l'attenzione e trascinano le liste. Ma poi la candidata torna all'ovile del Pdl, come amazzone berlusconiana, e La Destra dà subito l'impressione di perdere pezzi. Un secondo punto è che la soglia di sbarramento esclude il partito di Storace dal Parlamento, privandolo delle risorse, economiche e di agibilità politica, che avrebbe potuto ottenere con una presenza nelle Camere. Molti suoi elettori pensano così di aver sprecato il voto.

La Destra non è riuscita neppure ad aggregare altre forze di matrice neofascista.

Tutti i tentativi compiuti nel corso degli anni per unificare i gruppi di estrema destra sono falliti. Neanche alle europee del 2004, dove un ben diverso sistema elettorale garantiva maggiori possibilità di rappresentanza, erano riusciti a formare un fronte compatto. Da una parte si presenta Alternativa sociale, che mette insieme diverse sigle, e dall'altra la Fiamma tricolore: entrambe ottengono un seggio. E alle politiche del 2006 e del 2008 le varie liste d'impronta neofascista vanno in ordine sparso. Non basta il 2,4 per cento di Storace per superare personalismi e diffidenze reciproche, che fanno di ognuna delle formazioni di questo arcipelago un'isola non comunicante con le altre. E poi ci sono differenze ideologiche rilevanti.

Quali?

La Destra propone un ritorno all'esperienza della prima Alleanza nazionale, ancora più condizionata dal lascito missino.

Le altre formazioni sono nate invece per ripulsa del passaggio dal Msi ad An, o addirittura si propongono come una reviviscenza di gruppi extraparlamentari totalmente estranei, anzi avversi, al partito di Almirante, come nel caso di Forza nuova rispetto a Terza posizione. Quindi la frammentazione che un osservatore inesperto può considerare strana è del tutto comprensibile per chi conosce questi movimenti e sa che, nonostante vengano etichettati in modo uniforme, sono in realtà soggetti ben distinti. Del resto si pensi ai ripetuti fallimenti dei tentativi di creare federazioni analoghe fra partiti e gruppi della sinistra radicale.

Sempre nella primavera del 2008 la vittoria di Alemanno alle comunali di Roma, per giunta contro quel Rutelli che nel 1993 aveva battuto Fini, affida al nuovo sindaco una forte visibilità e un compito impegnativo, tanto da far ritenere che possa affermarsi come l'esponente ex missino di maggior peso nel centrodestra. Era una prospettiva irrealistica, alla luce dei fatti?

Nonostante se ne sia molto parlato, l'ipotesi di Alemanno come successore di Fini, secondo alcuni gradita anche a Berlusconi, non è mai decollata. Il fatto è che l'ex sindaco di Roma si è sempre connotato come leader di una componente interna ad An. Non si è mai accreditato fra gli ex missini come potenziale candidato a guidare l'intero partito. Solo se Berlusconi lo avesse sponsorizzato direttamente, in maniera plateale, Alemanno avrebbe forse acquisito un'altra statura. Ma nel momento in cui perde l'appoggio di Storace, resta in forte concorrenza con Gasparri e viene visto con diffidenza da Urso e Matteoli, Alemanno non appare in grado di scavalcare Fini e neppure d'insidiarlo, tanto più che la sua prova come sindaco della capitale lascia molto a desiderare.

Dopo le elezioni del 2008 Fini viene eletto presidente della Camera, carica che ormai da tempo è diventata una sorta di pie-

distallo per leader politici ambiziosi, da Violante a Casini e a Bertinotti. È il tentativo di assicurarsi una visibilità autonoma grazie alla carica istituzionale, visto che An è destinata a sparire nel Pdl?

I biografi simpatizzanti accreditano questa lettura. Sostengono che si tratta di un'evidente smarcatura rispetto al partito, per usufruire di una tribuna in cui la parola di Fini avrebbe acquisito un'autorevolezza che non sarebbe stata in alcun modo messa a repentaglio dalle dissociazioni di altri esponenti di An. L'esperienza successiva pare piuttosto dimostrare che Fini abbia voluto procurarsi l'opportunità di esercitare un ruolo completamente autonomo, senza dover più rendere conto a nessuno. Durante il periodo in cui è presidente della Camera, non ha bisogno di fare vita di partito: se fosse stato ministro, avrebbe avuto una diversa responsabilità verso il Pdl e la sua libertà di espressione avrebbe subito ben maggiori condizionamenti.

L'8 settembre 2008 il ministro della Difesa La Russa rende omaggio anche ai combattenti della Rsi. Invece Fini, subito dopo, esalta l'antifascismo di fronte ai ragazzi di Azione giovani e viene accolto in modo gelido. Poi il segretario romano di Ag lo attacca duramente. È il segno di uno scollamento profondo tra i sentimenti del partito e i progetti di un leader ormai proiettato verso prospettive che comportano il dissolvimento dell'identità missina?

Il modo in cui Fini comunica questo ulteriore strappo all'ambiente giovanile, che, come ben sapeva, era il meno predisposto ad accoglierlo positivamente, dimostra il suo totale disinteresse per le reazioni della base. Forse lo fa apposta, perché sa che una provocazione del genere, in quel contesto, susciterà reazioni che, riprese dalla stampa, serviranno a evidenziare per contrasto quanto la sua personale posizione sia mutata rispetto al passato, in modo da accreditarlo come ormai avviato verso il completo superamento di ogni legame con l'identità originaria. Fini ottiene così di apparire il contraltare dei suoi quadri intermedi e anche dei suoi collaboratori legati alla cultura di provenienza, tipo La Russa. E al tempo stesso si pone in sintonia con settori della pubblica opinione lontani da An. Lo scopo è candidarsi a leader di un progetto futuribile alternativo alla leadership di Berlusconi, il quale invece, come si è visto, non disdegna di mandare segnali ammiccanti all'elettorato nostalgico.

Ma, fin da subito, la scelta di imporre autocraticamente le sue svolte mostra un risvolto decisamente meno positivo, su cui quasi mai si è appuntata l'attenzione degli osservatori: precipita nello smarrimento molti dei militanti cresciuti nel culto delle idee e degli scopi che il Msi aveva ufficialmente promosso fin dalla nascita. E se il conseguente stato d'animo determina in molti anziani una riserva mentale, destinata a farsi rabbia e accusa di tradimento quando Fini scioglierà An e poi abbandonerà il Pdl, in tanti giovani si trasforma, per reazione, in un attaccamento ancora più forte ai valori, ai simboli e ai miti del proprio passato, che, non potendo essere esibiti in pubblico, continuano a essere coltivati semiclandestinamente nelle sezioni o nelle federazioni, e vengono alimentati da una pubblicistica e da una editoria in continua crescita. E quando ciò provoca scontri con i dirigenti del partito, la soluzione è la scissione, per aderire a un gruppo extraparlamentare.

Ma Fini, prendendo di petto i giovani di Ag, non depaupera una risorsa su cui la destra aveva potuto sempre contare?

Il pericolo di una forte contrazione della militanza giovanile è messo largamente in conto. Direi quasi che è la conclusione logica del percorso intrapreso a Fiuggi. La svolta moderata trovava un ostacolo strutturale nella componente giovanile, propensa a posizioni più radicali e movimentiste che potevano ledere la nuova immagine di An. Nella prospettiva di un'ulteriore convergenza al centro, con la nascita del Pdl e lo sforzo di apparire più accomodante di Berlusconi, i ragazzi di Ag sono una palla al piede. È vero che si aprono spazi per una diaspora verso destra, ma in fondo è quello che Fini vuole: aveva accolto con soddisfazione la scissione di Rauti a Fiuggi e non gli dispiace certo differenziarsi meglio da ambienti ancora legati all'identità missina. L'abbandono dell'attivismo giovanile è un esito logico del progetto finiano: previsto, largamente digerito e forse anche auspicato.

A che scopo Fini tiene tanto ad accreditarsi presso chi non voterebbe comunque per il centrodestra? Non è che il presidente della Camera, in questa fase, accarezzi l'idea di proporsi per la presidenza della Repubblica, contando sul fatto che l'elezione del capo dello Stato è in programma dopo la fine della legislatura cominciata nel 2008?

È un'ipotesi plausibile, ma non convincente. Mi pare che Fini guardasse piuttosto a una possibile crisi del centrodestra che aprisse la strada a un governo di transizione, sostanzialmente del tipo di quello a cui poi si è arrivati per altre vie con Mario Monti. Nel 2008 l'unico candidato pensabile per la guida di un eventuale esecutivo di larghe intese, tra gli esponenti della coalizione uscita vittoriosa dalle urne, appariva proprio il presidente della Camera. Fini per due anni punta a essere riconosciuto come unico esponente ragionevole del centrodestra, nella prospettiva di ottenere il consenso necessario a diventare il premier di un governo di emergenza.

La presidenza della Repubblica mi sembra inadatta per lui, anche perché al Quirinale negli ultimi anni sono arrivate figure di età ben più avanzata, che da una parte ispirano una sensazione di saggezza e dall'altra non hanno, se non in un passato remoto (penso a Giorgio Napolitano), trascorsi che possano dispiacere a una parte consistente dei cittadini.

Quando si avviano i preparativi per il centocinquantenario dell'unità d'Italia, la voce di Fini risuona isolata, dentro il centrodestra, nel denunciare la freddezza del governo, evidentemente condizionato dalla Lega. Invece i La Russa e i Gasparri sono prudenti e silenziosi, anche se il patriottismo è rimasto uno dei pochissimi tratti distintivi della componente ex missina.

Berlusconi non intende creare frizioni con la Lega, che è insofferente verso quella che chiama «retorica patriottarda», regolarmente presa di mira sulle colonne del suo quotidiano, «La Padania». Inoltre sulle celebrazioni dell'unità nazionale si apre una campagna che vede in prima fila il presidente Napolitano, ma attivamente impegnata anche gran parte dell'intellettualità progressista: il Risorgimento è presentato come espressione dell'Italia civile che il centrosinistra afferma d'incarnare. C'è dunque un uso antigovernativo dell'anniversario.

Una reazione adeguata sarebbe stata la rivendicazione di una primogenitura patriottica: gli ex missini avrebbero potuto avanzarla, ma a costo di avviare un braccio di ferro con Bossi. L'altra possibilità è tenere i toni bassi per far apparire strumentale l'atteggiamento della controparte. In effetti gli ex esponenti di An non mancano di far notare che la sinistra si è scoperta improvvisamente vessillifera di valori nazionali che in precedenza aveva disprezzato.

C'è del vero, ma è una posizione piuttosto debole, da parte di chi sta al governo con una Lega che tratta con palese dileggio i simboli dell'italianità.

Infatti gli ex missini, anche sulla scia dell'arrivo di La Russa alla Difesa, cercano di rimediare con una forma strisciante di militarismo. Esaltano di continuo le missioni dei soldati italiani all'estero, rivendicano il sostegno fermissimo a quella presenza, ostentano un accorato cordoglio pubblico per i caduti e insisteranno molto, più tardi, nella solidarietà ai due marò incarcerati in India. Rivendicano un patriottismo muscoloso e carnale, in contrapposizione a quello intellettualistico e strumentale della sinistra.

Intanto le posizioni di Fini trovano un forte sostegno nel «Secolo d'Italia», che diventa protagonista delle polemiche interne al Pdl.

La vicenda è un po' paradossale. Il «Secolo d'Italia» dovrebbe rappresentare la voce di chi proviene da An, ma di fatto si discosta progressivamente dalle opinioni prevalenti nel mondo degli ex missini e diventa un organo di fiancheggiamento del presidente della Camera. Il quotidiano prende un indirizzo molto netto a opera di alcuni dei partecipanti alle iniziative di Farefuturo e rimane pressoché isolato, perché anche la componente liberalnazionale, che pure aveva premuto per un'apertura al centro, mostra numerose titubanze. Fini infatti non appare più il promotore di un nuovo Pdl, meno dipendente da Berlusconi, ma il sostenitore di una linea che porta all'uscita dal centrodestra.

Il «Secolo d'Italia» è diretto da Flavia Perina e Luciano Lanna. Due persone che avevano partecipato ai fermenti culturali sbocciati tra i giovani missini in anni lontani e ora rivendicano una certa continuità con le idee di un tempo. Hanno torto?

In realtà il «Secolo d'Italia» accetta tutti gli strappi di Fini e cerca argomenti del più vario genere per legittimarli. Negli anni Settanta si cercava di tracciare un'evoluzione della cultura politica neofascista che non perseguisse strappi, una sorta di aggiornamento continuo in dialogo con altre forze politiche e intellettuali, e si manteneva la centralità di alcune tematiche tradizionali, che sono proprio quelle da cui maggiormente si discosta la gestione di Fini.

Si pensi alla politica estera: c'è forse traccia, sul «Secolo d'Italia», di una critica all'occidentalismo e alla subordinazione dell'Italia rispetto agli Stati Uniti? E che dire dell'adesione entusiastica di Fini e dei suoi al capitalismo e al sistema liberale, che la Nuova destra osteggiava con estrema determinazione? Il «Secolo d'Italia» evoca le iniziative modernizzanti del passato per non apparire solo la voce del padrone, cioè di Fini. Ma è un tentativo d'indorare la pillola che non trova riscontro nei fatti.

Il crescente distacco dal centrodestra di Fini, che si comporta ormai da promotore di un nuovo soggetto politico, induce diversi esponenti del Pdl a reclamarne le dimissioni da presidente della Camera. È una pretesa legittima?

Per chi ha una visione realistica della politica, la richiesta che Fini abbandoni la sua tribuna privilegiata può apparire utopistica. Farlo dimettere significa sottrargli un'arma di primaria importanza, forse l'unica realmente efficace di cui dispone. Ma se si fanno considerazioni etiche circa la retorica, rivendicata dallo stesso Fini, che vuole i presidenti delle Camere come figure *super partes*, garanti di tutti, allora il discorso cambia.

Come ha notato Paolo Armaroli, costituzionalista ed ex deputato di An, Fini ha mostrato un doppio volto: nella conduzione dei lavori parlamentari ha operato con relativa equanimità, senza forzature, ma in ogni sede pubblica in cui poteva farsi sentire ha usato la sua carica per condurre una campagna politica che andava in direzione avversa alla coalizione a cui doveva la sua elezione. Non dimentichiamo che la sua candidatura alla presidenza della Camera era stata espressa dal centrodestra, non era il frutto di una vasta convergenza. Quindi dal punto di vista etico è lecito nutrire serie riserve circa il suo comportamento.

Veniamo al famoso scontro pubblico dell'aprile 2010, in cui Fini dice a Berlusconi: «Che fai, mi cacci?». È un po' la rappresentazione plastica di come funziona il Pdl, che tra l'altro riunisce allora per la prima volta la sua direzione. Viene da pensare che magari in un contesto meno dispotico le tensioni causate da Fini potessero essere tollerate. Non è pieno l'Occidente di partiti con molte anime?

Sì, ma qui lo scenario è diverso. Si tratta di un conflitto personalistico, che riguarda i livelli più elevati della leadership e non ha punti di mediazione praticabili. Inoltre la contrapposizione non si manifesta nelle sedi di partito, anche perché il Pdl non ha di fatto una regolare vita interna, ma procede a suon di continue esternazioni pubbliche. Per due anni Fini critica sistematicamente Berlusconi, si dissocia dal governo, lancia moniti, si mostra a volte più vicino al centrosinistra che al centrodestra su temi rilevanti, come la giustizia. E non cerca di costruire una corrente nel Pdl, non si propone di aggregare gli scontenti su una piattaforma alternativa. Non presenta mai un progetto riconoscibile da sottoporre all'attenzione dei dirigenti e dei quadri. Alla lunga, in genere, nessun partito sopporta un atteggiamento simile.

Credo che Fini e Berlusconi condividano una forte allergia all'elaborazione teorica.

Sin dagli anni Ottanta il successore di Almirante ha sempre ritenuto inutile ogni sforzo programmatico. Magari lo delegava a Tatarella. Fini non è un uomo d'idee e non si è mai proposto come tale. Ha sempre pensato che l'importante fosse la sua capacità di prendere in pugno le situazioni contingenti. Perciò si è spesso proclamato erede del pragmatismo almirantiano.

Ma un'impostazione del genere, svincolata da pregiudiziali ideologiche, non dovrebbe favorire gli accomodamenti piuttosto che le rotture irrimediabili?

Non certo in un partito ultrapersonalistico come il Pdl, dove la figura del leader è più importante di qualsiasi linea programmatica. Spostare il dissidio sul piano delle idee avrebbe forse svelenito la situazione. Ma Fini, in vista della direzione, non prepara alcun documento da sottoporre ai dirigenti o da far circolare tra i militanti. Si muove individualmente. Vuole assumere il ruolo di anti-Berlusconi, cioè perseguire un'altra forma di personalizzazione, altrettanto esasperata, da contrapporre alla leadership del capo supremo.

Nel luglio del 2010 il Pdl estromette di fatto il presidente della Camera. Ma nonostante i passati fallimenti nei tentativi di rendersi autonomo da Berlusconi e la campagna scatenata contro di lui dal «Giornale» e da «Libero», con duri attacchi riguardanti anche la sua vita privata, Fini raccoglie intorno alla nuova insegna di Futuro e libertà per l'Italia (Fli) un discreto numero di parlamentari, tale da poter minacciare la caduta del governo. Come mai?

Il collante fondamentale della nuova aggregazione è l'insofferenza verso Berlusconi e i colonnelli del Pdl. Nel nuovo partito le due componenti di An e Forza Italia non si erano mai veramente fuse e in numerose realtà locali la diffidenza reciproca non era venuta meno. Ciò minacciava i seggi di non pochi parlamentari, che rischiavano di vedersi preferire personaggi più fedeli a Berlusconi nelle successive elezioni. Bisogna tener conto anche delle vicende personali poco edificanti in cui il capo del governo era stato coinvolto, che molti nel Pdl avevano digerito male. Finisce così per coagularsi intorno a Fini un fronte composito, ma deciso a proclamare la sua estraneità allo spettacolo da basso impero offerto da Berlusconi.

Non gioca anche, per esempio in personaggi come Tremaglia, un residuo della vecchia identità neofascista ferita dall'ingresso nel Pdl?

Direi che permane, sia pure in ambiti ristretti, la logica di fedeltà al capo che, al congresso di scioglimento del marzo 2009, aveva convinto a trangugiare l'inglobamento nel Pdl anche di esponenti di An che avrebbero preferito creare una federazione con Forza Italia. Si era riproposta allora, un po' paradossalmente, l'ipotesi che alcuni ex rautiani avevano avanzato e Fini aveva bocciato a Fiuggi, cioè far sopravvivere il Msi in un soggetto federato. Nel 2009 è un finiano convinto come Roberto Menia a rilanciare l'idea con un discorso molto duro, in cui si pronuncia contro lo scioglimento, ma aggiunge che lo accetta per un vincolo di fiducia nei riguardi del leader. Agisce qui un motivo cesaristico che era stato il marchio di fabbrica del Msi e non si era affatto attenuato in An.

Insomma, anche nell'operazione Fli Fini riesce a sfruttare i residui della mentalità neofascista.

Lo si è visto bene nei due incontri principali tenuti dal nuovo movimento: la Festa tricolore di Mirabello, nel settembre 2010, e la Convention di Bastia Umbra, due mesi dopo. I reportage televisivi ci hanno mostrato nella platea entusiasta vecchi camerati che ancora mostravano ammennicoli e gingilli con il fascio o il ritratto del Duce, giovani con la croce celtica al collo, ma anche persone che dichiaravano la loro estraneità al nostalgismo. Il mondo del Msi e poi di An aveva sposato in pieno la logica per cui il capo ha sempre ragione: si tratta di un'eredità del fascismo che resiste fino in fondo. O meglio, permane fino a quando Fini non la fa saltare: in questo si dimostra davvero, suo malgrado, un radicale innovatore.

Per quale ragione?

Perché determina una rottura così traumatica da indurre la grande maggioranza dei suoi seguaci ad abbandonarlo e a considerarlo un traditore. È la prima volta che questo si verifica nel mondo neofascista o postfascista. Soltanto che si tratta di una svolta tanto profonda quanto indesiderata, sgradita e dannosa proprio agli occhi di chi l'ha provocata, cioè lo stesso Fini.

Fli però raccoglie consensi anche fuori del perimetro che era stato di An. Ottiene le adesioni di personalità come l'ex radi-

cale Benedetto Della Vedova e l'avvocato Giulia Bongiorno. Forse sull'economia e sulla giustizia il partito finiano aveva qualcosa da dire.

Il movente però è sempre in negativo: contro Berlusconi, per un centrodestra liberato dalla sua ingombrante leadership. Si può anche capire questo modo di ragionare. Componenti eterogenee, ma tutte favorevoli a un bipolarismo mite, che vogliono costruire una forza conservatrice moderna, magari ancor più connotata in senso laico e atlantista, trovano in Fini un aggregatore, forse insperato, che si presenta come il naturale polo di riferimento.

Il problema è che, quando nasce Fli, il suo leader sa che cosa vuole, ma coloro che si radunano intorno a lui hanno propositi molto variegati. Tant'è vero che il gruppo parlamentare finiano comincia in breve tempo a perdere pezzi e alcuni degli esponenti politici che avevano aderito alla scissione, magari non molto convinti, ben presto prendono le distanze. È il caso di Adolfo Urso, Andrea Ronchi, Silvano Moffa, che non vedono più nelle mosse di Fini la prospettiva di innovare il centrodestra dall'interno, ma la volontà di collocarsi in una posizione intermedia fra i due poli, di animare un soggetto centrista. Un intento che, a loro avviso, porta in un vicolo cieco.

Manca insomma a Fli un progetto politico riconoscibile?

Non lo si vede proprio. A parte l'antiberlusconismo, che cosa può unire Tremaglia e Della Vedova? Il vecchio combattente della Rsi, che non molto tempo prima se l'era presa con gli omosessuali, definendoli «culattoni», e l'ex esponente del Partito radicale, che delle istanze Lgbtq è sempre stato il portavoce, non hanno nulla in comune.

Fini tenta anche di aggregare alcuni intellettuali d'area.

Cerca di distinguersi da Berlusconi, che non ha più intorno a sé i Colletti o i Pera, radunando alcune teste pensanti. Ma l'operazione non quaglia. Viene diffuso un manifesto firmato da Campi, Centanni e Croppi, che attira anche Cardini, ma non si va oltre la logica del fiore all'occhiello. Anche l'espediente di avviare la Convention di Bastia Umbra facendo leggere un'enfatica e commossa dichiarazione d'intenti a Luca Barbareschi si rivela piuttosto infelice, visto che l'attore è poi tra coloro che tornano all'ovile berlusconiano. Siamo di fronte al tentativo di costruire un'immagine postmoderna accattivante, secondo i canoni più aggiornati della comunicazione politica, e di legittimarla con un certo alone di raffinatezza intellettuale, per emanciparsi dalla rozzezza solitamente attribuita all'ambiente. Ma la sostanza del progetto di Fli rimane troppo vaga per poter sottrarre consensi significativi al Pdl.

Fini conosce un momento di grande esposizione mediatica tra l'aprile e il dicembre del 2010. Ma il fallimento del tentativo di far cadere il governo Berlusconi segna l'inizio del suo declino. Era solo un bluff o un eventuale passaggio della mozione di sfiducia avrebbe potuto fare di lui un vero protagonista?

Fare analisi politica su basi controfattuali è sempre molto discutibile. Detto questo, la mia impressione è che un successo della mozione di sfiducia avrebbe senz'altro dato a Fini una patente di centralità nella dialettica politica e gli avrebbe evitato di precipitare repentinamente in un cono d'ombra, come in effetti poi è avvenuto. Però le vette di popolarità che il presidente della Camera tocca nei sondaggi di allora devono essere interpretate come espressione di quei consistenti settori di opinione pubblica, anche di sinistra, che vedevano nella rivolta di Fini l'unica chance di eliminare il leader del Pdl dalla scena politica. Gli stessi ambienti che hanno confidato nell'azione della magistratura come elemento risolutivo del problema Berlusconi per un certo periodo hanno pensato che Fli potesse garantire il risultato che i processi non avevano ancora raggiunto. Non si può dare per certo che, una volta disarcionato il Cavaliere, la buona disposizione d'animo di quel pubblico verso Fini sarebbe proseguita.

E perché? In fondo il merito di aver abbattuto Berlusconi sarebbe stato tutto suo.

Ma proprio per questo la sinistra e i mezzi di comunicazione che le sono vicini, una volta azzoppato il leader del Pdl, si sarebbero preoccupati di rimettere le cose a posto, cioè di far risaltare le origini e la natura di destra del partito di Fini. Inoltre un successo eventuale della manovra contro il governo non solo non avrebbe ridotto, ma avrebbe anzi acuito l'ostilità verso Fli di gran parte dell'elettorato di centrodestra. Fini sarebbe stato bollato una volta per tutte come il cavallo di Troia che aveva riportato la sinistra al potere. Ho quindi l'impressione che i suoi margini di manovra sarebbero stati ridotti, anche se non esigui come dopo la bocciatura della mozione di sfiducia.

Non poteva nascere un terzo polo più robusto?

Sarebbe avvenuto soltanto se Fini fosse stato chiamato a guidare il governo. Ma un'ipotesi del genere sarebbe stata praticabile se Berlusconi fosse caduto per motivi diversi dall'iniziativa di Fli. Con Fini nelle vesti di esecutore della condanna politica del governo, il Pdl non avrebbe acconsentito a una soluzione di larghe intese guidata da lui. E almeno al Senato non c'erano i numeri per un governo sorretto dalle sinistre, da Casini e da Fli.

Magari si poteva pensare a un esecutivo guidato da un altro esponente del centrodestra, tipo Tremonti, o da un tecnico di prestigio, come poi è avvenuto con Mario Monti.

Ma così Fini, dopo aver fatto cadere il governo, difficilmente avrebbe potuto mantenere la presidenza della Camera e si sarebbe comunque trovato tra i tanti a sostenere un esecutivo di transizione non guidato da lui. Non so quanto peso avrebbe potuto acquisire Fli in una situazione del genere.

Alla luce di questi eventi, dobbiamo ritenere che Berlusconi abbia sbagliato evitando di giocare la carta delle elezioni anticipate nel 2010?

Senz'altro. Sono convinto che abbiano commesso un errore enorme sia lui che la Lega. In quel momento il Pdl e il Carroccio erano favoriti nei sondaggi e non credo che Napolitano avrebbe potuto evitare lo scioglimento delle Camere con una soluzione tecnica, che non avrebbe avuto la maggioranza in almeno uno dei due rami del Parlamento. Si è trattato dell'ennesima dimostrazione d'incapacità strategica da parte di Berlusconi, abilissimo nel condurre le campagne elettorali, ma dotato di scarsa sagacia politica. Ha sempre navigato a vista, confidando nel proprio fiuto, e in diverse occasioni cruciali non ha avuto la prontezza di sferrare il colpo decisivo.

Infatti un anno dopo Berlusconi cade lo stesso, sotto i colpi della crisi finanziaria, e alla guida del governo arriva Monti. È un duro colpo per il Pdl, ma non restituisce un ruolo a Fini. Per quale ragione?

Perché la legittimazione di un governo alquanto insolito, totalmente svincolato dai partiti e dotato di un programma che – si dice – soltanto i tecnici possono attuare, avviene attraverso la retorica del nuovo contro il vecchio. Giochiamo una carta inedita, viene detto ai cittadini, perché i professionisti della politica hanno fallito. Fini adesso è percepito come un esponente del sistema tradizionale, una cariatide del Palazzo. Il rinnovamento che il Msi, grazie al suo isolamento, aveva potuto incarnare all'epoca di Tangentopoli, almeno per un certo numero di elettori, ora Fini non può rappresentarlo, perché è parte integrante, anzi protagonista, del passato da mandare in soffitta.

Infatti sostanzialmente scompare durante la stagione del governo «tecnico».

Risulta defilato rispetto a Casini, che si presenta come il referente politico effettivo del governo Monti, ed è offuscato anche dal gran rumore che si fa intorno a Italia futura e a Luca Cordero di Montezemolo, una componente imprenditoriale che si presterebbe volentieri alla politica, ma non gradisce la vicinanza dei vecchi leader di partito. Fini rimane dunque fuori dai giochi che contano. Non può certo mugugnare contro i tecnocrati e i poteri forti, come fa una parte della destra rimasta fedele a Berlusconi, e neanche proporsi quale alfiere della soluzione «tecnica».

La sua sovraesposizione mediatica diventa soltanto un ricordo.

Il racconto della politica, come insegnano gli esperti di comunicazione, non sopporta un eccesso di protagonisti. Deve far perno su poche figure, non può essere troppo complicato agli occhi della gente comune. Caduto Berlusconi, gli attori principali diventano Monti e i suoi ministri, che occupano totalmente la scena e tolgono dai riflettori i vecchi mestieranti della politica, tipo Fini. Per giunta il governo ha una maggioranza larghissima, che rende i voti di Fli irrilevanti.

Casini del resto è più credibile perché nel 2008 si è presentato da solo e i suoi parlamentari sono stati eletti con i voti dell'Udc, mentre quelli di Fli vengono dalle liste del Pdl.

Per questo è logico che in un'aggregazione centrista, nella prospettiva del terzo polo, il peso di Casini sia predominante.

Che dire della componente ex missina rimasta dentro il Pdl?

La formazione del governo Monti serve da filtro degli umori circolanti tra queste persone, che si ritrovano nel Pdl senza il loro leader storico e nell'impossibilità di riorganizzarsi per correnti, com'era consuetudine cementata nel loro passato politico. L'insofferenza o il gradimento verso il governo dei tecnici diventa così una questione di sensibilità individuale o di valutazione del futuro che ciascuno può immaginare per se stesso dopo l'esperienza Monti. E qui si vede come il nodo identitario passi in secondo piano. Il problema non è più decidere se cercare di tenere vivo il ricordo delle origini o piuttosto sforzarsi di cancellarlo. Gli elementi discriminanti sono relativi invece alla visione del rapporto tra economia e politica.

Come si articolano dunque gli atteggiamenti degli ex di An?

I berlusconiani convinti sono ancora più spinti alla fedeltà verso il leader e all'azzeramento delle differenze rispetto alla cerchia originaria di Forza Italia. Gli altri si pongono il problema di che cosa fare, magari collegandosi ai più irrequieti esponenti del Pdl di matrice diversa. È difficile decidere se allinearsi all'austerità di Monti, magari avanzando qualche richiesta particolare in sintonia con le esigenze della propria base elettorale, oppure contestare radicalmente l'idea che l'economia possa imporsi sulla politica, come suggerirebbe di fare la cultura retrostante all'esperienza del Msi e di An. Affiorano a tal proposito nuovi spartiacque interni, che tendono a superare le precedenti divisioni correntizie. Si avvia così quella che, al momento, appare come la fase finale della disgregazione di un mondo che ormai sta per concludere la sua storia.

Nasce però in quella fase Fratelli d'Italia, movimento sorto per iniziativa soprattutto di Giorgia Meloni, Guido Crosetto e Ignazio La Russa. Quali obiettivi si pone quando muove i primi passi?

Nei suoi promotori, inclusi quelli che non vengono dal Msi (a partire da Crosetto), c'è la volontà dichiarata di aggregare una destra diversa, ostile alla corruzione ed estranea alle pratiche compromissorie, che dia un'immagine di pulizia e cancelli le stigmate negative dei comportamenti di Berlusconi e di altri dirigenti del Pdl. Molti osservatori però (e io stesso), in quel momento, ritengono che i fondatori di Fratelli d'Italia abbiano sbagliato i tempi. Sostengono che la loro operazione avrebbe avuto un maggiore successo se fosse stata lanciata in parallelo alla scissione di Fli, o a breve distanza da essa. Nel momento in cui dentro il Pdl cominciava a manifestarsi il disagio di chi non si accontentava della maggioranza ottenuta alla Camera con i voti raccogliticci di personaggi come Domenico Scilipoti, un'iniziativa come quella di Fdi avrebbe potuto avere un'eco maggiore e ricompattare una buona parte dei quadri intermedi di An.

Non aver sfruttato quella fase e non aver elaborato alcuna piattaforma per riaggregare l'area ex missina ha inizialmente indebolito il progetto, che è sembrato semplicemente il varo di una scialuppa di salvataggio nel momento in cui quella parte della nave imbarcava acqua e si rischiava di finire tutti annegati. Infatti la selezione delle candidature alle elezioni del 2013 per il Pdl segna un'autentica decimazione della componente ex missina. E Fratelli d'Italia non raggiunge neanche il 2 per cento, con nove seggi alla Camera e nessuno al Senato. I successi futuri sembrano inimmaginabili.

Fratelli d'Italia nasce dopo la decisione assunta da Berlusconi di cancellare le primarie attraverso cui si sarebbe dovuto decidere il segretario politico del Pdl. È significativo che la causa scatenante della scissione non sia il desiderio di riaffermare un'identità soffocata, ma la richiesta di autentici spazi di democrazia all'interno del centrodestra.

Nelle prime dichiarazioni degli «scissionisti» c'è la volontà di costruire un «Pdl 2.0», in cui le decisioni siano assunte collegialmente, e quindi di rimanere legati alla formula di centrodestra. Questo atteggiamento era apparso già chiaro nel momento in cui Giorgia Meloni si era dichiarata favorevole alla successione di Angelino Alfano a Berlusconi nel ruolo di coordinatore del partito. Anche se la decisione di candidarsi alle ipotizzate primarie significava che una tentazione di coagulare attorno a sé almeno una parte degli ex An c'era.

La quasi totalità dei dirigenti di Fdi proviene dal Msi-An. Eppure per la carica di presidente viene scelto proprio l'unico che ha un'ascendenza diversa, Guido Crosetto. Come mai?

Per dare un segnale di apertura e attrarre quegli elettori di centrodestra che, sebbene non avessero votato per Alleanza nazionale e si considerassero moderati, erano rimasti sconcertati dalle disavventure personali e da talune scelte di Berlusconi ed erano in cerca di alternative nel perimetro della coalizione.

È significativo anche che Fdi all'inizio si definisca Centrodestra nazionale e non Destra nazionale.

Fa parte della stessa strategia, e serve anche per prendere ancora più visibilmente le distanze da Fini, che a molti elettori del Pdl appariva un traditore degli impegni assunti a suo tempo nei loro confronti, e che con le sue sortite aveva offuscato ai loro occhi, retrospettivamente, l'immagine di Alleanza nazionale.

Come abbiamo detto, il risultato di Fdi alle elezioni del 2013 è assai deludente, 1,96 per cento, anche se il partito, grazie a una clausola della legge Calderoli, entra comunque alla Camera con nove deputati. A che cosa si deve un risultato tanto misero, addirittura inferiore a quello ottenuto dal Msi nel 1948? Forse al fatto che Fdi prende posizione in forte ritardo contro l'impopolare governo Monti, mentre la Lega vi si oppone dall'inizio?

I partiti nuovi, nati per scissione da formazioni maggiori, non hanno mai ottenuto risultati eclatanti nella storia elettorale dell'Italia repubblicana. Soffrono di un deficit di visibilità e di conoscenza rispetto al pubblico, presentano sigle inedite, non dispongono di grandi spazi mediatici, e possono essere accusati di indebolire, con la loro fuoriuscita, la ex casa madre. È il classico caso del vaso di coccio fra vasi di ferro. Si aggiunga, e non è un dato secondario, che fra la nascita di Fdi e le elezioni c'è un lasso di tempo estremamente ridotto, altro ostacolo alla divulgazione di idee e immagine. Lo stesso discorso vale per l'opposizione al governo Monti, che, fin quando era stata condotta in seno al Pdl, non poteva avere particolare visibilità.

In che misura l'insuccesso elettorale di Fdi è dovuto alla contemporanea esplosione del Movimento 5 Stelle di Beppe Grillo, con il suo populismo che pesca voti tanto a destra quanto a sinistra?

Il richiamo del populismo grillino toglie molti consensi a tutte le forze di opposizione alla deriva tecnocratica incarnata da Monti – e sin dal suo sorgere Fdi si colloca fra queste. Le analisi degli studiosi dimostrano che circa il 30 per cento dell'elettorato raccolto dal M5S nel 2013 si considera di destra o centrodestra, o ha avuto esperienze di voto per quell'area. Per Fratelli d'Italia, in quel momento, è un concorrente più che un avversario in senso proprio. Lo conferma il fatto che, cinque anni dopo, le rilevazioni dell'Istituto Cattaneo mostreranno che fra gli elettori Cinque stelle c'è un 18 per cento che indica, come secondo partito preferito, Fdi (e un numero simile indica la Lega).

Come affronta Fdi il momento elettorale?

Per definire il programma, organizza sul suo sito web una raccolta di suggerimenti da parte della base. Fissa alcune linee molto vaghe e chiama il corpo appena costituito del partito a esprimersi per via telematica. Una procedura improvvisata. In quella fase iniziale Fratelli d'Italia dà l'idea di non sapere dove andare: non vuole riproporre An, ma neppure sbilanciarsi troppo in senso modernizzante, per non assomigliare a Fli.

Il più attivo sui contenuti, all'epoca del Pdl, era Crosetto, che non esitava a criticare la politica economica di Tremonti.

È vero, ma lo faceva da posizioni di liberismo estremo, non facilmente assimilabili da parte degli ex di An. Alla fine l'elemento identificante iniziale di Fratelli d'Italia è un misto di ripulsa della corruzione e di serietà da vecchia destra borghese, austera e operosa.

Però La Russa non è che trasmetta proprio un'immagine del genere. Comunque Fratelli d'Italia entra in Parlamento, mentre le altre liste di origine o tendenza neofascista rimangono al palo. Nel febbraio 2013 Fli evapora; La Destra, la Fiamma tricolore, Forza nuova e CasaPound raccolgono percentuali irrisorie. Come mai?

Il clima di emergenza nel quale si viene a trovare il Pdl alla vigilia della campagna elettorale, con i sondaggi sfavorevoli e le ferite delle lacerazioni interne ancora ben visibili, riporta in gioco un fattore importante nelle vicende della destra: l'appello a non disperdere il voto, a difendere quel che resta. Un effetto che in questo caso va tutto a favore di Berlusconi: nonostante il fallimento della sua esperienza a Palazzo Chigi, cannibalizza il resto della destra e si ritrova a essere, se non il vincitore, di certo il meno perdente. Il Pdl strappa il 21,56 per cento, mentre Fratelli d'Italia si ferma sotto il 2, La Destra allo 0,6, Fli non raggiunge nemmeno lo 0,5. Non c'è una dispersione dei voti tra le varie formazioni in cui si è decomposta l'area ex missina. Si passa d'un botto dal 12 per cento che aveva An nel 2006 a poco più del 3. Significa che non c'è più un referente identitario in grado di calamitare una frazione rilevante dell'elettorato.

Dopo il mezzo fiasco del 2013 c'era da temere la disgregazione di Fdi o un suo riassorbimento da parte di Berlusconi. Si può dire che la nascita del governo di larghe intese guidato da En-

rico Letta favorì la sopravvivenza del partito, consentendogli di occupare uno spazio di opposizione a destra, sia pure molto ristretto rispetto a quello della Lega?

Il riassorbimento nel Pdl era impossibile, perché sarebbe stata una smentita delle ragioni fondanti del partito. Vari osservatori sostengono che Berlusconi abbia visto di buon occhio – e, secondo alcuni, sostenuto finanziariamente – Fdi, nella convinzione che sarebbe servito a distogliere un certo numero di ex elettori di Alleanza nazionale dalla tentazione di seguire Fini nella sua avventura. È possibile, ma quella di Meloni e sodali rimaneva comunque una scissione, in larga misura motivata da una diretta critica ai modi dispotici di gestione del Cavaliere, e questo rendeva problematica la prospettiva di una ricomposizione. Certo, il governo di larghe intese offriva a Fdi la possibilità di smarcarsi maggiormente dagli ex alleati e di rendere più decifrabile, agli occhi del pubblico, la propria fisionomia.

16
L'ondata populista

Quanto pesa la figura istrionica di Beppe Grillo nel convogliare sulle liste del M5S, alle elezioni del 2013, il voto di un elettorato deluso dal Popolo della libertà?

Moltissimo. Fra coloro che hanno studiato il fenomeno non c'è concordanza sul peso che la figura del fondatore ha avuto nell'attrarre sul M5S, nel 2013, i suffragi di oltre otto milioni e mezzo di elettori. Spesso però chi avanza dubbi su questo effetto di traino guarda alle opinioni espresse su Facebook da iscritti ai *meetup*, trascurando il fatto che, come ha scritto Ilvo Diamanti, il successo dei Cinque stelle è dipeso in larga misura dal sostegno e dal consenso di elettori che non frequentano blog, non hanno aderito ai *meetup*, non partecipano a manifestazioni. Sono persone che conoscono le prese di posizione e le boutade di Grillo per ciò che se ne è detto – spesso con toni critici – in tv, sui giornali, nelle chiacchierate con gli amici, non hanno alcuna idea dei contenuti del programma e del «non statuto» del M5S e orientano la loro scelta unicamente in base alla predicazione di colui che, con felice immagine, Jacques de Saint-Victor ha definito il «Savonarola postmoderno», il solo attore dello scenario politico italiano in grado di intercettare e dar sfogo ai loro umori. Come ha ammesso uno dei biografi del personaggio che meno lo ha in simpatia, Giuliano Santoro, «votando il Movimento si ha l'impressione di votare per il suo fondatore».

Come ho documentato nel mio libro *Italia populista*, il populismo di Grillo è in linea diretta di continuità con una tradizione di critica virulenta e irridente dei vizi della classe politica che ha per capostipite il Fronte dell'Uomo Qualunque di Guglielmo Giannini e che ha sempre incontrato una grande quantità di simpatie a destra. I suoi strali colpiscono i partiti, i sindacati, i giornalisti e gli intellettuali al servizio delle ideologie e del potere, il fisco, l'economia parassitaria dei grandi gruppi finanziari internazionali, le banche, la Bce. I bersagli della sua ironia corrosiva e dei nomignoli ridicolizzanti da lui coniati a getto continuo sono, nella stragrande maggioranza (l'unica eccezione è Berlusconi), gli stessi che stanno sullo stomaco agli elettori un tempo missini o di An: Prodi, Napolitano, Bersani, Veltroni, Letta, Renzi. E nel suo messaggio politico rientrano molti temi che a quel pubblico stanno a cuore, a partire dalla lotta alla corruzione, agli eccessi burocratici e agli sprechi di denaro pubblico e da una dichiarata ostilità all'immigrazione, rafforzata dal rifiuto dello *ius soli*, per arrivare all'opposizione ai condizionamenti dell'Unione Europea, degli Stati Uniti e della Nato sulla politica italiana. Nei suoi comizi trovano ampio spazio concetti e parole che a destra suonano graditi, come comunità e identità, e soprattutto l'elogio di quel buonsenso che già il qualunquismo aveva contrapposto alle fumisterie ideologiche di cui si ammantano i politici di professione.

Il M5S disperderà poi quel patrimonio, a causa del crescente peso interno dell'ala progressista e delle ambizioni governative dei suoi dirigenti di vertice, regalandolo in un primo momento alla Lega e successivamente, almeno in parte, a Fratelli d'Italia, ma nel 2013 il protagonismo di Grillo glielo assicura (anche perché il Carroccio è ancora sotto choc per le malefatte del «cerchio magico» bossiano). Non dimentichiamo che nel gennaio di quell'anno l'ex comico apre addirittura le porte del Movimento ai membri di CasaPound, con il suo: «Perché no, se hanno le nostre idee?».

In che misura il «partito azienda» di Grillo e Gianroberto Casaleggio si può considerare erede del «partito patrimoniale» di Berlusconi?

Si possono ritenere entrambi sottospecie del modello di partito personale che si è andato affermando negli ultimi decenni in vari Paesi d'Europa e anche altrove, a causa di due fenomeni concomitanti e correlati in forte crescita: la personalizzazione della politica e il ruolo cruciale che i media svolgono nel marketing politico-elettorale, di cui ormai nessuna formazione politica di un qualche peso può fare a meno.

Sia Grillo che Berlusconi sono personaggi creati dalla tv, sia pure per vie, e con ruoli iniziali, molto differenti, e sia l'uno che l'altro sfruttano a fondo il capitale di popolarità che hanno acquisito in quell'ambito per ergersi a vendicatori dell'uomo comune contro i potenti che lo opprimono, lo ingannano, lo sfruttano – una tematica che il movimento qualunquista aveva già dimostrato elettoralmente proficua, sia pure per i pochi anni del suo successo. Date queste premesse, è inevitabile che il partito che fondano sia integralmente dipendente, almeno per un certo periodo, dalla loro persona e dalle risorse, materiali e/o di immagine, che essa può fornire.

La maggiore differenza fra i due casi consiste nel ruolo svolto nel M5S da Gianroberto Casaleggio, che non ha equivalenti in Forza Italia. Berlusconi, per lanciarsi in politica, si affida inizialmente a un trust di cervelli (con il politologo Giuliano Urbani in prima fila) per elaborare il programma di quello che avrebbe dovuto chiamarsi il Polo del buongoverno, ma dopo il successo elettorale lo mette da parte, preferendo far riferimento agli specialisti delle inchieste demoscopiche. Invece Grillo, che proprio da Casaleggio era stato indotto a cimentarsi sul nuovo terreno, non si separerà da lui fino alla morte dell'imprenditore e gli affiderà la gestione e la strategia del movimento, limitandosi a esserne, come lui stesso dirà, il megafono.

Si può ritenere che l'esperienza del governo Monti, con una sorta di abdicazione dei partiti, abbia costituito il terreno di coltura ideale per la crescita del populismo grillino?

Non c'è dubbio. C'è un curioso cortocircuito nella mentalità populista: da un lato si detestano i politici di professione, per definizione corrotti e interessati unicamente al tornaconto personale, e si richiedono, a chi governa, solide competenze; dall'altro, se al governo vanno dei (presunti) competenti al posto dei politici, li si accusa di non essere stati scelti dal popolo e di fare gli interessi dei «poteri forti». Mario Monti è un caso tipico di personalità «tecnocratica» scelta e imposta dai partiti, che si presta, anche per il precedente incarico di commissario alla concorrenza dell'Unione Europea, a suscitare in una parte dell'opinione pubblica il sospetto di essere al servizio di gruppi d'interesse e istituzioni esterne. E Grillo non aspetta neanche un attimo per cavalcare questi umori, affibbiando al presidente del Consiglio il nomignolo di «*Rigor Montis*» e dipingendolo come un nuovo Dracula che succhia il sangue dei cittadini per risanare le casse dello Stato sotto la regia di istituzioni detestate come il Fondo monetario internazionale e l'Ue.

Abbiamo introdotto il termine populismo, che viene spesso adoperato in chiave polemica per squalificare forze come il M5S. Ha senso usarlo anche in sede di analisi dei fenomeni politici? E che cosa si può intendere per populismo?

Ha senso se si attribuisce al termine un significato chiaro e unico. Non ne ha se lo si usa, come purtroppo giornalisti e politici fanno, come un insulto o un surrogato di qualcosa d'altro. Anche in campo scientifico su questo punto non c'è un accordo condiviso. Chi considera il populismo un'ideologia fatica a ricondurlo a fenomeni che si collocano tanto a destra quanto a sinistra e propugnano ricette economiche liberiste oppure socialiste. Chi ritiene che sia soltanto uno stile, un modo di fare politica che ricorre a larghe dosi di demagogia e scarica aggressività e ironia contro i poteri forti e la burocrazia, dichiarando di voler fare il bene dei cittadini, finisce con l'appiccicare questa etichetta un po' ovunque.

La via corretta è considerare il populismo come una «mentalità» con tratti ben precisi. Che, cioè, considera il popolo come un'entità che in origine era coesa e organica ed è stata in seguito divisa da forze ostili. E che a questo popolo attribuisce naturali qualità etiche (laboriosità, onestà, realismo) contrapposte ai vizi delle oligarchie sue nemiche (ipocrisia, inefficienza, corruzione), basando su questa premessa la rivendicazione del primato della gente comune – unica fonte di legittimità del potere – su qualunque istituzione. E pretendendo che l'espressione diretta della voce popolare prevalga sempre, in democrazia, sulle mediazioni affidate ai rappresentanti eletti. Da questo punto di vista, nel discorso di Grillo non è difficile scorgere un populismo allo stato puro.

Che cosa significa questa formula? Perché Grillo rappresenta un «populismo allo stato puro»?

L'ho definito così perché il suo è un tipo di populismo che non si colloca in nessuna delle due aree in cui solitamente si tende a dividere la geografia politica: per ripetuta dichiarazione del fondatore, non è né di destra né di sinistra, nel senso che abbraccia trasversalmente istanze, stati d'animo, giudizi e pregiudizi che sono diffusi tanto a sinistra quanto a destra, così come fra i molti cittadini che non hanno preferenze precise e che solo occasionalmente si interessano alle questioni politiche. E proprio in questa sua caratteristica appare come una sorta di tipo ideale della mentalità populista applicata alla politica concreta: colpiscono le forti somiglianze esistenti fra un certo numero di idee e proposte (e il modo di esprimerle) avanzate da Grillo e quelle che, mezzo secolo prima di lui, avevano contraddistinto il qualunquismo di Guglielmo Giannini alla fine degli anni Quaranta o il movimento Union et fraternité française animato da Pierre Poujade a metà del decennio successivo. Nel mio libro ne ho fatto un sommario elenco: sono coincidenze così evidenti da far comprendere subito che in tutti questi casi si è manifestata la stessa mentalità populista.

Fino a quando il M5S viene identificato dal pubblico con le opinioni e le esternazioni del suo «megafono», riesce a conquistare spazio elettorale fra i delusi di entrambi i campi tradizionali. Quando ci rinuncia, metà del suo seguito lo abbandona e, non casualmente, in buona parte si sposta sulla Lega, che in quel momento, anche grazie al contratto di governo siglato con il Movimento, appare altrettanto populista e trasversale rispetto alle vecchie linee di frattura della politica italiana.

L'ondata populista è un fenomeno di portata internazionale. Che cosa la caratterizza in linea generale?

I fattori di crescita sono molteplici. Più di altri pesa la sempre più diffusa delusione verso le promesse non mantenute delle classi politiche che da decenni guidano le democrazie liberali. Così come l'impressione che, avendo diluito gran parte delle caratteristiche ideologiche che in precedenza li distinguevano e messo fra parentesi alcuni dei grandi temi sociali su cui si erano impegnati, i partiti di governo, al di là delle diverse etichette, siano sempre più simili, nei programmi e nei comportamenti. Da ciò discende un sempre più accentuato e percepito distacco tra i cittadini comuni e i loro rappresentanti: un terreno di coltura favorevole all'attecchimento del messaggio populista, che predica la necessità di restituire al popolo il potere di cui è teoricamente titolare, ricorrendo a tutta una serie di meccanismi di democrazia diretta, come i referendum, le leggi di iniziativa popolare, la possibilità di revoca degli eletti che non rispettano gli impegni (quel *recall* che ha consentito a un populista come Arnold Schwarzenegger di subentrare nel posto di governatore della California e che il M5S propone di importare in Italia).

Pesano molto anche le inquietudini per fenomeni sociali e culturali che sconvolgono le abitudini di vita tradizionali: dall'immigrazione di popolazioni che non condividono gli usi e le credenze degli autoctoni e risultano difficilmente integrabili, fino al costante allargamento del perimetro dei «diritti civili», che promuove le istanze di gruppi minoritari e in precedenza malvisti, come quelli raccolti sotto la sigla Lgbtq. Inoltre, se i partiti populisti fin dalla metà degli anni Novanta diventano quasi ovunque i più votati da chi appartiene a famiglie della classe operaia, lo si deve ai processi di automazione del lavoro e ai licenziamenti causati dalle sempre più frequenti delocalizzazioni produttive: tutti fenomeni che i populisti mettono in conto alla globalizzazione – la loro vera bestia nera – e a quegli ambienti finanziari apolidi e impersonali che la loro propaganda pone sotto accusa di continuo.

Populismo e sovranismo vengono spesso, se non proprio identificati, ampiamente sovrapposti. Che cosa distingue l'uno dall'altro?

Detto che in un certo numero di casi concreti queste due impostazioni convivono – si può pensare a titolo di esempio al peronismo argentino e al chavismo venezuelano e ad altre esperienze di governo latino-americane e africane –, sul piano teorico una differenza rilevante c'è. Il populismo si fonda sulla rivendicazione del diritto del popolo, titolare della sovranità, di esercitare il potere e condizionare le scelte di governo tramite strumenti di democrazia diretta, al di là – e, se occorre, al di sopra – di ogni mediazione istituzionale, e fa della critica alle oligarchie il nucleo centrale delle sue argomentazioni.

Il sovranismo è essenzialmente rivendicazione della sovranità dello Stato rispetto a ogni ingerenza esterna, non prevede un ruolo specifico e preminente del popolo nella gestione di questo potere sovrano e non esclude forme di organizzazione gerarchica della comunità politica. Per essere ancora più chiari: possono essere sovranisti, e molto spesso lo sono e lo rivendicano, i regimi autoritari (a meno che non si tratti di fantocci controllati da un Paese estero) o, a maggior ragione, i regimi totalitari, anche se entrambi al popolo non concedono poteri di controllo né libertà di espressione.

Un concetto interessante emerso negli studi è quello di «populismo patrimoniale». Di che cosa si tratta?

È una nozione coniata dal politologo francese Dominique Reynié, che l'ha proposta per spiegare la capacità di penetrazione elettorale di partiti populisti anche in Paesi, in particolare quelli del Nord Europa, dove alcune delle condizioni socio-economiche e politiche che avevano favorito l'ascesa dei confratelli di altre parti del continente non esistono: i sistemi di welfare funzionano, la disoccupazione è scarsa, la corruzione del ceto politico è limitata, i danni prodotti dalla globalizzazione sono stati lievi.

In questi casi l'attrazione del messaggio populista è dovuta quasi esclusivamente al peso dei flussi migratori, che soprattutto in Olanda, in Danimarca e in Svezia è stato, fin dagli anni Settanta, molto elevato (le statistiche ufficiali mostrano che il 25 per cento della popolazione svedese, se si considerano le ultime tre generazioni, è di origine immigrata). La reazione a questa sempre crescente pressione migratoria ha allarmato, secondo Reynié, una parte notevole della popolazione autoctona, specialmente quella di età più avanzata, che ha visto in pericolo un duplice patrimonio accumulato nel corso del tempo: da un lato il patrimonio materiale – il livello o tenore di vita –, messo in discussione dalla concorrenza dei nuovi venuti sul mercato del lavoro e dalle spese statali per l'estensione agli stranieri dei servizi pubblici, con conseguente aumento del carico fiscale per il ceto medio; dall'altro il patrimonio culturale – lo stile di vita –, insidiato dalla diffusione di credenze religiose, criteri alimentari, stili di abbigliamento importati da minoranze cresciute in contesti radicalmente diversi. Di fronte a questo duplice impatto, le posizioni propugnate dai movimenti populisti sono state viste come l'unica efficace barriera difensiva.

La lista guidata da Pim Fortuyn, che nei primi anni Duemila ebbe un clamoroso successo in Olanda, cioè in un Paese ritenuto immune per le sue caratteristiche dal «virus» populista, e che, se il suo leader non fosse stato ucciso alla vigilia delle elezioni del 2002, avrebbe potuto incidere profondamente sull'azione del governo in materia di immigrazione, può essere considerata la capostipite di questa forma di populismo, che ha avuto poi vari continuatori.

In diverse realtà, come la Francia, l'Austria, la Germania, i Paesi scandinavi e l'Est europeo l'insorgenza populista premia forze collocate tradizionalmente all'estrema destra, tanto che qualcuno tende a vederla come un'avanzata reazionaria, se non proprio una riscossa parafascista. Proviamo a fare un po' di chiarezza su questo punto?

L'attrattiva delle parole d'ordine populiste sull'elettorato dei Paesi europei cresce per gradi, o, come hanno scritto i politologi che se ne sono occupati, per ondate. La prima, che si potrebbe definire quella dei precursori, si incarna in movimenti che non hanno una precisa fisionomia ideologica – anzi, che respingono le ideologie, viste come vaniloqui usati dai «grossi» o dai «capi» per tenere alla catena i «piccoli» o la «folla» – e ha come interpreti principali il qualunquismo in Italia, il poujadismo in Francia e altre piccole formazioni analoghe e altrettanto effimere nate in Austria e in Germania.

La seconda, diffusa a partire dagli anni Settanta soprattutto nel Nord Europa (Danimarca e Norvegia con i «Partiti del progresso», Svezia più tardi con Nuova democrazia), mantiene quelle caratteristiche originarie, critica simultaneamente i partiti di destra e di sinistra tradizionali e punta su una gamma limitata di temi, in primo luogo il rifiuto di carichi fiscali giudicati eccessivi. Un tratto comune a questi gruppi è che i loro successi sono fulminei, ma di portata ristretta: i loro slogan fanno presa, ma la mancanza di una solida organizzazione territoriale e di militanti disposti a sostenerla non consente, al momento, di far fruttare il capitale accumulato. Il loro esempio, però, fa colpo sui dirigenti di partiti che, pur condividendo buona parte delle loro istanze, sono relegati ai margini dei rispettivi sistemi politici perché considerati troppo spostati a destra (anche se, come nel caso della Fpö austriaca prima che alla sua guida giungesse Jörg Haider, hanno nel loro passato una collaborazione governativa con i socialisti).

Impadronirsi dei temi, delle parole d'ordine e degli stili comunicativi populisti è per costoro, inizialmente, una semplice mossa tattica – se si vuole, un espediente – per allargare l'area di consenso e dare una ripulita all'immagine. Ma quando quella scelta si rivela azzeccata, l'influenza populista si estende fino a modificare gradualmente i presupposti ideologici, i programmi e gli obiettivi di più di uno di questi partiti, disincagliandoli dall'estrema destra ed espurgandone le tracce neofasciste. È il caso delle formazioni che hanno caratterizzato la terza ondata del fenomeno di cui stiamo parlando: il Front national in Francia, i Democratici di Svezia e varie altre. Una realtà che, per pregiudizio politico più che per ignoranza, molti accademici e moltissimi giornalisti si rifiutano di accettare e studiare, continuando ad applicare a partiti che ormai andrebbero definiti semplicemente populisti (o nazionalpopulisti) etichette che non ne colgono la fisionomia e l'essenza.

Come si possono classificare a questo proposito personaggi come Donald Trump e Jair Bolsonaro?

Malgrado le somiglianze, su cui molti commentatori hanno insistito, i due casi non presentano, nell'insieme, le stesse caratteristiche. Come alcuni studi recenti hanno posto in evidenza, Bolsonaro ha condotto le sue campagne contro gli avversari, in primo luogo Lula e il suo partito, quasi unicamente attorno al tema della corruzione, senza quasi citare né il popolo né la nazione, concetti di cui invece Trump ha sempre fatto un largo uso. Nel caso brasiliano mi pare di poter vedere, più che populismo, pura demagogia (ingrediente che nei discorsi populisti abbonda, ma che fa parte del repertorio di gran parte delle forze politiche, specialmente quando la prova delle urne si approssima), condita con formule economiche accesamente liberiste, che farebbero rabbrividire, se fossero vivi, non solo Hugo Chávez ma anche Juan Domingo Perón.

In Trump si fa sentire invece, pur nella commistione con altri elementi di matrice conservatrice, l'eredità di vari filoni del rigoglioso populismo statunitense: la descrizione di Washington come il luogo dove potentati economici, burocrati e politici corrotti tessono le loro trame congiurando ai danni dei cittadini; l'appello simultaneo all'*ordinary people* tartassato da un fisco iniquo e abbandonato all'insicurezza e al *common people* dei lavoratori più esposti alla concorrenza degli immigrati e delle produzioni decentrate in Asia; il richiamo a un orgoglio nazionale in cui risuonano rimandi etnici ai discendenti dei primi coloni e pionieri; la visione semplicistica dei problemi, accompagnata dalla denigrazione di intellettuali e tecnici che, invece di risolverli, non sanno far altro che complicarli; la tendenza a vedere e denunciare complotti in ogni occasione in cui si presentano sfide difficili. Insomma, Bolsonaro è un caso di applicazione dello stile populista; Trump ne incarna piuttosto, a suo modo, la mentalità.

Torniamo in Italia. La legislatura che si apre nel 2013 vede come protagonista assoluto il «rottamatore» Matteo Renzi, che porta nel Partito democratico uno stile inedito, particolar-

mente aggressivo. Si può considerare anche la sua ascesa un'espressione dell'ondata populista?

Non propriamente. Senza dubbio, fiutato il vento che tira, Renzi fa suo, sul piano dello stile, un certo gergo populista: apostrofa come noiosi guastafeste e addirittura come «mangiatartine» i «professoroni» che criticano i suoi provvedimenti, sostiene che «ridurre il numero dei banchieri non è una brutta cosa», che «ci si deve difendere dall'assalto della tecnocrazia», o ancora che «l'Europa non può diventare la patria delle burocrazie e delle banche», e si potrebbero citare molte altre affermazioni dello stesso genere. Inoltre cerca di trasmettere all'opinione pubblica l'immagine dell'«uomo del fare» che non perde tempo (sono ancora parole sue) in «discussioni alle quali il cittadino comune è abbastanza allergico». Tuttavia il suo profilo non è certamente quello dell'*outsider* della politica e il raggio della sua azione rimane sempre interno al quadro istituzionale. La sua è una strategia del doppio binario: di rottura agli occhi del pubblico, ossequiosa ai riti del professionismo politico – inclusi gli stretti contatti con gli ambienti «che contano» – quando si rivolge agli addetti ai lavori.

Le elezioni europee del 2014 segnano un successo straordinario del Pd renziano, con oltre il 40 per cento dei suffragi. Il capo del governo pesca voti anche a destra?

Molto più che a destra, direi piuttosto nell'area moderata del centrodestra, il tipico elettorato di Forza Italia e delle formazioni postdemocristiane, che pensa (e spera) in quel momento di aver trovato chi può realizzare almeno una parte del programma che Berlusconi aveva enunciato al momento di scendere in campo, una sorta di erede spurio di un leader che ha deluso le aspettative di molti seguaci della prima ora e dà l'idea di essere vicino al capolinea. Per questi elettori, Renzi ha poi il merito di aver ridimensionato il peso della componente di ascendenza comunista nel Partito democratico, avviandolo a diventare un'edizione aggiornata della Dc.

La spinta propulsiva di Renzi si esaurisce con l'insuccesso nel referendum del 2016. Era impossibile giocare da sinistra una partita personalistica a sfondo plebiscitario?

Ammesso che si possa considerare quella di Renzi nel 2016 una posizione di sinistra – dubitarne è lecito, e non solo alla luce delle scelte di campo successive –, era fin dall'inizio prevedibile che la sua deriva avrebbe incontrato il più grande ostacolo in quel campo, e le maggiori simpatie sulla sponda opposta. Ma anche verso destra il suo progetto aveva uno spazio di manovra limitato: un elettore di Alleanza nazionale, per quanto potesse condividere la semplificazione del quadro istituzionale che costituiva l'oggetto della consultazione referendaria, difficilmente avrebbe potuto digerire il profilo cattolico-progressista di chi la proponeva e intendeva palesemente servirsene per accrescere il proprio potere personale.

Mentre tramonta l'astro di Renzi, acquista una spinta crescente la Lega di Matteo Salvini, che per la prima volta riesce a espandere la sua capacità di attrarre consensi oltre le regioni settentrionali. Merito della macchina comunicativa al servizio del leader (la «Bestia») o c'è anche qualche altro fattore a determinare questa crescita?

Senza sottovalutare la riconosciuta capacità di Salvini di sfruttare i canali social per accrescere la propria popolarità, il fattore cruciale del suo successo è, in quella fase, aver proiettato il partito in una dimensione nazionale, adeguandone rapidamente il messaggio alle nuove prospettive e rendendone ancora più esplicito il fondamento populista, che Maroni aveva messo in secondo piano con esiti disastrosi. A rendere possibile questa svolta è il forte ridimensionamento del peso esercitato sugli equilibri interni dalla componente nordista oscillante fra autonomismo e indipendentismo, che dallo scandalo finanziario della gestione Bossi-Belsito ha subito un colpo letale.

Lo slogan «prima gli italiani», che traduce il principio della «preferenza nazionale» di tutti i partiti nazionalpopulisti europei, consente alla Lega di cavalcare in modo più esplicito il tema del contrasto all'immigrazione, molto sentito anche nelle regioni del Centro-Sud, e di non appiattirsi sulle posizioni di Forza Italia, che è invece restia a cimentarsi su quel terreno. Ripetendo instancabilmente di considerare esaurite e inservibili le categorie di destra e sinistra e rinvigorendo i toni antiestablishment, Salvini punta a incarnare gli umori dell'elettorato di protesta, e riesce nello scopo anche perché in quel momento la concorrenza di Fratelli d'Italia è ancora scarsa.

Non è strano che un consistente elettorato meridionale abbia premiato un leader di cui si ricordano i cori da stadio contro i napoletani e la maglietta con la scritta «Padania is not Italy»?

Lo è, se si considera che fino a quel momento tutti i tentativi leghisti di mettere radici sotto la linea del Po avevano sortito effetti molto limitati. Se le cose cambiano, lo si deve in primo luogo al mutamento di pelle che Salvini ha imposto al suo partito, passando dal richiamo nordista all'appello a tutti gli italiani, che diventano il soggetto centrale nei suoi discorsi. Conta però anche, e non poco, la radicalizzazione dei connotati populisti che già Bossi aveva impresso al movimento: il federalismo passa in secondo piano e ne prende il posto la protesta contro l'establishment, la classe politica, l'eccesso di burocrazia, lo strapotere della finanza, l'afflusso continuo di immigrati, l'insicurezza, l'invadenza dell'Unione Europea.

Non si può dimenticare che lungo tutta la storia dell'Italia repubblicana è stato proprio il Mezzogiorno ad accogliere con maggiore entusiasmo questo tipo di proposte e chi se ne è fatto interprete. È in queste regioni che il populismo ha conseguito i maggiori successi elettorali, con Guglielmo Giannini, Achille

Lauro, Ciccio Franco, Giancarlo Cito, Leoluca Orlando e tanti altri meno noti capipopolo, il cui emulo è oggi il pittoresco Cateno De Luca. La nuova Lega si trova quindi di fronte un terreno già arato, e può seminare le sue parole d'ordine sperando di coglierne frutti cospicui. Che non ci metteranno molto a crescere, benché il partito, sotto il profilo organizzativo, continui a essere molto meno presente nel Sud che nei territori in cui ha edificato le sue roccaforti.

I vincitori delle elezioni politiche del 2018 sono due: il Movimento 5 Stelle, che raggiunge la maggioranza relativa con il 32 per cento, e la Lega di Matteo Salvini, che supera il 17 per cento dei voti, quota mai toccata in precedenza. Era logico che queste due forze, accomunate da uno stile populista, finissero per allearsi?

Sebbene molti continuino ancora oggi a ritenere quell'accordo contronatura, al di là delle somiglianze di stile, c'erano numerosi temi sui quali le posizioni di M5S e Lega convergevano (e se i Cinque stelle si fossero maggiormente ispirati alle opinioni espresse per anni dal loro fondatore, ce ne sarebbero stati ancora di più): dalla volontà di ridurre i privilegi dei politici ai progetti di sburocratizzazione delle procedure amministrative; dall'intenzione di arginare i fenomeni migratori a quella di limitare le ingerenze dell'Unione Europea sulle scelte di politica interna, fino alla sottolineatura della necessità di trovare soluzioni più incisive ai problemi della sicurezza e della criminalità.

Soltanto sul terreno della politica economica le distanze apparivano meno facili da colmare, e comunque anche in questo ambito i compromessi rimanevano possibili, come il voto favorevole della Lega alla legge sul reddito di cittadinanza ha dimostrato. Il vero problema era l'evidente resistenza di alcuni settori di entrambi i partiti al «contratto di governo» siglato: sia la sinistra grillina sia i leghisti della prima ora avevano forti riserve sulla possibilità di convivenza fra due formazioni per più di un verso rivali e, guardando con sospetto ai provvisori alleati, non hanno mai smesso di remare contro il governo di cui facevano parte. Basti pensare alle dichiarazioni di palese insofferenza verso il M5S con cui Giancarlo Giorgetti, che era sottosegretario alla presidenza del Consiglio, ha punteggiato gli ultimi mesi di vita del governo Conte I, influenzandone la caduta.

L'esperienza del governo «giallo-verde» premia soprattutto la Lega, che alle elezioni europee del 2019 supera il 34 per cento dei voti, mentre i Cinque stelle precipitano al 17. Come mai?

Sarebbe semplicistico ipotizzare un travaso diretto fra le due liste, ma dalle ricerche svolte sui flussi elettorali emerge che molti dei voti persi dal M5S sono tornati alla base di partenza, ovvero sono stati convogliati sulla lista della Lega. Si trattava in gran parte di elettori ex An che alle politiche dell'anno precedente, e in parte già nel 2013, avevano sostenuto i Cinque stelle perché conquistati dal discorso antiestablishment di Grillo, salvo poi rimanere delusi dalle graduali modifiche di rotta impresse al Movimento dai dirigenti succeduti a Casaleggio e al fondatore. Nel partito di Salvini costoro ritrovano molti contenuti e toni della fase pionieristica grillina, che attirano anche numerosi votanti che non hanno un retroterra di destra: lo dimostra il fatto che l'espansione leghista va oltre i confini di quell'area e tocca una punta da cui Fratelli d'Italia è tuttora lontana.

C'è comunque un altro fattore da prendere in considerazione per analizzare il calo del M5S: la reazione negativa di una parte di quegli elettori della prima ora che erano stati attratti in prevalenza, se non esclusivamente, dalle tematiche ambientaliste e progressiste sostenute dalle varie liste locali di «Amici di Grillo» e dibattute nei *meetup*, e che adesso non se la sentono di sottoscrivere la scelta dei vertici di fare un tratto di strada con un partner che a quelle istanze non è affatto sensibile, e anzi in genere si mostra ostile.

Gianluca Passarelli e Dario Tuorto, in un libro pubblicato dal Mulino, hanno classificato la Lega di Salvini come «estrema destra di governo». È una definizione condivisibile?

No. E per più ragioni. Già, in sé, la formula «estrema destra» è ambigua e priva di contenuti univoci, tanto da ridursi spesso a un epiteto da applicare a soggetti che si vogliono squalificare. Scientificamente, il concetto ha contorni talmente slabbrati da diventare pressoché inservibile: uno dei più noti studiosi del fenomeno – e dei suoi più dichiarati avversari –, il politologo olandese Cas Mudde, in un articolo di quasi trent'anni fa ne ha individuato nella letteratura con pretese scientifiche 26 diverse definizioni, contenenti ben 58 caratteristiche ritenute dai vari autori indispensabili per individuare il fenomeno. Una vera Babele, o, per dirla con Mudde, il risultato di una guerra delle parole. Per uscire dalla quale occorre tener fermi pochi e chiari elementi definitori, il primo dei quali è l'antidemocraticità, ovvero la volontà di sostituire la democrazia con un altro ordinamento politico, tipica di quelli che per primo Giovanni Sartori ha definito «partiti antisistema» (categoria nella quale includeva, assieme al Pci, il Msi).

Nella Lega di Salvini non ce n'è la benché minima traccia. Né si sono mai registrati atti di violenza, spontanei o organizzati, perpetrati dai suoi aderenti. O, ancora, propensioni all'autoritarismo. Ed è molto difficile, se ci si mantiene sul piano dei fatti e non dei processi alle intenzioni, individuarvi anche altri (discutibili) tratti definitori cari agli studiosi-militanti, come l'«ultranazionalismo». Anche se si volesse insistere a utilizzarla in campo scientifico, l'espressione «estrema destra» tutt'al più resterebbe applicabile ai gruppuscoli di stampo neofascista o neonazista. Se viene usata per definire un partito come la Lega, svela solo l'intenzione stigmatizzante di chi se ne serve, per scopi che con lo studio e la ricerca non hanno niente a che fare.

Però quando un leader invoca i «pieni poteri», come fece Salvini nell'agosto 2019, viene il sospetto che abbia qualche propensione autoritaria...

L'espressione è sicuramente infelice, e non è l'unico errore commesso da Salvini in quel frangente, ma non può essere letta come la premessa di una svolta dittatoriale, che il leader della Lega sa benissimo essere assurda. Con quelle parole il leader leghista vuole far capire che, essendo a suo avviso la convivenza con i Cinque stelle divenuta impossibile, l'unica via di uscita dall'impasse è affidare il governo, tramite nuove elezioni, a una coalizione più compatta, ovviamente da lui guidata. Malgrado l'ottimo risultato ottenuto alle europee, il ministro degli Interni allora ancora in carica non poteva coltivare l'illusione di un successo in solitaria, e del resto non ha mai, in quei giorni, fatto cenno a una rottura con Forza Italia e Fdi, con cui anzi sosteneva di aver mantenuto buoni rapporti anche quando aveva accettato, contro il loro parere, di entrare a far parte dell'esecutivo.

Approfondiamo l'analisi di quel passaggio. Nell'estate del 2019 Salvini butta all'aria l'alleanza con i Cinque stelle per chiedere le elezioni anticipate e i «pieni poteri» di cui si è detto. Ma il risultato è la nascita del secondo governo Conte, sorretto da una coalizione M5S-Pd. Si è trattato senza dubbio di un errore grave, ma forse il leader della Lega riteneva di aver ottenuto tutto ciò che poteva ricavare dalla formula «giallo-verde». Non è così?

Non lo penso. Nel momento in cui Salvini decide di compiere quella mossa suicida, alcuni sondaggi registrano un gradimento per l'esecutivo che sfiora il 66 per cento dell'elettorato, un risultato quasi mai raggiunto dai governi della Repubblica. Fino a quel momento il contratto sottoscritto ha retto alle tensioni, gli accordi si sono trovati, ciascuno dei contraenti ha accettato provvedimenti graditi all'altro: i decreti immigrazione da un lato, il reddito di cittadinanza dall'altro. Anche le testimonianze posteriori parlano di un lavoro di squadra nella maggior parte dei ministeri fra «verdi» e «gialli». E Salvini, da vicepresidente del Consiglio e ministro degli Interni, ha accresciuto ulteriormente la sua visibilità.

Come ho anticipato, a spingerlo all'errore è la componente leghista più legata a posizioni di destra e/o ancorata alla precedente identità autonomista-nordista, che trova in Giorgetti il referente più autorevole. Sottolinearlo non significa assolvere Salvini dalle sue pesanti colpe: immaginare che Mattarella gli avrebbe concesso elezioni anticipate che si preannunciavano per lui come una marcia trionfale è stata una sconcertante ingenuità, soprattutto dopo il precedente del veto posto dal capo dello Stato alla nomina a ministro dell'Economia di Paolo Savona, reo di scetticismo verso i benefici della moneta unica europea.

La formazione del governo «giallo-rosso» M5S-Pd sembra aver spostato decisamente i Cinque stelle nel campo progressista. Si tratta di una collocazione da ritenere definitiva? È forse la prova che una posizione «al di là della destra e della sinistra» non regge a una prova di governo?

Più che una svolta in senso progressista, mi pare un ripiegamento tattico adottato per non correre il rischio di essere rigettati all'opposizione del nuovo governo tecnico a guida Cottarelli che Mattarella anche questa volta è intenzionato a imporre. Come si vedrà in seguito, un'ampia quota di deputati e senatori del M5S, Luigi Di Maio in testa, non guarda a sinistra, anche perché per anni ha polemizzato aspramente con il Pd, ma piuttosto al centro, per continuare a sfuggire all'imperativo di schierarsi dall'una o dall'altra parte della linea divisoria sinistra/destra.

C'è poi il problema del seguito che una scelta di campo progressista può avere sulla base elettorale del movimento: tutti i sondaggi finora condotti dimostrano che, su un certo numero di temi, primo dei quali l'immigrazione, i votanti «grillini» mostrano una sintonia più forte con le soluzioni proposte dalla destra che con quelle avanzate dalla sinistra. Inoltre, là dove sono state proposte, le alleanze M5S-Pd per le elezioni locali hanno avuto uno scarso successo, facendo registrare vistosi cali delle percentuali di voto raccolte dalle liste Cinque stelle abbinate ai candidati comuni. Abbandonare la posizione «né destra né sinistra» è elettoralmente penalizzante per il partito che oggi è guidato da Conte, anche se essa implica l'esclusione da formule di governo. La dinamica bipolare che si è cercato di imprimere al sistema politico italiano sin dal 1994 attraverso apposite leggi elettorali rende difficile ai soggetti che non vi si adattano costruirsi uno spazio di competizione autonomo, ma la grande quantità di consensi affluita sulle liste del M5S in due elezioni consecutive dimostra che una consistente parte dell'elettorato continua a cercare alternative alle coalizioni che si sono quasi sempre avvicendate al potere negli ultimi trent'anni.

Mi sembra, d'altro canto, che nell'azione politica concreta il M5S oggi, più che assumere posizioni progressiste, stia cercando di riqualificarsi, con un parziale ritorno alle origini, come il partito della protesta a tutto campo.

La conclusione della crisi di governo nel settembre 2019 segna l'inizio del declino della Lega e dell'ascesa di Fratelli d'Italia nei sondaggi. Quali ragioni possono spiegare questo progressivo travaso di consensi?

Non appena la prospettiva delle elezioni immediate svanisce, appare evidente che Salvini ha commesso un grave passo falso. L'immagine del politico vincente su cui aveva scommesso si capovolge di segno, e le stesse modalità con cui ha annunciato la crisi di governo – il famoso «proclama del Papeete», una dichiarazione fatta di fronte ai giornalisti in una discoteca sulla spiaggia di Milano Marittima – gli affibbiano una patente di improvvisazione e inaffidabilità, squalificandolo in poche settimane agli occhi di molti di coloro che lo avevano sostenuto alle europee. E costoro vanno alla ricerca di chi sia in grado di prenderne il posto per sostenere le posizioni a cui sono legati.

Imbattersi in Giorgia Meloni (che, non va dimenticato, era stata in predicato di aggregarsi alla maggioranza giallo-verde e, come ha ricordato nel libro autobiografico, aveva subito non poche pressioni nel suo stesso partito affinché accettasse le proposte di Salvini in tal senso) è quasi scontato: dal 2017 Fratelli d'Italia sta cercando di accreditarsi come un concorrente diretto della Lega, abbracciandone le suggestioni populiste e a tratti rincarandone la dose, e la sua leader ha un profilo politico serio, coerente e affidabile che fa da contraltare alle maniere improvvisate e imprevedibili del «Capitano». Non c'è quindi da stupirsi se, mese dopo mese, un sostanzioso nucleo di elettori salviniani cambia referente.

17
Lei è Giorgia

L'8 marzo 2014 Giorgia Meloni diventa presidente di Fdi al posto di Ignazio La Russa, che era subentrato a Crosetto dopo le elezioni dell'anno precedente. È una donna e ha meno di quarant'anni. Si tratta di una dimostrazione della capacità di rinnovarsi dell'ambiente di provenienza postmissina?

A determinare questa scelta concorre un insieme di circostanze e considerazioni. Se la nomina al vertice di Crosetto rispondeva alla necessità di smarcarsi immediatamente dall'etichetta di partito di raccolta dei nostalgici di Alleanza nazionale (e delle sue radici ideologiche) che immancabilmente media e avversari avrebbero cercato di incollare addosso a Fdi, quella di Meloni prosegue su questa linea, ma al contempo punta a lanciare un messaggio di continuità a coloro che avevano creduto in Fini e nel suo progetto prima dello strappo finale con Berlusconi e poi erano rimasti delusi dalle vicende del Pdl.

In effetti il suo percorso politico si era svolto tutto nell'ambito della Fiamma.

Non è inopportuno ricordare che con Fini e con la sua cerchia la futura cofondatrice di Fratelli d'Italia aveva avuto rapporti molto stretti e che la sua carriera era dovuta in buona parte a una serie di decisioni prese personalmente da lui. È vero che Meloni si era già distinta quando ancora era una studentessa di un istituto professionale, cooperando molto attivamente alle campagne del Fronte della gioventù, e che nel 1998, a soli 21 anni, aveva vinto le primarie di partito per la candidatura alla provincia di Roma ed era stata eletta consigliera. Insomma, aveva dimostrato di non essere una qualunque.

I passi successivi, però, erano stati determinati dalla considerazione che di lei aveva il presidente di An. Nel 2001, pochi mesi dopo il suo ingresso nella direzione nazionale di Azione giovani, era stato lui a nominarla coordinatrice del comitato nazionale di reggenza dell'organizzazione: un chiarissimo segno di fiducia personale. E, anche se l'interessata tende a negarlo o comunque a metterlo in dubbio, senza il placet di Fini la candidata dei «Gabbiani» non sarebbe riuscita a sconfiggere il rivale sostenuto dalla «destra sociale», Carlo Fidanza, nel cruciale congresso di Viterbo che la promosse alla presidenza di Ag, snodo cruciale del suo percorso verso i vertici. Ed è di nuovo Fini che, dopo averla collocata in una posizione eleggibile nelle liste di An nel 2006, la vuole prima vicepresidente della Camera dei deputati a 29 anni e due anni dopo ministra della Gioventù nel quarto governo Berlusconi. Sono colpi d'immagine che la proiettano sul proscenio della politica che conta in una posizione di rilievo. Il debito contratto con il leader di Alleanza nazionale non le impedirà peraltro, pur dopo aver digerito senza particolari reazioni l'autoscioglimento del partito e la confluenza nel Pdl – a cui anzi, secondo alcune testimonianze, sarebbe stata favorevole –, di negargli il suo appoggio al momento della rottura con Berlusconi e della nascita di Futuro e libertà.

Nel momento in cui viene chiamata alla presidenza di Fratelli d'Italia, quindi, Meloni è giovane ma molto conosciuta dal pubblico interessato alle vicende della politica e si è costruita negli anni un'immagine di combattività, impegno e capacità comunicativa che le assicura un diffuso sostegno interno e una proiezione esterna piuttosto positiva. Non le si può rimproverare, come nel caso di La Russa, di aver avuto responsabilità – ed essersi creato fin dagli anni Settanta una reputazione a tratti sulfurea di agitatore di piazza – in un Msi ancora pienamente immerso in una cultura politica neofascista, anche se ha aderito al Fronte della gioventù due anni prima della svolta di Fiuggi. Ed è una donna, che ha saputo farsi strada, e molta, in un ambiente in cui notoriamente al gentil sesso non era mai stata concessa soverchia fiducia. Insomma, è la figura più adatta per simboleggiare il rinnovamento di una tradizione consolidata che non venga letto da chi vi si è riconosciuto fino ad allora come uno sradicamento o un'abiura.

Salvatore Vassallo e Rinaldo Vignati, nel loro libro Fratelli di Giorgia*, sottolineano l'importanza che ha avuto l'ambiente creatosi a Roma intorno al gruppo giovanile della sezione Colle Oppio, i già citati «Gabbiani», nel costituire l'ossatura della classe dirigente di Fdi. È la dimostrazione che la militanza nella destra giovanile era rimasta una palestra feconda anche negli anni dell'omologazione finiana?*

Fin dai primi articoli e saggi dedicati a Fratelli d'Italia si è messo l'accento su quella che viene definita, e si autodefinisce, «generazione Atreju», dal nome dato alle feste organizzate a partire dal 1998 da Azione giovani e trasformatesi progressivamente in una occasione di confronto dell'ambiente postmissino con gli interlocutori esterni. È interessante notare come, in epoca finiana, l'organizzazione giovanile di An abbia puntato più su iniziative come questa, capaci di raccogliere, sia pur sporadicamente, le attenzioni dei media, che su un'opera di rafforzamento dell'azione organizzativa sul territorio, dove, a eccezione di poche località, ha subito una forte concorrenza sulla propria destra, soprattutto da parte del Blocco studentesco, emanazione diretta di CasaPound. I suoi dirigenti hanno puntato più sulla formazione di quadri intermedi ideologicamente omogenei, ispirati dagli stessi principi e dagli stessi autori, anziché su un dibattito a tutto campo che favorisse elaborazioni culturali originali.

Se si escludono i riferimenti recenti, a opera soprattutto se non esclusivamente di Meloni, a filosofi conservatori come l'inglese Roger Scruton e l'israeliano Yoram Hazony, i testi che vengono citati dagli esponenti del partito, quando rievocano le letture che li hanno segnati, sono gli stessi che avevano fatto da *livres de chevet* di chi li aveva preceduti vent'anni prima nell'ambiente giovanile missino, a partire dagli scritti di Ernst Jünger e di Tolkien. Qua e là spunta persino Evola, seppur trattato con le molle. Mancano i nomi più «inquietanti», quelli di Drieu La Rochelle, di Brasillach, dei capifila dei «fascismi sconosciuti», ma chissà che qualcuno di loro non li abbia frequentati al riparo di occhi indiscreti...

Non sembra il caso della leader di Fdi.

C'è comunque un altro aspetto interessante da mettere in evidenza, nel processo di formazione politico-culturale di Giorgia Meloni. Il suo approdo alla microcorrente dei Gabbiani – che è attiva esclusivamente nell'organizzazione giovanile, senza velleità di incidenza sulla politica «adulta» del partito – non segue, contrariamente a quanto si sostiene in qualche ricostruzione biografica ostile all'interessata, un'adesione alle posizioni della destra sociale, con cui anzi avrà sempre un rapporto conflittuale, anche se mai spinto all'inimicizia personale. Il gruppo che ha sede nella storica sezione missina di Colle Oppio è stato fondato da Fabio Rampelli, che da quella corrente proviene ed è stato a lungo una sorta di braccio destro di Gianni Alemanno, ma è nato per scissione e con un intento di allontanamento dalla linea dei lontani (e non riconosciuti) eredi di Pino Rauti.

Meloni non ha mai accarezzato simpatie anticapitaliste, ha sempre visto con favore una figura come quella di Margaret Thatcher. Anche per questo motivo può apparire adeguata a rappresentare una formazione politica che non ha ancora perso completamente la speranza di fare da incubatore o traino di un Pdl postberlusconiano.

In effetti un ex collaboratore della signora Thatcher, Charles Powell, ha riferito in un'intervista a «la Lettura» che la leader di Fdi anni fa gli chiese consigli su come riuscire a emulare la «lady di ferro». Ma torniamo in Italia. L'elezione di Meloni avviene a Fiuggi in un congresso che di fatto non vede alcun dibattito politico né procedura formalizzata. È un piccolo paradosso per un partito nato rivendicando una maggiore democrazia all'interno del Pdl.

La contraddizione teoricamente c'è, ma occorre considerare che, in fase nascente, un partito che sorge per via di scissione da una formazione preesistente ha bisogno di dare forza alla scelta dei fondatori affermando in maniera marcata la propria identità e l'unità di intenti esistente fra i dirigenti e fra i seguaci. Non può permettersi il lusso di correnti o dissensi visibili che potrebbero, alle prime difficoltà, avviare un processo di disgregazione. Inoltre, l'esperienza della «generazione Atreju» aveva già prodotto un gruppo umano coeso, in cui erano stati riassorbiti anche i precedenti strascichi di lotte interne, come quella già citata tra i Gabbiani e la destra sociale, che aveva visto prevalere Giorgia Meloni su Carlo Fidanza per pochissimi voti, e solo in virtù del determinante appoggio della corrente di Gasparri e La Russa, al congresso di Azione giovani nel 2004.

A rimarcare il carattere unificante dell'elezione alla presidenza di Meloni (peraltro unica candidata al ruolo) c'è poi l'indizione di primarie, online e in presenza, che, stando ai dati ufficiali, vedono ben 249.380 simpatizzanti condividere la scelta. Si possono avere legittimi dubbi sulla cifra, data anche l'organizzazione improvvisata della consultazione, ma in ogni caso questo segnale di mobilitazione contribuisce a dare l'idea di una democraticità dei rapporti interni al partito che, sul piano dell'accuratezza delle procedure di selezione dei dirigenti, non trova – e, per adesso, continua a non trovare – riscontro. Alla stessa finalità, oltre che alla sottolineatura della campagna che gli animatori di Fdi, ancor prima di dar vita al partito, hanno condotto contro i «governi non eletti dai cittadini» e le «scorciatoie tecnocratiche», guarda il titolo che si decide di dare al congresso: «In nome del popolo sovrano».

È importante, come ritiene per esempio Ignazi, che a Fiuggi Meloni rivendichi l'eredità di Almirante e rigetti invece nettamente quella di Fini? Come giudicare la presenza di donna Assunta al congresso?

È importante, ma è un dato scontato. Come sarebbe stato possibile richiamarsi a una figura che in quel momento era ritenuta sommamente divisiva e suscitava la concorde antipatia di tutti coloro che si erano rifiutati di seguirlo nella disastrosa avventura di Futuro e libertà? Tra le elezioni del febbraio 2013, che hanno visto la lista di Fini in diretta concorrenza con Fdi, e su posizioni programmatiche opposte nel tentativo di conquistare i voti degli elettori un tempo di Alleanza nazionale, e il primo congresso di Fratelli d'Italia è trascorso poco più di un anno e le frizioni sono ancora vive. Con le scelte degli anni recenti, l'ultimo segretario nazionale missino non solo ha dissolto l'alone di stima e a volte di devozione che si era costruito come traghettatore del suo popolo dal ghetto delle nostalgie ai palazzi del potere istituzionale, ma si è incollato addosso l'immagine del liquidatore di una lunga storia, del dissipatore di un patrimonio ideale per meschine ambizioni personali. Evocarlo avrebbe significato soltanto suscitare un pandemonio di fischi e ululati.

La rivendicazione dell'eredità di Almirante, rafforzata dalla presenza della sua vedova – che aveva avuto un ruolo importante nella promozione di Fini al ruolo di «delfino» del vecchio segretario, lo aveva fortemente sostenuto nel passaggio ad An, ma non gli aveva risparmiato severe critiche sin dalle prime avvisaglie della svolta revisionista in tema di fascismo –, è un palese tentativo di cicatrizzare le ferite che proprio la rottura finiana ha prodotto in quella che Meloni non ha mai smesso di chiamare «la nostra comunità umana». Qui però l'omaggio non va all'Almirante di Salò o al capofila dell'opposizione al moderatismo di Michelini, ma all'uomo che ha guidato il Msi nei difficili anni Settanta, che a sua detta hanno lasciato una forte impressione sull'immaginario della futura leader di Fdi, e che in quei frangenti ha lanciato e impersonato la Destra nazionale, primo momento di apertura all'esterno del partito e prodromo del percorso che avrebbe condotto fino alla prima svolta di Fiuggi.

D'altro canto, nella scelta del luogo dove tenere le assise, il richiamo alla fondazione di Alleanza nazionale è trasparente: è il segno di un nuovo inizio, di una ripartenza, di un'ulteriore tappa di un percorso evolutivo che non rinnega nessuna delle fasi precedenti, ma vuole continuare e andare oltre. Non un ammiccamento nostalgico, come sostiene Ignazi, ma l'indicazione di un percorso che prosegua nella direzione già indicata quasi vent'anni prima.

Nel 2014 Fdi recupera il simbolo della Fiamma, anzi l'intero emblema di Alleanza nazionale che inserisce nel suo. Che importanza ha questo segnale di richiamo alla matrice postmissina? E la cancellazione di ogni riferimento al centrodestra?

Il senso di questa riappropriazione è evidente. Per dirla con il Tolkien tanto amato da Giorgia Meloni, è il segno che «le radici profonde non gelano», che la storia di cui Alleanza nazionale è stata un tassello importante non è stata interrotta dalla decisione di sciogliere il partito nell'eterogeneo contenitore pidiellino (che del resto Meloni, pur sostenendo a posteriori di esserne rimasta sorpresa, aveva condiviso e perfino giustificato), ma prosegue sotto un'altra forma, più consona alla situazione attuale. Ma non si tratta di una rottura con il progetto unitario del centrodestra guidato in quel momento da Forza Italia, che toglierebbe a Fdi ogni orizzonte strategico praticabile, bensì dell'affermazione di una propria specifica identità all'interno della coalizione: appunto quella vocazione che An aveva proclamato al suo sorgere e si era sforzata di perseguire almeno fino all'insuccesso della lista dell'Elefantino alle elezioni europee del 1999.

Dietro questa mossa c'è probabilmente anche la speranza di recuperare i consensi degli elettori di An che, di fronte al poco decoroso tramonto della leadership di Berlusconi, si sono rifugiati nell'astensione o hanno votato per una Lega che, con le vistose correzioni di rotta volute da Matteo Salvini fin dal momento della successione a Roberto Maroni, appare loro molto meno lontana di Forza Italia nei contenuti e nell'azione.

Un elemento che colpisce nel discorso di Meloni a Fiuggi è la presa di posizione contro la Bce e la moneta unica. Rispetto ad An è una svolta notevole. Effetto del vento populista che soffia tanto in Italia quanto nel resto d'Europa?

Sicuramente. Siamo nella fase in cui le formazioni nazionalpopuliste vedono crescere in quasi tutti i Paesi d'Europa la loro quota di consensi accentuando i toni critici nei confronti dell'Unione, dell'euro e delle politiche monetarie della Banca centrale, e l'euroscetticismo si dimostra una carta molto utile a guadagnare voti. È in questa prospettiva che, in vista delle elezioni per l'Europarlamento, Fratelli d'Italia annuncia la decisione di uscire dal gruppo del Ppe a Strasburgo.

Questa convergenza tematica non è però un allineamento completo a una famiglia politica alla quale Fdi non ha mai aderito, preferendo ribadire l'appartenenza al campo della destra, in una visione del conflitto politico che è sempre rimasta rigorosamente bipolare e quindi estranea al paradigma «il popolo contro le oligarchie» o «quelli che stanno in basso contro quelli che stanno in alto» che è alla base della rivendicazione, e della propaganda, populista. Nel programma enunciato al congresso ci sono alcune altre istanze care ai populisti, prime fra tutte una rigida chiusura all'immigrazione e il blocco alle importazioni di merci che fanno concorrenza sleale ai beni prodotti in Italia, ma molte altre prese di posizione sono ispirate piuttosto a una piattaforma valoriale conservatrice: il condono fiscale, gli incentivi alle famiglie numerose, il controllo del gioco d'azzardo, la riapertura delle case d'appuntamento in alternativa alla prostituzione in strada.

In questo quadro, il ricollegamento alla matrice postmissina è esplicitato dalla richiesta di elezione diretta del presidente della Repubblica, mentre l'introduzione dell'obbligo per legge di consultazioni primarie per la designazione dei candidati dei partiti alle elezioni è l'unico rilevante elemento di novità.

Alle elezioni europee del 2014 Fdi quasi raddoppia i voti, ma resta sotto la soglia del 4 per cento e non elegge alcun deputato. Eppure, almeno dall'esterno, il partito non sembra risentirne troppo. Perché non sorge mai, nei momenti di difficoltà, una proposta di leadership alternativa a quella di Meloni?

Perché, malgrado l'esclusione dall'Europarlamento, quel risultato costituisce un non trascurabile passo avanti per un partito che in quel momento dispone di risorse economiche e organizzative molto limitate, tanto che non è in grado di assicurarsi una presenza omogeneamente diffusa sul territorio e in alcune regioni non può far conto su organigrammi completi. Poi perché sull'immagine di Giorgia Meloni, come si è detto, l'intero gruppo dirigente ha puntato la sua scommessa e sa che dal buon esito di quella scelta dipende anche il proprio futuro. E infine perché all'orizzonte non si profilano personalità alternative provviste di una statura politica, di una visibilità e di competenze tali da poter sfidare con una minima chance di riuscita la presidente.

Nell'autobiografia Meloni accenna a malumori e dubbi sorti nel partito a seguito di questa relativa battuta d'arresto rispetto alle più ottimistiche aspettative coltivate, ma non a insidie al suo ruolo. A più riprese, nel corso degli anni, si è accennato in sede giornalistica a una sotterranea e mai del tutto sopita rivalità fra lei e il suo originario mentore, Fabio Rampelli, che – si è scritto – soffrirebbe la tendenza della leader ad assumere in solitudine, e a volte d'istinto, importanti decisioni. Può esserci del vero, ma non è certo nella prospettiva di una sostituzione di ruoli che può essere inquadrata questa bipolarità. Si può immaginare piuttosto un gioco, e magari in futuro uno scontro, di influenze sulla linea da assumere in particolari contingenze.

Nel 2016 Meloni si presenta candidata alla carica di sindaco di Roma. Non arriva al ballottaggio, ma, senza il sostegno di Forza Italia, supera il 20 per cento dei voti. Lo dobbiamo ritenere un successo, o quanto meno una tappa sulla via della riscossa?

È certamente un successo, su più piani. Ancora una volta, è sul terreno dell'immagine che questa vicenda apporta i maggiori vantaggi: Giorgia Meloni decide di partecipare all'elezione quando ha già saputo di essere incinta, e questa sua condizione le attira i maldestri commenti del diretto rivale Guido Bertolaso, in un primo momento indicato come candidato della coalizione da Forza Italia (che poi gli preferirà Alfio Marchini), e di Berlusconi, i quali affermano che per una donna in stato di gravidanza una campagna elettorale è uno sforzo eccessivo e che, qualora venisse eletta, il compito di gestire una città come Roma sarebbe incompatibile con le incombenze che spettano a una madre. La reazione di colleghi politici, stampa e opinione pubblica a queste uscite sfiora lo sdegno e convoglia sulla candidata una corrente di simpatia, forse non estranea al notevole risultato ottenuto.

Meloni sa sfruttare abilmente la conseguente crescita di visibilità, esibendo il volto della persona comune che parla con un forte accento ed espressioni popolari, fa la spesa al mercato rionale e si intrattiene con i negozianti o con gli altri cittadini, preoccupandosi dei loro problemi quotidiani. Ma non c'è solo questo a indicare che l'idea di presentarsi è stata opportuna. Quel 20,62 per cento è quasi il doppio della cifra raggiunta dal candidato di centrodestra e dimostra che nella coalizione il peso di Fratelli d'Italia non può essere trascurato. Tanto più che sul suo nome si è espressa positivamente anche la Lega, che ha preferito collegarle la propria lista invece di sostenere Marchini.

Nel 2017 a Trieste si tiene il secondo, e finora ultimo, congresso di Fdi. Le tesi congressuali adottate per l'occasione sembrano confermare lo slittamento populista del partito: dure posizioni antimmigrazione, con concessioni alla teoria complottista della sostituzione etnica; difesa della famiglia tradizionale e opposizione ai diritti dei gay; impostazione economica antiglobalista. Si può dire che Meloni s'ispira in questa fase a Viktor Orbán e Marine Le Pen?

Prima di tutto spicca nelle tesi congressuali l'espressione «patrioti», ripetuta all'inizio di ogni paragrafo: e qui è evidente l'ispirazione al lessico di Marine Le Pen, che sulla contrapposizione patrioti/globalisti ha articolato la sua campagna presidenziale alcuni mesi prima, riuscendo ad arrivare al ballottaggio con Emmanuel Macron. L'*exploit* della leader di quello che allora si chiamava ancora Front national (sarebbe stato trasformato in Rassemblement national alcuni mesi dopo, per marcare il distacco da un'immagine di estrema destra) ha certamente colpito Giorgia Meloni, che non perde occasione per farsi fotografare al suo fianco e si profonde in espressioni di stima nei suoi confronti.

A impedire una più stretta collaborazione fra le due primedonne del campo sovranista continentale è però, prima ancora di una divergenza tra i rispettivi programmi, che sul versante francese sono impostati sul superamento dello spartiacque sinistra/destra in una prospettiva che Meloni non condivide, l'ormai stretto rapporto fra Marine Le Pen e Matteo Salvini, che si è concretizzato, nel parlamento di Strasburgo, nella sinergia fra i rispettivi partiti nel gruppo Europa delle nazioni e delle libertà. L'idea di fare da "junior partner" del segretario leghista nell'alleanza è indigeribile per il temperamento e le ambizioni della presidente di Fratelli d'Italia.

E il premier ungherese?

Orbán è un altro caso di successo che suscita l'interesse di Fdi, anche se i contorni ideologici del personaggio e la collocazione del suo partito sullo scacchiere politico europeo non sono identici a quelli di Marine Le Pen. Il primo ministro ungherese e il suo partito Fidesz, nel 2017, fanno ancora parte del Partito popolare europeo, anche se distinguo e frizioni sono all'ordine del giorno. Benché sia etichettato dai media che lo criticano come populista, Orbán è sostanzialmente un conservatore che sostiene le proprie convinzioni con radicalità e conduce un'aperta battaglia antiprogressista. Ed è per questo molto apprezzato da Giorgia Meloni.

Già in questa fase è palese che in lei coesistono, e in parte si combattono, due suggestioni, populista e conservatrice, fra le quali cercherà sempre, almeno fino a quando non ascenderà alla presidenza del Consiglio, di trovare un punto di equilibrio, se non una più difficile sintesi. E poiché nel momento in cui si apre il congresso (dicembre 2017) la corrente in maggiore ascesa è quella populista, le tesi ne riportano l'eco più marcatamente. L'obiettivo è anche, se non soprattutto, di non lasciare che il vento populista gonfi le vele della sola Lega di Salvini, che ha saputo coglierlo per tempo.

Va detto tuttavia che chi, in campo accademico, fa leva sulle tesi di Trieste per includere *tout court* Fratelli d'Italia nella categoria dei «partiti della destra radicale populista» si aggrappa ad alcune singole affermazioni senza tenere conto del contesto complessivo entro il quale si collocano. Per esempio: anche se nel documento si parla effettivamente di un «indiscriminato e incontrollato accesso [in Europa] di persone da altri continenti in numeri che prefigurano una vera e propria sostituzione etnica», non lo si fa richiamandosi alla discussa tesi di Renaud Camus (su cui del resto gravano non pochi fraintendimenti, ma non è questa la sede per discuterne), bensì alla «teoria del *remplacement migration* per rimpiazzare il calo demografico europeo» che viene «auspicata sin dal 2001 dal dipartimento Affari sociali ed economici – Direzione popolazione dell'Onu». Messa così, l'accusa di complottismo perde molta della sua plausibilità. Così come l'«opposizione ai diritti dei gay» si riduce al netto rifiuto delle adozioni da parte di coppie omosessuali, senza toccare altre questioni connesse.

Meloni viene eletta a Trieste per acclamazione e non c'è traccia di votazioni per gli organi dirigenti. Il verticismo che era già tipico del Msi e di An viene portato all'esasperazione. Hanno ragione Vassallo e Vignati quando parlano di un partito a struttura scheletrica e fortemente centralizzata?

Al tempo del congresso triestino la struttura organizzativa del partito è molto ridotta: definirla scheletrica è eccessivo. Sul centralismo, invece, non ci sono dubbi. L'analisi accurata dei tre successivi statuti del 2013, del 2014 e del 2018 compiuta da Alice Santaniello in un suo accurato lavoro di ricerca dimostra che, come da tradizione dei due precedenti partiti della Fiamma, l'impostazione del modello di comando in Fdi è verticistica. La dirigenza nazionale esercita un controllo diretto sugli organismi periferici, all'interno dei quali, inoltre, vige una logica monocratica: è il presidente ad avere le redini dei circoli, a tutti i livelli, mentre gli organi collegiali hanno un compito di mera collaborazione e sono alle sue dipendenze. Al vertice, il presidente nazionale dispone delle cruciali leve di potere e di un'ampia libertà di azione, svincolata dalle indicazioni e dai richiami degli altri organi, e accentra nelle sue mani il controllo delle risorse finanziarie, il potere di convocare gli organi direttivi e consultivi, di infliggere sanzioni e di distribuire incentivi attraverso nomine e promozioni.

Come se ciò non bastasse, così come già era accaduto sia nel Msi che in Alleanza nazionale, al leader è concesso anche di nominare a suo piacimento una quota non indifferente di componenti degli organi direttivi, in aggiunta a quelli di diritto e agli eletti in sede di congresso. Sotto questo profilo, il culto del potere personale del capo inscritto nel codice genetico delle due formazioni che hanno preceduto Fdi non appare affatto ridimensionato.

Alle elezioni del 2018 Fdi ottiene il 4,3 per cento. Si può dire che a garantirne la sopravvivenza in questa fase, mentre trionfa il populismo del M5S, è il sentimento di appartenenza alla Fiamma che ancora caratterizza una quota minoritaria ma non insignificante dell'elettorato?

Più del populismo del M5S, che rispetto agli esordi grillini tende a cedere il passo agli imperativi dell'istituzionalizzazione del movimento, in questa fase è il ben più pronunciato populismo della Lega a fare ombra, e a creare preoccupazioni, a Fdi. La soluzione escogitata dal partito per arginarne la presa è un'ulteriore sottolineatura dell'ispirazione nazionalista, che, seppure edulcorata dalla traduzione lessicale in una parola meno inquietante come patriottismo, emerge con forza da tutti i documenti e gli interventi pubblici degli esponenti di Fratelli d'Italia. Già la scelta di Trieste come sede del secondo congresso nazionale è funzionale a questa identificazione come *country party*, che nelle tesi scaturite dall'assemblea assume una totalità quasi lirica, con richiami agli eventi di un secolo prima.

Su questo terreno il «prima gli italiani» di Salvini, in linea con l'identico slogan di tutti i partiti populisti europei, tradotto nell'idea della «preferenza nazionale», non è sufficiente a reggere il confronto per quella frangia di elettorato che ha sempre visto nella Fiamma tricolore il simbolo dell'italianità, disinteressandosi nella gran parte dei casi delle posizioni assunte dai partiti di riferimento in materia economica, nel campo delle relazioni internazionali o rispetto ad altri tipi di politiche. Per quel pubblico, Fratelli d'Italia – fin dal nome – costituisce il naturale ed esclusivo polo di attrazione.

*Alle europee del 2019, nonostante l'*exploit *della Lega, Fdi guadagna voti, raggiungendo il 6,4 per cento. E grazie ai buoni uffici di Raffaele Fitto, uscito da Forza Italia, si colloca nel gruppo dei conservatori europei, di cui Meloni diventerà presidente. Non è una dimostrazione della sua capacità di cogliere le occasioni propizie?*

Soprattutto è una dimostrazione della capacità di rendere credibile il suo volto conservatore, e quindi di attrarre persone che hanno alle spalle una storia moderata, malgrado il simultaneo utilizzo di argomenti e toni populisti. Adesioni come quella di Fitto dimostrano che Fdi riesce là dove i suoi precursori avevano fallito o ottenuto modesti risultati: nel reclutare per la propria causa esponenti di rilievo delle altre componenti dello schieramento alternativo alla sinistra, conquistando a poco a poco una posizione centrale nella coalizione.

Il progetto non è nuovo, assomiglia anzi non poco a quel «fronte articolato anticomunista» che Almirante aveva proposto all'inizio degli anni Settanta, sperando di diventarne il motore e il beneficiario, con lo sguardo rivolto a quei conservatori a cui Giuseppe Prezzolini aveva indirizzato il suo *Manifesto*, sull'ondata dei timori suscitati nelle classi medie dagli strascichi violenti della contestazione studentesca, dell'autunno caldo sindacale e della strage di piazza Fontana. La differenza sostanziale è che nell'Italia di mezzo secolo dopo la Democrazia cristiana non c'è più e Forza Italia, che avrebbe voluto farne le veci, è in fase di ripiegamento, quindi l'ipotesi può trasformarsi da utopia in realtà.

Tra l'altro, mentre Salvini è un personaggio decisamente provinciale, Meloni dimostra di potersi dare un profilo internazionale, se non altro grazie alla sua conoscenza delle lingue.

Il rilievo sul provincialismo di Salvini è pertinente, ma non bisogna dimenticare che i leader populisti devono sempre dare ai seguaci l'impressione di essere simili a loro: si presentano come ventriloqui della gente comune, non come capi carismatici e inaccessibili, e una certa sciatteria, nell'abbigliamento, nel linguaggio e in taluni atteggiamenti, può essere più voluta che spontanea: già a suo tempo la canottiera esibita da Bossi nell'incontro nella villa sarda di Berlusconi è stata fatta oggetto di studi semiotici e interpretata come un messaggio di ostilità all'establishment…

Non calcherei però la mano sulle differenze stilistiche e di formazione con Meloni, che ha studiato lingue alle medie superiori e ne sa parlare piuttosto bene alcune, ma nel rapporto con il pubblico non fa niente per smentire la fama di ex ragazza di borgata e attenuare i pesanti influssi romaneschi del suo eloquio; anzi, ne fa uno strumento per captare simpatie, nella stessa logica del suo alleato-concorrente. Agli elettori importa poco o nulla dell'impressione che un politico fa agli interlocutori quando partecipa a un summit internazionale; quel che conta, per molti di loro, è l'empatia. Poi, certo, le cose inevitabilmente cambiano quando si è a capo del governo: è un'ennesima prova che il populismo meloniano è prevalentemente stilistico. Non corrisponde, come nel caso di Salvini, ma anche di Grillo, a una mentalità interiorizzata.

Sempre nel 2019 Meloni tiene il famoso discorso in cui esclama: «Io sono Giorgia, sono una donna, sono una madre, sono italiana, sono cristiana». La frase, remixata per prenderla in giro, diventa virale e contribuisce ad aumentarne la popolarità, tant'è vero che l'interessata intitolerà la sua autobiografia del 2021 Io sono Giorgia. *Una prova di come la sinistra sdegnosa ed elitaria finisca spesso per darsi la zappa sui piedi?*

L'ennesima prova, e con ogni probabilità non l'ultima. Nonché la dimostrazione che, malgrado il retroterra progressista e tecnofilo, gli ambienti della sinistra, anche quella radicale, sino a oggi non sono riusciti a padroneggiare la logica e il linguaggio dei social media, giudicati evidentemente plebei, con la stessa efficacia degli avversari. È esagerato tuttavia sostenere, come più di un giornalista ha scritto negli ultimi tempi, che l'egemonia culturale in rete è della destra e che quella di stampo intellettuale della sinistra non esiste più: nelle scuole medie superiori e nelle università l'influenza sugli studenti di un corpo insegnante che nella sua grande maggioranza è orientato a sinistra è tuttora molto significativa. E lo stesso discorso si potrebbe ampliare a vari altri campi: la stampa, l'editoria, il cinema, il teatro, la scena musicale, gli ambienti artistici in generale, dove le argomentazioni (e gli stereotipi) del progressismo fanno furore e le dichiarazioni e/o le petizioni più o meno allarmate contro la «minaccia» costituita dalla destra sono una consuetudine. Quella della «berlusconizzazione delle coscienze» a suon di spettacoli di intrattenimento sulle reti Mediaset è una leggenda di comodo, e ci sono interessanti studi di comunicazione politica che hanno rilevato, nei primi anni Duemila, una significativa presenza di votanti Ds fra i telespettatori di Rete 4.

È vero invece quanto va sostenendo da almeno un decennio Luca Ricolfi, alcuni libri del quale, a partire da *Perché siamo antipatici* e *Sinistra e popolo*, avrebbero dovuto essere adottati come manuali di formazione della classe dirigente nazionale e locale del Pd, invece di essere accolti con fastidio in quell'ambiente. Cioè che la convinzione di un'intrinseca superiorità morale coltivata dalla sinistra e la spocchia intellettuale di non pochi dei suoi esponenti e fiancheggiatori – non esclusi quelli che avrebbero voluto rinnovarla e che a suo tempo dettero vita al «movimento dei professori» e ai «girotondi», come Paul Ginsborg, Paolo Flores d'Arcais, Nanni Moretti – hanno finito col portare a uno scollamento dal «popolino», il «popolo bue», alla sua incomprensione e non di rado a un conseguente disprezzo. Quello che fino a qualche decennio addietro era la destra borghese a irridere è ora dipinto come un'accolita di creduloni a cui – è una proposta seriamente avanzata da filosofi della politica e politologi italiani e stranieri in libri e interventi pubblici, e altrettanto seriamente discussa nei circoli della cultura progressista – si sarebbe tentati di negare il diritto di voto, restringendolo a chi si sia guadagnato un apposito patentino dopo il superamento di un esame (su quali materie e con quali esaminatori, sarebbe interessante capire).

Il libro autobiografico di Meloni entra nelle classifiche dei titoli più venduti, a dispetto dell'idea secondo cui a destra non si legge. A che cosa si deve questo successo?

Acquistare un libro e leggerlo sono due operazioni distinte e non è detto che alla prima segua la seconda. L'*Autobiografia di un fucilatore* di Almirante, cinquant'anni fa, fu nell'ambiente a cui si rivolgeva un piccolo bestseller, ma non scommetterei sul numero degli effettivi lettori. Ritorniamo, anche in questo caso, al culto del capo diffuso a destra: si acquista un libro che reca la sua firma (anche se poi, come accade in gran parte dei casi, sono stati altri a rimettere in ordine spunti e idee e trarne una forma compiuta) non tanto per saperne di più su di lui o su di lei, ma per compiere un atto di devozione e/o di gratitudine e rafforzare il proprio legame psicologico con il mondo a cui si appartiene.

Sulle vendite di *Io sono Giorgia* non si può escludere che abbia pesato anche la curiosità di un certo numero di persone estranee all'elettorato di Fratelli d'Italia, la cui motivazione era vedere se l'immagine che si erano fatta del personaggio, positiva o negativa che fosse, si rifletteva nelle pagine del volume; ma sicuramente si è trattato di una frazione minoritaria degli acquirenti. Un tempo fenomeni analoghi si registravano anche a sinistra, dove però la disillusione della base e la fragilità delle leadership hanno prodotto scetticismo e disaffezione.

Rimane vero, comunque, che a destra si legge poco, e, data la concorrenza dei social media, sempre meno. Si stampano molti libri, soprattutto nei settori radicali che possono contare su un pubblico giovanile e una pletora di piccole case editrici, ma con tirature limitate. E, particolare non secondario, si ristampano molti titoli che erano circolati negli anni Settanta e Ottanta: a dimostrazione del fatto che nel passaggio fra due-tre generazioni la carica innovativa della riflessione culturale è andata attenuandosi e le idee, più che adeguarsi alle nuove realtà, si riciclano.

Quale immagine emerge dall'autobiografia di Giorgia Meloni?

Ovviamente, quella che lei vuole accreditare: una persona estremamente volitiva, che ha dovuto affrontare molte difficoltà nella vita, ma ha saputo con caparbietà e con un forte impegno superarle tutte; una militante appassionata delle cause per cui ha deciso di battersi, ma anche una donna sensibile, umanamente generosa e aperta, capace di slanci affettivi nel privato e di compassione per coloro che soffrono. Al di là di questi aspetti piuttosto scontati, il libro offre però elementi utili a comprendere in modo non superficiale la visione del mondo, della società e di alcuni specifici fenomeni politici dell'autrice: uno squarcio che risulta ancor più interessante se si pensa che il volume è stato pubblicato un anno e mezzo prima del successo alle politiche del 25 settembre 2022, e quindi fa capire quali messaggi Meloni voleva indirizzare al pubblico in vista di quel traguardo.

Vogliamo indicarne i punti salienti?

A colpire, se si assumono come pietra di paragone gli atti compiuti in seguito dalla scrivente nelle vesti di presidente del Consiglio, sono specialmente i toni molto acidi, quasi da invettiva, usati nei confronti dell'Unione Europea, descritta come «un'entità indefinita in mano a oscuri burocrati che vorrebbe prescindere dalle identità nazionali, o addirittura cancellarle, [...] utopica e potenzialmente tirannica» e «un parco giochi di tecnocrati e banchieri che banchettano sulle spalle dei popoli». E le parole spese sulla Russia, che «è parte del nostro sistema di valori europei, difende l'identità cristiana e combatte il fondamentalismo islamico», per cui le si dovrebbe riservare una particolare attenzione privilegiando il dialogo costruttivo ed evitando «la miope politica della contrapposizione muscolare tanto cara a Obama prima e a Biden adesso».

Ma la discrasia fra le enunciazioni della Giorgia Meloni condottiera della lotta all'establishment e le mosse della statista alla ricerca di legittimazione sui palcoscenici della politica internazionale si attenua quando si legge che da sempre la protagonista del libro è «affascinata dal patriottismo degli americani e dal loro attaccamento viscerale alla bandiera nazionale» e convinta che «Europa e Stati Uniti sono accomunati da un legame indissolubile e insieme devono cercare di vincere le sfide del futuro».

Le altre pagine del libro dedicate ad argomenti politici riservano meno sorprese. Gli argomenti richiamati a favore del sovranismo, etichetta gradita e rivendicata, restano generici e deboli, così come la «sintesi di tutte le idee maturate nell'alveo della tradizione conservatrice e liberale» fa la figura di una formuletta *passe-partout* messa in piedi sul momento, anche perché appare arduo conciliare una filosofia dai tratti marcatamente individualistici come il liberalismo con i continui riferimenti enfatici al valore della comunità. Anche la foga di molti precedenti affondi contro le pretese della lobby Lgbtq e le insidie della teoria gender si stempera in richiami di buonsenso a questioni pratiche e scompaiono gli elogi dell'ordine naturale tante volte profusi per difendere la famiglia fondata sul matrimonio; si legge anzi che «si può essere uomo e sentirsi donna, essere donna e sentirsi uomo», purché non si pretenda di sancire queste sensazioni soggettive con leggi dello Stato, perché sennò «sarebbe il caos». E persino in materia di immigrazione, la preoccupazione principale di Meloni sembra essere non più il blocco navale, ma la difesa dall'accusa di razzismo. L'unico punto di rilievo, in questa sezione dell'opera, è l'esplicita ripulsa del populismo, liquidato come una «antivisione, l'idea che il ruolo della politica sia assecondare l'umore della gente, inseguire le pulsioni del momento, rincorrere la società invece di guidarla».

Insomma, a libro chiuso si ha l'impressione che la vera, unica stella polare delle scelte dell'autrice sia un nazionalismo viscerale, e una altrettanto istintiva ostilità verso una sinistra descritta in modo schematico e, in certi passaggi, anacronistico.

Il 2020 è l'anno in cui esplode la pandemia da Covid-19. E Meloni è in prima fila nel denunciare le esitazioni e le incertezze del secondo governo Conte, fondato su una coalizione tra Pd e M5S. Quanto le ha giovato cavalcare la diffidenza verso chi pretendeva di agire secondo i dettami della scienza?

In mancanza di dati attendibili, non è possibile dirlo. E fino a oggi non è comparsa nessuna seria ricerca sull'effetto della pandemia sulle scelte di voto degli italiani. Sono state avanzate numerose congetture, tutte soggettive e impressionistiche, e non voglio collocarmi in questo solco. Se tuttavia esiste un elemento che può spiegare almeno in parte perché da quel periodo, guardando ai sondaggi condotti fra 2020 e 2021, la Lega è uscita indebolita e Fratelli d'Italia rafforzato, pur essendo stati entrambi schierati sul versante del rifiuto del confinamento e, quantomeno in una prima fase, dello scetticismo verso l'obbligo vaccinale, è la diversa percezione della coerenza dei rispettivi leader da parte dell'opinione pubblica. Salvini ha dato a più riprese un'impressione di indecisione, passando dal rigorismo al libertarismo a fasi alterne, mentre Meloni ha tenuto un comportamento meno ondivago, sostenendo che era necessario adottare misure adeguate contro la propagazione del virus, ma senza sacrificare la libertà individuale e collettiva in nome della salute, e soprattutto ha puntato sull'accusa di impreparazione del governo giallo-rosso guidato da Conte, senza entrare oltre il dovuto nelle dispute di carattere sanitario o dare l'impressione di voler diventare la capofila dei No vax. Mentre il segretario della Lega, a un certo punto, è parso voler imboccare quella strada.

Una scelta decisiva per spiegare la successiva avanzata di Fdi è il suo rifiuto di entrare nel governo Draghi. Eppure molti notabili del partito si erano espressi a favore. Una prova dell'inadeguatezza di gran parte della classe dirigente di cui Meloni si circonda?

Bisognerebbe sapere se quei dirigenti che avrebbero gradito l'ingresso nel governo Draghi erano gli stessi che tre anni prima, secondo quanto si legge in *Io sono Giorgia*, avevano fatto pressioni sulla presidente affinché Fdi accettasse la proposta avanzata da Salvini, e non ostacolata da Di Maio, di entrare nel primo governo Conte. In questo caso, più che di inadeguatezza strategica, si dovrebbe parlare di insofferenza a sostenere il peso dell'opposizione e di timore di essere condannati a ritornare in una condizione di marginalità, magari dopo aver assaporato il gusto del potere e del sottogoverno grazie a Berlusconi.

Ufficialmente, il calcolo fatto da chi avrebbe voluto far parte dell'esecutivo di larghe intese era duplice: da un lato, dando un segnale di disponibilità a farsi carico delle difficoltà di un Paese in situazione di emergenza, e magari ottenendo un ministero per un proprio esponente o un tecnico di area, il capitale di legittimazione del partito in sede istituzionale sarebbe cresciuto; dall'altro, si sarebbe evitata una più acuta rottura con gli alleati, uno dei quali, Forza Italia, premeva per un governo di unità nazionale fin dall'indomani delle elezioni del 2018, mentre l'altro, la Lega, aveva finito col cedere alle istanze dell'ala governista interna, incarnata da Giorgetti e soprattutto dai presidenti di Regione, Luca Zaia in testa.

L'intransigenza mostrata da Meloni in quel frangente si è rivelata invece, a cose fatte, il trampolino di lancio del partito e ha potuto aver ragione delle resistenze intestine richiamandosi alle posizioni che Fratelli d'Italia aveva sancito nell'assise congressuale e sostenuto fin dalla nascita, ovvero il contrasto a qualunque tentazione tecnocratica e il rifiuto di concedere fiducia a governi che non avessero ricevuto la consacrazione popolare attraverso il ricorso alle urne.

18
La destra a Palazzo Chigi

Alle politiche del settembre 2022 Fdi si afferma nettamente come il primo partito italiano, con oltre il 26 per cento dei voti. Sfonda anche al Nord, dove supera ovunque la Lega, mentre nel Sud a prevalere è spesso il M5S. Possiamo dire che c'è un cambio netto nella geografia elettorale della destra?

Quel che risulta dalle ricerche condotte è un forte avvicinamento del profilo di chi vota Fratelli d'Italia alla fisionomia dell'elettore medio italiano, che configura quasi una sovrapposizione. La distribuzione per aree geografiche è più equilibrata rispetto a quella fatta registrare dai due precedenti partiti della Fiamma, e segnala un fenomeno interessante: più cresce la dimensione dei comuni, più diminuiscono i voti raccolti da Fdi, e viceversa le grandi città si dimostrano le più resistenti alla sua avanzata. Se si aggiungono i dati sugli elettori disaggregati per livello di studio – calato rispetto all'epoca di Alleanza nazionale – e per età – che invece cresce – risulta evidente un ampliamento della base popolare del partito. È una situazione simmetrica a quella del Partito democratico, che raccoglie i maggiori consensi nelle metropoli e soprattutto nelle aree del centro storico, trasformandosi, come è stato detto un po' ironicamente, in «partito della Ztl». Vassallo e Vignati mostrano come il serbatoio principale a cui Fdi attinge sia la Lega, soprattutto nel Nord, sebbene al suo successo contribuiscano anche, in percentuali minori, ex elettori del M5S, specialmente nel Sud, e del Pd. Fra i votanti conquistati da Giorgia Meloni c'è, come era da attendersi, un buon numero di donne.

Nelle liste di Fdi vengono eletti anche personaggi lontani dalla storia della destra postmissina: Giulio Tremonti, Marcello Pera, i futuri ministri Eugenia Roccella e Carlo Nordio. Sono solo fiori all'occhiello o c'è dietro una strategia?

Diversamente da quanto era accaduto nei casi precedenti, e segnatamente in Alleanza nazionale, dietro queste acquisizioni c'è un evidente intento strategico. Fratelli d'Italia vuole, al contempo, diventare il perno centrale della coalizione e ridurre il gap di legittimazione nei confronti degli ambienti che contano in Italia e all'estero, e per riuscire a cogliere entrambi gli obiettivi gli occorre dimostrarsi in grado di attirare personalità di spicco e sgravate dal bagaglio identitario postmissino che ancora pesa – e viene fatto pesare dai critici – su gran parte dei dirigenti di vertice e di medio livello del partito.

I ministeri per Roccella e Nordio, la presidenza della commissione senatoriale per gli Affari esteri e comunitari per Tremonti, il ruolo ufficioso di consigliere di Pera indicano la volontà di coinvolgere i nuovi entrati in una dinamica di allargamento progressivo del partito agli apporti esterni, in una prospettiva conservatrice.

Inoltre c'è il problema di una classe dirigente almeno in parte inadeguata, come dimostrano alcuni svarioni istituzionali e soprattutto il caso del deputato Emanuele Pozzolo, che a una festa di Capodanno girava armato e ha estratto la pistola con cui una persona è stata ferita. Si disse già di Fini che non aveva un partito all'altezza del leader. Vale anche per Meloni?

Non generalizzerei. Il problema esiste, ma prendere per esempio un caso così sconcertante potrebbe portare a conclusioni sbagliate. Fratelli d'Italia ha assorbito una parte, seppur limitata, dei quadri intermedi di Alleanza nazionale, che avevano già un'esperienza politica consolidata. A questi si sono aggiunti gli esponenti della cosiddetta generazione Atreju, il cui limite è di essere cresciuti in un contesto in cui ci si occupava più di scelte ideali che di problemi pratici, per poi approdare a un partito che faceva dell'opposizione ai governi la sua arma principale, con tutto ciò che ne consegue in termini di abitudini a una certa radicalità nei toni.

Il passaggio a ruoli esecutivi è stato troppo rapido e brusco per favorire un adeguamento immediato ai nuovi compiti, ma non bisogna trascurare il fatto che vari esponenti del partito occupano già da alcuni anni incarichi amministrativi di rilievo, a partire dalle presidenze di Regione. Per quella via si impara, e mi sembra che già una parte del ceto parlamentare di Fdi sappia interpretare il suo ruolo in modo corretto. Le eccezioni ci sono e ci saranno, ma non sono un'esclusiva del «terzo partito della Fiamma»: basti pensare alle polemiche insorte nell'ultimo decennio attorno a dichiarazioni o comportamenti poco ortodossi di deputati, senatori e ministri del M5S, o ai non pochi casi di coinvolgimento di esponenti del Pd in indagini della magistratura. E cosa dire della vicenda Soumahoro, che ha macchiato l'immagine di Verdi e sinistra radicale?

Già nell'autunno 2021, di fronte ai sondaggi che danno Fdi in testa, comincia un fuoco di sbarramento circa la natura fascista del partito di Meloni. Penso per esempio al servizio di «Piazzapulita» e di «Fanpage» sulla «lobby nera» guidata da Roberto Jonghi Lavarini. Ed è solo l'antipasto delle polemiche che verranno dopo. Come giudicare queste campagne di stampa?

Per quello che sono: strumenti della lotta politica e della campagna elettorale, che da epoca immemorabile, si potrebbe dire da quando si è tornati a votare dopo la lunga parentesi autoritaria, non si svolge sul mero terreno dei comizi, dei confronti televisivi o delle iniziative propagandistiche tradizionali svolte dai militanti, ma coinvolge fiancheggiatori e simpatizzanti presenti nei vari ambienti professionali e civili, partendo dal mondo mediatico, cruciale per l'orientamento delle opinioni dei cittadini. I giornalisti di sinistra, come è ovvio e inevitabile e come fanno i colleghi di diverse o opposte tendenze, per quanto meno numerosi, non si limitano a registrare e analizzare, e tutt'al più commentare, i fatti della politica: si sforzano di intervenire attivamente sul loro svolgimento e di indirizzarlo secondo le loro preferenze. I talk show sono un veicolo privilegiato di queste forme di attivismo collaterale, così come i reportage della carta stampata, della tv, della radio, dei canali telematici.

Non è una sorpresa che, in questo contesto, per ostacolare Fratelli d'Italia si utilizzi l'argomento dell'antifascismo e della resurrezione dell'eterno pericolo nero. Nella maggior parte dei casi, l'obiettivo di queste polemiche anacronistiche non è tanto distogliere dal votare Meloni chi è intenzionato a farlo – come Vassallo e Vignati attestano nel loro libro, «lo stigma antifascista si è pressoché dissolto, tra gli elettori di centrodestra», e chi ha una decente conoscenza della politica, a sinistra, ne è consapevole – quanto piuttosto sollecitare l'indignazione e la paura di quegli elettori progressisti che, delusi dalle scelte dei partiti da cui si sentono meno lontani, sono tentati di disertare le urne. E anche se i risultati di queste campagne sono fin qui stati scarsi, c'è chi non rinuncia a sperare che, prima o poi, ne sortiranno i frutti sperati.

Il 13 ottobre 2022 Ignazio La Russa è eletto presidente del Senato senza il sostegno di Forza Italia. È un indubbio successo di Fdi. Ma si è trattato di una scelta appropriata, vista l'esuberanza del personaggio, capace di uscite infelici come quella sull'attentato di via Rasella?

Era una scelta praticamente obbligata, considerato il ruolo svolto da La Russa nella nascita di Fdi e la sua figura di «padre nobile» del partito, custode di una tradizione da lui vissuta in ben tre fasi consecutive nell'arco di un abbondante mezzo secolo, nonché unico, fra gli appartenenti alla cerchia finiana, ad aver dato fiducia al progetto lanciato da Meloni e Crosetto. Negargli questo riconoscimento sarebbe stato uno sgarbo, vista anche la sua anzianità parlamentare che ha ormai superato i trent'anni.

L'esuberanza era da mettere in conto, ma non va trascurata la simmetrica capacità manovriera di La Russa, che gli ha consentito di rimanere a galla in ogni frangente della sua vita politica e di mantenere buoni rapporti con esponenti di tutti i partiti, malgrado alcuni passi falsi che vale la pena di ricordare. Era uno degli esponenti della corrente di Destra popolare, che dopo il congresso del 1977 seguì Democrazia nazionale: se ne staccò all'ultimo momento. Era fra i tre «congiurati» sorpresi da un giornalista a sparlare di Fini in un bar romano ai tempi dei primi malumori interni di Alleanza nazionale, ma dopo un breve periodo di «punizione» riuscì a essere riammesso nella cerchia dei collaboratori del leader.

Nel suo discorso d'insediamento Meloni sottolinea la sua estraneità alla nostalgia del fascismo, ma al tempo stesso identifica l'antifascismo con la violenza militante degli anni Settanta, secondo la più collaudata tradizione missina. C'è una contraddizione in questo?

Nella lettura che l'interessata ne dà anche nell'autobiografia, uscita più di un anno prima del discorso in questione, no. E in un certo senso le dà ragione il fatto che, non solo in Italia ma su scala planetaria, da alcuni anni l'estrema sinistra più radicalizzata e violenta si è riunita e organizzata sotto la sigla «Antifa», eleggendo a nemico assoluto tutto ciò che, ai suoi occhi, ha a che vedere con la destra di qualunque sfumatura. Nel proclamarsi indenne da nostalgie fasciste, Meloni intende sottolineare il suo distacco psicologico dall'epoca ormai lontana a cui Mussolini ha legato il suo nome e quello della sua creatura, e insieme la lontananza politica dal modello autoritario o, come preferisce dire con una terminologia discutibile, totalitario. Nel non sottoscrivere una scelta antifascista, al di là del rischio di suscitare disagio in una parte dei suoi elettori, ha di mira ciò che l'aggettivo ha significato dagli anni Settanta in poi, servendo da copertura a quel radicalismo di sinistra che ho appena citato.

D'altro canto la sinistra, anche quella più moderata, ha fatto di tutto, da trent'anni a questa parte, per legare a sé, sempre più strettamente, il richiamo all'antifascismo, fin quasi ad appropriarsene in forma monopolistica: nelle occasioni ufficiali lo celebra come un patrimonio di tutti gli italiani e si indigna se qualcuno lo mette in dubbio, ma nella prassi quotidiana lo rivendica, ricollegandosi alla lotta armata partigiana, come se fosse l'unica forza politica ad averne raccolto il lascito. Il che oggi è molto vicino al vero.

Fdi lascia passare il centenario della Marcia su Roma senza commentarlo in alcun modo. Non poteva essere l'occasione per una presa di distanza più chiara dal regime e non solo dalle leggi razziali?

Se lo avesse commentato, anche in termini di condanna, sarebbe stato certamente sospettato di averlo fatto ipocritamente e strumentalmente, per mascherare il reale pensiero dei suoi esponenti. E forse lo stesso ritornare a occuparsi di fascismo gli sarebbe valso l'accusa di avere sempre in mente quel regime. Va chiarito poi un altro punto: se Fratelli d'Italia prendesse ulteriormente le distanze dal fascismo, dovrebbe di fatto sottoscrivere – sotto pressione esterna – la visione caricaturale, astorica, monolitica, monca e unilaterale (il «Male Assoluto») che di quel fenomeno offrono i suoi avversari, simmetrica a quella altrettanto schematica e posticcia coltivata dagli ambienti dell'ultradestra neofascista. Siamo sinceri: è questo, e non altro, che si chiede di fare ai suoi esponenti. Non certo di accettare il giudizio critico ma ricco di sfumature e sfaccettature che emerge dall'opera di ricostruzione storiografica di Renzo De Felice, contro il quale a suo tempo la maggioranza degli intellettuali di sinistra, storici e no, scatenò una virulenta polemica all'ombra dell'accusa di revisionismo. O di allinearsi alle valutazioni altrettanto critiche degli autori, spesso ma non sempre di scuola defeliciana, dei tanti studi che negli anni Ottanta-Novanta, in un'epoca di maggiore libertà culturale di quella che oggi stiamo vivendo, fecero emergere la complessità del fenomeno fascista, con le sue ombre ma anche con i suoi aspetti positivi, a partire dagli sforzi per modernizzare un Paese ancora arretrato.

Il successo di Berlusconi nel 1994 e lo sdoganamento del Msi, che riammetteva i neofascisti nel gioco politico consentendo la creazione di una forte coalizione antisinistra, hanno posto drasticamente fine a quella stagione. Gli studi sul fascismo sono diventati terreno di scontro politico, è stata rilanciata la produzione di *pamphlets* privi di valore scientifico e di testi di sapore e intendimento propagandistico, volti a ridurre il Ventennio mussoliniano a regno della violenza, del terrore e della manipolazione psicologica (c'è chi è arrivato a sostenere che, nei suoi discorsi dal balcone di Palazzo Venezia, il Duce esercitasse una vera carica ipnotica sugli ascoltatori, annientando i loro riflessi di coscienza...), negando persino l'esistenza del diffuso consenso di cui il regime aveva goduto fra gli italiani fino a poco prima dell'entrata in guerra.

Questo manicheismo ha suscitato una reazione irritata nel pubblico di destra, che ormai considera l'antifascismo uno strumento di propaganda della sinistra e se ne sente sempre più distante anche quando non prova nessuna nostalgia per il Ventennio, malgrado i frequenti moniti a ravvedersi che gli giungono dai pulpiti istituzionali. Se Meloni e i suoi si allineassero a questa vulgata e, seguendo a distanza di qualche lustro la linea tracciata da Fini, si dichiarassero antifascisti, non solo non sarebbero creduti e si vedrebbero chiedere di continuo nuove prove della loro redenzione dal peccato originale senza mai ricevere l'assoluzione, ma mostrerebbero subordinazione agli avversari e perderebbero credito nel loro stesso campo.

Arrivata al governo anche grazie alla sua opposizione al governo Draghi, Meloni ha tuttavia scelto una linea di continuità con l'esecutivo precedente sul piano della politica economica. Rischia di pagare un prezzo per questo?

Non è improbabile, ma non è detto che la delusione di chi avrebbe preferito scelte più discontinue rispetto a quelle dei precedenti governi si tramuti in una rinuncia a votare per Fratelli d'Italia, perché il forte spostamento a sinistra del Pd seguito all'elezione di Elly Schlein alla segreteria consente alla destra di spostare su altri e più proficui terreni la competizione con gli avversari e fa slittare in secondo piano la rilevanza delle politiche economiche.

Nella nuova situazione che si è venuta a creare con la radicalizzazione del maggiore partito di opposizione, il conflitto tra conservatorismo e progressismo acquista contorni più netti ed estesi, nonché una crescente importanza. Ne consegue una polarizzazione particolarmente evidente nel caso di una delle emergenze oggi più sentite, l'immigrazione, dove si contrappongono due visioni opposte, il contenimento e l'accoglienza, ma palese anche in altri ambiti, primo fra tutti quello delle scelte etiche e dei «diritti civili». Questo induce anche gli elettori di destra che sono scettici sulla bontà o l'efficacia di taluni provvedimenti del governo a serrare i ranghi contro il nemico (inteso in senso schmittiano).

Certo, alla lunga dei risultati ottenuti in campo economico anche gli elettori di destra chiederanno conto a chi è andato al governo grazie ai loro voti, ma se gli indicatori di crescita non saranno catastrofici e la reputazione dell'Italia sui mercati non sprofonderà, non credo che si porranno il problema del minore o maggiore allineamento alle scelte dei predecessori dei provvedimenti assunti.

La comunicazione di Meloni cerca di essere molto diretta: mostra i suoi appunti, si è fatta filmare mentre apriva i lavori del Consiglio dei ministri. Invece reagisce nervosamente alle domande dei giornalisti, cerca di evitare le conferenze stampa tradizionali. La sua è una disintermediazione di stampo populista?

Da sempre, Meloni tiene a dettare da sola i contenuti e le forme espressive della comunicazione sua e del suo partito. Si avvale certamente di collaboratori, ma cerca di tenerli per quanto possibile nell'ombra, e non sopporterebbe portavoce che non seguissero per filo e per segno le sue direttive, il che probabilmente spiega perché, da quando è a Palazzo Chigi, ne abbia già cambiato uno. La presidente del Consiglio punta tutte le sue carte sul rapporto diretto con gli elettori, attraverso i social media, dove è attivissima e seconda soltanto a Salvini per presenza e seguito, o con iniziative pubbliche – si pensi alle immediate trasferte in tutti i luoghi dove accadono fatti di cronaca eclatanti – che rilancino la sua centralità mediatica anche sui giornali e in tv.

Allo stesso scopo servono i riferimenti alla sua dimensione privata e familiare nelle comunicazioni via social, anche se la loro frequenza è drasticamente calata da quando ha indossato i panni di capo del governo: per il pubblico Meloni deve essere prima di tutto Giorgia, la donna, la madre, la persona sensibile che non riesce a trattenere le lacrime quando si trova di fronte a situazioni dolorose. È la ben nota tecnica del *going public*, della disintermediazione, che negli Stati Uniti dove le hanno dato il nome è stata utilizzata da presidenti di vario colore politico, Barack Obama incluso, ma sembra essere padroneggiata al meglio dai populisti.

Come si può valutare la stretta decisa dal governo sul reddito di cittadinanza? Non rischia di alienare a Fdi il consenso degli strati meno abbienti della popolazione?

Se c'è un aspetto della sua personalità, o quantomeno dell'immagine che intende trasmetterne, che Giorgia Meloni tiene a far risaltare, è la coerenza. Lo sottolinea nell'autobiografia e ne ha fatto quasi un leitmotiv dei discorsi pubblici. Da quando è diventata presidente del Consiglio, non perde l'occasione per rivendicare di essersi dimostrata fedele, nell'azione di governo, al programma elettorale che le è valso i consensi «degli italiani» (questo far passare la parte per il tutto è uno dei suoi più frequenti espedienti linguistici, ma non è certo la prima a farne uso) e di conseguenza il posto che oggi occupa. E nel programma in questione l'abolizione del reddito di cittadinanza era collocata in evidenza. Non solo: è stata uno dei provvedimenti da lei più citati e promessi nel corso della campagna elettorale, in linea con l'intonazione produttivistica – lei stessa ha utilizzato questo termine – dei messaggi che ha inviato agli italiani. Dipingendo il reddito di cittadinanza come una misura che ha incrementato il parassitismo dei «fannulloni» e disincentivato l'accesso di molte migliaia di giovani al mercato del lavoro, e negandone la pretesa efficacia nel contrasto alla povertà, Meloni ha strizzato l'occhio ai settori della borghesia liberale sin qui propensi a preferire Forza Italia. Nella stessa direzione guardava la proposta della flat tax, in precedenza cavallo di battaglia esclusivo dei suoi due alleati.

È probabile che la mossa abbia allontanato ancor di più da Fdi quella fetta di elettorato meridionale che proprio per questa sua intenzione gli ha preferito il M5S, ma può contemporaneamente avergli guadagnato le simpatie di settori di opinione moderati, favorevoli alle ricette economiche liberiste e diffidenti nei confronti dell'interventismo statale. In ogni caso, per prevenire danni maggiori, il governo ha subito varato un pacchetto di aiuti per le fasce sociali più deboli, a partire dall'assegno di inclusione, che alla fine probabilmente costeranno allo Stato poco meno del reddito abolito, ma avranno il sigillo del centrodestra e non più dei Cinque stelle.

La Lega insiste sul progetto per l'autonomia differenziata delle regioni più ricche. È ipotizzabile un conflitto con Fdi, custode dell'unità nazionale?

Dipenderà dalla versione definitiva del progetto, che la Lega insiste nel presentare come un provvedimento che non solo non danneggerà le regioni meridionali, ma servirà loro da stimolo per evitare gli sprechi e la carente gestione dei servizi pubblici del passato. Ci sono ancora questioni importanti da risolvere, fra cui il molto discusso livello essenziale delle prestazioni che devono essere fornite ai cittadini sull'intero territorio nazionale, prima di poter mettere ai voti in Parlamento una proposta definitiva, e con il tempo si possono trovare compromessi.

Come su altre questioni, in seno all'esecutivo esistono divergenze non trascurabili, ma è interesse comune non superare il livello di guardia del confronto. Discutere pubblicamente serve a mostrare la bandiera, cioè a dare ai simpatizzanti l'impressione di voler preservare i propri princìpi, ma alzare barricate su un tema così controverso significherebbe mettere a repentaglio la tenuta dell'alleanza e smentire la promessa di un governo di legislatura su cui tutta la coalizione ha molto insistito in campagna elettorale. Inoltre, la Lega di Salvini non è quella di Bossi, e sulla questione dell'autonomia non sembra disposta a immolarsi: se ne sono resi conto quei leghisti della prima ora che da qualche tempo cercano di raccogliersi intorno a un'associazione nostalgica dei tempi eroici del Senatùr. La fuoriuscita dell'ex ministro Roberto Castelli rientra in quest'ottica.

La destra ha sempre proposto la riforma della Costituzione in senso presidenziale. Ora si parla piuttosto di elezione diretta del premier. C'è da ritenere che Meloni intenda fare sul serio?

Su questo punto vale, e a maggior ragione, il discorso già fatto sull'abolizione del reddito di cittadinanza: ottenere un risultato conforme alle promesse fatte è un titolo di coerenza a cui Meloni non intende rinunciare. Il problema è la capacità di produrre un impianto di riforma che possa convincere tutti i settori della maggioranza e reggere alle inevitabili critiche degli esperti della materia e delle opposizioni in vista della probabile successiva verifica referendaria.

Si è già fatto notare da più parti che il centrodestra non ha finora mai tenuto una linea unitaria e chiara sul modello da proporre: Fratelli d'Italia, seguendo la tradizione missina, parla fin dalle origini di presidenzialismo, ma sembra temere di sollevare accuse di autoritarismo da parte di chi difende a spada tratta la presunta neutralità della figura presidenziale oggi prevista dalla Costituzione – una previsione che, da quando ai messaggi solenni degli anni pre-Cossiga si è sostituita la prassi degli interventi pubblici quotidiani in ogni sede degli inquilini del Colle, è stata ampiamente smentita. E così adesso Fdi è passato a proporre una sorta di premierato, senza tener conto dei difetti che questo istituto ha mostrato là dove è stato applicato e senza precisare i dettagli della riforma. Non solo: nel progetto c'è un ritorno alla formula del premio di maggioranza, che assegnerebbe al partito del presidente del Consiglio il 55 per cento dei seggi in Parlamento senza neppure prevedere una soglia percentuale minima di voti per poter godere di questo sproporzionato bonus.

Quando a suo tempo era stato proposto dal centrosinistra a trazione renziana un sistema elettorale simile, peraltro bocciato dalla Consulta, molte voci critiche si erano levate a destra contro la «nuova legge truffa». In ogni caso, arrivare a un testo coerente non sarà impresa facile.

Sul terreno dell'immigrazione Fdi aveva promesso il blocco navale direttamente al largo dei Paesi di partenza. Ora che si trova a fare i conti con i termini reali del problema, certi eccessi sono stati abbandonati. Ma la linea restrittiva è pienamente confermata. Questo tema rimarrà al centro dell'agenda politica della destra?

Non c'è motivo di dubitarne. C'è semmai da chiedersi per quanto tempo potrà restare escluso dall'agenda della sinistra, o meglio, essere liquidato con il consueto richiamo all'accoglienza indiscriminata di richiedenti asilo e migranti economici: il fenomeno è destinato a intensificarsi e ad accrescere i problemi di integrazione di chi si è già stabilito sul territorio nazionale, acquistando sempre più rilevanza agli occhi della pubblica opinione e rinfocolando preoccupazioni e timori.

Al di là dei confini italiani, in Paesi dove la pressione migratoria ha raggiunto o superato i limiti di guardia, e segnatamente nel Nord Europa, alcuni partiti e governi socialisti hanno rovesciato di segno la precedente politica delle porte aperte e assunto provvedimenti drastici per cercare di bloccare i flussi. In Francia le gravi turbolenze connesse alle conseguenze di decenni di ondate migratorie, giunte al limite della sommossa, hanno sollevato perfino negli ambienti governativi l'ipotesi di indire un referendum sull'opportunità di chiudere le frontiere a nuovi accessi, anche a prezzo di uno scontro con l'Unione Europea. E in Germania la questione delle conseguenze sociali dell'afflusso in massa di migranti ha creato le premesse di una scissione persino nella formazione politica collocata più a sinistra, Die Linke: alcuni dei suoi esponenti, con in testa Sahra Wagenknecht, preoccupati nel vedere la propria base operaia spostarsi sempre più a destra, rafforzando le intenzioni di voto per l'Alternative für Deutschland, sono usciti dal partito e contano di presentarsi già alle elezioni europee con una lista che, stando ai sondaggi, sarebbe in grado di sottrarre consensi all'Afd proprio in virtù delle posizioni di rigido contrasto al continuo accesso di stranieri nel Paese.

Il problema dell'immigrazione è destinato a svolgere un ruolo cruciale nella politica dei Paesi europei nei prossimi decenni, malgrado gli esorcismi di un ceto intellettuale affascinato dai sogni di quella Cosmopolis di cui Danilo Zolo, una delle menti più acute della sinistra, non solo italiana, ha fustigato l'irrealtà in pagine che non hanno avuto l'eco che avrebbero meritato nella sua parte politica. Avendo in questo campo un vantaggio di partenza, sarebbe assurdo che Fratelli d'Italia – e ancor più la Lega – rinunciasse a investirvi. Ma se, ora che sono giunti al governo, non avranno il coraggio o le risorse per produrre risultati concreti, alla lunga potrebbero essere abbandonati da una parte del loro elettorato, alla ricerca di alternative più radicali.

Lo spostamento a sinistra del Partito democratico, con l'avvento di una segreteria sbilanciata sul terreno del «politicamente corretto» come quella di Elly Schlein, favorirà il posizionamento del Fdi in senso conservatore?

Ne ho già accennato, ma il discorso può essere ampliato. Lo scontro tra progressismo e conservatorismo sembra destinato a sostituirsi gradualmente a quello tra sinistra e destra, e se ciò avverrà non si tratterà di un semplice ricambio di etichette, perché le materie coinvolte in questa linea di frattura potrebbero determinare cambiamenti di campo individuali che fino a oggi apparivano improbabili, se non impossibili.

Già in Francia, per esempio, si è manifestato negli ambienti intellettuali un «conservatorismo di sinistra», che può far conto su figure di spicco come Jean-Claude Michéa e Michel Onfray e che esprime il rifiuto di seguire la via della continua rivendicazione di nuovi diritti garantiti dalle leggi dello Stato per minoranze di ridotte dimensioni, ma molto attive nella pratica del lobbismo. In Italia, le opinioni espresse in argomento da Luca Ricolfi consentono di collocarlo nella stessa categoria. Mentre, simmetricamente, talune posizioni assunte da esponenti di Forza Italia e ancor più da Fini e da alcuni suoi ex collaboratori, come Flavia Perina e Filippo Rossi, iniziano a configurare un «progressismo di destra».

Così come attorno all'immigrazione, su questa linea di conflitto fra due mondi sempre più lontani si giocherà, in futuro, una partita politica fondamentale. Il clamoroso successo di vendite del libro *Il mondo al contrario* del generale Roberto Vannacci, che, al di là di ogni considerazione sul merito e sulla forma, è una sorta di breviario del pensiero conservatore-populista, ne è un segno anticipatore. E non è un caso che molti osservatori abbiano paragonato questo *exploit* a quello ben più contenuto, *post mortem*, dei libri di Michela Murgia, che è stata l'esponente più estrema della opposta mentalità progressista.

Il ministro della Cultura Gennaro Sangiuliano si sta dando molto da fare per insediare esponenti della destra nei posti che contano in quel settore. Alessandro Giuli al Museo delle arti del XXI secolo, Alessandro Campi all'Istituto per la storia del Risorgimento, Mauro Mazza commissario per l'Italia ospite d'onore alla Fiera del libro di Francoforte del 2024, Pietrangelo Buttafuoco alla Biennale di Venezia. C'è una strategia per ribaltare l'egemonia della sinistra?

Se la strategia si limita all'occupazione di posti di comando nelle istituzioni culturali dipendenti dallo Stato, uno *spoil system* che, al di là delle scontate proteste di chi si è visto privare di ruoli che pensava fosse destinato a svolgere perennemente, non fa altro che confermare una prassi consolidata, limitandosi a rovesciarne il segno, sarà difficile che dia i frutti sperati. L'insegnamento gramsciano, che ha consentito alla sinistra marxista di rafforzare la propria presenza nei luoghi del potere culturale – cattedre universitarie e liceali, case editrici, istituti e fondazioni, mezzi di comunicazione di massa di ogni genere: tv, giornali, radio, cinema, teatro, case di produzione musicale... – fino a esercitarvi un'effettiva egemonia, prevedeva un impegno non solo ai vertici, ma anche e soprattutto alla base per far penetrare le idee in cui si credeva nell'immaginario collettivo. E se quella strategia ha dato frutti sostanziosi, è stato perché poteva far conto su un retroterra di scuole di partito, circoli culturali, cellule d'ambiente, cineforum e molti altri luoghi di aggregazione dove sia i militanti che i simpatizzanti venivano spinti a studiare e a formarsi per portare ovunque nella società il Verbo dell'ideologia.

Malgrado lo choc del 1989 e il crollo di molte illusioni, i risultati di quella predicazione pluridecennale, adattati ai tempi e alle circostanze, continuano a essere visibili: il ceto intellettuale, a tutti i livelli, è in larga parte impregnato di idee progressiste e si dà da fare per diffonderle, soprattutto fra gli studenti e i giovani in genere. La destra ha gli strumenti necessari a sostenere quella controffensiva conservatrice che auspica? Al momento, no. E non si tratta di stabilire se disponga di ricercatori, insegnanti, giornalisti, scrittori, artisti in grado, per qualità e numero, di reggere la sfida con chi oggi detta le regole del «politicamente corretto», ma piuttosto di capire se abbia un adeguato progetto di formazione dei suoi quadri più giovani che ne renda più agevole l'accesso, in futuro, ai santuari della cultura. Una strategia controegemonica non si improvvisa, e se non ci si affretta a gettarne le basi, la scommessa è persa fin dall'inizio.

Francesco Giubilei, molto vicino a Sangiuliano, ha pubblicato un libro di Alain de Benoist e lo ha invitato al Salone del libro di Torino, dove alla presentazione è intervenuto lo stesso ministro della Cultura. Sono segnali di un interesse serio per la Nouvelle droite?

Non direi proprio, visto che lo stesso editore ha criticato qualche tempo dopo, in veste di collaboratore del «Giornale», le idee di de Benoist in materia di critica del liberalismo e dell'Occidente, giudicandole – non a torto – in contrasto con le proprie convinzioni conservatrici. Sono ormai almeno quarant'anni che missini e postmissini adottano, nei confronti della produzione culturale della Nuova destra, la politica del doppio binario: ne respingono le idee, ma cercano di sfruttare la notorietà o la stima di alcuni dei suoi esponenti per farsene un fiore all'occhiello e cercare di sfatare l'immagine, non infondata, dello scarso livello intellettuale del loro ambiente.

Già nel 1979, dopo l'intensa campagna di stampa che aveva fatto conoscere in tutta Europa l'esistenza della Nouvelle droite, Almirante invitò de Benoist al congresso missino, per poter dire «Vedete, la cultura è con noi!», ma la manovra fu sventata proprio da chi, in Italia, già collaborava al progetto metapolitico debenoistiano e non voleva che si creassero malintesi fuori luogo, facendolo apparire come un'appendice di quel mondo nostalgico da cui si era da tempo separato.

L'occupazione della Rai e le polemiche con la Corte dei Conti hanno indotto qualcuno a paventare una svolta autoritaria sul modello ungherese o polacco. Sono esagerazioni?

Vorrei premettere che in Ungheria e in Polonia vige tuttora una democrazia e le elezioni non sono truccate né i dissidenti privati della libertà di esprimersi; tanto è vero che nelle recenti elezioni polacche chi era al governo ha perso e le forze di opposizione, una volta conquistato il potere, hanno iniziato una severa epurazione dei dirigenti e funzionari statali che, essendo stati nominati dal precedente esecutivo, sono da loro considerati avversari. Inoltre nessuno in passato ha gridato allo scandalo quando in Italia la destra missina era, se non esclusa, fortemente marginalizzata nel circuito mediatico di Stato.

Detto questo, le polemiche sollevate da più parti sono esagerazioni. Che ci sia uno spirito di rivincita dietro l'applicazione della logica dello *spoil system* è evidente, ma per comprenderne le ragioni basterebbe vedere come, anche in anni recenti, è stato articolato il sistema dell'informazione Rai dal punto di vista politico, con una nettissima prevalenza di trasmissioni impostate e condotte da giornalisti di sinistra. Che dopo le elezioni qualcosa dovesse cambiare era inevitabile.

Un tempo ammiratrice di Vladimir Putin e Donald Trump, da presidente del Consiglio Giorgia Meloni si è schierata senza esitazione dalla parte dell'Ucraina aggredita dalla Russia. E si è avvicinata all'attuale amministrazione americana. È una svolta che rischia di avere un costo in termini di consenso?

Ammiratrice di Trump, senz'altro e con non celato entusiasmo; di Putin, non direi: non confondiamola con Salvini. Ho citato in precedenza i passaggi della sua autobiografia in cui riconosce aspetti positivi nella Russia putiniana, ma si limita a chiedere all'Unione Europea di non isolarla e trasformarla in un nemico (cosa che si è puntualmente verificata dopo lo scoppio della guerra con l'Ucraina), e nel contempo svela la sua appassionata simpatia per gli Stati Uniti d'America e giudica necessaria e indistruttibile l'alleanza transatlantica.

Le circostanze e la ricerca, quasi ossessiva, di legittimazione internazionale per controbilanciare il deficit derivante dalle accuse di criptofascismo che le venivano rivolte dalla sinistra l'hanno portata a un atlantismo incondizionato e oltranzista, e a dimenticare in fretta le ripetute richieste alla Nato di riconoscere una maggiore dignità ai Paesi aderenti e di non seguire passivamente le direttive impartite da Washington, che pure figurano in tutti i documenti ufficiali di Fratelli d'Italia fin qui pubblicati. Che questo cambiamento di rotta possa non essere gradito a una parte dei suoi elettori, e ad alcuni dei suoi dirigenti, è probabile, ma non penso che comporterà un costo significativo in termini elettorali. Così come, almeno per ora, non lo ha avuto all'interno del partito, dato che il solo Alemanno ne ha tratto lo spunto per separare la sua strada da quella di Fdi.

La destra parlamentare è schierata a favore d'Israele sin dagli anni Sessanta, e certamente Meloni non perde occasione per allontanare da sé ogni sospetto di antisemitismo. Ma le ultime vicende mediorientali sembrano aver alienato dallo Stato ebraico molte simpatie nell'opinione pubblica italiana. Il sostegno al governo israeliano potrebbe rivelarsi imbarazzante per Fdi?

Non credo. La questione israelo-palestinese è da più di cinquant'anni un motivo di divisione nell'area di provenienza neofascista e ha contribuito non poco alla nascita di scissioni, soprattutto negli ambienti giovanili (il primo caso fu quello della frattura che dette vita a Giovane Europa), ma non sembra aver inciso sul suo elettorato, in cui hanno sempre prevalso sentimenti di diffidenza, o di ostilità, verso il mondo arabo.

Per molti anni, Israele è stato rappresentato come un duplice baluardo dell'Occidente: contro l'ampliamento dell'influenza sovietica nel Mediterraneo da un lato e contro i Paesi arabi, rei di essersi ribellati al colonialismo europeo, dall'altro. La tematica dei diritti dei popoli all'autodeterminazione, da allora in poi, si è fatta strada – entro certi limiti – fra i militanti più giovani, ma non ha intaccato la sfera dei simpatizzanti. Sui quali pesa anche l'atteggiamento oltranzista a favore del governo Netanyahu assunto dagli organi di stampa, cartacei e televisivi, orientati a destra.

Bisogna inoltre tenere presente il rapporto che le vicende di Gaza hanno con l'islamismo radicale, che evoca nell'opinione pubblica di destra la paura del diffondersi del terrorismo attraverso i flussi migratori. E il fatto che a scendere in piazza sotto lo slogan «Palestina libera» sia quasi esclusivamente l'estrema sinistra non fa che accrescere la diffidenza.

La morte di Silvio Berlusconi ha segnato la fine di una fase storica. La destra, che si poneva il problema di non risultare ap-

piattita sul Cavaliere, ora deve trovare il modo di gestirne l'eredità. È in grado di farlo?

La questione non riguarda specificamente Fratelli d'Italia ma l'intera coalizione, e ruota intorno a un quesito: riuscirà Forza Italia a sopravvivere alla scomparsa del suo fondatore, animatore e unico leader? L'eterogeneità del suo personale politico e della sua base elettorale farebbe propendere per una risposta negativa, ma le incognite si possono sempre presentare. Se, sotto la guida di Antonio Tajani o di altri, il partito riuscisse ad assestarsi su cifre elettorali tali da preservarlo dalla disgregazione, almeno a breve termine, per i suoi alleati cambierebbe poco o niente: ciascuno continuerebbe a coltivare la propria identità, come fin qui è avvenuto, nell'ormai consolidata logica della divisione del lavoro per soddisfare le diverse componenti dell'elettorato di centrodestra.

Viceversa, potrebbero nascere non pochi problemi se Forza Italia si liquefacesse. Da un lato, ci sarebbe il rischio di perdere pezzi in Parlamento, con la defezione in direzione di Italia Viva degli esponenti della corrente che subisce con non nascosto disagio il decisionismo governativo meloniano. Dall'altro, Fdi e Lega potrebbero essere spinte ad accrescere la reciproca concorrenza allo scopo di accaparrarsi i resti del patrimonio berlusconiano: gli elettori, ma anche gli esponenti del partito, a meno che questi non riuscissero a creare una nuova aggregazione moderata intenzionata a rimanere entro il perimetro dell'attuale alleanza.

Nella sua storia la destra di matrice neofascista non si è mai definita conservatrice come fa adesso Fdi. È solo un fatto nominalistico oppure segnala una revisione, presumibilmente in un senso liberista?

Non è un fatto meramente nominalistico, ma un adeguamento a quel nuovo asse di conflitto con il fronte progressista di cui ho accennato, nonché una scelta strategica volta ad accentuare le distanze non solo da ciò che resta dell'estrema destra, ma anche dalle formazioni nazional-populiste europee, per ripulirsi ulteriormente l'immagine e risultare interlocutori credibili per le forze centriste. Per far capire di non voler essere presa per una Marine Le Pen italiana, Meloni è addirittura arrivata al punto di esplicitare, all'epoca dell'ultima elezione presidenziale francese, la sua simpatia per Éric Zemmour, che non esprime certamente opinioni moderate su molti temi, ma ha ai suoi occhi il pregio di dichiararsi visceralmente di destra, propugnare l'(improbabile) unione delle destre del suo Paese e professare in economia posizioni ultraliberali e antistataliste. E di recente ha dato il via libera all'ingresso nel gruppo dell'Ecr dell'unico europarlamentare del partito di Zemmour, Reconquête!

Anche se il partito di cui è presidente in Europa si autodefinisce «dei conservatori e riformisti», Meloni preferisce, nei suoi discorsi, richiamarsi alla tradizione «conservatrice e liberale». Come ciò si accordi con il ruolo non certo di secondo piano che attribuisce allo Stato nella regolazione dei problemi sociali, non è chiaro. È un nodo che dovrà sciogliere. E costituisce comunque un ulteriore segnale del progressivo allontanamento dal lascito ideologico missino.

Che prospettive ha l'ipotesi di un'alleanza tra i popolari del Ppe e i conservatori dell'Ecr in sede Ue dopo le prossime elezioni europee?

È un'operazione molto complicata. In primo luogo, c'è una cospicua componente del Ppe che è contraria a questa prospettiva e vorrebbe proseguire la collaborazione con i socialisti e i liberali, e sorprendentemente Manfred Weber, il leader del gruppo, che si era speso in precedenza in attestati di stima e aperture nei confronti di Giorgia Meloni, di recente ha avallato questa posizione. Secondariamente, anche se i numeri del futuro Europarlamento potrebbero modificare lo scenario, facendo mancare una maggioranza in continuità di impostazione politica con l'attuale governo dell'Unione, non è detto che l'eventuale accordo fra Ppe ed Ecr possa essere sufficiente a formare una maggioranza alternativa. In quel caso sarebbe indispensabile il sostegno esterno del gruppo Identità e Democrazia, i nazional-populisti di Marine Le Pen, che nel Ppe troverebbe una dura opposizione, oppure un allargamento dell'alleanza ai liberali, che si sono già espressi negativamente.

Insomma, il voto europeo potrebbe configurare un labirinto di cui sarebbe arduo trovare la via di uscita. Anche se un compromesso, alla fine, si rivelerebbe indispensabile per dare una guida all'Unione, e Meloni può aggrapparsi a questa *extrema ratio* per ritagliarsi un ruolo importante.

Potrebbe essere la comune opposizione alla gestione troppo dirigista e affrettata della transizione verde il terreno comune per le forze moderate? Fdi sembra avere abbandonato le velleità ecologiste che furono di alcuni settori missini e Meloni è molto polemica verso Greta Thunberg e ciò che rappresenta.

La contrarietà agli indirizzi recenti dell'Unione Europea in materia ambientale, in particolare per quanto riguarda i tempi dell'adeguamento del parco automobilistico e di quello edilizio alle nuove norme e la rinuncia a tutte le fonti energetiche fossili, potrebbe costituire un terreno d'incontro non soltanto per le diverse componenti del centrodestra, dove l'accordo di fatto già c'è, ma anche per centristi e liberali. Non solo in Italia, sul tema della «transizione verde» si va infatti delineando un ulteriore fronte di scontro tra conservatori e progressisti con un apparente rovesciamento dei ruoli, dove i primi decantano i benefici effetti della civiltà industriale avanzata, si battono per continuare a costruire centrali atomiche e accusano gli avversari di voler tornare al Medioevo, mentre i secondi accarezzano utopie bucoliche.

In realtà, dietro la facciata, da una parte e dall'altra si cerca di giungere ad accordi e dilazioni che rendano l'impatto delle trasformazioni previste meno brutale sui processi produttivi e l'occupazione. Le frange più estreme del movimento ambientalista, però, non paiono disposte ad alcuna concessione e la loro capacità di mobilitazione sembra aver sostituito quella ormai in drastico calo degli ambienti anticapitalisti e *new global*. Che per un partito produttivista come Fratelli d'Italia il radicalismo ecologista di Greta Thunberg o degli attivisti di Ultima generazione sia un bersaglio polemico è scontato, anche perché le modalità estreme della loro protesta (blocchi del traffico, danneggiamenti di edifici, invasioni di fabbriche e uffici, atti vandalici nei musei) non possono che suscitare l'irritazione e lo sdegno dei cittadini di mentalità *law and order*, che per la destra sono un bacino di consensi privilegiato.

Che l'isteria apocalittica dei seguaci più radicali della lotta al riscaldamento climatico abbia allontanato gli ambienti di destra dalle simpatie ecologiste che un tempo vi si erano manifestate, è vero. Ma bisogna dire che l'ambientalismo in voga nei circoli rautiani degli anni Settanta-Ottanta, da cui nacquero i Gruppi di ricerca ecologica e la loro rivista «Dimensione ambiente», traeva ispirazione da una critica al modello di sviluppo capitalistico-consumista, alla spersonalizzazione dei rapporti sociali indotta da un'urbanizzazione e un'industrializzazione eccessive, alle utopie dello scientismo progressista, ed echeggiava le visioni antimoderne e tradizionaliste diffuse in quel contesto, giungendo a rievocare le immersioni nella natura dei *Wandervogel* tedeschi di inizio secolo. Era, insomma, un corollario di concezioni tutt'altro che estranee al microcosmo neofascista.

L'incontro ravvicinato con altre forme di ecologismo è arrivato più tardi e in modi diversi: mentre nella Nuova destra, ancora una volta dietro gli stimoli di de Benoist, si sono scoperte e apprezzate l'ecologia profonda teorizzata da Arne Næss e la filosofia della decrescita elaborata da Serge Latouche, nel mondo giovanile postmissino si è fatto strada un ambientalismo pratico e civico, fatto di campagne per la ripulitura delle spiagge, la raccolta differenziata dei rifiuti, il risparmio energetico, e più in generale di educazione al rispetto del territorio, che si è espresso attraverso l'associazione Fare Verde.

Da più parti, penso per esempio alla senatrice a vita Liliana Segre, è stato chiesto a Fdi di rinunciare al simbolo della Fiamma. Meloni potrebbe accettare se per caso le venisse chiesto anche a livello europeo, come ha scritto «Repubblica», come pegno per l'ipotizzata alleanza tra conservatori e popolari nell'assemblea di Strasburgo?

Ovviamente non posso sapere cosa deciderà Meloni. Mi limito a osservare che, dopo avere per decenni sostenuto che nel simbolo della Fiamma non si cela nessuna nostalgia per il fascismo ma soltanto un'ardente fede patriottica, la rinuncia – a cui neanche Fini era arrivato – suonerebbe come una smentita e una confessione di doppiezza. Inoltre, e mi pare il dato più importante, anche in questo caso cancellare per intimazione di ambienti estranei il simbolo di cui ci si è voluti a tutti i costi appropriare (ci fu, al tempo, un lungo braccio di ferro all'interno della Fondazione Alleanza nazionale, che ne deteneva i diritti di uso ed era l'unica abilitata a cederli temporaneamente) sarebbe un chiaro segnale di debolezza. Un cedimento. Che, per un partito la cui leader si presenta come una combattente che non conosce la parola resa, equivarrebbe a una sconfitta.

19
Tirando le somme

Volendo tracciare un bilancio della vicenda della destra italiana nel dopoguerra, è il caso di dividerla nelle diverse fasi in cui si è dispiegata dal 1945 a oggi. Partiamo dal Msi. In che termini si può definire il ruolo svolto storicamente da questo partito nel sistema politico italiano?

È una questione che presenta diversi aspetti. Nella pur ingrata condizione di "fascisti dopo il fascismo", i missini sono senza dubbio riusciti a ritagliarsi fin dall'immediato dopoguerra una funzione propria, non surrogabile da altri, nella dinamica del sistema politico, sottraendosi al rischio di concorrenza grazie al fatto di pescare in un bacino di consensi elettorali che l'identità nostalgica rendeva pressoché impermeabile. Già ai suoi albori il Msi si è caratterizzato in maniera tale da indurre lo storico Sergio Bertelli a definirlo come una sorta di «settimo partito del Cln».

Con la propria stessa esistenza esso sanciva infatti la sepoltura del regime fascista, poiché ne rimetteva in gioco i fedeli non come pretendenti alla guida del Paese che mettevano in discussione la legittimità di un regime imposto dai vincitori stranieri, ma come membri di un'area d'opinione, per giunta fortemente minoritaria, che mirava a garantirsi, in concorrenza con le altre, una rappresentanza in quelle istituzioni democratiche che Mussolini aveva soppresso. E nel momento in cui operavano questa scelta, costituendosi in partito, i neofascisti davano la possibilità alle vere forze del Cln di considerare conclusa la straordinarietà della situazione postbellica e di ricostruire il sistema politico secondo una logica che coinvolgeva, in un certo senso, anche il Msi. Non va dimenticato che all'epoca la sua esistenza legale rappresentava l'unico caso in Europa di una formazione direttamente erede dei regimi dell'Asse ammessa nel gioco democratico: in questo modo anche gli estimatori dichiarati di Mussolini venivano inseriti in un meccanismo di scambio che garantiva loro un qualche accesso alla rappresentanza, a condizione che riconoscessero di fatto la legittimità del sistema e si prestassero ai giochi di sponda delle altre forze in campo.

D'altronde all'indomani della guerra mondiale, in un'Italia la cui politica interna era pesantemente condizionata dalla competizione per l'egemonia planetaria tra alleanza occidentale e blocco sovietico, l'allarme per la sopravvivenza del nemico comune, usato come spauracchio, serviva anche a gettare un ponte tra i comunisti e il fronte moderato, consentendo di stipulare accordi sottobanco che compensassero almeno in parte il rigetto all'opposizione delle sinistre. La ricomparsa di un movimento fascista legalizzato – purché rimanesse circoscritto entro dimensioni limitate – era, in altre parole, funzionale al rafforzamento, agli occhi della pubblica opinione, della sempre più divisa coalizione delle forze che si richiamavano alla Resistenza. Data questa funzione, si spiega perché sia stata accolta con tanta irritazione l'intervista nella quale Renzo De Felice denunciò, a metà degli anni Novanta, la natura consociativa dell'ideologia antifascista, indicandola come uno dei collanti che avevano tenuto in piedi fino alle vicende di Tangentopoli un sistema politico sbilanciato e corrotto.

Va poi considerato che tanto più riusciva utile il Msi a questo scopo, in quanto l'ombra che proiettava sulla scena politica non era quella del fascismo-regime negli anni del consenso (un riferimento che poteva conservare, tra gli italiani che avevano vissuto quel periodo, una certa popolarità), ma quella di Salò, circonfusa degli umori della guerra civile. Un movimento che si accollasse l'eredità di Mussolini a partire dal tragico lascito della Rsi era per la classe dirigente ciellenista un'esigenza quasi inderogabile. E a quel compito il Msi si è prestato perfettamente, fungendo da *limes* simbolico invalicabile: una minaccia palese, ma non attuale, da giocare al momento opportuno in termini drammatizzanti.

Anche quando, con l'inizio della guerra fredda, la frattura tra gli ex alleati è stata ufficialmente sancita determinando fra di essi un'aspra concorrenza, lo spauracchio missino si è dimostrato utile per riesumare, in momenti particolari, la solidarietà del periodo bellico. Non solamente in condizioni straordinarie come quelle di Genova nel 1960 sotto forma di mobilitazione antifascista di piazza, ma anche nella pratica spicciola della governabilità e della definizione delle maggioranze possibili in una prospettiva consociativa: valga a titolo di esempio l'uso che della formula dell'arco costituzionale si è fatto negli anni Settanta.

Dunque la funzione sistemica del Msi si è dispiegata in termini esclusivamente negativi?

No; c'è un altro aspetto da tenere in considerazione. Bisogna chiedersi infatti come mai all'improvviso, dopo lo scompaginamento dei partiti tradizionali determinato da Tangentopoli, la redistribuzione del consenso popolare abbia rivelato una presenza maggioritaria, nel Paese, di una mentalità di centrodestra e di destra, mentre quanto era avvenuto a partire dalla fine degli anni Sessanta lasciava pensare che la sinistra – fortissima nell'ambiente intellettuale, egemone nel mondo sindacale, ben introdotta anche nei templi dell'industria e della finanza – potesse rappresentare il polo capace di attrarre più consensi.

Non si comprende tutto ciò se non rendendosi conto di come all'atteggiamento di progressiva apertura a sinistra delle élites, delineatosi chiaramente già a partire dagli anni Cinquanta, non abbia corrisposto affatto un simmetrico spostamento delle masse su posizioni progressiste. La maggioranza degli italiani ha continuato per decenni a coltivare i valori caratteristici della visione del mondo cattolica e di quella cultura tradizionalista, di origine rurale, che il fascismo aveva consolidato nelle sue ragioni per oltre vent'anni. In questo senso, all'azione politica del Msi va riconosciuta una capacità d'influenza assai superiore a quella che normalmente le si attribuisce, poiché la sua presenza è valsa comunque a rivendicare in maniera più esplicita e insistente la validità di principi che, in modo più pacato e silenzioso, quasi sotterraneo, gran parte della popolazione faceva propri. E tra di essi va annoverata anche, in termini reattivi, la persistenza del riflesso anticomunista.

Eppure gli studiosi hanno a lungo trascurato il Msi.

È vero. E la cosa bizzarra è che, se si è potuto rappresentare per lungo tempo il sistema politico italiano secondo la celebre formula del «pluralismo polarizzato», introdotta da Giovanni Sartori, ciò è avvenuto perché il suo grado di polarizzazione (cioè la distanza ideologica tra le ali estreme del panorama politico) si misurava partendo a sinistra dal Partito comunista e a destra dal Movimento sociale. Dunque la presenza neofascista era un elemento caratterizzante di grande importanza per la definizione del «caso italiano»: anche se l'estrema destra risultava assai più debole dell'estrema sinistra, la sua esistenza era determinante per consentire al centro, occupato dalla Democrazia cristiana, di porsi come asse di gravitazione del sistema e garanzia contro il rischio di un conflitto ideologico potenzialmente distruttivo.

Partendo da questo dato, Roberto Chiarini ha parlato dell'esistenza di un «triangolo della delegittimazione», con alla base una linea che correva dal Pci al Msi, forze caratterizzate dalla inaccettabilità ufficiale nell'area governativa, e al vertice una posizione egemone della Dc, la quale era in condizione di stabilire il grado di legittimità delle singole formazioni politiche a seconda della distanza che le separava dal centro, di cui era la stabile rappresentante.

Letture come questa mettono ancor più in evidenza il paradosso insito nella lunga disattenzione scientifica verso un soggetto politico come il Msi. Ma in fondo si tratta di un dato rivelatore: nel momento in cui gli stessi politologi descrivevano il sistema tenendo implicitamente conto di questa forza, ma non ne studiavano le caratteristiche e le dinamiche interne, dimostravano che anche per loro era un oggetto da tenere a distanza, perché occupandosene si rischiava l'espulsione dall'area dell'accettabilità accademica. Il Msi era un oggetto sgradevole e misterioso che doveva rimanere tale, perché approfondendone la conoscenza lo si sarebbe ammesso, al pari degli altri partiti, in una sfera di frequentabilità scientifica nella quale si riteneva non meritasse di rientrare.

Ancora oggi, sono ben visibili nel mondo accademico i riflessi di questo modo di pensare, che trasgredisce l'obbligo deontologico della «avalutatività», cioè del distacco dai propri riferimenti di valore quando si affronta l'analisi di un soggetto politico, proclamato da Max Weber e apparentemente accettato da quasi tutti gli studiosi di scienze sociali. Basti pensare che Fratelli d'Italia è stato ignorato da tutti i ricercatori universitari fino all'indomani del successo elettorale del settembre 2022: persino le tesi di laurea sono state pochissime. Tuttora chi si occupa con cognizione di causa e senza pregiudizi di argomenti ideologicamente sgraditi a chi fa parte delle «cordate» accademiche egemoni viene spesso discriminato e ostacolato. È un capitolo della storia del malcostume intellettuale italiano che prima o poi andrà scritto, per amore di verità.

Esiste peraltro una produzione pubblicistica e storiografica che dipinge il Msi come una minaccia costante per la democrazia, enfatizzando la sua contiguità con l'ambiente eversivo di estrema destra protagonista della strategia della tensione. Ordine nuovo è bollato come un movimento stragista, che avrebbe intensificato la sua attività terroristica proprio dopo il ritorno sotto l'insegna della Fiamma nel 1969.

Sì: è l'atteggiamento di chi ha definito il Msi «l'anima nera della Repubblica» e di chi pretende di scrivere la storia appoggiandosi unicamente sulle carte di polizia e sulle sentenze giudiziarie, elevandole alla dignità di fatti indiscutibili. Addirittura, di recente c'è chi ha scritto di una «storia criminale» del Msi ritirando fuori, ottant'anni dopo, la firma di Almirante in calce a un bando del governo di Salò contro i renitenti alla chiamata alle armi... In questa prospettiva il neofascismo appare come un blocco monolitico che fin dall'indomani della caduta della Rsi avrebbe messo in atto una «strategia del ragno», tessendo una ramificata tela eversiva in cui il partito di Michelini e Almirante avrebbe fatto da copertura legale di trame golpiste, basate su infiltrazioni negli ambienti militari e stragi. Ottimo canovaccio per romanzi gialli e buon materiale per speculazioni politiche, ma niente a che fare con la realtà. Che più di uno dei protagonisti di fatti terroristici addebitabili all'estrema destra abbia frequentato da ragazzo sedi missine è innegabile, ma tutti se ne sono allontanati rapidamente, non trovandovi quelle intenzioni bellicose delle quali andavano in cerca, per dar vita ai gruppuscoli che sono sfociati nei tentativi di colpo di Stato o nella lotta armata.

Nei confronti di quei soggetti il Msi ha sempre tenuto nettamente le distanze, sapendo di poterne subire esclusivamente danni, e in alcuni casi, come nel «giovedì nero» milanese del 1973 in cui morì l'agente Antonio Marino, li ha denunciati alla polizia. Missini ed extraparlamentari di destra, nei cosiddetti «anni di piombo», si sono quasi sempre detestati. Quanto a Ordine nuovo, fra i suoi dirigenti rientrati nel Msi e quelli che si sono rifiutati di farlo è sempre esistita una non celata ostilità. A prescindere dalla fondatezza o meno delle accuse che sono state rivolte alla componente che scelse la via extraparlamentare, Rauti e i suoi non hanno avuto nulla a che fare con le loro iniziative.

Una novità significativa nel campo degli studi mi pare costituita dal libro di Vassallo e Vignati, che guarda a Fratelli d'Italia esaminandone le prospettive future piuttosto che inchiodandolo al suo passato. Può essere il punto d'avvio di una stagione di studi meno inquinati dal pregiudizio sulla destra italiana?

Fratelli di Giorgia è uno studio rigoroso e documentato che, pur non rinunciando in sede di conclusioni a dare spazio alle opinioni politiche degli autori, è condotto con equilibrio nel suo impianto analitico. È interessante notare come, per sostenere la loro argomentazione, Vassallo e Vignati debbano sgombrare il campo da recenti letture del fenomeno di altri politologi, che indulgono invece a classificare Fdi in categorie inadeguate, come «destra radicale populista» o «estrema destra», e a rintracciarvi una persistenza di nostalgie fasciste che è, se non inesistente, esigua.

Personalmente, sono scettico sull'apertura a un'autentica prospettiva avalutativa da parte del mondo intellettuale. L'ascesa alla guida del governo di Giorgia Meloni ha acuito ulteriormente il desiderio degli studiosi-militanti di offrire il proprio contribuito alla buona causa rispolverando le armi del pregiudizio. Non è casuale che alcuni di coloro che hanno subito intonato il ritornello del ritorno delle minacce per la democrazia di fronte al successo elettorale di Fratelli d'Italia si siano distinti per aver lanciato pochi anni fa una petizione volta a far cancellare un incontro pubblico con Alain de Benoist organizzato a Milano dalla Fondazione Feltrinelli, accusando quest'ultima del reato di leso antifascismo. Penso che lo scontro fra gli studiosi avalutativi e quelli politicamente orientati proseguirà.

Un saggio di Luciano Cheles pubblicato da Viella, Iconografia della destra, *insiste sulla continuità tra il fascismo, il Msi, An e Fdi dal punto di vista della simbologia e del lessico. Individua saluti romani dissimulati, pose ducesche, richiami ai motti di Mussolini. C'è del vero?*

Cheles lavora da molti anni su questo tema e ha prodotto saggi interessanti. Nei primi articoli aveva mostrato come il Msi, nella sua produzione grafica, attingesse alle fonti più disparate: all'iconografia del Ventennio, ma anche a locandine di film di registi di sinistra e persino a manifesti della rivoluzione cubana. Ciò lo aveva giustamente portato a sottolineare la mancanza di coerenza nelle scelte e di creatività artistica in quell'ambiente. Da quando il postfascismo è stato sdoganato, il riflesso militante gli ha fatto cambiare opinione, portandolo a vedere reminiscenze nostalgiche in qualsiasi manifestazione grafica di Alleanza nazionale e oggi di Fratelli d'Italia, anche a costo di palesi forzature. Un'immagine in cui la leader di Fdi è ritratta a braccia conserte, o un'altra in cui viene inquadrata dal basso, sono interpretate come ricordi di pose mussoliniane! E non basta: addirittura, il famoso slogan antifascista «non mollare» viene capovolto di segno accostandolo al «boia chi molla».

Dappertutto si va in cerca di segnali subliminali che Fdi invierebbe ai suoi elettori per convincerli che, sotto sotto, le idee e i miti sono sempre quelli di un tempo. Sono frutti di un pregiudizio che dopo l'ascesa di Giorgia Meloni a Palazzo Chigi si è andato diffondendo in ampi strati del ceto intellettuale di sinistra, e che meriterebbe una seria analisi psicologica. Vedere – e denunciare – la presenza fascista ovunque è al contempo inquietante e rassicurante, perché offre la certezza di avere un nemico ben preciso da combattere e risparmia la fatica di un confronto sulle scelte politiche concrete con gli avversari reali. È la stessa sindrome che in passato imperversava negli ambienti visceralmente anticomunisti, che vedevano lo zampino di Mosca e dei suoi agenti in qualunque fenomeno politico o culturale sgradito. In realtà, a chi non si lascia sopraffare dagli imperativi dell'ideologia appare chiaro che la dirigenza del partito di Meloni si sforza in ogni modo di apparire distante, negli atteggiamenti pubblici, dalla matrice fascista che aveva ispirato i suoi predecessori. Si può discutere – come ampiamente si fa – sulla genuinità di quel distacco, non sulla sua evidenza.

L'esperienza successiva a quella del Msi, Alleanza nazionale, è stata caratterizzata da una condizione di minorità rispetto al primato di Berlusconi. È questa la ragione per cui è terminata in un modo infelice, tale da far ritenere conclusa nel 2013 la parabola del neofascismo e dei suoi sviluppi?

In effetti, se per un verso il ruolo di Berlusconi nello «sdoganamento» dei neofascisti è stato cruciale per l'insperata apertura di una via destinata a traghettarli dal ghetto in cui erano stati (e si erano) rinchiusi ai palazzi del potere, sotto un altro punto di vista li ha costretti a contrarre un debito che il suo successivo ingresso diretto sulla scena politica ha reso gravoso. Il Msi del 1993, trascinato dall'onda di Tangentopoli e dal crollo dei partiti di governo, era in piena ascesa, conquistava la guida di molti comuni piccoli e medi e la sfiorava in grandi metropoli del Centro-Sud, così come accadeva alla Lega nel Nord. Sembrava promosso a un impensabile protagonismo in quella che da più parti era già battezzata Seconda Repubblica. Pochi mesi dopo, con la nascita di Forza Italia, si trovò a dover recitare il ruolo di spalla nel centrodestra, in una riottosa coabitazione con il partito di Bossi.

Oltre, e forse più, che come sdoganatore e catalizzatore, Silvio Berlusconi andrebbe dunque considerato come l'addomesticatore del neofascismo, se non addirittura dell'intera area politica di destra, che nel Msi si era solo in parte riconosciuta. Anche per suo merito o colpa, quel mondo non si è mai potuto dare, fino a quando la sua figura ne ha dominato la scena, un'identità declinata su un registro affermativo, un profilo ideologico-culturale coerente, un progetto che andasse oltre il meccanico rifiuto di ciò che di volta in volta la sinistra proponeva. Con la sua leadership nella coalizione, Berlusconi ha compresso gli umori ribellistici e antisistemici da sempre presenti nella base missina. A un ambiente abituato ai toni tribunizi dei suoi capi, che nel momento della massima popolarità del pool Mani pulite si era spinto ad assediare simbolicamente il Parlamento plaudendo all'opera igienica dei magistrati milanesi e rischiava di coagulare i sentimenti di vendetta anticasta dilaganti nella società civile, Berlusconi ha imposto un linguaggio molto meno drammatico.

L'imprenditore che amava definirsi «prestato alla politica» incarnava un vago populismo qualunquista, fatto di ammiccamenti ai pregi e ai vizi dell'uomo della strada, di difesa della routine piccolo-borghese dall'insicurezza e dall'«invidia dei comunisti». Non certo i sogni di un assalto al quartier generale dell'intellighenzia di sinistra che qualche impaziente seguace postumo del «gramscismo di destra» approdato ad Alleanza nazionale si ostinava a coltivare. Da quella condizione subalterna, gli eredi della tradizione missina si sono in parte emancipati solo pochi mesi prima della morte di Berlusconi.

La svolta di Fiuggi venne letta come una sorta di laicizzazione della destra. Alla religione politica del neofascismo subentrava una visione più disincantata, concentrata sui problemi di governo di una società secolarizzata. Fino a che punto il pragmatismo di Giorgia Meloni si può considerare in linea con quella opzione di Fini?

L'analisi che fu a quel tempo proposta mi sembra sostanzialmente corretta. Ciò che è avvenuto nel passaggio dal Msi ad Alleanza nazionale è stato un effetto del clima complessivo che si stava registrando nella società italiana. Si attraversava già allora un periodo nel quale le tensioni ideali si erano ridotte ai minimi termini e il modello sociale dominante, individualistico e utilitaristico, da anni influenzava in senso de-ideologizzante tutti i comportamenti collettivi. Tangentopoli era stata solo un soprassalto emotivo, una parentesi destinata – per quanto riguardava il richiamo delle appartenenze ideali – a richiudersi in fretta. Sotto questo profilo la destra missina è stata partecipe del proprio tempo, né più né meno delle altre forze politiche.

Fini è stato, inizialmente, un abile interprete di quello spirito del tempo. Da sempre portato molto più alla politica concreta che agli slanci ideali e memore della lezione di Almirante e dei suoi elogi del pragmatismo, si è presto sbarazzato dell'imprecisata utopia di un «fascismo del Duemila», che aveva sbandierato di fronte alla platea congressuale per conquistarsi i favori della base attivistica, e ha puntato al sodo, cioè alla conquista degli spazi a cui la coalizione di centrodestra gli consentiva di ambire. E per ampliarli non ha esitato a diluire progressivamente il patrimonio ideologico del suo partito e a mescolarlo con ingredienti estranei.

All'interno di An, in breve tempo, i residui «credenti» sono stati emarginati dai ruoli direttivi, mentre cresceva il numero dei «carrieristi» e prendeva il sopravvento una visione della politica che privilegiava la tutela degli interessi e delle aspirazioni materiali rispetto a quelle gratificazioni di ordine simbolico e affettivo che avevano consentito al Msi di sopravvivere sino ad allora in un ambiente ostile. Era un processo che comportava costi non indifferenti in termini di stabilità del tradizionale «zoccolo duro» dei militanti, ma ha funzionato e resistito alle tensioni causate dai ripetuti strappi imposti dal leader fino a quando An ha mantenuto una fisionomia distinta da quella degli alleati-concorrenti. Il forzoso ingresso nel Pdl e il dualismo Fini-Berlusconi hanno rotto gli equilibri e fatto ritenere che la vicenda della Fiamma fosse giunta al capolinea.

Giorgia Meloni si è trovata di fronte un panorama molto diverso da quello della metà degli anni Novanta: non si trattava di laicizzarsi ulteriormente, ma di raccogliere una comunità frammentata e smarrita attorno a valori che richiamassero una riconoscibile tradizione, senza però ancorarla a un passato impossibile da riprodurre. Per questo non sono mancati nel suo discorso i richiami alla storia missina e postmissina, anche se Meloni li ha perlopiù confinati al piano sentimentale e psicologico, senza fare cenno a precisi connotati ideologici. Anche per effetto della concorrenza populista, la sua linea argomentativa si è sempre ricollegata più alla denuncia di fenomeni sociali di impatto immediato che all'elaborazione di una visione di più ampio respiro, anche se il frequente richiamo al conservatorismo implica scelte ideali meno generiche, che in alcuni campi, primo fra tutti quello dei temi etici, stanno emergendo.

È difficile prevedere se il ruolo istituzionale assunto indurrà l'attuale presidente del Consiglio a modificare e mettere in sordina le idee di cui il suo partito fin qui si è fatto eco: aver parlato della nazione come di una «comunità di destino» nell'intervento tenuto all'Assemblea generale dell'Onu farebbe pensare di no; la giravolta nel campo delle relazioni internazionali indurrebbe all'ipotesi contraria. Solo il futuro scioglierà questo nodo.

Veniamo allora alla terza età della Fiamma. Il successo di Fratelli d'Italia si deve più alla persistenza dell'identità missina, alle capacità comunicative di Giorgia Meloni o in generale al vento di destra che soffia in tutto l'Occidente, compresi gli Stati Uniti?

Il primo di questi fattori ha ormai un peso residuale: l'attaccamento all'identità neo o postfascista avrebbe potuto al massimo far presa su quanti erano rimasti fedeli fino allo scioglimento ad Alleanza nazionale, non più dell'11-12 per cento dell'elettorato, e su qualche migliaio di giovani ancora attratti dai miti fondatori, tenuti vivi dalle piccole sigle dell'editoria nostalgica. Gli altri voti hanno provenienze diverse. Una parte è certamente il frutto della penetrazione in ampi settori della società italiana post-Tangentopoli delle suggestioni populiste, che in un primo momento si sono orientate verso i Cinque stelle, poi hanno premiato la Lega di Salvini, e dopo la conclusione dell'esperienza di governo giallo-verde hanno iniziato a convergere su Fratelli d'Italia. È un elettorato di protesta, per sua natura volatile, ma che in questa fase esprime il proprio disagio verso quelle che considera le colpe congenite della classe politica: sordità ai bisogni dei comuni cittadini, incompetenza, corruzione, autoreferenzialità.

Malgrado oggi sia alla guida del governo, Giorgia Meloni conserva ancora, agli occhi di questo pubblico, l'aura della fustigatrice di questi vizi dell'establishment; appare ancora come una outsider, sebbene sia in politica fin dall'adolescenza. E tale sembra proprio per le non trascurabili capacità comunicative, che fin qui l'hanno fatta ritenere da molti diversa dagli altri rappresentanti del ceto politico. Per mantenere il consenso di questo tipo di pubblico sarà decisiva la prova del governo.

C'è poi un'ulteriore quota di cittadini che ha scelto Fdi perché attaccata a valori e modi di vita tradizionali, e si ritrova sempre più sconcertata e preoccupata dalle accelerate trasformazioni in senso progressista della società italiana: multiculturalismo, multietnicità, modifica dei parametri dei rapporti fra i sessi, imposizione delle regole del *politically correct*, eccetera. Molti di costoro hanno a suo tempo riposto fiducia in Berlusconi, in cui vedevano il difensore di un'idea dell'Italia d'altri tempi, ma dopo il suo declino hanno iniziato a cercare quella figura in Giorgia Meloni, che nel suo grido «sono una donna, sono una madre, sono italiana, sono cristiana. E non me lo toglierete» ha condensato un messaggio conservatore a loro immagine e somiglianza.

Prevarrà nelle scelte di Meloni il progetto nazionalconservatore o la tentazione populista?

Fratelli d'Italia è già un partito nazionalconservatore, e l'esperienza di governo non potrà che rafforzare questa caratterizzazione. Se virasse verso i toni populisti di cui si è avvalsa a tratti negli anni dell'opposizione, ne andrebbe di mezzo quel capitale di legittimazione che si è conquistata da quando la sua presidente è salita a Palazzo Chigi. E sfumerebbe anche quella strategia di influenza sul piano internazionale, e più in particolare europeo, che Meloni da alcuni anni ha intessuto e che sta tuttora intensificando, in aperta concorrenza e talvolta in aperto contrasto proprio con lo schieramento nazionalpopulista guidato, in Europa, da Marine Le Pen.

Conservatori però, checché molti ne pensino, non è sinonimo di moderati. In un tempo in cui il senso comune è impregnato di valori e modelli progressisti, perorati da gran parte del ceto intellettuale e da rappresentanti delle più alte istituzioni, al conservatorismo spetta il compito di reagire, di proporre ideali e stili di vita alternativi a quelli dominanti. È il solo modo per radicare il provvisorio successo su basi solide e stabili. O si è capaci di incidere sull'atmosfera culturale che grava su una società o si è destinati ad avere vita effimera.

Per affrontare questa sfida, a cui ha più volte ribadito di non volersi sottrarre – basta leggere la sua autobiografia –, Meloni sa di doversi sbarazzare del peso della storia da cui è nato il partito che dirige. Ma sa anche che, per farlo senza pagare un prezzo eccessivo, deve evitare la scorciatoia dell'abiura. Anche a costo di continuare a subire le accuse di ambiguità che le rivolgono gli avversari. Non c'è bisogno di dichiararsi antifascisti (per giunta senza essere creduti) per superare ogni residuo di nostalgia del fascismo. Basta seguire una linea «afascista»: sgombrare il proprio orizzonte mentale da qualunque riferimento a un fenomeno che ha concluso la sua parabola storica. Ed è ciò che Meloni sta facendo: lo hanno ben compreso

Vassallo e Vignati, che si sono limitati a chiedere, dal loro punto di vista, ulteriori prove di questa evoluzione, senza intimare continue prese di distanze da un retroterra ideologico a cui la leader di Fdi è ormai estranea.

Ci potrebbe essere spazio per una forza antisistema di destra nell'Italia di oggi? Che prospettive hanno movimenti come Forza nuova e CasaPound? E l'attivismo di Gianni Alemanno può avere qualche sbocco?

Per rispondere in modo argomentato, è opportuno fare un passo indietro. Sul piano quantitativo, il Msi è stato nella storia dell'Italia repubblicana il secondo partito quanto a presenza militante nel mondo giovanile. La sua immagine oltranzista, "eroica" e romanticamente perdente gli ha procurato vasti consensi tra le nuove generazioni, garantendogli un sorprendente ricambio di attivisti e simpatizzanti. Nel momento in cui, con la nascita di Alleanza nazionale, l'ideologia di quel partito si è anche ufficialmente depotenziata, è stato spontaneo chiedersi: dove andranno quei ragazzi?

A quel tempo, io ho azzardato tre ipotesi. Dicevo: o scompariranno come tipo antropologico, perché l'integrazione consumista riuscirà a soffocare le spinte ribellistiche che li indirizzavano verso un mondo di vinti, inducendoli ad accontentarsi sin dall'adolescenza di scelte più moderate. Oppure cercheranno altri sbocchi più estremistici, contribuendo a ripolarizzare e radicalizzare la competizione politica, almeno in ambito giovanile. Infine ipotizzavo che si potesse riprodurre in An la separatezza che era stata a lungo tipica del Msi, con i giovani e gli adulti intenti a muoversi in direzioni opposte. Una contraddizione generazionale che, come aveva dimostrato l'esperienza degli anni Settanta, era destinata inevitabilmente a sfociare nel conflitto aperto.

Gli anni trascorsi hanno visto prevalere la seconda di quelle ipotesi, soprattutto nella fase in cui Fini ha assunto atteggiamenti di rottura più marcata rispetto alla tradizione neofascista. E per un certo periodo l'extraparlamentarismo di destra ha ricominciato a reclutare un seguito consistente. CasaPound, in particolare, è riuscita ad assurgere a un ruolo di protagonismo nell'area della destra radicale, ottenendo una forte visibilità con alcune azioni eclatanti – le occupazioni di stabili abbandonati per farne la sede di centri sociali alternativi a quelli dell'ultrasinistra, la campagna per il mutuo sociale – e sfidando, con il Blocco studentesco, il primato di Azione giovani. Anche Forza nuova, con uno stile e idee molto diversi e datati, un mix di clerico-fascismo e attivismo piazzaiolo più vicino agli anni Sessanta che alla creatività futurista tipica del «fascismo del Terzo Millennio» rivendicato da CasaPound, si è conquistata uno spazio non del tutto irrilevante. Ma quando le ambizioni di questi gruppi sono cresciute e si è tentato il salto nella politica istituzionale, pretendendo di passare dalla «comunità militante» al partito, i risultati sono stati disastrosi, con cifre elettorali irrisorie. Con il bagaglio di identità nostalgiche, il dialogo con la pubblica opinione si è dimostrato impossibile.

Dopo questi fallimenti, ci sono oggi le condizioni per il successo di una formazione che si ponga alla destra di Fratelli d'Italia? Se si pensa a un movimento antisistema, come volevano essere quelli citati, non credo proprio. Certi umori sono meglio assorbiti e interpretati dalle formazioni populiste, e tutt'al più si potrebbe ipotizzare, nel caso in cui si presentassero contingenze particolarmente favorevoli, una limitata crescita di una lista non caratterizzata a destra, come Italexit, fondata e poi abbandonata da Gianluigi Paragone.

Se invece ci si riferisce a un tentativo come quello di Alemanno, che potrebbe essere definito una tardiva ripresa di alcune tematiche rautiane aggiornate all'attualità e mescolate con spunti di riflessione della Nuova destra e suggestioni populiste, il suo principale problema è di essere partito in forte ritardo, e dopo che chi lo anima ha compiuto una serie di mosse contraddittorie. Uscito dal Pdl due mesi prima di Meloni, Alemanno fondò un movimento per poi scioglierlo e confluire in Fdi, che lo candidò alle europee. Quindi se ne staccò per lanciare un altro gruppo con ex finiani, per poi ritrovarsi con Storace e tentare in varie forme il rilancio della Destra, litigare con lui, lanciare un ulteriore movimento e collaborare con la Lega, riaccostarsi a Fratelli d'Italia su posizioni di minoranza interna, rompere di nuovo, sostenere Italexit alle elezioni politiche... Con una simile storia alle spalle, profetizzargli un successo sarebbe perlomeno azzardato.

L'esperienza di governo di Alleanza nazionale si è risolta in un fallimento. Meloni ha maggiori possibilità di successo, visto che ha conquistato Palazzo Chigi?

Sicuramente, perché, a differenza di chi l'ha preceduta, non solo guida il partito di maggioranza della coalizione e può dunque dettare gran parte dell'agenda di governo, ma non ha intorno a sé neanche l'ombra di una figura ingombrante, imprevedibile e provvista di risorse d'ogni genere quale era Berlusconi. Fini ha subito con un fastidio sempre crescente la condizione di *junior partner* nella quale era costretto, e non ha mai saputo e voluto costruire un rapporto di fiducia tale da potersi far considerare un successore affidabile dal maggiore azionista del centrodestra. Meloni, fin qui, ha saputo tenere a freno gli atteggiamenti arroganti e preservare un fondo di coralità nella compagine di governo, che neppure qualche stonatura ha incrinato. Anche la tanto commentata concorrenza con Salvini non mi sembra celare una reale ostilità: fra i due potrebbe prevalere una logica di divisione del lavoro, senza pestarsi troppo i piedi. Ci sono e ci saranno differenze di toni e divergenze sulle priorità di talune scelte, e Meloni sarà costretta a stemperare la nota propensione al decisionismo con una disponibilità alla mediazione, ma l'interesse comune a sfruttare l'occasione di governare, e di godere delle risorse del sottogoverno, sarà a mio avviso più forte delle tentazioni di rottura. L'unica incognita è il destino di Forza Italia, la cui eventuale disgregazione potrebbe comportare la fuoriuscita di alcuni parlamentari in direzione del centro.

Nato come forza emarginata, punto di raccolta di un mondo di vinti, il Msi è diventato già nel 1994, e ancor più oggi, nelle sue nuove vesti, un protagonista di assoluto rilievo della vita pubblica italiana. La possiamo definire, come qualcuno sostiene, una vittoria storica?

Rispondere affermativamente significherebbe sottoscrivere una visione assolutamente lineare del rapporto intercorso fra Movimento sociale italiano, Alleanza nazionale e Fratelli d'Italia, sottovalutando i molti elementi di discontinuità che lo hanno, invece, contraddistinto. Se di An si può dire, seguendo il suggerimento di Ilvo Diamanti, che è stato un partito nato per gemmazione dal tronco missino, di Fdi è più rispondente al vero sostenere che la sua nascita, così come il suo attuale successo, è stata il prodotto dell'estinzione del ceppo originario. E in entrambi i passaggi, a svolgere una funzione essenziale per giungere al protagonismo è stata la cancellazione di alcuni basilari tratti genetici del primo partito della Fiamma.

Ripresentare, in proporzioni ridotte, il simbolo originario è servito a mantenere la fedeltà di quel che rimaneva della sezione più nostalgica dell'elettorato, ma certamente non a conservare intatto il patrimonio ideologico che i padri fondatori si erano prefissi di ravvivare. E, d'altro canto, questo processo di liquefazione dell'identità fascista era stato per forza di cose già avviato il 26 dicembre 1946, non solo per effetto del divieto di ricostituzione del partito unico del Ventennio, ma soprattutto per la necessità di non legare indissolubilmente, ed esclusivamente, la propria immagine ai tragici ricordi della guerra civile.

Se quindi con vittoria storica si intende quella dei principi che hanno ispirato il Msi all'inizio, la mia risposta è negativa.

Quando si tirano le somme sul percorso storico di un soggetto politico, che per giunta ha subito ripetuti cambi di denominazione, non basta valutare la distanza fra il punto di partenza e quello d'arrivo. Occorre rapportare il traguardo raggiunto ai risultati che si prefiggevano di conseguire coloro che quel soggetto lo hanno creato e sostenuto, misurare gli scostamenti tra aspettative ed esiti, valutare il prezzo pagato per adattarsi alle circostanze incontrate sul cammino. Nel caso del Msi il rapporto costi/benefici è stato largamente favorevole per una parte della sua classe dirigente, quella che ha goduto i frutti dello sdoganamento operato da Berlusconi e quella molto più ristretta componente che oggi figura all'interno di Fdi. Ma è nettamente in rosso, se consideriamo le tre formazioni che hanno mantenuto la Fiamma tricolore nei loro simboli, per quel partito in quanto tale, per le sue ragioni sociali, per le aspirazioni profonde che l'insieme dei suoi militanti aveva coltivato in quasi cinquant'anni di impegno. E forse, per comprendere l'entità di questo divario, sarebbe meglio parlare di un complessivo fallimento del neofascismo.

E perché mai?

Perché per poter essere ammesso al gioco delle coalizioni governative e consolidare l'integrazione della sua leadership nella classe di governo italiana, già al momento della svolta di Fiuggi e della trasformazione in Alleanza nazionale, il Msi ha dovuto di fatto smentire, rinnegare, le motivazioni che gli avevano dato origine e l'avevano sostenuto nell'intero arco della sua esistenza. Non è riuscito a far comprendere e accettare dall'opinione pubblica, e tanto meno dalla società politica, le ragioni ideali che l'avevano ispirato. Né ha saputo suscitare un giudizio diverso e più positivo sul fascismo come esperienza storica e come ideologia, ed elaborare un progetto che, pur al prezzo di un'inevitabile revisione critica, restituisse attualità e praticabilità ad almeno alcune delle linee di forza della sua cultura politica. Al contrario: per ottenere di essere accettato all'interno di quel sistema che aveva sempre dichiarato di voler combattere – anche negli anni dell'ultima segreteria di Almirante –, con le scelte di Fini nel 1994 ha dovuto far credere, fingendo, di essersi reso conto spontaneamente della sostanziale improponibilità, e quindi della sconfitta definitiva, delle idee a cui si era richiamato.

È vero che il Msi si è fin dall'inizio sforzato di accreditarsi come ricompositore e interprete dei settori politici moderati e d'ordine della società italiana, e l'eredità «di sinistra» dell'esperienza di Salò è rimasta confinata nella retorica delle occasioni celebrative o nei dibattiti della stampa fiancheggiatrice. Ma la sua stessa esistenza è stata sempre giustificata dal richiamo a un modello di Stato e di organizzazione dei rapporti sociali alternativo a quello liberale. Per quasi cinquant'anni, il suo profilo è stato quello di un classico partito d'integrazione, che traeva la massima parte delle proprie risorse dalla dedizione volontaria di militanti e quadri intermedi convinti di battersi per un movimento che fungeva, secondo la formula retorica in uso al suo interno, da «strumento dell'Idea».

Le vicende culminate nell'ultimo congresso missino hanno svelato una realtà ben più prosaica: su quell'«Idea», che aveva innervato mezzo secolo di nostalgia, di speranze e di sacrifici – ma anche, più in generale, sulle idee, sulle ragioni dell'identità, sulle aspettative della base militante – hanno prevalso gli interessi della ristretta cerchia dei politici di professione, secondo la ben nota logica delle organizzazioni politiche studiata da Robert Michels, che la sistematizzò oltre cent'anni orsono nella «legge ferrea delle oligarchie».

Ma un giudizio così critico si può estendere anche ai quasi trent'anni successivi alla chiusura formale dell'esperienza missina?

È indubbio che l'operazione Alleanza nazionale è stata molto remunerativa per una generazione di dirigenti, allora quaranta-cinquantenni, che vi hanno costruito sopra le proprie fortune politiche e personali, ma lo è stata molto meno per il soggetto politico nato dal cambiamento di sigla. Se se ne ripercorrono i quattordici anni di esistenza, ci si rende conto che la sua parabola si è svolta dall'inizio alla fine nel segno della subordinazione alle esigenze di forze esterne.

Certo, la subalternità nei confronti delle componenti centriste della coalizione guidata da Berlusconi, che ne hanno garantito in più occasioni il successo, fino a quando An ha deciso di sciogliersi per confluire nel Popolo della libertà è stata di natura solo politica, non più psicologica come era accaduto al Msi. E l'integrazione nel centrodestra ha offerto agli ex neofascisti, nelle sedi istituzionali, una legittimazione democratica che in passato anche gli esponenti missini più moderati, quelli che dettero vita alla scissione di Democrazia nazionale, avevano potuto soltanto sognare. Ma la deriva verso il centro di una corrente politica che aveva sperato di rappresentare l'«alternativa al sistema» resta il suggello di un insuccesso, perché ha sanzionato la sua incapacità di affermarsi senza rinunciare alla propria identità storica.

La terza età della Fiamma presenta invece, in questa prospettiva, notevoli elementi di novità. Inaspettatamente – se si considerano gli esordi elettorali incerti –, Giorgia Meloni è riuscita là dove chi l'ha preceduta aveva fallito: prendere il sopravvento sugli alleati e assumere la guida della coalizione di centrodestra e del governo da essa espresso. Le circostanze di cui abbiamo parlato l'hanno sicuramente aiutata, e in un certo senso il capitale di consensi prima conquistato e poi sperperato da Salvini sfruttando la crescente presa del messaggio populista è stato la chiave del suo successo, ma un ruolo importante lo ha svolto anche il distacco da ogni riferimento esplicito o velato al fascismo e l'aperto richiamo al conservatorismo.

Caratterizzandosi in questo modo, Fratelli d'Italia ha vinto le resistenze psicologiche dei molti elettori che, pur considerandosi di destra, esitavano a scegliere le liste di un partito che molti commentatori continuavano a bollare come estremista o radicale, e ha completato la metamorfosi della corrente politica che gli aveva fatto da brodo di coltura. Se infatti il Msi è stato l'espressione del neofascismo e An ha voluto incarnare un postfascismo, Fratelli d'Italia – come hanno ben colto Vassallo e Vignati nel loro libro – è passato alla fase dell'«afascismo», dell'estraneazione da un fenomeno storico la cui influenza postuma è ormai confinata in nicchie microscopiche della politica italiana. Cento anni dopo la Marcia su Roma delle camicie nere, ha dato una dolce morte all'ideologia che aveva alimentato le radici dei due precedenti «partiti della Fiamma». Ha, insomma, liquidato l'equivoca lunga convivenza fra le due anime missine: quella *law and order* e quella fedele al sogno di una «terza via». Ed è passato a incarnare, praticamente senza concorrenza, la destra italiana.

Bibliografia

AA.VV., *Sei risposte a Renzo De Felice*, Volpe, Roma 1976.

AA.VV., *Proviamola nuova. Ipotesi e strategia di una «nuova destra»*, LEdE, Roma 1980.

AA.VV., *Al di là della destra e della sinistra. Continuità ed evoluzioni di un patrimonio culturale*, LEdE, Roma 1982.

AA.VV., *Il concetto di sinistra*, Bompiani, Milano 1982.

AA.VV., *Guida al Msi-Dn. L'alternativa in movimento*, Nuove Prospettive, Roma 1983.

AA.VV., *Le radici e il progetto. Idee per un movimento di indipendenza nazionale*, Settimo Sigillo, Roma 1989.

AA.VV., *Oltre la destra. Storie e uomini nel Movimento Sociale*, Eclettica, Massa 2022.

Giano Accame, *Socialismo tricolore*, Editoriale Nuova, Milano 1983.

Giorgio Almirante, *Autobiografia di un fucilatore*, Il Borghese, Milano 1972.

Giorgio Almirante, Francesco Palamenghi-Crispi, *Il Movimento Sociale Italiano*, Nuova Accademia, Milano 1957.

Alessandro Amorese, *Fronte della Gioventù. La destra che sognava la rivoluzione: la storia mai raccontata*, Eclettica, Massa 2013.

Filippo Anfuso, *Roma, Berlino, Salò (1936-1945)*, Garzanti, Milano 1950.

Maria Cristina Antonucci, *La cultura politica dei movimenti giovanili di destra nell'era della globalizzazione*, FrancoAngeli, Milano 2011.

Gianfranco Baldini, Filippo Tronconi, Davide Angelucci, *Yet Another*

Populist Party? Understanding the Rise of Brothers of Italy, in «South European Society & Politics», XXVII, 3, 2023, pp. 385-405; https://doi.org/10.1080/13608746.2022.2159625.

Adalberto Baldoni, *Noi rivoluzionari. La Destra e il caso italiano: appunti per una storia 1960-1986*, Settimo Sigillo, Roma 1986.

Adalberto Baldoni, *La Destra in Italia 1945-1969*, Pantheon, Roma 1999.

Adalberto Baldoni, *Destra senza veli. 1946-2017. Storia e retroscena dalla nascita del Msi ad oggi*, Fergen, Roma 2017.

Gianluca Bertazzoli, *La destra effimera: la parabola di Democrazia Nazionale*, in «Storia contemporanea», XXI, 4, 1990, pp. 699-757.

Giuseppe Bessarione, *Lambro/Hobbit: la cultura giovanile di destra, in Italia e in Europa*, Arcana, Roma 1979.

Giovanni Bianconi, *A mano armata. Vita violenta di Giusva Fioravanti, terrorista neo-fascista quasi per caso*, Baldini & Castoldi, Milano 1992.

Maurizio Blondet, Luciano Bonocore, *La maggioranza silenziosa*, Area, Milano 1987.

Giorgio Bocca, *La repubblica di Mussolini*, Laterza, Roma-Bari 1977.

Francesco Boezi, *Fenomeno Meloni. Viaggio nella "generazione Atreju"*, Gondolin, Verona 2020.

Luigi Bolla, *Perché a Salò. Diario dalla Repubblica Sociale Italiana*, Bompiani, Milano 1982.

Benito Bollati, *Un ragazzo di Salò*, Mursia, Milano 1998.

Paola Bordandini, Aldo Di Virgilio (a cura di), *Delegati di partito. Forza Italia e Alleanza nazionale. Congressi nazionali di maggio 2004 e marzo 2009*, Clueb, Bologna 2013.

Mario Bozzi Sentieri, *Dal neofascismo alla nuova destra: le riviste 1944-1994*, Nuove Idee, Roma 2007.

Michele Brambilla, *Dieci anni di illusioni: storia del Sessantotto*, Rizzoli, Milano 1994.

Michele Brambilla, *Interrogatorio alle destre*, Rizzoli, Milano 1995.

Paolo Buchignani, *Fascisti rossi. Da Salò al Pci, la storia sconosciuta di una migrazione politica 1943-53*, Mondadori, Milano 1998.

Alessandro Campi, *La destra di Fini. I dieci anni di Alleanza Nazionale 1995-2005*, Marco, Cosenza 2006.

Massimiliano Capra Casadio, *Storia della Nuova Destra: la rivoluzione metapolitica dalla Francia all'Italia (1974-2000)*, Clueb, Bologna 2013.

Franco Cardini, *Scheletri nell'armadio. Vecchie e nuove prove di terrorismo intellettuale*, Akropolis-La Roccia di Erec, Firenze 1995.

Antonio Carioti, *Gli orfani di Salò. Il Sessantotto nero dei giovani neofascisti nel dopoguerra, 1945-1951*, Mursia, Milano 2008.

Antonio Carioti, *I ragazzi della fiamma. I giovani neofascisti e il progetto della grande destra, 1952-1958*, Mursia, Milano 2011.

Elisabetta Cassina Wolff, *L'inchiostro dei vinti: stampa e ideologia neofascista, 1945-1953*, Mursia, Milano 2012.

Pietro Castelli Gattinara, Caterina Froio, *Italy: the mainstream right and its allies, 1994-2018*, in Tim Bale, Cristóbal Rovira Kaltwasser (a cura di), *Riding the Populist Wave. Europe's Mainstream Right in Crisis*, Cambridge University Press, Cambridge 2021, pp. 170-192.

Luciano Cheles, *Iconografia della destra. La propaganda figurativa da Almirante a Meloni*, Viella, Roma 2023.

Roberto Chiarini, *La destra italiana. Il paradosso di una identità illegittima*, in «Italia contemporanea», 185, 1991, pp. 581-600.

Roberto Chiarini, *Destra italiana: dall'Unità d'Italia a Alleanza Nazionale*, Marsilio, Venezia 1995.

Roberto Chiarini, *25 Aprile. La competizione politica sulla memoria*, Marsilio, Venezia 2005.

Roberto Chiarini, Marco Maraffi (a cura di), *La destra allo specchio. La cultura politica di Alleanza nazionale*, Marsilio, Venezia 2001.

Dino Cofrancesco, *La nuova destra dinanzi al fascismo*, in Paolo Corsivi e Laura Novati (a cura di), *L'eversione nera. Cronache di un decennio (1974-1984)*, Angeli, Milano 1985, pp. 57-134.

Davide Conti, *L'anima nera della Repubblica. Storia del MSI*, Laterza, Roma-Bari 2013.

Davide Conti, *Fascisti contro la democrazia*, Einaudi, Torino 2023.

Luigi Copertino, *Le colpe dei padri e le ambiguità dei figli. Il peccato originale della destra italiana*, La Vela, Lucca 2022.

Alain de Benoist, Giorgio Locchi, *Il male americano*, LEdE, Roma 1979.

Alain de Benoist, *Visto da destra: antologia critica delle idee contemporanee*, Akropolis, Napoli 1981.
Renzo De Felice, *Mussolini il duce. Gli anni del consenso: 1929-1936*, I vol., Einaudi, Torino 1974.
Renzo De Felice, *Intervista sul fascismo*, a cura di Michael Arthur Ledeen, Laterza, Roma-Bari 1975.
Renzo De Felice, *Rosso e nero*, a cura di Pasquale Chessa, Baldini & Castoldi, Milano 1995.
Elisabetta De Giorgi, Filippo Tronconi, *The Center-right in a Search for Unity and the Re-emergence of the Neo-Fascist Right*, in «Contemporary Italian Politics», X, 4, 2018, pp. 330-345.
Giuliana De' Medici, *Le origini del M.S.I.: dal clandestinismo al primo congresso, 1943-1948*, Istituto di studi corporativi, Roma 1986.
Domenico De Napoli, *Il movimento monarchico in Italia dal 1946 al 1954*, Loffredo, Napoli 1980.
Jacques de Saint-Victor, *Les antipolitiques*, Grasset, Paris 2014.
Marco De Troia, *Fronte della Gioventù. Una militanza difficile tra partito e società civile*, Settimo Sigillo, Roma 2001.
Cesare Degli Occhi, Piero Operti, *Il movimento monarchico*, Nuova Accademia, Milano 1951.
Raffaele Delfino, *Prima di Fini*, Bastogi, Foggia 2004.
Augusto Del Noce, Ugo Spirito, *Tramonto o eclissi dei valori tradizionali?*, Rusconi, Milano 1971.
Stefano Di Michele, Alessandro Galiani, *Mal di destra*, Sperling & Kupfer, Milano 1995.
Domenico Di Tullio, *Centri sociali di Destra. Occupazioni e culture non conformi*, Castelvecchi, Roma 2006.
Giovanni Diamanti, Lorenzo Pregliasco, *Fenomeno Salvini. Chi è, come comunica, perché lo votano*, Castelvecchi, Roma 2019.
Ilvo Diamanti, *La Lega: storia e sociologia di un nuovo soggetto politico*, Donzelli, Roma 1993.
Alessia Donà, *The Rise of the Radical Right in Italy: The Case of Fratelli d'Italia*, in «Journal of Modern Italian Studies», XXVII, 5, 2022, pp. 775-794.
Pierre Drieu La Rochelle, *Idee per una rivoluzione degli europei*, Volpe, Roma 1972.

Julius Evola, *L'Operaio nel pensiero di Ernst Jünger*, Armando, Roma 1960.

Julius Evola, *Cavalcare la tigre*, Scheiwiller, Milano 1961.

Julius Evola, *Rivolta contro il mondo modern*, Mediterranee, Roma 1969.

Julius Evola, *Gli uomini e le rovine*, Volpe, Roma 1972.

Franco Ferraresi, *Minacce alla democrazia: la destra radicale e la strategia della tensione in Italia nel dopoguerra*, Feltrinelli, Milano 1995.

Franco Ferraresi *et al.*, *La destra radicale*, Feltrinelli, Milano 1984.

Gianfranco Fini, *L'Europa che verrà. Il destino del continente e il ruolo dell'Italia*, Fazi, Roma 2003.

Gianfranco Fini, *Il futuro della libertà: consigli non richiesti ai nati nel 1989*, Rizzoli, Milano 2009.

Gianfranco Fini, *Il Ventennio. Io, Berlusconi e la destra tradita*, Rizzoli, Milano 2013.

Fratelli d'Italia, *Le Tesi di Trieste*; https://www.giorgiameloni.it/tesitrieste/.

Franco Giorgio Freda, *La disintegrazione del sistema*, Ar, Padova 1970.

Fabrizio Frullani, *Da destra a destra. Storia, scena e retroscena del cammino di Fratelli d'Italia*, Secop, Corato 2020.

Giorgio Galli, *La crisi italiana e la Destra internazionale*, Mondadori, Milano 1974.

Giorgio Galli, *Hitler e il nazismo magico*, Rizzoli, Milano 1989.

Ernesto Galli della Loggia, *Intervista sulla destra*, Laterza, Roma-Bari 1994.

Giovanni Gentile, *Genesi e struttura della società. Saggio di filosofia pratica*, Sansoni, Firenze 1945.

Aldo Giannuli, Elia Rosati, *Storia di Ordine Nuovo*, Mimesis, Milano-Udine 2017.

Mario Giovana, *Le nuove camicie nere*, Edizioni dell'Albero, Torino 1966.

Francesco Giubilei, *Giorgia Meloni. La rivoluzione dei conservatori*, Giubilei-Regnani, Roma-Cesena 2020.

Alessandro Giuli, *Il passo delle oche. L'identità irrisolta dei postfascisti*, Einaudi, Torino 2007.

James A. Gregor, *L'ideologia del fascismo*, Il Borghese, Milano 1974.
James A. Gregor, *Il fascismo, interpretazioni e giudizi*, Volpe, Roma 1976.
Piero Ignazi, *L'estrema destra in Europa*, il Mulino, Bologna 1994.
Piero Ignazi, *Postfascisti? Dal Movimento sociale italiano ad Alleanza nazionale*, il Mulino, Bologna 1994.
Piero Ignazi, *Il polo escluso. Profilo del Movimento Sociale Italiano*, il Mulino, Bologna, 2023 [1989].
Angelo Michele Imbriani, *Vento del Sud. Moderati, reazionari, qualunquisti (1943-1948)*, il Mulino, Bologna 1996.
Tarmo Kunnas, *La tentazione fascista*, Akropolis, Napoli 1981.
«La voce della fogna». Giornale differente (1974-1983). Ristampa integrale, La vela, Lucca 2019.
Juan José Linz, *Democrazia e autoritarismo: problemi e sfide tra XX e XXI secolo*, il Mulino, Bologna 2006.
Goffredo Locatelli, Daniele Martini, *Duce, addio. La biografia di Gianfranco Fini*, Longanesi, Milano 1994.
Jean-Louis Loubet del Bayle, *I nonconformisti degli anni Trenta*, Cinque Lune, Roma 1972.
Paolo Macry, *La destra italiana: da Guglielmo Giannini a Giorgia Meloni*, Laterza, Roma-Bari 2023.
Ernesto Massi, *Nazione sociale. Scritti politici 1948-1976*, Istituto di studi corporativi, Roma 1990.
Mauro Mazza, Adolfo Urso, *Vent'anni e una notte. 1993-2013: la parabola della destra italiana raccontata dai suoi protagonisti*, Castelvecchi, Roma 2013.
Carlo Mazzantini, *A cercar la bella morte*, Mondadori, Milano 1986.
Carlo Mazzantini, *I balilla andarono a Salò*, Marsilio, Venezia 1995.
Giorgia Meloni, *Noi crediamo*, Sperling & Kupfer, Milano 2011.
Giorgia Meloni, *Io sono Giorgia. Le mie radici, le mie idee*, Rizzoli, Milano 2021.
Giorgia Meloni, con Alessandro Sallusti, *La versione di Giorgia*, Rizzoli 2023.
Salvatore Merlo, *La conversione di Fini. Viaggio in una destra senza Berlusconi*, Vallecchi, Firenze 2010.
Roberto Mieville, *Fascists' Criminal Camp*, Corso, Roma 1947.

Nazzareno Mollicone, *L'aquila e la fiamma. Storia dell'anima nazional-popolare del MSI*, I libri del Borghese, Roma 2017.

Cas Mudde, *The War of Words. Defining the extreme right party family*, in «West European Politics», XIX, 2, 1996, pp. 225-248.

Cas Mudde, *Populist Radical Right Parties in Europe*, Cambridge University Press, Cambridge 2007.

Pier Giuseppe Murgia, *Il vento del Nord*, SugarCo, Milano 1975.

Pier Giuseppe Murgia, *Ritorneremo!*, SugarCo, Milano 1976.

Pietro Neglie, *Il Movimento Sociale Italiano fra terzaforzismo e atlantismo*, in «Storia contemporanea», XXV, 6, 1994, pp. 1167-1195.

Paolo Nello, *Il partito della Fiamma. La destra in Italia dal Msi ad An*, Istituti editoriali e poligrafici internazionali, Pisa-Roma 1998.

Ernst Nolte, *I tre volti del fascismo*, Mondadori, Milano 1971.

Andrea Palladino, *Meloni segreta*, Ponte alle Grazie, Milano 2023.

Giampaolo Pansa, *Il sangue dei vinti*, Sperling & Kupfer, Milano 2003.

Giuseppe Pardini, *Fascisti in democrazia. Uomini, idee, giornali, 1946-1958*, Le Lettere, Firenze 2008.

Giuseppe Pardini, *Nazione, ordine e altri disegni. Vicende politiche nella destra italiana (1948-1963)*, Le Lettere, Firenze 2011.

Giuseppe Parlato, *La sinistra fascista. Storia di un progetto mancato*, il Mulino, Bologna 2000.

Giuseppe Parlato, *Fascisti senza Mussolini. Le origini del neofascismo in Italia: 1943-1948*, il Mulino, Bologna 2006.

Giuseppe Parlato, *La fiamma dimezzata. Almirante e la scissione di Democrazia Nazionale*, Luni, Milano 2017.

Giuseppe Parlato, Andrea Ungari, *Le destre nell'Italia del secondo dopoguerra. Dal qualunquismo ad Alleanza nazionale*, Rubbettino, Soveria Mannelli 2021.

Gianluca Passarelli, Dario Tuorto, *La Lega di Salvini. Estrema destra di governo*, il Mulino, Bologna 2018.

Louis Pauwels, Jacques Bergier, *Il mattino dei maghi. Introduzione al realismo fantastico*, Mondadori, Milano 1963.

Piero Pisenti, *Una Repubblica necessaria (R.S.I.)*, Volpe, Roma 1977.

Armando Plebe, *Filosofia della reazione*, Rusconi, Milano 1971.

Armando Plebe, *Tornerà il comunismo?*, Piemme, Casale Monferrato 1994.

Armando Plebe, *Memorie di sinistra e memorie di destra. Un filosofo negli anni ruggenti*, Qanat, Palermo 2012.

Giuseppe Prezzolini, *Manifesto dei conservatori*, Rusconi, Milano 1972.

Leonardo Puleo, Gianluca Piccolino, *Back to the Post Fascist Past or Landing in the Populist Radical Right? The Brothers of Italy Between Continuity and Change*, in «South European Society & Politics», XXVII, 3, 2022, pp. 1-25, https://doi.org/10.1080/13608746.2022.2126247.

Nicola Rao, *Trilogia della celtica. La vera storia del neofascismo italiano*, Sperling & Kupfer, Milano 2014.

Pino Rauti, *Frontismo nazionale e politica nazional-rivoluzionaria*, in «Ordine Nuovo», nuova serie, II, 4, 1971, pp. 3-12.

Marco Revelli, *La cultura della destra radicale*, FrancoAngeli, Milano 1985.

Marco Revelli, *La destra nazionale*, il Saggiatore, Milano 1996.

Gianni Roberti, *L'opposizione di destra in Italia, 1946-1979*, Gallina, Napoli 1988.

Adriano Romualdi, *"Contestazione" controluce*, in «Ordine Nuovo», nuova serie, I, 1970, pp. 18-28.

Adriano Romualdi, *La destra e la crisi del nazionalismo*, Il Settimo Sigillo, Roma 1973.

Adriano Romualdi, *Il fascismo come fenomeno europeo*, L'Italiano, Novara 1977.

Adriano Romualdi, *Nietzsche e la mitologia egualitaria*, Ar, Padova 1981.

Adriano Romualdi, *Una cultura per l'Europa*, Settimo Sigillo, Roma 1986.

Pino Romualdi, *Intervista sul mio partito*, in «Proposta nazionale», II, 3-4, 1987, pp. 44-66.

Elia Rosati, *CasaPound Italia. Fascisti del terzo millennio*, Mimesis, Milano-Udine 2018.

Petra Rosenbaum, *Il nuovo fascismo da Salò ad Almirante. Storia del Msi*, Feltrinelli, Milano 1975.

Gianni Rossi, *Alternativa e doppiopetto. Il Msi dalla contestazione alla destra nazionale (1968-1973)*, Istituto di studi corporativi, Roma 1992.

Gennaro Ruggiero, *Un uomo di destra*, Azione meridionale, Napoli 1983.

Claudio Sabelli Fioretti, *Giorgia on my mind. Le parole della leader della destra italiana*, Aliberti, Reggio Emilia 2022.

Saint-Loup [Marc Augier], *I volontari europei delle Waffen SS*, Volpe, Roma 1971.

Giulio Salierno, *Autobiografia di un picchiatore fascista*, Einaudi, Torino 1976.

Alice Santaniello, *Il nuovo partito della destra. L'ascesa di Fratelli d'Italia dal 2012 al 2019. Parte prima*, in «Trasgressioni», XXXVIII, 1, 2023, pp. 15-131. *Parte seconda*, in «Trasgressioni», XXXVIII, 2, 2023, pp. 3-127.

Piero Sebastiani, *Misi l'elmo. La giovinezza bruciata di un combattente della R.S.I.*, Mursia, Milano 1996.

Piero Sebastiani, *La mia guerra. Con la 36ª brigata nera fino al carcere*, Mursia, Milano 1998.

Paul Sérant, *Romanticismo fascista*, Sugar, Milano 1961.

Pasquale Serra, *Individualismo e populismo. La destra nella crisi italiana dell'ultimo ventennio*, Datanews, Roma 1997.

Franco Servello, *Almirante*, Rubbettino, Soveria Mannelli 2008.

Sandro Setta, *L'Uomo Qualunque (1944-1948)*, Laterza, Roma-Bari 1975.

Sandro Setta, *La Destra nell'Italia del dopoguerra*, Laterza, Roma-Bari 1995.

Joanna Sondel-Cedarmas, *Giorgia Meloni's new Europe. Europe of sovereign nations in the Brothers of Italy party manifestos*, in Joanna Sondel-Cedarmas, Francesco Berti (a cura di), *The right-wing critique of Europe: nationalist, sovereignist and right-wing populist attitude to the EU*, Routledge, Abingdon, NY 2022, pp. 60-75.

Gregorio Sorgonà, *La scoperta della destra. Il Movimento sociale italiano e gli Stati Uniti*, Viella, Roma 2019.

Pierre-André Taguieff, *Sulla Nuova destra. Itinerario di un intellettuale atipico*, Vallecchi, Firenze 2004.

Marco Tarchi, *Esuli in patria. I fascisti nell'Italia repubblicana*, Guanda, Parma 1995.

Marco Tarchi, *Dal Msi ad An. Organizzazione e strategie*, il Mulino, Bologna 1997.
Marco Tarchi, *La rivoluzione impossibile. Dai Campi hobbit alla Nuova destra*, Vallecchi, Firenze 2010.
Marco Tarchi, *Italia populista. Dal qualunquismo a Beppe Grillo*, il Mulino, Bologna 2015.
Marco Tarchi, *Molte destre, nessuna destra? Sul dubbio fondamento della visione "geografico assiale" della politica*, in Corrado Fumagalli e Spartaco Puttini (a cura di), *Destra*, Fondazione Giangiacomo Feltrinelli, Milano 2018, pp. 10-20.
Marco Tarchi, *Voters without a Party: the "Long Decade" of the Italian Centre-Right and its Uncertain Future*, in «South European Society and Politics», XXIII, 1, 2018, pp. 147-162.
Marco Tarchi (a cura di), *Anatomia del populismo*, Diana, Frattamaggiore 2019.
Marco Tarchi, *Neofascismo*, in Gianfranco Pasquino (a cura di), *Fascismo. Quel che è stato, quel che rimane*, Treccani, Roma 2022, pp. 393-409.
Marco Tarchi con Antonio Carioti, *Cinquant'anni di nostalgia. La destra italiana dopo il fascismo*, Rizzoli, Milano 1995.
Giovanni Tassani, *Il Movimento Sociale Italiano da Almirante a Fini*, in Raimondo Catanzaro, Raffaella Y. Nanetti (a cura di), *Politica in Italia 1988*, il Mulino, Bologna 1989.
Giovanni Tassani, *Su tempi appena trascorsi. Esperienze, connessioni, dettagli*, Una città, Forlì 2023.
Fabrizio Tatarella, *La fiaccola tricolore. Antologia della giovane destra italiana dal dopoguerra ad oggi*, Nuova Stampa, Bari 2008.
Mario Tedeschi, *Fascisti dopo Mussolini*, L'Arnia, Roma 1950.
Luca Tedesco, *L'America a destra. L'antiamericanismo nella stampa neofascista dal Patto Atlantico alla seconda guerra del Golfo*, Le Lettere, Firenze 2014.
Luca Telese, *Cuori neri*, Sperling & Kupfer, Milano 2006.
Annalisa Terranova, *L'altro MSI. I leader mancati per una destra differente*, Giubilei Regnani, Roma 2016.
Nicola Tonietto, *La genesi del neofascismo in Italia. Dal periodo clandestino alle manifestazioni per Trieste italiana (1943-1953)*, Le Monnier, Firenze 2019.

Nino Tripodi, *Italia fascista in piedi. Memorie di un littore*, Il Borghese, Roma 1961.

Nino Tripodi, *Intellettuali sotto due bandiere*, Ciarrapico, Roma 1981.

Susanna Turco, *Che fai, mi cacci? La sfida impossibile di Gianfranco Fini*, Marsilio, Venezia 2011.

Andrea Ungari, *In nome del re: i monarchici italiani dal 1943 al 1948*, Le Lettere, Firenze 2004.

Marco Valbruzzi, Sofia Ventura, *Fratelli d'Italia e Lega. Diversamente populisti di destra?*, Friedrich-Ebert-Stiftung Italia, s.l., 2023.

Davide Vampa, *Brothers of Italy. A New Populist Wave in an Unstable Party System*, Palgrave Macmillan, London 2023.

Salvatore Vassallo, Rinaldo Vignati, *Fratelli di Giorgia. Il partito della destra nazional-conservatrice*, il Mulino, Bologna 2023.

Marcello Veneziani, *La cultura della destra*, Laterza, Roma-Bari 2002.

Sofia Ventura, *Giorgia Meloni e Fratelli d'Italia. Un partito personalizzato tra destra estrema e destra radicale*, Friedrich-Ebert-Stiftung Italia, s.l., 2022.

Claudio Vercelli, *Neofascismi*, Edizioni del Capricorno, Torino 2018.

Alfredo Villano, *Da Evola a Mao. La destra radicale dal neofascismo ai nazimaoisti*, Luni, Milano 2017.

Roberto Vivarelli, *La fine di una stagione. Memorie 1943-1945*, il Mulino, Bologna 2000.

Ruggero Zangrandi, *Il lungo viaggio attraverso il fascismo*, Feltrinelli, Milano 1961.

Monica Zucchinali, *A destra in Italia oggi*, SugarCo, Milano 1986.

Indice dei nomi

Indice